Material de Educación Cristiana para Jóvenes y Adultos

LIBRO 8 | MAESTRO Y ALUMNO

Publicado por
Casa Nazarena de Publicaciones
17001 Prairie Star Parkway
Lenexa, KS 66220 EUA

cnp@nazarene.org
http://casanazarena.com
1-800-462-8711

Ana Zoila Díaz, Editora
Iglesia del Nazareno Región Mesoamérica

Diseño y Diagramación de portada: Sam Malpica
Comunicaciones Nazarenas México

ISBN: 978-1-56344-832-4
Categoría Educación Cristiana

Nota Editorial: El contenido de El Sendero de la Verdad #8 fue realizado editorialmente en la Iglesia del Nazareno de la Región Mesoamérica como un solo libro, tanto para el Maestro como para el Alumno. Si el maestro desea hacer un resumen de la lección, fotocopiarla y entregarla a sus alumnos en su clase, no deberá pedir autorización previa de CNP.

Impreso en Colombia

CONTENIDO

EL SENDERO DE LA VERDAD • LIBRO 8

UNIDAD 1	Vida en el Espíritu	Autor	Pag.
Lección 1	¿Quiénes somos y para qué vivimos?	Mónica de Fernández	7
Lección 2	El poder destructivo del pecado	Mónica de Fernández	11
Lección 3	El rol del Espíritu Santo en nuestra salvación	Mónica de Fernández	15
Lección 4	La parte humana de la salvación	Mónica de Fernández	19
Lección 5	La Salvación: Una experiencia que transforma	Mónica de Fernández	23
Lección 6	Actitudes pecaminosas que necesitan ser limpiadas	Mónica de Fernández	27
Lección 7	¿Natural, carnal o espiritual?	Mónica de Fernández	31
Lección 8	Una infancia larga y peligrosa	Mónica de Fernández	37
Lección 9	¿Cómo recibir la llenura del Espíritu de amor?	Mónica de Fernández	43
Lección 10	De Simón a Pedro: Cambios internos resultantes de la llenura del Espíritu	Mónica de Fernández	49
Lección 11	Amor perfecto: El estilo de vida del cristiano lleno del Espíritu	Mónica de Fernández	55
Lección 12	Errores comunes sobre la vida llena del Espíritu	Mónica de Fernández	59
Lección 13	Trazando metas para mi vida espiritual	Mónica de Fernández	65

UNIDAD 2	Familia	Autor	Pág.
Lección 14	El Matrimonio es Sagrado y Bueno para el Hombre y la Mujer	Miguel e Irene Garita	71
Lección 15	¿Por qué estamos juntos? Hacia un proyecto de vida en el matrimonio	Miguel e Irene Garita	75
Lección 16	Lo que llevas a matrimonio lo afectara para bien o para mal	Miguel e Irene Garita	79
Lección 17	Honrando la Relacion Sexual con la Pareja	Miguel e Irene Garita	83
Lección 18	Resolviendo los conflictos en la pareja de manera diferente	Miguel e Irene Garita	87
Lección 19	Cómo construir una cultura de paz en los hogares	Miguel e Irene Garita	91
Lección 20	La Rutina: El enemigo de los matrimonios	Miguel e Irene Garita	93
Lección 21	¿Qué es comunicación y cómo la fortalezco en mi matrimonio?	Miguel e Irene Garita	97
Lección 22	La importancia de honrar a mi pareja	Miguel e Irene Garita	101
Lección 23	¿Contra qué debo proteger mi matrimonio?	Miguel e Irene Garita	105
Lección 24	Cuando en el matrimonio no damos el paso del Yo al Nosotros	Miguel e Irene Garita	109
Lección 25	Cuando el dolor y la angustia llegan al matrimonio y la familia	Miguel e Irene Garita	113
Lección 26	Familia y Ministerio	Miguel e Irene Garita	117

UNIDAD 3	Iglesia y su misión		Autor	Pag.
Lección 27	Sin Mancha y sin arruga		Rubén Fernández	123
Lección 28	Características de un cristiano		Ulises Solís	127
Lección 29	Hagamos Crecer la Iglesia		Leonel López	131
Lección 30	La Escritura y la Tradición		Jorge Baños	135
Lección 31	La Experiencia y la Razón		Jorge Baños	139
Lección 32	Un Pueblo de Santidad		Israel Acosta	143
Lección 33	Llenos y Llenas del Espíritu		Rubén Fernández	147
Lección 34	Un Pueblo Enviado		Scott Armstrong	151
Lección 35	La Iglesia Local en la Misión Local		Anny de Díaz	155
Lección 36	Importancia de la Compasión en la Iglesia Local		Helmer Juárez	161
Lección 37	Principios Básicos de Compasión		Helmer Juárez	163
Lección 38	Compasión con Propósito		Cutberto Tenorio	165
Lección 39	Liderazgo transformacional		Misael Galvez	169

UNIDAD 4	Liderazgo		Autor	Pág.
Lección 40	Guía para el liderazgo	*Adaptación*	Miguel e Irene Garita	175
Lección 41	Liderazgo Basado en la Palabra	*Adaptación*	Miguel e Irene Garita	179
Lección 42	Un liderazgo digno de imitar	*Adaptación*	Miguel e Irene Garita	183
Lección 43	Un Líder obediente a Dios	*Adaptación*	Miguel e Irene Garita	187
Lección 44	Consecuencias de un liderazgo codicioso	*Adaptación*	Miguel e Irene Garita	191
Lección 45	Consecuencias de un liderazgo fuera de la dirección de Dios	*Adaptación*	Miguel e Irene Garita	195
Lección 46	Un liderazgo basado en la obediencia Incondicional	*Adaptación*	Miguel e Irene Garita	199
Lección 47	Un liderazgo fuera de los valores espirituales	*Adaptación*	Miguel e Irene Garita	203
Lección 48	Líderes Sabios y Prudentes	*Adaptación*	Miguel e Irene Garita	207
Lección 49	Liderazgo de Autoridad		Ana Zoila Díaz Crocker	211
Lección 50	Carácterísticas de un líder		Wilfredo Murciaga	215
Lección 51	Un Líder con Propósito		Erika Chávez de Campos	219
Lección 52	Arrepentimiento verdadero: Un giro de 180 grados		Erika Chávez de Campos	223

Vida en el Espíritu

UNIDAD 1

¿Quiénes somos y para qué vivimos?

El poder destructivo del pecado

El rol del Espíritu Santo en nuestra salvación

La parte humana de la salvación

La Salvación: Una experiencia que transforma

Actitudes pecaminosas que necesitan ser limpiadas

¿Natural, carnal o espiritual?

Una infancia larga y peligrosa

¿Cómo recibir la llenura del Espíritu de amor?

De Simón a Pedro: Cambios internos resultantes de la llenura del Espíritu

Amor perfecto: El estilo de vida del cristiano lleno del Espíritu

Errores comunes sobre la vida llena del Espíritu

Trazando metas para mi vida espiritual

LECCIÓN 01

BASE BÍBLICA

Génesis 1:26-27; Mateo 25:37-40

PARA MEMORIZAR

"Y dijo (Dios): Hagamos al ser humano a nuestra imagen y semejanza". Génesis 1:26a (NVI)

PROPÓSITO DE LA LECCIÓN: QUE EL ALUMNO…

Conozca el propósito para el cual el Creador nos ha dado la vida. Reconozca que somos una creación especial de Dios, con dones valiosos para usarlos en su obra en este mundo. **Tome conciencia** de que la vida santa es la forma "natural" de vivir para la cual fuimos creados, así como el pecado es un mal adquirido y no necesariamente la condición natural del cristiano. **Establezca metas** para reordenar su vida conforme a los propósitos de Dios.

¿Quiénes somos y para qué vivimos?

POR MÓNICA DE FERNÁNDEZ

Introducción

En este ciclo vamos a hablar acerca del propósito para el cual cada uno de nosotros fue creado y salvado por Jesucristo. Para ello, comenzaremos estudiando en esta lección los pasajes bíblicos que tratan sobre la historia de los orígenes de la raza humana para descubrir cuál es la razón por la cual Dios nos ha dado la vida. Conoceremos que tú y yo tenemos una misión valiosa que realizar en esta vida para con Dios y para con nuestros semejantes.

Debido a que muchas personas ignoran o han olvidado ese propósito, Dios por medio de su Palabra, nos revela este maravilloso plan para nuestra vida y nos llama a entrar en él.

Estudio Bíblico

1. Fuimos creados a semejanza de Dios

Inicie el estudio pidiendo a un alumno que lea los versículos de Génesis 1:26-27. Estos dos pasajes explican que los seres humanos no somos el fruto de un accidente genético; no existimos como fruto de miles de años de evolución natural, sino que somos una obra de creación especial de Dios "…Jehová Dios formó al hombre".

La enseñanza más importante que resalta dos veces el versículo 27 es que fuimos creados a "imagen" del Creador: *"Y creó Dios al hombre a su imagen, a imagen de Dios lo creó; varón y hembra los creó".*

Distribuya sobre una mesa o en el suelo las fotos de progenitores y sus hijos. Pida a los alumnos que unan a cada niño o hijo con sus padres, dejándose guiar por las semejanzas físicas. Luego pregunte: ¿Cómo pudimos darnos cuenta de quién era hijo de quién? La respuesta será: por el parecido. Concluya el ejercicio diciendo: "De la misma manera la Biblia dice que Dios nos creó a su imagen".

El misionero veterano Wesley Duewel afirma: "Posiblemente jamás comprendamos completamente todo lo que significa el ser hechos a imagen de Dios hasta que nos encontremos con Jesús en el cielo".[1]

Por medio de esta imagen Dios ha estampado su marca en cada uno de nosotros. Sin esa estampa no seríamos más que polvo de la tierra. Ser imagen de Dios es lo que nos da identidad como miembros de la familia humana, cuyo árbol genealógico tiene su origen en el Creador. Esta semejanza de Dios está presente en cada niño que nace en este mundo y a pesar de que ha sido estropeada por el pecado, todavía podemos apreciarla. Algunas de estas capacidades especiales que Dios ha compartido con nosotros son: la libertad de escoger, el poder de comprender intelectualmente, la capacidad de comunicarnos con otros, de compartir nuestros deseos, nuestros sueños y nuestras emociones. A este conjunto de características que Dios nos ha impartido a los seres humanos se le conoce como la "imagen natural".

Dios nos creó como seres espirituales

La palabra "espíritu" significa "soplo de Dios que otorga vida" (Génesis 2:7; Job 33:4; Ezequiel 37:9).

Cuando Dios formó al hombre lo hizo del polvo de la tierra, un material que no era especial. Lo que hizo la gran diferencia fue "el soplo de vida" de Dios. Esto fue lo que nos diferenció de todas las demás cosas y seres creados. Dios ha puesto en nosotros "espíritu".

Los seres humanos somos seres de naturaleza espiritual. El espíritu es quien nos mantiene vivos. Sin él somos materia inerte. ¿Qué pasa con las personas cuando expiran? El espíritu sale de ellas y su cuerpo ya no tiene vida… al poco tiempo se vuelve polvo… ¿Qué es lo que nos mantiene con vida entonces? El espíritu.

Dios tomó la decisión de crearnos como seres espirituales, con cuerpos físicos y con naturaleza humana. Este espíritu nos capacita para vivir eternamente, más allá de la muerte física. En este sentido somos semejantes a los ángeles, que fueron creados antes que el cielo, la tierra y los seres humanos (Génesis 1:1; Job 38:4-7). Los ángeles fueron creados santos y viven en comunión perfecta y en obediencia amorosa a Dios. Los ángeles no tienen un cuerpo físico como el nuestro.

De allí que el valor del ser humano no reside en su capacidad intelectual o en sus habilidades para hacer grandes obras; sino de esa vida que Dios le transmitió de Sí mismo, al soplar Su Espíritu de vida sobre él.

Los seres humanos hemos sido creados por Dios con un "espacio vacío" que sólo puede ser llenado plenamente por el Espíritu Santo de Dios. La permanencia de este Espíritu en su ser era lo que hacía posible que su relación armoniosa con Dios fuera perfecta.

Fuimos creados santos como Dios es Santo

La imagen de Dios en nosotros va más allá, Dios compartió con nosotros sus atributos morales. Esto significa que fuimos hechos con la capacidad de reproducir el carácter de Dios en nuestra vida, o sea de ser como Él es.

La esencia de Dios compartida con el ser humano incluye su carácter santo, es decir, fuimos creados con la capacidad de vivir en santidad. Fuimos diseñados para ser santos y todo lo que somos procede de un Dios santo. Dios no ha creado nada que sea contrario a su propia naturaleza santa.

[1] *Wesley L. Duewel Dios te ofrece su gran salvación. Nappanee, Indiana: Evangel Publishing House, 2000. p. 20.*

Fuimos creados con necesidad de tener comunión y compañerismo con Dios

La relación de nuestros primeros padres con Dios era perfecta. Lo que hacía posible este compañerismo con el Creador era la santidad y pureza en que ellos vivían. La primera pareja conocía a Dios cara a cara y conversaba con Él.

Pero por causa del pecado esta relación quedó interrumpida. El único camino por el cual puede recobrarse esta relación perdida es Jesús, el único y suficiente Salvador. Jesús es el camino al Padre, el único que nos restaura al compañerismo con Dios (Juan 14:6-7).

Lean juntos Juan 14:23. Jesús dice que Dios desea restablecer esa relación con cada uno de sus hijos, pero hay una condición, ¿Cuál es? Que vivamos en obediencia a su Palabra.

Fuimos creados con libertad de tomar decisiones

Dios creó a los ángeles con libre albedrío. Más adelante creó al hombre y la mujer con el poder de escoger libremente. Lamentablemente los seres humanos hemos abusado de esta libertad y en lugar de usarla para obedecer a Dios, hemos elegido hacer lo opuesto a Su voluntad, cometiendo actos de pecado y permitiendo que éste echara raíces en nuestro corazón y se convirtiera en el motor de nuestra voluntad. Dios no ignoraba esto, pero aún a sabiendas que el hombre y la mujer podían traicionar su amor y su confianza, Él se arriesgó y nos creó con libre albedrío.

Para nuestra mente limitada es difícil entender lo maravillosa que es esta libertad que se nos ha dado y la gloria que la misma trae a nuestro Dios, ni las consecuencias en bendiciones eternas que traslada a nuestra vida y a las de toda la humanidad cuando una persona decide por voluntad propia, vivir en obediencia perfecta a la voluntad de Dios.

Sí, Dios nos hizo con la posibilidad de pecar, pero también nos hizo capaces de aceptar su oferta de salvación en Jesucristo quien nos ha provisto libertad completa del dominio del pecado.

2. Toda vida humana es valiosa porque tiene un propósito santo

¿Ha escuchado alguna vez esta queja de sus hijos? "Papá, estoy aburrido". Por lo general los padres comenzamos a dar sugerencias de algunas cosas que para nosotros son "productivas" en las que podrían usar el tiempo, como cortar el césped, barrer la cocina, ayudar al hermanito con las tareas, lavar el automóvil de la familia... pero la respuesta común que recibimos de ellos es: "pero eso es aburrido". ¿Será que los niños ahora vienen programados para aburrirse? No, en realidad lo que les ocurre es lo más natural: ellos desean invertir el tiempo en algo que realmente les importe, en algo que sea de valor... ¿No son iguales a nosotros en esto? ¿Por qué somos así?

La respuesta la encontramos en el capítulo 1 de Génesis.

Fuimos hechos para el trabajo

¿Qué fue lo que Dios encargó a los seres humanos en Génesis 1:28 y 2:15?

El primer mandamiento de Dios al hombre y la mujer fue hacer un trabajo grande y de suma importancia: ¡llenar la tierra, gobernarla y cuidarla bajo la supervisión de Dios! Esta comisión fue dada por Dios luego de su bendición. Ambos mandatos fueron dados previamente a que el pecado entrara en el corazón de los seres humanos. Ya en el huerto, Adán y Eva tenían trabajo que hacer y tenían felicidad plena al dedicar su vida a un propósito bueno, valioso y de provecho no sólo para ellos mismos, sino para todos los seres vivientes.

De manera que no está bien pensar que el trabajo es un castigo que Dios nos dio por haber pecado. Nada más ajeno a la verdad revelada en la Biblia.

Cuando Dios nos hizo a "su imagen" lo hizo para que pudiéramos "señorear" sobre la creación toda, o sea para que el Creador pudiera compartir su trabajo con nosotros. En Génesis 1:26 vemos esta unidad inseparable: "...hagamos al hombre a nuestra imagen y señoree". En este primer capítulo de Génesis se nos muestra a Dios como un trabajador: Laboró 6 días y el último descansó contemplando la buena obra que había hecho. Tal es así que el reformador Ulrico Zwinglio (1484-1531) afirmó: "No hay nada en el universo tan igual a Dios como el trabajador".[2] De manera que el Padre nos ha dado este privilegio tan grande de ser trabajadores como Él. Todos tenemos trabajo que hacer en el mundo creado por Dios. Es interesante destacar también que los fundadores de la Iglesia del Nazareno escogieron ese nombre porque "simbolizaba la misión humilde y laboriosa de Jesucristo".[3]

El trabajo, lejos de ser un castigo por el pecado, es un regalo, un don que Dios nos ha dado. Trabajar es fundamental a nuestra naturaleza humana. La palabra que mejor describe la responsabilidad de trabajo que Dios ha asignado a los seres humanos es "mayordomo". Esta no es una palabra que usamos mucho hoy, pero es la que mejor describe la función que se nos ha encomendado. Un mayordomo es alguien a quien el propietario le ha confiado el cuidado de sus posesiones. Para desempeñar esta responsabilidad, Dios nos ha dado a cada uno capacidades especiales (talentos y dones) y se nos ha dado una "parte" de las propiedades del Creador para que cuidemos de ellas de la mejor manera que podamos, mientras dure nuestra vida.

Los seres humanos pensamos a veces que lo que tenemos es nuestro y que de ello podemos dar una parte a Dios. También se suele dar valor a las personas por lo que tienen; si esto fuera cierto a los ojos de Dios no tendríamos ningún valor, porque un mayordomo no es dueño de lo que administra. Salmo 24:1 dice: "De Jehová es la tierra y su plenitud". Esto quiere decir que TODO es de Él, las rocas, las plantas, las hormigas, el agua, incluyendo nuestra vida, el tiempo, nuestros bienes, nuestras capacidades, nuestras profesiones u oficios, nuestra cuenta de banco, nuestros hijos, el 100% de todo lo que somos, lo que hacemos, lo que tenemos y aun lo que tendremos alguna vez.

Al mismo tiempo, sin embargo, la Biblia nos enseña que el valor de la vida humana no reside en los bienes que posee, sino en cómo servimos a Dios en la mayordomía que nos ha asignado a cada uno. ¿Cuál es el valor de nuestra vida entonces? El salmista lo resume así en Salmo 8:5-6,9: "Le has hecho poco menor que los ángeles, y lo coronaste de honra y de gloria. Le hiciste señorear sobre las obras de tus manos; todo lo pusiste debajo de sus pies... ¡Oh Jehová, Señor nuestro, cuán grande es tu nombre en toda la tierra!"

Dios nombró a Adán y Eva administradores con el deber de dar un cuidado amoroso y responsable de todo lo que Dios había hecho. En este sentido, la responsabilidad del ser humano consiste en "guardar "y "cuidar" que lo creado se mantenga con vida, saludable y que se multiplique, dando gloria al Creador y mostrando Su grandeza y benevolencia. El buen mayordomo hace su tarea de la misma manera y con el mismo amor que Dios lo haría en su lugar.

Fuimos creados para amar

Una persona puede trabajar mucho y no disfrutar realmente lo que hace. Para algunas personas el trabajo se vuelve un deber, una responsabilidad. Esto puede ocurrir porque trabajan en algo que en verdad no es su vocación. Pero aun personas que trabajan en sus vocaciones llegan a cansarse y sentirse esclavos de esa tarea porque les falta algo fundamental: el amor. Cuando no hay amor cualquier trabajo se vuelve tedioso y amargo. Cualquier tarea pierde su valor cuando no se hace por causa del amor.

En primer lugar fuimos creados para amar a Dios. Dios nos ama y Él nos ha creado con la capacidad de responder a ese amor. Nosotros demostramos nuestro amor a Dios cuando le adoramos, o le rendimos culto y le expresamos nuestro amor con canciones, oraciones y haciendo cosas que demuestran nuestro agradecimiento. Cuando nosotros estamos cerca de Dios, le damos y recibimos de su amor, ese amor se vuelca en todo lo que hacemos y nuestro trabajo se impregna del amor de Dios.

Hemos sido creados para servirnos los unos a los otros en amor. En el pasaje de Mateo 25:37-40 Jesús enseñó que el ser humano no puede decir que sirve a Dios y tratar mal a sus semejantes. Es inconcebible tal hecho, pues si la imagen de Dios está en el prójimo, equivale entonces a estar tratando mal a Dios mismo. Servir a otros con nuestro trabajo es parte de nuestra mayordomía.

Jesús mismo nos dio ejemplo de esto al servirnos muriendo en la cruz en nuestro lugar y así sufrir por nosotros el castigo que nuestro pecado merecía. En Colosenses 1:15 dice: "Él es la imagen del Dios invisible".

² Citado en El servir a Dios, Ben Patterson, Miami: Vida, 1994. p. 11.
³ Citado en La Historia de los Nazarenos, Timothy L. Smith, Kansas City: CNP, s/f. p.128.

En el original esta frase significa "una representación exacta", alguien en quien Dios se puede ver tal cual Él es. De la misma manera, Dios quiere que nosotros podamos servir a las personas demostrando su infinito y santo amor.

Fuimos creados para servir y adorar

En la Biblia se usa la misma palabra para referirse a trabajo (o servicio) que a culto. Esta palabra es "liturgia" y se usa para referirse a lo que hacemos para el Señor en la iglesia y al servicio que le brindamos con nuestro trabajo en las ocupaciones cotidianas.

Ambas son formas de trabajo y de ambas hemos de dar cuenta a Dios. Lo interesante que nos hace notar Ben Patterson es que una de estas ocupaciones termina con la muerte física, pero la otra seguiremos ejerciéndola por toda la eternidad... ¿Adivine cuál?

En el libro de Apocalipsis 4:8 se nos permite dar una mirada a lo que será nuestra vida en la eternidad: rendir adoración y culto a Dios. Cuando adoramos a Dios estamos poniendo un pie en la eternidad y esa eternidad nos llena de amor santo y de esperanza y se debe transmitir en todo lo que hacemos, aun en los más mínimos detalles de cualquier trabajo.

Ya sea que adoremos en nuestro cuarto, en la oficina, en el templo o cualquier otro lugar, nos ponemos en contacto con el Dios de la Vida. Sí, el Dios que nos ha dado el ser, nos ha hecho a su imagen, nos ha dotado de talentos y dones, nos ha llenado de dignidad compartiendo su trabajo creador con nosotros y nos ha dado la necesidad insaciable de disfrutar de su compañía y de su amistad.

Estas capacidades de trabajar con alegría, de amar a Dios y a nuestros semejantes y de adorar a Dios con todo nuestro ser, han sido profundamente afectadas por el pecado. Por eso en nuestros días la tendencia del ser humano es a desobedecer más que a obedecer al Creador. Como veremos en las próximas lecciones, sólo por medio de la obra de Jesús podemos recuperar el sentido verdadero de nuestra existencia.

CONCLUSIÓN

Los seres humanos fuimos creados a imagen de Dios. No somos fruto de la casualidad o de la evolución. Dios ha estampado su marca, su sello en cada uno de nosotros. Somos obras de arte firmadas por el Creador del universo, únicos e inigualables, creados a Su imagen y semejanza, es decir: con voluntad, libre albedrío, inteligencia, capacidad de comunicación y santos.

Esta imagen de Dios en el ser humano se deterioró a causa del pecado. Sin embargo, el Padre proveyó el único remedio por el cual esa imagen puede ser restaurada: Cristo Jesús, por medio de su Espíritu Santo, quien a su vez capacita a los hijos de Dios para que podamos cumplir con los propósitos para los cuales fuimos creados.

SV

¿Quiénes somos y para qué vivimos?

HOJA DE ACTIVIDAD

Versículo para memorizar

"Y dijo (Dios): Hagamos al ser humano a nuestra imagen y semejanza". Génesis 1:26a (NVI)

Actividad 1

Preguntas basadas en:

1. Según Génesis 1 y 2, ¿hay alguna otra criatura viviente o cosa creada además de los seres humanos que fuera hecha por Dios a su imagen?
_____

2. ¿Cuál es la diferencia entre ser semejante y ser igual? _____

3. ¿Tenía algún plan en mente Dios cuando creó al hombre y la mujer con respecto a cuál sería su rol específico dentro de la creación?
_____

4. ¿Qué hizo Dios luego de terminar su obra en la creación, según Génesis 1:28? ¿Qué significado tiene eso para nosotros en cuanto al valor que tenemos para Dios? _____

¿En qué reside el valor de la vida humana?

____ En su origen hecho a imagen del Creador.

____ En sus posesiones materiales.

____ En sus habilidades o talentos especiales.

____ En la fidelidad de su trabajo para Dios.

Un buen mayordomo es:

____ El que se preocupa por lo suyo propio.

____ El que cuida lo de otro sacando provecho para sí.

____ El que cuida de los bienes de otro incrementando su valor.

¿Cuándo el trabajo se vuelve una maldición o una carga?

____ Cuando se hace por amor.

____ Cuando se hace por motivos egoístas.

____ Cuando beneficia a otras personas.

____ Cuando se hace como un deber.

Actividad 2

Menciona algunas cualidades, habilidades o talentos que Dios te ha dado para que puedas desempeñar la función de mayordomo.

¿Qué cambios te gustaría hacer esta semana en cuanto a la forma en que haces las cosas y sirves a Dios y a los demás?

En tu relación con Dios: _____
_____

En la iglesia: _____

En tu hogar: _____

En el lugar donde trabajas o estudias: _____
_____

Ora unos momentos pidiendo a Dios que te ayude a alcanzar estas metas que te has propuesto.

Conclusión

Los seres humanos fuimos creados a imagen de Dios. No somos fruto de la casualidad o de la evolución. Dios ha estampado su marca, su sello en cada uno de nosotros. Somos obras de arte firmadas por el Creador del universo, únicos e inigualables, creados a Su imagen y semejanza, es decir: con voluntad, libre albedrío, inteligencia, capacidad de comunicación y santos.

Esta imagen de Dios en el ser humano se deterioró a causa del pecado. Sin embargo, el Padre proveyó el único remedio por el cual esa imagen puede ser restaurada: Cristo Jesús, por medio de su Espíritu Santo, quien a su vez capacita a los hijos de Dios para que podamos cumplir con los propósitos para los cuales fuimos creados.

BASE BÍBLICA

1 Juan 1:5 y 3:5.

PARA MEMORIZAR

"Porque la paga del pecado es muerte, mientras que la dádiva de Dios es vida eterna en Cristo Jesús, nuestro Señor". Romanos 6:23 (NVI)

PROPÓSITO DE LA LECCIÓN: QUE EL ALUMNO...

Conozca que la naturaleza del pecado es doble: como acción y como condición. **Comprenda** que el pecado tiene un poder expansivo y destructivo que degrada a las personas, corrompe a la sociedad y trae muerte a toda la creación de Dios. **Se identifique** con el repudio de Dios hacia el pecado y su propósito de desterrarlo de la vida de sus hijos.

El poder destructivo del pecado

POR MÓNICA DE FERNÁNDEZ

Introducción

Hemos estudiado en la lección anterior que Dios nos creó a su imagen, o sea, como un espejo que refleja lo que Él es. Esta no es una imagen física, porque Dios es Espíritu y no tiene cuerpo de carne y hueso como nosotros; se refiere a cómo Dios es en su carácter. ¿Creen ustedes que los seres humanos hoy son el reflejo del carácter santo de Dios?

En esta lección vamos a ver qué nos dice la Biblia sobre el origen del pecado y su poder destructivo sobre la vida de las personas.

Estudio Bíblico

1. ¿Qué es el pecado?

La palabra pecado (en griego amartía) significa errar el blanco. La idea que trasmite este término es tomar el camino equivocado o la ruta incorrecta.

Para describir el pecado conforme a la enseñanza de la Palabra debemos definirlo en dos dimensiones:

A. El pecado que cometemos: todo pensamiento, acto o palabra que es contra la ley y la voluntad de Dios. En este sentido cometer pecado es un acto de rebelión y desobediencia voluntaria a las leyes conocidas de Dios. Cuando pecamos estamos errando el camino de la perfección para el cual nuestro Padre Dios nos ha creado.

B. El pecado que heredamos: esta es una condición o estado que habita en el corazón de todo ser humano y que lo separa de la santidad de Dios. Esta "semilla de pecado" nos ha sido transmitida desde nuestros primeros padres, Adán y Eva, a toda la raza humana. Este pecado, como estado, motiva a la gente a cometer actos de pecado y les hace desear el mal (Romanos 7:8). La Biblia nos advierte que esta "semilla de maldad" está presente en cada niño que nace y a menos que entregue su vida a Cristo el pecado crecerá y reinará sobre su vida (Romanos. 6:12).

2. ¿Cuál es el origen del pecado?

Así como la luz es lo opuesto a la oscuridad, el pecado es lo contrario de la santidad. La Biblia dice en 1 Juan 1:5 y 3:5 que ninguna tiniebla o pecado provienen de Dios. Dios es santo en un cien por ciento, es santo todo el tiempo, su santidad no varía, es eterna e infinitamente perfecta. Es por eso que podemos afirmar con seguridad que el pecado no proviene de Dios, nunca estuvo en su mente o

en su corazón crear el pecado, o crear un mundo donde existiera el pecado. Todo lo que Él ha creado lo hizo en armonía con Él y tiene su origen en su misma naturaleza santa. Es por eso que la Biblia dice que Dios no tienta a nadie (Santiago 1:13).

El pecado tiene su origen en Satanás

La Biblia dice que Satanás tiene poder para dirigir las mentes y los corazones de los seres humanos para que se opongan a los planes de Dios. Por eso Jesús reprendió a Pedro cuando había dejado que Satanás le "llenara la cabeza" con ideas torcidas. ¿Quién es Satanás? La Biblia no nos da mucha información sobre el origen de Satanás, puesto que ella se ocupa más que nada de guiarnos en el camino de salvación.

Aparentemente Satanás era uno de los ángeles principales creados por Dios (Job 1:6). En los libros de los profetas Ezequiel 28:12-17 e Isaías 14:12-15 dice que los reyes de Tiro y de Babilonia se habían dejado usar por Satanás. En el relato, la historia de estos reyes se entremezcla con la historia del origen de Satanás: cómo éste siendo un ángel al servicio de Dios, dejó que el orgullo entrara en él y se volvió enemigo de Dios (1 Timoteo 3:6; Isaías 14:13,14). Cuando Satanás cayó perdió su lugar en el cielo junto al trono de Dios, convenció a otros ángeles para que le siguieran y juntos constituyen un ejército de fuerzas espirituales de maldad (Efesios 6:12).

Pero debemos tener cuidado de igualar a Satanás con Dios. Dios es Todopoderoso, Satanás tiene poder limitado; Dios todo lo sabe, el conocimiento de Satanás es limitado, Dios está en todo lugar, no lo limita el espacio, Satanás está limitado a un solo lugar a la vez. Por eso está obligado a operar por medio de los demonios, quienes obtienen información para él y obedecen su voluntad.

La enseñanza que tenemos acerca del Diablo y de su actuar en la Biblia procede mayormente de las enseñanzas de Jesús. Para mantenernos lejos de la influencia de Satanás es importante que conozcamos las estrategias que usa para alejarnos de la voluntad de Dios. Jesús enseñó que Satanás es el padre de todas las mentiras (Juan 8:44). Él es quien ha enseñado a los seres humanos a mentir y a engañar. Él es también el origen del odio y todo aquello que se opone al amor y la pureza. Él emplea todas sus artimañas contra Dios, contra su iglesia y contra los seres humanos. Su propósito es destruir los planes de Dios y robar la gloria que sólo a Él le pertenece.

El pecado penetró en la raza humana cuando Satanás indujo a Eva y Adán a dejar entrar el orgullo en su corazón y desobedecer la voluntad de Dios (Génesis 3:1-6). No obstante, para nuestra dicha, Dios no nos abandonó, ni nos destruyó.

Las tácticas de Satanás no han cambiado; él engaña a los seres humanos para que pongan su voluntad egoísta por encima de la voluntad de Dios. Los seres humanos creen que ejercen su libertad al vivir en pecado, ignorando que en realidad han caído en la trampa de Satanás y se han vuelto esclavos del pecado.

3. ¿Por qué pecamos?

Como hemos visto en los puntos anteriores, el pecado tiene su origen en Satanás porque él es quien nos seduce para que desobedezcamos la voluntad de Dios. A este método que usa Satanás para procurar desviarnos hacia su voluntad se llama "tentación".

Satanás usa el orgullo, la ambición y el egoísmo del ser humano para tentarlo. La esencia de todo pecado es el egoísmo que anida en el corazón del ser humano. En 1 de Juan 2:16 se nos advierte que la tentación puede llegarnos por tres caminos:

A. Los "deseos" inagotables de satisfacer nuestros intereses egoístas. Esto es cuando tomamos decisiones, actuamos y pensamos siempre poniéndonos a nosotros en primer lugar, usurpando el lugar que le pertenece a Dios en nuestra vida. A esta mentalidad de "primero yo" se le conoce como el "ego carnal" o concupiscencia (deseo ilícito) que es pecaminosa. Esta es la voluntad humana que en vez de sujetarse a la voluntad de Dios, vive en rebeldía e independencia de ella. La persona que piensa de esta manera vive para satisfacer los deseos de la carne o sea, sus deseos físicos.

B. El "deseo de los ojos", se refiere al afán de acumular bienes materiales, cosas que al verlas, deseamos poseerlas y se despierta en nosotros la codicia, la envidia, la avaricia y otras formas de pecado.

C. La "vanagloria de la vida" se refiere a la manera de vivir ostentosa, vanidosa y a la exhibición de las posesiones jactándose de lo que uno tiene.

Cuando Adán y Eva pecaron, llevaron a toda la raza humana a ser servidores del pecado y de sus propios placeres, los cuales satisfacen a su capricho sin tomar en cuenta a Dios y su propósito para sus vidas. En consecuencia, el ser humano quedó contaminado con una fuerza que lo arrastra y lo predispone para hacer lo malo.

Un estudio cuidadoso de la tentación de Adán y Eva y la de Jesús nos llevarán a concluir que la tentación siempre quiere llevarnos a rechazar la autoridad de Dios y vivir nuestra vida en autonomía de su voluntad.

4. ¿Por qué es tan malo el pecado?

La Biblia nos dice la verdad. Con una simple mirada a nuestro alrededor podemos verificar cómo el pecado está presente destruyendo las vidas de las personas, las familias y la sociedad. El pecado ha sido y siempre será el mal más grande que los seres humanos tengamos que enfrentar.

El pecado es uno de los grandes temas de la Biblia que son: 1. Dios, 2. El pecado y 3. La salvación provista por Jesucristo. Satanás trata de engañarnos haciéndonos pensar que el pecado es cosa sin importancia, pero la Biblia enseña que el pecado es un mal tan grande que para quitarlo del corazón humano fue necesaria la muerte del Hijo Unigénito (o único) de Dios en la cruz.

¿Por qué Dios hizo esto? Lo hizo porque las consecuencias devastadoras del pecado van más allá del individuo, se extienden a la sociedad y también a toda la creación de Dios.

Dios envió a su Hijo debido a que el pecado necesitaba una solución y sólo Dios podía proveerla. Sin la intervención divina el pecado nos llevaría al auto exterminio y con nosotros el de toda la tierra. Veamos lo que la Biblia nos enseña sobre estas consecuencias:

El pecado nos separa de Dios

A causa de su pecado Adán y Eva perdieron la presencia del Espíritu Santo que habitaba en ellos. Esto dejó a ellos y a todos sus descendientes separados de Dios. Ésta es y será la tragedia más grande de la historia humana y el hecho que dio inicio a todo el sufrimiento de los habitantes del planeta.

El pecado nos separa del Creador. Romanos 3:23 dice: "...por cuanto todos pecaron están destituidos de la gloria de Dios". El pecado nos aparta de nuestro Dios por cuanto Él es santo y todo pecado, grande o pequeño, es como un muro divisorio entre nosotros y Dios.

El dolor más grande que enfrenta un ser humano en esta vida es vivir lejos de su Dios. Puesto que fue creado para ser habitado por el Espíritu Santo y para vivir en armonía a los propósitos de Dios, el ser humano, ahora separado de Dios por su pecado, no puede hallar satisfacción a su profunda sed y hambre espiritual que sólo Dios puede llenar y esto le impide ser plenamente feliz.

Los componentes de la primera pareja fueron los primeros en pasar por esta experiencia devastadora: habían perdido su condición de hijos de Dios. La libertad para servir a Dios fue cambiada por la esclavitud del pecado; el gozo fue cambiado por vergüenza, la confianza se transformó en temor. Aunque Dios los amaba, no podía ignorar el pecado que se había establecido en sus vidas.

El pecado produce culpa

Cuando Adán y Eva pecaron, una voz en su conciencia les hizo notar el error que habían cometido al desobedecer a Dios. Es por ello que sintieron vergüenza y miedo de enfrentarse al Creador para asumir las consecuencias de sus actos.

La culpa es ese sentimiento que nos hace darnos cuenta de que hemos hecho algo incorrecto a los ojos de Dios, o sea que hemos transgredido voluntariamente un mandamiento de Dios. Esta culpa es la voz interior que Dios ha puesto en nosotros para recordarnos que el pecado tiene consecuencias y está asociada al sentimiento de vergüenza y de remordimiento por lo que se ha hecho.

La culpa nos hace sentir responsabilidad por el pecado. Adán y Eva intentaron echar a otro la culpa de su pecado, pero ninguna otra persona es responsable por nuestro pecado a menos que se asocie y participe en ese pecado. De hecho, en ocasiones la Biblia condena naciones enteras que han pecado contra Dios (Mateo 10:5; Lucas 11:29-32).

Todos los seres humanos sienten culpa por su pecado, sin embargo algunas personas han desarrollado la capacidad de endurecer su "conciencia" y hacen caso omiso a la voz interior que les anuncia que van por mal camino. Efesios 4:8 nos enseña que el pecado ciega el entendimiento, nos convence de que es una cosa sin importancia y sin mayores consecuencias.

Sin embargo, aunque la conciencia de una persona esté adormecida, ante Dios ella sigue siendo responsable por su pecado. La Biblia nos advierte que llegará el día en que cada persona ha de dar cuenta a Dios por sus acciones y el castigo de Dios será en proporción a la culpa.

La única manera de librarse de la culpa es confesando los pecados cometidos a Dios. Adán y Eva confesaron su pecado y aunque tuvieron que afrontar las consecuencias del mismo, fueron perdonados. La única manera de librarnos de la culpa es ser perdonados por Dios.

En el Antiguo Testamento, Dios estableció el sistema de sacrificios mediante el cual las personas pedían perdón a Dios, eran perdonados y libres de la culpa. La ofrenda por el pecado era quemada, o sea destruida, tomando el lugar del pecador. Estos sacrificios eran el recordatorio del Cordero de Dios que vendría a este mundo, tomando sobre sí el castigo que nuestro pecado merece. Jesucristo borró nuestra culpa y nos evitó la justa pena de muerte que todos merecíamos. Gracias a que Jesucristo puso su vida en nuestro lugar, en la actualidad no tenemos que hacer sacrificios para ser perdonados, pero sí necesitamos arrepentirnos y reconocer nuestra culpabilidad delante de Dios.

El pecado produce muerte

Al pecado como condición que nos ha sido transmitido de nuestros primeros padres, se le conoce como "depravación". Depravación significa algo que está corrompido, malogrado, echado a perder. Esta depravación es lo opuesto a la santidad de Dios. Esta separación del Dios dador de la Vida, dio inicio a un proceso que finalmente le conduciría a la muerte.

De la misma manera que un moribundo al cual desconectan las máquinas que lo mantienen con vida, la separación de Adán y Eva de Dios dio inicio a la muerte espiritual de toda la raza humana. Estaban vivos físicamente hablando pero estaban muertos porque no podían nutrirse de la fuente de la Vida.

La ciencia moderna ha comprobado que aún desde antes del momento de nacer, nuestro cuerpo comienza un proceso de deterioro que finalmente, años después, termina con la muerte física. Parece una paradoja, pero desde que estamos siendo formados en el vientre materno nuestro cuerpo comienza a envejecer. Luego del nacimiento, cada día, células muertas se desprenden de nuestro cuerpo, algunas se renuevan, otras no y luego aun las que se renovaban dejan de hacerlo y terminan acabando con nuestra salud. De la misma manera ocurre con la muerte espiritual. Desde el día en que nacemos cada ser humano tiene un destino marcado: la muerte. A menos que nos volvamos a Dios, esta "depravación" nos dominará más y más, manipulando nuestro pensamiento, endureciendo nuestra conciencia, debilitando nuestra razón, llevándonos a una manera de vivir esclavos del pecado y de Satanás.

El cristiano ha sido perdonado, pero no puede regresar a la inocencia original de Adán y Eva, porque él sí conoce el pecado, aunque no lo practica. Cada niño que nace en este mundo nace con la inclinación al pecado en su corazón. Es inocente en el sentido de que no ha practicado el pecado, pero no es puro.

Este estado de depravación no es el castigo por el pecado, sino la consecuencia de éste. En Génesis 2:7 dice que la pena establecida por Dios por el pecado es la muerte. Éste es el pago o la retribución que la justicia divina impone al pecador. Debemos recordar que Dios es quien ha diseñado todas las leyes que rigen el mundo, tanto en lo natural como en lo moral.

De la misma manera Dios, quien es el único ser completamente justo del universo, ha establecido leyes para que los seres humanos vivan conforme a ellas. La desobediencia o transgresión de esta ley merece el juicio de Dios y la pena que Él ha establecido por el pecado es la muerte.

¿Cómo podemos comprender que Dios pueda castigar a alguien con una pena tan extrema? La respuesta está en el amor de Dios que es santo y también es justo. Si Dios dejara de ser justo, también dejaría de ser santo. La santidad y la justicia divina son cosa seria. Dios no puede convivir o asociarse con nada sucio o contaminado por el pecado. La pena de muerte para el pecador abarca tanto la muerte física, como la muerte espiritual y la muerte eterna. El destino eterno de quien no vive cerca de Dios en esta vida, es la separación eterna de Dios y la muerte.

El pecado destruye las relaciones entre los seres humanos

La destrucción de la sociedad está a la vista de todos: miles de años de civilización le han servido al hombre para aprender a destruir más y más rápido. La vida humana ha perdido valor para el hombre, los niños son abandonados, la gente explotada, el sexo se ha vuelto un objeto de consumo. El crimen, la violencia y la depravación moral han invadido las calles, las escuelas y los medios de comunicación. La ley del más fuerte, o del más rico impera en los tratos humanos y acuerdos internacionales, mientras miles de personas mueren a causa de la guerra, del hambre y de las enfermedades. Lo más triste es que en la mayoría de los casos son muertes que pudieron evitarse con una distribución más "humanitaria" de los recursos.

El pecado esparce muerte en el mundo

La destrucción de nuestro planeta es noticia a diario en los medios de información. El hombre está convirtiendo nuestro mundo en un desierto árido, de agua contaminada y de atmósfera sucia y con ellos a todos los seres vivos que dependen de ellos para su subsistencia. Esto es porque el pecado tiene un poder expansivo.

Cuando la primera pareja pecó, Dios sabía que el pecado iba a esparcirse a sus descendientes y que la solución no sería sencilla, ni para Él, ni para los seres humanos. Su justicia se aplicó sobre sus vidas y ellos tuvieron que afrontar las consecuencias. Pero Dios no nos abandonó en nuestros pecados: desde allí comenzó a ejecutar el plan de nuestra salvación. Este plan se concretó cuando Jesucristo vino a morir por el pecado de toda la humanidad y cuando el Espíritu Santo pudo regresar al fin a morar en el corazón de los hijos de Dios.

CONCLUSIÓN

El hombre fue creado para vivir en relación con su Creador, pero cayó en la trampa de Satanás y por causa de su desobediencia perdió la relación de compañerismo con Dios. El Espíritu Santo no pudo permanecer morando en su vida y el pecado llegó para instalarse en la raza humana con todas sus nefastas consecuencias.

Cada ser humano que nace hereda esta condición depravada que lo predispone a pecar alejándose más y más del Creador y de sus propósitos para su vida. Este pecado arraigado en el corazón humano no sólo destruye al individuo, sino sus relaciones y contamina todo lo que le rodea.

Pero hay esperanza para la humanidad, pues Dios ha diseñado un plan para rescatarnos del pecado y librarnos de su poder destructivo por medio de su Hijo Jesucristo. El ser humano puede recibir perdón completo del pecado; sólo con arrepentirse, pedir perdón, recibir a Jesús como su Señor y Salvador personal y permitir que el Espíritu Santo de Dios restaure su vida y le guíe a vivir conforme a los propósitos de Dios.

SV

LECCIÓN 02

El poder destructivo del pecado

HOJA DE ACTIVIDAD

Versículo para memorizar

"Porque la paga del pecado es muerte, mientras que la dádiva de Dios es vida eterna en Cristo Jesús, nuestro Señor". Romanos 6:23 (NVI)

Actividad 1

¿Qué es el pecado?

Lee los siguientes versículos y escribe tu propia definición de pecado. Romanos 6:12; 1 Juan 3:4; Santiago 4:17

_____

Actividad 2

¿Qué nos enseña la Biblia en cuanto al papel de Satanás hoy en día? Con la ayuda de los versículos señalados responde las siguientes preguntas.

1. ¿Qué hace Satanás para alejar a la gente de Dios? 2 Corintios 4:4. _____

2. ¿Qué ofrece Satanás a los que consienten en servirle? Mateo 4:8-10. _____

3. ¿Quién es el que pone límites a la acción de Satanás en la vida del creyente? Lucas 22:31. _____

4. ¿A quiénes usa Satanás para lograr sus fines? Efesios 2:2. _____

5. ¿Qué hace Satanás con la persona luego de convencerla de cometer pecado? 2 Pedro 2:19. _____

Actividad 3

Lee el pasaje de Génesis 3:1-6 el cual describe los métodos que usa Satanás para tentar a los seres humanos, completa las oraciones escogiendo las palabras correspondientes de la siguiente lista:

Dudas, egoísmo, apetitos, mentiroso, independiente, debilidades, miente.

1. Satanás usa los _____ naturales e inocentes y las _____ para lograr sus propósitos.

2. Satanás inyecta _____ sobre Dios y su Palabra.

3. Satanás _____ sobre las buenas intenciones de Dios y hace quedar a Dios como un _____.

5. Satanás procura que la persona busque ser _____ de Dios.

Actividad 4

Haz una lista de las consecuencias inmediatas al acto de pecado que cometieron Adán y Eva según Génesis 3:14-24.

_____

Actividad 5

Génesis 3:7-13 ¿Cómo trataron Adán y Eva de librarse de la culpa? _____

Romanos 5:1 y 8:1 ¿Cuál es la única forma de ser libre de la culpa? _____

Actividad 6

Menciona algunas leyes naturales diseñadas por Dios que proveen equilibrio a la creación.

Conclusión

El hombre fue creado para vivir en relación con su Creador, pero cayó en la trampa de Satanás y por causa de su desobediencia perdió la relación de compañerismo con Dios. El Espíritu Santo no pudo permanecer morando en su vida y el pecado llegó para instalarse en la raza humana con todas sus nefastas consecuencias.

Cada ser humano que nace hereda esta condición depravada que lo predispone a pecar alejándose más y más del Creador y de sus propósitos para su vida. Este pecado arraigado en el corazón humano no sólo destruye al individuo, sino sus relaciones y contamina todo lo que le rodea. Pero hay esperanza para la humanidad, pues Dios ha diseñado un plan para rescatarnos del pecado y librarnos de su poder destructivo por medio de su Hijo Jesucristo. El ser humano puede recibir perdón completo del pecado; sólo con arrepentirse, pedir perdón, recibir a Jesús como su Señor y Salvador personal y permitir que el Espíritu Santo de Dios restaure su vida y le guíe a vivir conforme a los propósitos de Dios.

LECCIÓN 03

BASE BÍBLICA

2 Corintios 7:6-11.

PARA MEMORIZAR

"Porque por gracia ustedes han sido salvados mediante la fe; esto no procede de ustedes, sino que es el regalo de Dios". Efesios 2:8 (NVI)

PROPÓSITO DE LA LECCIÓN: QUE EL ALUMNO...

Comprenda la respuesta humana que Dios requiere para darnos salvación. **Reconozca** en qué consiste la fe que agrada a Dios, que no es conocimiento intelectual, ni fe temporal, sino fe que mueve a confiar plenamente en Jesús. **Evalúe** que tan profundo ha sido su compromiso de seguir a Jesús como discípulo hasta hoy. **Tenga oportunidad** de arrepentirse y pedir perdón a Dios si no tiene la seguridad de que Jesús es el Señor de su vida.

El rol del Espíritu Santo en nuestra salvación

POR MÓNICA DE FERNÁNDEZ

Introducción

Plantee a la clase el siguiente problema: Suponga que tiene que ir a un lugar que no conoce y por un camino que nunca había recorrido donde hay que sortear peligros y desviaciones. Ahora bien, usted tiene dos opciones para llegar al destino: un mapa que le hizo un amigo con flechas y señales o la presencia de otro amigo que conoce el camino y se ha ofrecido a acompañarle y guiarle. ¿Cuál escogería usted? ¿Cuál es la guía más segura: el mapa o una persona que viaje con usted?

Por supuesto que la persona ¿verdad?

En esta lección veremos que esto es lo que hace el Espíritu Santo. Él es la persona divina que Jesucristo nos ha enviado para que nos muestre el camino de la salvación. Si aprendemos a reconocer su voz y a obedecer sus instrucciones llegaremos seguros a la eternidad.

Estudio Bíblico
1. ¿Quién es el Espíritu Santo?
El Espíritu es una persona

¿Quién es una persona? Cuando intentamos definir "persona" obtenemos respuestas que se relacionan con capacidades intelectuales, emocionales y espirituales que nada tienen que ver con la parte física o material del ser humano.

Por ejemplo, en Efesios 4:30 afirma que el Espíritu Santo es una persona que se entristece. La palabra "contristar" significa "causar heridas o angustia" y a nadie le puede suceder esto a menos que sea una persona.

En Hechos 13:2 vemos que el Espíritu Santo habló a los creyentes de la iglesia en Antioquía para que enviaran a Pablo y Bernabé como misioneros a evangelizar en otras ciudades.

El Espíritu Santo es una persona divina, que tiene la capacidad de habitar en nuestra vida y comunicarse con nuestro espíritu guiándonos a vivir santamente.

Lean juntos Romanos 8:14: "Porque todos los que son guiados por el Espíritu de Dios, éstos son hijos de Dios".

El Espíritu es omnipotente y soberano

El Espíritu Santo es Dios, así como el Padre y el Hijo Jesucristo. Como Dios, tiene todo el poder y autoridad para obrar en nuestras vidas e intervenir en los asuntos humanos. Hoy día Él actúa guiando al pueblo de Dios para que el evangelio de Cristo se extienda geográficamente y más personas puedan conocer al Señor como Salvador y le sirvan con sus vidas.

El Espíritu tiene poder y soberanía para obrar cuando hay hijos de Dios que están dispuestos a dejarse usar por Él. A pesar de ser Dios poderoso y soberano, respeta nuestro libre albedrío y sólo puede actuar en nuestra vida cuando encuentra disposición a cooperar con Él.

2. ¿Qué hace el Espíritu Santo por nuestra salvación?
Nos mantiene con vida

Cuando Adán y Eva pecaron Dios puso en marcha un plan para salvar a la humanidad y atraerlos de nuevo hacia su amor y a vivir en su voluntad. Este amor de Dios que busca atraernos se conoce como "gracia".

Esta gracia de Dios es la que permite que los seres humanos sigan viviendo -aunque estén espiritualmente muertos en sus pecados- y tengan oportunidad de conocer y aceptar el camino de Salvación que Cristo les provee. La gracia de Dios es la que permite que la vida continúe en este mundo y que sigamos respirando.

La gracia de Dios es la que posibilita que los hombres y mujeres conserven algunas capacidades con las que fueron creados a imagen de Dios, como la sabiduría, la capacidad de sentir misericordia, de ser solidario, de amar, de inventar cosas valiosas, de escribir leyes buenas, el honor, la amistad, el humor, la habilidad artística, el buscar a Dios en momentos de necesidad o querer saber de dónde viene su vida y cuál es el propósito de su existencia.

La gracia es administrada por el Espíritu Santo y es la que ha frenado que la humanidad se vuelque por completo a la maldad. El Espíritu Santo obra muchos milagros cotidianos que muchas veces son imperceptibles para nosotros: hace que la lluvia caiga, hace que la vida comience en el vientre materno, nos permite sanar cuando enfermamos, da descanso a nuestro cuerpo y mente cuando dormimos, nos ayuda a tener ideas creativas, nos permite aprender, crecer, madurar, nos permite enamorarnos y mucho más.

Nos atrae a Jesucristo

En la parábola del hijo pródigo (Lucas 15:20), el padre, que representa a Dios Padre, es quien toma la iniciativa de esperar a su hijo. Una y otra vez la Palabra nos habla sobre Dios amándonos y deseando que volvamos a la comunión con Él, aun cuando vivíamos en pecado. Como afirma 1 Juan 4:10,19: "En esto consiste el amor: no en que nosotros hayamos amado a Dios, sino en que Él nos amó a nosotros, y envió a Su Hijo en propiciación por nuestros pecados… Nosotros le amamos, porque Él nos amó primero". A esta gracia de Dios que nos busca y nos atrae hacia Él se le conoce como "gracia preveniente".

Es el Espíritu Santo quien nos prepara para el encuentro con Dios. Él nos ayuda a comprender, a desear y a responder a esta gracia que nos ofrece una nueva vida en Cristo.

Podemos notar que al menos hay cuatro factores por medio de los cuales actúa la gracia preveniente de Dios para ayudar a que las personas reconozcan que necesitan a Jesús en su vida: La acción interna del Espíritu Santo convenciendo de pecado, las oraciones del pueblo de Dios a favor de esa persona, la Palabra de Dios (por medio del testimonio, predicación, lectura, enseñanza u otro medio) y la receptividad de la persona a la gracia de Dios.

Produce dolor por los pecados cometidos y fe en Cristo para salvación
— Juan 16:8-11

Aquí se describe la función del Espíritu Santo en la vida del pecador, para abrir su entendimiento y que éste pueda reconocer su condición separada de Dios y sin esperanza. Sin esta acción del Espíritu Santo en nuestro corazón ninguno de nosotros podría caer en cuenta de que los hechos pecaminosos de su vida lo han separado del Creador.

Es el Espíritu Santo quien nos hace sentir culpa y dolor por los pecados cometidos, intranquiliza nuestra conciencia, nos mueve en los sentimientos y guía nuestra voluntad hacia Dios. Si ésta es dócil y coopera con la gracia de Dios, puede alcanzar salvación. Sin embargo, la Palabra también nos advierte que la gracia puede ser resistida por el ser humano.

Fuera de la acción del Espíritu Santo y la gracia preveniente de Dios no habría ninguna esperanza de salvación para los seres humanos, es por eso que el apóstol Pablo exclamó en Efesios 2:8: "Porque por gracia sois salvos por medio de la fe y esto no de vosotros pues es don de Dios". o como se traduce en la versión en Lenguaje Actual: "Ustedes han sido salvados porque aceptaron el amor de Dios. Ninguno de ustedes se ganó la salvación, sino que Dios se las regaló".

El Espíritu viene a vivir en nosotros cuando aceptamos a Cristo como Salvador

Desde los tiempos del Antiguo Testamento los profetas habían anunciado que el Espíritu Santo vendría a vivir en los corazones de los seres humanos (Isaías 59:21; Ezequiel 37:14; 39:29; Joel 2:28,29).

— Efesios 1:13

Pablo dice que cuando creímos en Jesús como Salvador "fuimos sellados con el Espíritu Santo". Esto significa que una vez que los pecados cometidos han sido limpiados de nuestra vida, Dios nos da el Espíritu Santo para que viva en nosotros y esta es la "señal" o el sello que indica que ahora somos hijos e hijas de Dios.

En la antigüedad el sello (por lo general el anillo) era como la firma de una persona y declaraba pertenencia sobre aquello donde se estampaba la marca. También indicaba autenticidad. Es semejante en nuestros días cuando los expertos autentican la firma en una obra de arte lo cual le asigna valor de verdadera a la obra, o cuando el notario público (escribano o abogado) autentica una firma con su sello señalando su veracidad como que "esto viene de quien lo firma".

Esto es lo mismo que hace Dios al poner su Espíritu en nosotros. Nos señala como "suyos" y ya no del pecado. A partir de allí el Espíritu comienza a guiarnos en una serie de cambios o transformaciones para llevarnos durante toda nuestra vida a ser más y más semejantes a Jesús.

En Hechos 19:1-7 vemos la experiencia de un grupo de nuevos cristianos a quienes el apóstol Pablo les hace una pregunta: "¿Recibisteis el Espíritu Santo cuando creísteis? Y ellos le dijeron: Ni siquiera hemos oído si hay Espíritu Santo".

Es importante que el cristiano sea consciente de la presencia del Espíritu Santo en su vida, pues éste es el recurso indispensable para que pueda permanecer creciendo en su experiencia de salvación, cerca de Cristo y lejos del pecado. El Espíritu Santo está presente en tu vida para que puedas relacionarte con Él y permitir que te hable y te guíe en cada aspecto de tu vida.

El Espíritu Santo te imparte una nueva Vida
— 1 Corintios 15:22

Aquí el apóstol Pablo divide la humanidad en dos grandes grupos: los que pertenecen a la generación de Adán y los que se unen a Cristo. Hay una gran diferencia entre estos dos grupos, a unos se les conoce porque caminan hacia la muerte y a los otros se les identifica porque han sido "vivificados", se les ha impartido la vida.

Una vez un hombre llamado Nicodemo vino a ver a Jesús. Este hombre se hallaba en la búsqueda espiritual y preguntó a Jesús cómo podía llegar a la vida eterna con Dios. Jesús le enseña que la única manera es nacer de nuevo (Juan. 3:3). Luego continúa explicándole que éste no es un nacimiento físico sino espiritual y que únicamente puede ser efectuado en el interior del corazón humano por el Espíritu de Dios. Este renacer espiritual es de adentro hacia afuera, es un cambio que ocurre en el interior, pero cuyas evidencias se perciben en el exterior.

¿Qué nombre recibe el Espíritu Santo aquí?
— Romanos 8:2

Recibe el nombre de "Espíritu de vida" y nos dice que este Espíritu nos libra de "la ley del pecado y de la muerte".

¿Qué palabra usa Pablo en 2 Corintios 3:6 y 5:17 para enseñar sobre la obra del Espíritu en el corazón humano?

En 2 Corintios 3:6 usa la palabra "vivificar", que significa regenerar. Regeneración es corregir algo o alguien que se había degenerado, restableciéndolo en su función y mejorándolo. En 2 Corintios 5:17 dice "De modo que si alguno está en Cristo, nueva criatura es; las cosas viejas pasaron; he aquí todas son hechas nuevas".

Reparta los pedazos de masilla plástica escolar a los alumnos y pídales que modelen una figura humana. Luego muévase entre sus alumnos y desfigure los muñecos que hicieron (deles un pellizco o aplástelos con sus manos), mientras les explica que lo que está haciendo es lo mismo que el pecado ha hecho en nosotros, hace que perdamos nuestra belleza, nuestra pureza, es decir, la imagen de Dios se desdibuja. Ahora pídales que hagan con esos muñecos lo que Dios ha hecho en sus vidas, en otras palabras que reparen el daño, que les devuelvan su identidad a su obra de arte. Observe a los alumnos, los que tuvieron que hacer todo el proceso de nuevo y pregunte luego ¿por qué hicieron de nuevo a su figura en lugar de repararla? Permita que expresen sus ideas al respecto relacionando lo que han hecho con el significado de "regenerar".

Una de las profecías más grandes en cuanto a nuestra salvación es la que se encuentra en Ezequiel 36:26-27. estos versículos. Jesús vino para que tuviéramos vida, esto significa que el creyente recibe vida espiritual en el momento de la salvación. La Biblia dice que cuando nos arrepentimos de nuestros pecados y ponemos nuestra fe en Cristo como nuestro Señor y Salvador somos hechos en ese mismo instante "hijos de Dios" (Juan 1:12).

Lo primero que hace el Espíritu de Dios es "cambiar el corazón de piedra por uno de carne". Lo que significa que el Espíritu Santo nos da un nuevo corazón. Éste, al contrario del otro que era rebelde y desobediente, es sensible a la voz de Dios. A esto es lo que la Biblia llama "conversión", un giro radical, una vuelta en "u" o nuevo comienzo. Este es un milagro, una "cirugía de corazón espiritual" que cada ser humano necesita para cambiar su forma de vivir centrado en sí mismo a vivir su vida en obediencia a Dios.

Toda esta obra es posible gracias al sacrificio perfecto de Jesús en la cruz del Calvario. Él pagó con su sangre el precio de nuestra salvación al poner su vida en nuestro lugar y recibir el castigo que nuestro pecado merecía. Jesucristo nos rescató de una vida de muerte espiritual al servicio del pecado, nos limpia de todo nuestro pecado y ha enviado a su Espíritu para que habite en nuestro ser. La Biblia dice que este cristiano es un bebé espiritual (1 Pedro 2:2), que necesita crecer y fortalecerse en la Palabra, en el servicio y en la obediencia a Dios en todas las áreas de su vida.

En la salvación se inicia el proceso de santificación

La única manera de vivir en santidad es siendo habitación del Espíritu Santo. "Nuestro espíritu fue creado para ser morada del Espíritu Santo quien imparte santidad de carácter". 1Esta presencia íntima de Dios se perdió cuando Adán y Eva cayeron en pecado. Es por eso que a través de toda la historia humana, Dios ha llamado a los hombres y mujeres a ser santos, como Él es Santo. Una vez que el Espíritu Santo habita en el corazón humano, el cuerpo físico pasa a ser templo o morada del Espíritu Santo (1 Corintios 3:16). A partir de entonces el Espíritu que habita en nosotros procurará mantenernos lejos del pecado y cerca de Jesús.

Es por eso que en el Nuevo Testamento a los cristianos se les llama santos. Un santo es una persona que ha nacido de nuevo y que ahora pertenece a la familia de Dios.

¿Qué es lo que hace luego el Espíritu de Dios en nuestro corazón, según Jeremías 31:33?

Una vez que el Espíritu ha creado en nuestro corazón una actitud receptiva, escribe en el interior del ser humano la ley de Dios para que viva conforme a ella.

A la experiencia de "nacer de nuevo" se le conoce también como "santificación inicial". Este es el inicio de una vida sintonizada con la voluntad de Dios. Es una existencia en la cual ya no se está bajo el gobierno del pecado, sino bajo el Señorío de Jesús. Por lo tanto, la vida se va moldeando poco a poco conforme al propósito de Dios. El Espíritu de Jesús nos impulsa para hacer lo bueno y rechazar lo malo. De este poder es el que está hablando Pablo cuando nos dice en Romanos 6:14 "Porque el pecado no se enseñoreará de vosotros; pues no estáis bajo la ley, sino bajo la gracia". El pecado no tiene poder sobre los hijos de Dios.

Nos inserta en el pueblo de Dios
— *Gálatas 4:4-7*

La adopción es un acto maravilloso de la gracia de Dios por medio del cual Dios nos declara "hijos suyos". Esto puede ocurrir gracias a que hemos sido perdonados, justificados y regenerados por Dios. El perdón y la justificación terminan con el problema de la culpa y el dolor que nos causa el pecado.

La regeneración y la adopción nos proveen una nueva identidad como miembros de la familia de Dios, con derechos y una herencia especial.

— *1 Pedro 2:9-10*

El apóstol Pedro dice de manera clara: "vosotros que en otro tiempo no erais pueblo, pero que ahora sois pueblo de Dios". El énfasis de este versículo es que ahora pertenecemos a un pueblo distinto, con características, leyes y propósito diferentes a los demás pueblos de la tierra. Este pueblo no se limita a una raza o a una bandera nacionalista, sino que se extiende más allá de las fronteras políticas, raciales, culturales o geográficas y abarca a toda la familia universal de Dios. Este pueblo es llamado por su Señor a consagrarse o santificarse o sea, entregarse por completo a la misión que Dios les ha encomendado: anunciar las buenas nuevas del Señor y hacer discípulos de Cristo en todo el mundo (Mateo 28:19-20).

[1] *Wesley L. Duewel en "Dios te ofrece su gran Salvación". Nappanee, Indiana: Evangel Publishing House, 2000, p. 21*

CONCLUSIÓN

El Señor por el poder de su Espíritu nos atrae hacia la salvación. Para ello el Espíritu nos hace sentir dolor y culpa por el pecado a fin de conducirnos al arrepentimiento, a pedir perdón y que Jesús que sea el Salvador y Señor de nuestra vida.

Cuando Dios nos perdona y limpia nuestro pecado, pone su Espíritu en nosotros y nos declara justos o santos delante de Él. La experiencia de salvación es un renacer desde adentro hacia fuera, es decir, somos transformados por el Espíritu en nuestro corazón. Dios nos adopta en su familia y somos unidos a su pueblo. Nuestra vida se convierte en templo y morada del Espíritu Santo, quien nos imparte la vida de Cristo, nos guía en el crecimiento continuo viviendo en santidad y siguiendo el modelo de Jesús.

SV

El rol del Espíritu Santo en nuestra salvación

HOJA DE ACTIVIDAD

Versículo para memorizar

"Pero cuando venga el Espíritu de la verdad, él los guiará a toda la verdad, porque no hablará por su propia cuenta sino que dirá sólo lo que oiga y les anunciará las cosas por venir". Juan 16:13 (NVI)

Actividad 1

Lea Hechos 8:39 – 40 y responda:

1. ¿Qué nombre recibe el Espíritu Santo en este pasaje? _____

_____

2. ¿Qué relación tiene este nombre con la promesa que hizo Jesús a sus discípulos en Juan 14:16-18. _____

_____

3. ¿A dónde llevó a Felipe el Espíritu y con qué propósito? _____

Actividad 2

La persona puede despreciar la gracia de Dios. Haz un resumen de la enseñanza de cada uno de estos versículos con respecto a cómo los seres humanos pueden resistir la gracia de Dios que opera en su vida para conducirlos a salvación.

• **Efesios 4:30**

_____

_____

_____

• **Hechos 5:9**

_____

_____

_____

• **Hebreos 10:19**

_____

_____

_____

• **Isaías 63:10**

_____

_____

_____

Agradece a Dios por los beneficios que te ha dado al adoptarte en Su Familia.

Conclusión

El Señor por el poder de su Espíritu nos atrae hacia la salvación. Para ello el Espíritu nos hace sentir dolor y culpa por el pecado a fin de conducirnos al arrepentimiento, a pedir perdón y que Jesús que sea el Salvador y Señor de nuestra vida.

Cuando Dios nos perdona y limpia nuestro pecado, pone su Espíritu en nosotros y nos declara justos o santos delante de Él. La experiencia de salvación es un renacer desde adentro hacia fuera, es decir, somos transformados por el Espíritu en nuestro corazón. Dios nos adopta en su familia y somos unidos a su pueblo. Nuestra vida se convierte en templo y morada del Espíritu Santo, quien nos imparte la vida de Cristo, nos guía en el crecimiento continuo viviendo en santidad y siguiendo el modelo de Jesús.

LECCIÓN 04

BASE BÍBLICA

2 Corintios 7:6-11.

PARA MEMORIZAR

"Porque por gracia ustedes han sido salvados mediante la fe; esto no procede de ustedes, sino que es el regalo de Dios". Efesios 2:8 (NVI)

PROPÓSITO DE LA LECCIÓN: QUE EL ALUMNO...

Comprenda la respuesta humana que Dios requiere para darnos salvación. **Reconozca** en qué consiste la fe que agrada a Dios, que no es conocimiento intelectual, ni fe temporal, sino fe que mueve a confiar plenamente en Jesús. **Evalúe** que tan profundo ha sido su compromiso de seguir a Jesús como discípulo hasta hoy. **Tenga** oportunidad de arrepentirse y pedir perdón a Dios si no tiene la seguridad de que Jesús es el Señor de su vida.

La parte humana de la salvación

POR MÓNICA DE FERNÁNDEZ

Introducción

Vivimos en un tiempo en donde las personas esperan que Dios resuelva todos sus problemas. Como consecuencia tendemos a culpar a Dios de todo lo que ocurre en el planeta y en nuestras vidas.

En la lección anterior vimos que toda la iniciativa de salvación proviene del Creador. Sin embargo también sabemos que Dios no impone su salvación a la fuerza a nadie; es por esta razón que podemos hablar de la parte humana en la salvación. En este sentido, para que Dios pueda realizar su obra completa de salvación necesita nuestra cooperación. Sin nuestra aceptación de sus condiciones y nuestra sincera disposición a enderezar toda nuestra vida conforme a su Palabra, la salvación no podría llegar a buen término. Lo que queremos decir es que esta es una obra con dos partes que cooperan mutuamente la una con la otra.

En esta lección estudiaremos como la actuación y la decisión del ser humano, permite que la obra de salvación en Jesús sea efectiva en la vida de todo ser humano que así la busca.

Estudio Bíblico

1. Reconocer la necesidad personal de ser salvo

Es de suma importancia el que reconozcamos la necesidad de ser salvos, pues en Romanos 3:23 el apóstol Pablo declara: "...todos... están destituidos de la gloria de Dios". Estar destituidos significa que si no aceptamos la salvación ofrecida por Dios por medio de Jesucristo, nuestro destino eterno es de seguro el infierno y la muerte.

— Isaías 53:6

La Biblia nos revela que no fuimos hechos para la muerte sino para vivir en eterna comunión con nuestro Creador. Lamentablemente, el pecado hizo un muro de separación entre el hombre y Dios. Solo por medio de la obra de Jesús en la cruz, podemos retornar al plan original.

El Espíritu Santo trata por muchos medios de "convencernos" de nuestro estado. Él trae convicción a nuestra vida para que reconozcamos que tenemos un problema con el pecado y que la única manera de salir de este problema es volviéndonos a Dios. Hay dos formas de responder a esta revelación del Espíritu Santo: con humildad, aceptando nuestra necesidad e impotencia para librarnos de la maldad o con orgullo, rehusando arrepentirnos.

En la Biblia encontramos varios ejemplos de personas que habiendo confesado su pecado endurecieron su corazón y por eso no pudieron ser perdonados.

Vivimos en un mundo donde hay poca predicación sobre el pecado. Algunos predicadores prefieren hablar del amor de Dios, de la prosperidad, de las sanidades, de los milagros, es decir únicamente es de todo lo que podemos "obtener" de Dios. Debido a esto, muchas personas van por la vida, ignorando que su gran problema se llama PECADO. Sin embargo, la convicción de pecado tampoco es suficiente. De nada nos sirve despertar a la gente de su adormecimiento espiritual para llevarla al convencimiento de la maldad en que está sumergida, si no hacemos nada luego para ayudarla a salir de este problema.

Dios no nos abandona cuando estamos cargados de culpa. Él nos conduce a un cambio radical. El llamado de Dios al arrepentimiento es una proclama de esperanza.

2. ¿Qué es arrepentirse?

La palabra arrepentirse que se usa en el texto bíblico es el término griego metanoia que significa "cambio de mente y vida". Trasmite la idea de cambio de ruta, dar un giro de 180 grados para dirigirse hacia la dirección contraria. El camino de Dios es opuesto al camino del hombre pecador y al del Diablo.

El arrepentimiento es un cambio completo en la manera de sentir, de pensar y de vivir.

— 2 Corintios 7:6-11
Vamos estudiar estos versículos con cuidado:

Tristeza por el pecado

Pablo se había enterado de la vida de pecado que llevaban algunas personas en la iglesia y les escribió una carta para ayudarles a comprender la condición de pecado en que se encontraban. Por medio de Tito recibe la noticia de que estos hermanos habían reconocido su falta y se habían entristecido. Pero esta era una tristeza "buena" porque les había llevado a arrepentirse de sus pecados.

Esta tristeza no se trata de un mero dolor o remordimiento, sino que señalaba un cambio en sus actitudes. La tristeza por el pecado es la manifestación física o emocional de la convicción intelectual. A veces la persona rompe en llanto como Simón Pedro cuando negó a Jesús. Nos dice la Escritura que "lloró amargamente".

En el versículo 10 Pablo señala la diferencia entre esta tristeza y la tristeza común. La tristeza que produce el mundo no ayuda a nada bueno. Cuando Judas traicionó a Jesús se entristeció pero se quitó la vida. La tristeza del mundo suele ser una tristeza egoísta. El ser humano se lamenta en su condición pecaminosa pero siente lástima de sí mismo. En cambio, la tristeza que Dios "trabaja" en nosotros produce humillación, es decir un corazón quebrantado que se derrama delante del Señor Dios pidiendo su auxilio.

Confesar el pecado

Proverbios 28:13 nos declara que el "que encubre su pecado no prosperará". La confesión es el reconocimiento de la culpa personal por el pecado cometido, o sea hacerse responsable ante Dios por todo el mal que ha hecho (malos pensamientos, malas acciones y malas palabras) y pedirle perdón.

— Salmo 32:5

En este Salmo David alaba a Dios por haberle perdonado de su pecado y expresa dos verdades muy importantes:

1) Reconoce que su culpa y pecado son solo suyos. Es un asunto personal. Asume la responsabilidad absoluta por su pecado ante Dios. Aunque nuestro pecado daña a otras personas, todo pecado es una ofensa a Dios: "contra ti, contra ti sólo he pecado; he hecho lo malo delante de tus ojos..." Salmo 51:4

2) Declara su incapacidad e impotencia para librarse por sí mismo de la carga de su pecado. El pecado cometido es una deuda contraída con Dios. Ningún ser humano puede "saldar" esta deuda, borrar esta ofensa a la santidad de Dios. Sólo confiando en Cristo como el único y suficiente Salvador podemos ser perdonados (1 Corintios 2:39).

También a veces es necesario confesar el pecado con la gente que se ha ofendido y hacer restitución hasta donde sea posible. El Espíritu Santo se encarga de traernos a la memoria las ofensas (pecados) a personas o a grupos de personas que necesitan ser confesadas a los que han sido dañados.

Decidir abandonar el pecado

El arrepentimiento cuando es verdadero lleva a renunciar al pecado.

— Isaías 55:7

Así cómo los sentimientos humanos responden a la convicción de pecado y la tristeza producida por Dios para llevarnos al arrepentimiento; la confesión de pecado, la renuncia al pecado y el hacer actos de restitución son impulsados por la voluntad.

Dios en su gracia pone en nuestro corazón un sentimiento de repudio hacia todo tipo de pecado. Pero aun así se necesita hacer ejercicio de la voluntad para decir no, cada vez que la oportunidad del pecado se asoma.

El pasaje citado en Proverbios 28:13 anteriormente nos dice que el que confiesa el pecado y "lo abandona", alcanzará misericordia. Esto no significa que podamos de alguna manera ganar la salvación, pero nuestra respuesta positiva a Dios es indispensable para que esta obra de limpieza pueda completarse en nosotros.

Es por eso que 1 Juan 1:9 dice: "Si confesamos nuestros pecados, Él es fiel y justo para perdonar nuestros pecados y limpiarnos de toda maldad".

3. Poner toda la fe en Cristo

Lea Efesios 2:8: "Porque por gracia sois salvos por medio de la fe; y esto no de vosotros, pues es don de Dios..."

Nuevamente vemos como este versículo nos señala a las dos personas que participan en la salvación. La parte de Dios: la gracia, la parte humana: la fe. La salvación que Dios nos ofrece está condicionada por nuestra fe. Al mismo tiempo, Pablo se encarga de dejar en claro que la fuente de la salvación es Dios y no los seres humanos, puesto que aún esta capacidad de creer es un don, o sea un regalo de Dios. El Espíritu Santo es el que obra en nuestra vida para que nos volvamos a Dios por medio del don de la fe. La fe es la que nos habilita a confiar completamente en Jesucristo para nuestra salvación.

¿Cómo es esta fe que Dios espera de nosotros para que Él pueda salvarnos?

Hay varios tipos de fe

Veamos estos tipos de fe. La fe de algunas personas es una fe de tipo histórico. Creen en Jesús como creen en... (diga el nombre de un personaje importante en la historia del país). Esta fe es de tipo intelectual o cognoscitiva. Creemos que esta persona existió o existe pero no le conocemos realmente.

La fe de otras personas se parece a la heladera de camping. La tenemos guardada en el garaje o en la bodega de la casa, allí está acumulando polvo y no nos acordamos de ella hasta que la usamos una o quizás dos veces al año. Si la hemos prestado a alguien y no la devolvió, recién entonces -cuando la necesitamos- recordamos que debemos reclamarla. Algunas personas tienen una fe "temporal", una fe que hace su aparición cuando estamos en una necesidad. Nos acordamos de Dios y clamamos a Él para pedir trabajo, para pedir salud, para pedir que nos proteja en un viaje. Es una fe que usamos sólo en algunos momentos de la vida.

Pero la fe salvadora es muy diferente a la fe intelectual y la fe temporal.

Acerque ahora la silla vacía a usted y párese al lado de ella. Mientras habla mire la silla y haga ademanes adecuados con sus brazos y cara que refuercen el significado de las palabras. Vamos a usar esta silla para comprender la fe salvadora. Mire esta silla, parece fuerte y yo creo que si me siento no me voy a caer ¿Qué piensan? ¿Resistirá mi peso? Yo puedo quedarme mirando la silla argumentando, diciendo cosas sobre su construcción o apariencia, pero nunca sentarme en ella. Al contrario, la fe salvadora es esa fe en la que yo tomo la decisión de poner toda mi confianza en la silla y me siento en ella, o sea deposito mis (...) kilogramos (o libras) confiando en que ella me va a sostener y no me dejará caer al suelo.

Así es la fe salvadora, ¡sólo si depositamos toda nuestra confianza en Jesucristo podemos ser salvos! Su fe puede ser débil, puede ser dubitativa, pero lo importante no es la calidad de su fe sino en quién está poniendo su fe.

— Juan 3:16-17

Juan nos dice que el Hijo no vino al mundo a condenarlo, sino "para que el mundo sea salvo por Él". No hay otro camino de salvación, poner nuestra fe en la persona correcta es fundamental para que podamos ser salvos. No está mal admirar a personas buenas vivas o muertas, pero estas personas no pueden hacer nada para limpiar nuestro pecado. Sólo la sangre de Jesucristo derramada en la cruz tiene el poder para perdonarnos de toda maldad (1 Juan 1:7-9).

4. Recibir a Jesucristo como Salvador y Señor

En Juan 13:13 Jesús dijo: "Vosotros me llamáis Maestro, y Señor; y decís bien, porque lo soy". Jesús se atribuye dos títulos o funciones en este versículo, como "Maestro" y como "Señor". ¿Qué entendía la gente de ese tiempo cuando oía a Jesús atribuirse estos títulos?

En primer lugar veamos "Maestro" que viene del griego epistates y significa uno que enseña y cuida a sus estudiantes o discípulos. En aquellos días había muchos maestros que enseñaban la Palabra de Dios, pero el estilo de Jesús era diferente al de ellos porque la enseñanza de Jesús iba más allá de dar lecciones: Él enseñaba con su ejemplo lo que ellos debían vivir.

La palabra kurios en griego, significa: uno que domina y dirige todo lo que es suyo e implica sumisión y obediencia de las personas que le pertenecen.

Señor es una palabra que en aquellos tiempos se usaba sólo para Dios en el caso de los judíos y sólo para el emperador "el Cesar" en el caso de los romanos. La creencia de aquellos tiempos era que el emperador era un dios y que al morir pasaba a formar parte de la gran cantidad de dioses romanos. Había inclusive pena de muerte para quienes llamaran Señor a otra persona que no fuera el emperador y algunos cristianos fueron condenados a muerte por esta causa.

Jesús le dice a la gente que estaba bien que le llamaran Señor porque en realidad cuando Él nos salva venimos a ser suyos, somos una posesión preciosa para Él. El tipo de dominio que Cristo ejerce sobre nosotros no es como un tirano o un rey que usa a la gente para su autocomplacencia. El tipo de señorío de que nos habla la Biblia es de servicio.

Como vimos, pedir perdón por nuestros pecados implica tomar la decisión de cambiar de vida. Este cambio es de una existencia bajo nuestro propio señorío a una vida obedeciendo a Cristo como Señor.

En la siguiente actividad veremos porqué el nuevo creyente necesita sujetarse al señorío de Cristo.

5. Creer que se ha nacido de nuevo

— Juan 6:47

Todos los que han sido perdonados de sus pecados han renacido a una nueva vida. Antes estaban vivos, pero muertos espiritualmente porque no tenían vida eterna; pero a partir de que el Espíritu Santo viene a vivir en su ser, tienen VIDA espiritual. Esta vida se extiende más allá de la muerte física, es una vida eterna, que no tendrá un final sino que nos permitirá estar con Jesucristo y servirle para siempre. Sin embargo, de nada sirve esta verdad si no la creemos y no vivimos de acuerdo a ella.

También, el apóstol Pablo dice en 2 Corintios 5:17 que si estamos en Cristo "somos nueva criatura". Esta nueva criatura viene a reemplazar a la persona que antes yo era. Esa criatura vieja que vivía en

pecado tiene que dejar de existir para dar espacio a que esta nueva persona crezca en nosotros. El bautismo cristiano justamente representa esta verdad espiritual. Simboliza que la persona ha muerto al pecado (cuando se sumerge en el agua) y que ha renacido a una nueva vida como discípulo de Cristo.

Si creemos con todo nuestro corazón que hemos sido hechos nuevas criaturas, esta convicción interior nos ayudará a mirarnos a nosotros mismos y a las circunstancias que nos rodean de manera diferente. Ya no tenemos que seguir pecando, ahora somos hijos e hijas de Dios, creados para vivir en santidad y servir a los propósitos de Dios en este mundo.

Creer que hemos sido hechos nuevos es indispensable, porque es el punto de partida para un desarrollo saludable en esta nueva vida, permitiendo que la vida de Jesús crezca en nuestro interior y se expanda hasta llenar todo nuestro ser.

6. Compromiso a perseverar en el discipulado

Todo cristiano es llamado a ser un discípulo de Jesús. Esto implica aceptar a Jesús como el Maestro que nos mostrará cómo vivir a manera de agradar a Dios en todo lo que pensamos, decimos y hacemos. El cristiano nunca deja de ser un discípulo, porque aprender a ser santos como Jesús es algo que nos llevará toda la vida.

Cada cristiano debe tomar esta decisión de ser un aprendiz. Para ello se requiere humillación y reconocer que todo lo que hemos aprendido en nuestra vida no tiene ningún valor si lo comparamos con las riquezas de sabiduría que Cristo quiere darnos.

Al mismo tiempo, el discipulado no es sólo conocimiento de tipo intelectual, no es sólo aprender para guardar las verdades espirituales en nuestra mente, sino para atesorarlas en nuestro corazón y permitir que estas verdades transformen poco a poco todo lo que somos y lo que hacemos. El apóstol Pablo aconseja a su hijo espiritual Timoteo en 1 Timoteo 4:16 a que cuide su manera de vivir así como cuida la doctrina que aprende y enseña. En la próxima lección hablaremos más sobre cómo vive una persona que ha nacido de nuevo.

Termine con unos momentos de oración por las necesidades personales que surjan de la actividad anterior.

CONCLUSIÓN

La salvación en Cristo no es algo que sucede accidentalmente: es un plan diseñado por el Dios eterno. A la vez, este plan no es impuesto al ser humano, es por eso que la salvación implica un reconocimiento personal de la necesidad de ser salvos.

La salvación no puede llegar sin arrepentimiento genuino por parte de la persona pecadora lo cual le lleva a humillarse y pedir perdón a Dios por sus pecados.

La salvación requiere un acto de fe de parte del pecador arrepentido y una entrega absoluta a Jesucristo aceptándole como único Salvador y Señor de la vida. Esta experiencia se mantendrá fresca en nosotros en la medida que nos comprometamos a ser discípulos del Maestro toda la vida.

La parte humana de la salvación

HOJA DE ACTIVIDAD

Versículo para memorizar

"Porque por gracia ustedes han sido salvados mediante la fe; esto no procede de ustedes, sino que es el regalo de Dios". Efesios 2:8 (NVI)

Actividad 1

Investiga en la Biblia algunos ejemplos de personas que reconocieron su pecado pero endurecieron su corazón.

TEXTO	¿De quién se trata?	¿Cuál fue el pecado que confesó?	¿Cómo terminó su vida?
Éxodo 9:27–34			
Números 22:34; 23:10 y 31:8			
Josué 7:20			
1 Samuel 15:24			
Mateo 27:4			

Actividad 2

Los aspectos de la fe salvadora

Completa la siguiente lista de las características de la fe salvadora buscando en los versículos bíblicos y completando las palabras que faltan en las oraciones.

a) Someter la _____ a Dios (Salmo 37:5).

b) Creer en _____ (Juan 3:15).

c) Hacerse _____ en el corazón (Romanos 6:17).

d) _____ con el corazón (Romanos 10:9-10).

e) Creer que la Biblia es _____ (2 Timoteo 3:16-17).

f) Poner toda tu _____ en Dios (Hebreos 2:13).

g) Invitar a _____ a tu vida (Apocalipsis 3:20).

Actividad 3

Autoevaluación ¿He tenido realmente esta experiencia de ser salvo?

Responde a las siguientes preguntas, señalando en el casillero correspondiente con **SÍ** o **NO**.

a) ¿Has sentido dolor por tus pecados? _____

b) ¿Ese dolor te condujo a arrepentirte con sinceridad delante de Dios? _____

c) ¿Has pedido perdón a Dios por tus pecados? _____

d) ¿Has vuelto a cometer los mismos pecados por los que te arrepentiste? _____

e) ¿Has confiado en Jesús y sólo en Él como Salvador para ti? _____

f) ¿Puedes decir que en este momento Jesús es el Señor de toda tu vida? _____

g) ¿Tienes un profundo compromiso como seguidor de Jesús? _____

h) ¿Crees que otros piensan que eres un fiel discípulo de Jesús? _____

i) ¿Tienes la seguridad de que ahora eres un hijo/ hija de Dios? _____

j) ¿Si no es así, te gustaría tener esa seguridad hoy en tu vida? _____

Indica al maestr@ las áreas de tu vida en que has contestado no. Si en verdad y de todo tu corazón quieres arrepentirte de tus pecados y ser salvo no lo dejes para la otra semana. Pide al Señor conforme a tu necesidad y confía plenamente en que Él hará su parte y te hará una nueva criatura.

Conclusión

La salvación en Cristo no es algo que sucede accidentalmente: es un plan diseñado por el Dios eterno. A la vez, este plan no es impuesto al ser humano, es por eso que la salvación implica un reconocimiento personal de la necesidad de ser salvos. La salvación no puede llegar sin arrepentimiento genuino por parte de la persona pecadora lo cual le lleva a humillarse y pedir perdón a Dios por sus pecados. La salvación requiere un acto de fe de parte del pecador arrepentido y una entrega absoluta a Jesucristo aceptándole como único Salvador y Señor de la vida. Esta experiencia se mantendrá fresca en nosotros en la medida que nos comprometamos a ser discípulos del Maestro toda la vida.

LECCIÓN 05

BASE BÍBLICA

Salmo 32, Efesios 2:19 y 1 Pedro 2:9-10.

PARA MEMORIZAR

"Por lo tanto, si alguno está en Cristo, es una nueva creación. ¡Lo viejo ha pasado, ha llegado ya lo nuevo!". 2 Corintios 5:17 (NVI)

PROPÓSITO DE LA LECCIÓN: QUE EL ALUMNO...

Conozca los cambios internos que se reflejan en el estilo de vida del nuevo discípulo. **Comparta** su testimonio sobre las evidencias del nuevo nacimiento en su vida. **Verifique** si está dando espacio al Espíritu Santo en su vida para que le guíe a reordenar su vida conforme a las enseñanzas de Jesús.

La Salvación: Una experiencia que transforma

POR MÓNICA DE FERNÁNDEZ

Introducción

En las lecciones anteriores estudiamos la parte de Dios y la parte humana en la experiencia de la salvación. El milagro del nuevo nacimiento marca el inicio de una serie de cambios internos y transformaciones externas que el Espíritu Santo dirige en nuestra vida.

En esta lección hablaremos sobre estas evidencias externas e internas de la salvación que evidencian que el Espíritu Santo ha venido a habitar en el corazón y ha iniciado la transformación de la forma de pensar y de vivir. Los cambios internos sólo pueden ser apreciados por la misma persona, pero el proceso de transformación externa en su manera de vivir puede ser apreciado por todos los que le rodean. Estas evidencias de cambio en la manera de pensar, de hablar y de comportarse son la prueba contundente de que el arrepentimiento ha sido sincero y que en verdad la persona ha nacido de nuevo.

Juan el Bautista fue quien precedió a Jesús anunciando a la gente de su tiempo que debía arrepentirse de sus pecados. A los que confesaban con su boca su arrepentimiento Juan los bautizaba en agua. No obstante, Juan dudaba de la sinceridad de algunas personas, porque llevaban una doble vida. Por un lado eran religiosos que cumplían con todo lo que la ley judía señalaba, pero por el otro, su vida estaba llena de pecado. Por eso Juan los despedía diciéndoles. "Haced frutos dignos de arrepentimiento..." (Mateo 3:8).

Hablaremos de estos frutos en esta lección y para ello responderemos a la pregunta: ¿Cuáles son los cambios internos y externos en la vida de la persona que evidencian que ha nacido de nuevo?

Estudio bíblico

1. Un corazón pleno de felicidad

La historia del rey David siempre nos conmueve.

La Biblia nos muestra a David tal cual era, con sus debilidades pero también con una tremenda sensibilidad para dejarse guiar por el Señor. Él era un poeta y escribió muchas canciones que se encuentran en el libro de los Salmos. Una de ellas es el Salmo 32 donde David describe el gozo de haber sido perdonado, luego de la cadena de pecados cometidos en relación a su adulterio con Betsabé.

— *Salmo 32*

David trata de expresar en palabras el gran cambio que ha ocurrido en su interior cuando fue perdonado. Todos los sentimientos negativos que causaba el pecado en su vida habían desaparecido y habían sido reemplazados por "bienaventuranza".

Esta palabra "bienaventuranza" significa felicidad. Este no es cualquier tipo de felicidad temporal como cuando recibimos una buena noticia, sino un gozo profundo que viene al corazón del nuevo cristiano para quedarse. Esta felicidad es posible porque ahora la única fuente de la felicidad verdadera que es Dios habita en su vida por medio del Espíritu Santo.

Ésta no es una felicidad que nosotros podamos fabricar o fingir. Es una emoción natural que fluye en el interior del nuevo discípulo desde que tiene la certeza de haber sido perdonado y haber sido reconciliado con Dios.

La expresión externa de esa felicidad va a depender de nuestra personalidad. Para David era escribir canciones de alabanza a Dios. Con David pueden identificarse aquellos cristianos que cantan en voz alta mientras escuchan canciones cristianas. Otros quizás no lo expresan de manera audible pero de todas maneras alaban a Dios en su corazón

2. Un corazón lleno de gratitud

— *1 Tesalonicenses 5:18*

En el idioma hebreo las palabras alabanza y gratitud vienen de la misma raíz (yadah). La Biblia está llena de expresiones de gratitud a Dios y de palabras que nos animan a ser agradecidos. Pero esta actitud de agradecimiento viene de un corazón que se ha humillado ante Dios y ha reconocido que todo lo que tiene, todo lo que es y todo lo que vendrá a su vida en el futuro viene de Dios.

Jesús nos enseñó a orar por cosas tan sencillas como el pan de cada día, o sea el alimento que nos sustenta. Este es un cambio gigante en la manera de pensar. Un corazón centrado en sí mismo se atribuye los logros alcanzados, pero el corazón centrado en Dios reconoce que cada cosa grande o pequeña que ocurre en su vida ha sido provista por su Señor.

La gratitud entonces debería ser siempre algo normal en la vida de aquel que ha sido salvo por la gracia de Jesús, aunque no siempre fluye naturalmente, porque nuestra naturaleza humana tiende a querer apropiarse del crédito por los logros obtenidos atribuyéndolos al esfuerzo personal. Es por eso que con frecuencia la Palabra nos recuerda que debemos ser agradecidos y alabar a Dios en todo y por todo.

3. Un alma que clama por compañerismo con Dios

Disfrutar del compañerismo con el Creador es un privilegio enorme que gozan todos los hijos e hijas de Dios. Al comienzo, el nuevo creyente puede tener algunos conceptos equivocados sobre cómo hablar con Dios. Pero poco a poco comprende que puede dirigirse a su Señor con toda confianza, así como un niño pequeño habla con su padre. Con el tiempo la oración llega a ser para el cristiano algo tan natural como el respirar.

No debemos esperar que el hábito de orar llegue sin esfuerzo de nuestra parte. Todo cristiano debe disciplinar su vida y apartar un tiempo de calidad cada día para hablar con su Señor. Ese tiempo dependerá de la hora del día en que podamos encontrar un espacio de quietud y el que sea mejor para concentrarnos en Dios y en su Palabra.

El Espíritu Santo dentro nuestro nos hace desear esas "conversaciones" con Dios, nos hace anhelar conocer más y más de Dios y qué mejor que hablar con Él para conocerle más. Es difícil expresar este anhelo con palabras, por ello el salmista lo compara con la sed. En salmo 42:1-2 dice: "Como el ciervo brama por las corrientes de aguas, así clama por ti, oh Dios, el alma mía. Mi alma tiene sed de Dios, del Dios vivo; ¿Cuándo vendré y me presentaré delante de Dios?"

Esta sed insaciable de tener compañerismo con Dios es uno de los frutos de esta vida nueva como hijo o hija de Dios.

El Señor Jesucristo es nuestro mejor modelo de una vida de oración. Él oraba cuando estaba contento y cuando estaba triste. Cuando estaba relajado y cuando estaba estresado. El cansancio nunca le impidió orar, en ocasiones pasó toda la noche orando (Lucas 6:12).

Desarrollar una disciplina de oración siendo sensibles a esa sed de nuestra alma por compañerismo con Dios es indispensable para nuestra permanencia en el camino del Señor.

4. Deseo de estar con la familia de Dios
— *Efesios 2:19 y 1 Pedro 2:9-10*

Los cristianos somos miembros de la familia de Dios. Esto es lo mismo que dice el apóstol Pedro en 1 Pedro 2:9-10. La palabra "linaje" significa unión a una familia por lazos de sangre. Todos los que han aceptado a Cristo como su Señor y Salvador pertenecen al linaje de la familia de Dios. Esta relación no se refiere a un parentesco político, sino a una línea directa de filiación. La iglesia ha sido escogida por Dios para ser su especial familia.

Todo nuevo creyente necesita del amor y del calor de esta familia para poder sobrevivir -espiritualmente hablando- en este mundo contaminado por el pecado. A este compañerismo entre los cristianos se le llama también "comunión".

Al comienzo de la vida cristiana es normal sentir temor a entrar en un grupo de gente que no conocemos. Pero al poco tiempo, cuando vamos haciendo amigos comenzamos a desear estar en compañerismo con los "hermanos en Cristo". En la Familia de Dios, Cristo es el hermano mayor y todos somos hermanos los unos de los otros (Romanos 8:29). Con el paso de los días y los meses llegamos a amar a la familia de la fe como si fuera nuestra familia de sangre. Esto no es casualidad, Dios nos está preparando para vivir por toda la eternidad con nuestra familia espiritual.

En la iglesia local los nuevos creyentes o bebés espirituales deben recibir amor, calor, instrucción, protección y disciplina. Una de las formas como el ser humano aprende es por imitación y solo estando con la iglesia podemos aprender a vivir como hijos e hijas de Dios. La iglesia debe vivir como una familia donde los integrantes se preocupan y se ayudan los unos a los otros (Gálatas 6:10).

Sin embargo, no debemos esperar que la iglesia sea "perfecta". Sí bien es cierto que la iglesia debe vivir en santidad, al mismo tiempo la iglesia está compuesta por seres humanos que son diferentes en muchas formas y que son el fruto de las influencias que reciben de su medio familiar, religioso, social, político, cultural y económico. Muchas veces esto ocasiona roces y cambios de opinión en la familia de Dios; no obstante, en una familia lo que debe prevalecer es el amor y el respeto. En la familia de Dios debemos poner todo nuestro esfuerzo para comprendernos, amarnos y apoyarnos que es la forma en que las familias permanecen unidas y son más fuertes.

5. Una visión reenfocada

¿Qué es lo que hace que un hombre o una mujer cambien rotundamente su forma de ser?

En la Biblia, en la historia de la Iglesia y a nuestro alrededor encontramos miles de ejemplos de cómo Jesucristo transforma las vidas.

— *Lucas 5:10-11 y Mateo 9:9.*

Por ejemplo en Lucas 5:10-11 vemos como la vida de varios pescadores cambió, producto de un milagro de pesca. De hecho el pasaje dice: "...dejándolo todo, le siguieron" y ellos comenzaron a ser discípulos de Jesús. También tenemos el ejemplo de Mateo cuando estaba sentado en el banco de tributos. De repente aparece por allí Jesús, lo mira y le dice: "Sígueme" (Mateo 9:9) y la Palabra dice: "Y se levantó y le siguió". La vida de estos hombres cambió en un instante.

Cuando el Espíritu de Dios viene a morar en nuestra vida nos cambia la visión. Antes veíamos al mundo, a las personas y a nosotros mismos con nuestros propios ojos, pero ahora comenzamos a ver con los ojos de Jesús. A medida que conocemos más a Jesús y nos relacionamos con Él y Su Palabra, nuestra visión se reenfoca para que podamos ver como Jesús ve.

La nueva vida en Cristo trae consigo un reenfoque de nuestra forma de ver a la gente, de ordenar nuestras prioridades, en el uso que hacemos del tiempo y en cómo usamos el dinero, entre otros.

Este reenfoque de la vida no es un cambio cosmético que afecta sólo el exterior de nuestra vida, ni tampoco es esforzarse en obedecer ciertas reglas, sino una transformación de adentro hacia afuera, que se inicia por un cambio de motivaciones y sentimientos y se irradia en la vida exterior.

6. Rechazo a todo tipo de pecado

La manera de enfrentar los problemas de la vida y conflictos personales para el hijo de Dios se basa en los principios de la Palabra de Dios y en el amor. Un cristiano no puede seguir resolviendo problemas de la manera antigua, o sea igual que cuando vivía en pecado.

Las personas sin Cristo resuelven sus problemas usando la coerción, la violencia, la manipulación, la mentira, el autoritarismo, los gritos, el enojo, las palabras groseras y muchas otras formas de pecado. El cristiano, por el contrario, sigue el ejemplo y la enseñanza de Jesús.

— Efesios 4:22-32.

Cuando el cristiano se encuentra frente a una situación y actúa como lo hacía antes (mintiendo, manipulando o de otra forma) algo diferente pasa en su vida. Una voz en su interior lo reprende, le hace sentir tristeza por lo que ha hecho o cómo lo ha hecho.

La presencia del Espíritu Santo en nuestra vida nos hace diferentes. Ya no podemos pecar con libertad como antes lo hacíamos. La Palabra de Dios dice que el Espíritu que habita en nosotros se entristece cuando pecamos.

En la Biblia encontramos ejemplos claros de cómo un corazón transformado por el poder de Dios, busca resolver las circunstancias difíciles de acuerdo a la Palabra de Dios. En Hechos 6:1-7 se relata un problema que surgió en la iglesia de Jerusalén que pudo haber desatado un grave conflicto; pero al que los apóstoles dieron solución abriendo espacio para que otros participen en el ministerio. Así, los apóstoles seguían cumpliendo con su llamamiento y las viudas continuarían siendo atendidas en sus necesidades. El principio para resolver el problema aquí fue buscar el bien para todos los involucrados.

En Gálatas 6:1 encontramos otro problema. Éste era un caso de un hermano que había pecado y la iglesia tenía que tomar una decisión sobre el asunto. El apóstol Pablo aconseja que cuando alguien sea sorprendido en un pecado, los que son espirituales lo restauren ayudándole a llevar esta carga o esta vergüenza. Ésta -por cierto- no es la solución más sencilla y fácil. Humanamente cuando alguien nos traiciona queremos hacerle pagar por lo que nos hizo. Pero la actitud de Cristo hacia el pecador es una de amor perdonador que busca restaurar y este es el camino que Pablo les indica tomar. El principio aquí es amar y perdonar a quienes nos defraudan, aunque sea el camino más difícil.

En Gálatas 2:11 encontramos un problema de conflicto entre dos hermanos en la fe, ambos líderes en la iglesia. Pablo se había dado cuenta de que Pedro se estaba conduciendo mal con respecto a los creyentes no judíos. Sabiamente, en vez de comenzar a murmurar del apóstol Pedro prefirió enfrentarlo cara a cara. ¡Qué gran ejemplo para la iglesia! En ningún pasaje bíblico nos dice que Pedro y Pablo después de este incidente quedaron enojados de por vida; al contrario, corrigió Pedro su actitud y ambos líderes continuaron propagando el evangelio. El principio aquí es que para resolver los conflictos interpersonales el mejor camino es confrontar al otro y decirle la verdad con amor, buscando siempre el bien y el crecimiento de mi hermano o hermana.

CONCLUSIÓN

La experiencia de salvación es una obra que ocurre en el interior del corazón pero que puede verse por los cambios exteriores en la vida del cristiano.

La salvación -cuando es verdadera- puede ser vista por otras personas a través de los "frutos de arrepentimiento" que se muestran en todos los aspectos de la vida del nuevo discípulo. *SV*

LECCIÓN 05

La Salvación: Una experiencia que transforma

HOJA DE ACTIVIDAD

Versículo para memorizar

"Por lo tanto, si alguno está en Cristo, es una nueva creación. ¡Lo viejo ha pasado, ha llegado ya lo nuevo!". 2 Corintios 5:17 (NVI)

Actividad 1

¿Cómo expresas en tu vida el gozo de ser un cristiano? ¿Con cuál de estos ejemplos bíblicos te identificas?

Busca en tu Biblia algunas diferentes expresiones de la felicidad interior y señala aquellas que son semejantes a tu experiencia y comparte con el resto de la clase.

Salmos 32:11 _____

Salmos 92: 2 _____

Efesios 5:19 _____

Otro _____

Actividad 2

Responde a las siguientes preguntas y luego comparte con el resto de la clase.

¿A qué peligros se expone un cristiano que deja de ser agradecido? _____

_____

¿Cómo podemos demostrar en forma práctica nuestro agradecimiento a Dios? _____

_____

¿Qué cambios podemos hacer en nuestra vida para aprender a ser más agradecidos? _____

_____

Actividad 3

Lee el pasaje de Hechos 2:42-47.

Haz una lista de las cosas que hacían juntos los miembros de la primera iglesia en Jerusalén. Luego en la columna de la derecha haz una lista de aquellas cosas que hacen juntos en tu iglesia local. Para finalizar aprecia las coincidencias y dialoguen sobre lo siguiente: ¿En nuestra iglesia local estamos dando evidencias de que somos una familia en Cristo? ¿Hay algo más que deberíamos hacer para estrechar los lazos de hermandad entre nosotros?

_____   _____

_____   _____

_____   _____

_____   _____

_____   _____

_____   _____

¿Cómo cultivaban la comunión en la iglesia de Jerusalén? _____

_____

¿Cómo expresamos nosotros nuestra comunión? _____

_____

Conclusión

La experiencia de salvación es una obra que ocurre en el interior del corazón pero que puede verse por los cambios exteriores en la vida del cristiano. La salvación -cuando es verdadera- puede ser vista por otras personas a través de los "frutos de arrepentimiento" que se muestran en todos los aspectos de la vida del nuevo discípulo.

LECCIÓN 06

Actitudes pecaminosas que necesitan ser limpiadas

POR MÓNICA DE FERNÁNDEZ

Base Bíblica

Mateo 8:23-27 y Mateo 19:13-15.

Introducción

Al contemplar en los libros del Nuevo Testamento la obra gigantesca realizada por los apóstoles, el lector puede concluir fácilmente en que estos eran hombres extraordinarios. Sin embargo estos no parecen ser los mismos hombres que estuvieron con Jesús y que se retratan en los Evangelios.

Jesús escogió a doce personas imperfectas que necesitaban ser restauradas. Cuando Jesús llamó a los doce, éstos se caracterizaban por ser personas sin desarrollo espiritual ni intelectual; impulsivos (Juan 21:7; 13:9; 18:10; Lucas 9:54; 1 Juan 4:8); pecadores (Marcos 9:33,34; 10:37; Lucas 22:24); incapaces de solucionar muchos problemas que los dejaban perplejos (Mateo 18:21-35, 9:3; Lucas 10:29; 20:22); ignorantes; prejuiciados (Marcos 10:22); inestables en su fe (Juan 6:67).[1] Ninguno de los discípulos de Jesús "pertenecía a las clases superiores. Eran pescadores, cobradores de impuestos, obreros. Mateo y Simón el Zelote, eran incluso, por su origen, mortales enemigos políticos".[2]

Jesús hizo de este grupo de hombres con tantas imperfecciones... "Juzgando por los resultados la mejor generación de maestros que el mundo ha conocido: doce hombres que después revolucionaron el mundo".[3] Un autor afirma con razón: "El milagro más grande de la historia parece ser la transformación que Jesús efectuó en aquellos hombres".[4]

Jesús escogió gente imperfecta que necesitaba ser restaurada y reconocía esa necesidad. Otras personas del tiempo de Jesús necesitaban ser restauradas pero no lo reconocían, como los fariseos, a los cuales Él condenó por su vanidad y orgullo, pues se negaban a admitir su necesidad de ser restaurados del pecado.

El propósito de esta lección es estudiar algunas de las actitudes pecaminosas que salían a la luz en la vida de los discípulos y que Jesús reprendió en ellos, a fin de que podamos examinar nuestra vida para descubrir e identificar aquellas actitudes arraigadas en lo profundo de nuestro corazón que no concuerdan con la vida santa que Dios quiere que vivamos.

[1] Price, JM. En "Jesús el maestro". El paso, Texas: C.B.P., s/f. p. 29-46.
[2] Gabner-Hainer, Antón en "Vocabulario práctico de la Biblia. Barcelona: Herder, 1975: 407.
[3] Maquis citado en Price, p. 46, op. cit.
[4] T. R. Glover, citado en Price, p. 45, op. cit.

Estudio bíblico

En el caminar con Jesús los discípulos demostraron que había cosas que les era difícil aceptar. Ellos querían ser como Jesús pero encontraban en sí mismos pensamientos e ideas contradictorias con sus enseñanzas y esto reveló la raíz de egoísmo que había en sus corazones. Debemos agradecer a Dios por los escritores de los Evangelios porque no ocultaron las luchas espirituales que ellos tuvieron al tratar de vivir una vida de pureza y comportarse como Jesús esperaba de ellos. Veamos si hay en nuestra vida actitudes como las de ellos que impiden que el carácter santo de Jesús se refleje en nuestra vida.

1. Dudaban, su fe era débil

— Mateo 8:23-27

Llega un momento en la vida de todo cristiano en que su fe tiene que ser puesta a prueba. Es algo que ocurre a la mayoría de los jóvenes cristianos cuando cursan sus estudios universitarios donde escuchan muchas "voces" que cuestionan y niegan la veracidad de la existencia de Dios, de Jesús y la validez de la Biblia como autoridad para la vida.

Hoy en día estas voces llegan a los cristianos de todas las edades por los medios de comunicación. Casi todos los días estamos expuestos a información que contradice y niega las afirmaciones de la Biblia sobre el origen de los seres humanos, sobre la realidad de un Dios que nos ama y se relaciona con nosotros y de que tenga un propósito para nuestra vida. Se pone en duda la existencia del pecado, de Jesús... y ¡hasta de nosotros mismos!

Una fe débil no sobrevivirá a esta tormenta de mentiras. Un cristiano que duda es vulnerable a la tentación y en cualquier momento puede volver al pecado.

Cada creyente debe decidir si va a creerle a Dios, a quien no puede ver, o creer lo que ve y oye en los medios de comunicación. Esta fe es obrada por el Espíritu Santo en nuestra vida, pero depende de nuestra decisión que pueda crecer y hacerse fuerte.

2. Ponían la mira en cosas de hombres

Una de las reprimendas más duras que Jesús dio a sus discípulos fue dirigida a Pedro. Lea Marcos 8:31-37.

Este momento relatado por Marcos transcurre en una de las lecciones privadas de Jesús a su grupo de discípulos. En esta ocasión el Maestro les habla sobre los sucesos que rodearían su muerte y resurrección.

Pedro aparta a Jesús del grupo y trata de disuadirlo de estos pensamientos pesimistas. La reacción de Jesús no se deja esperar: se dirige a todo el grupo nuevamente y delante de ellos reprende a Pedro con estas palabras: "¡Quítate de delante de mí, Satanás! Porque no pones la mira en las cosas de Dios, sino en las de los hombres".

¿Por qué Jesús habla a Pedro de esta manera llamándole Satanás? La respuesta es simple. Pedro pensaba que estaba cumpliendo con su deber como emisario del grupo tratando de convencer a Jesús de que no tomara el camino de la muerte. Como ser humano su mente le decía que lo razonable es huir del sufrimiento, pero sus pensamientos estaban tan lejos de la voluntad de Dios que sus palabras tenían la misma intención que las palabras de Satanás cuando tentó a Jesús en el desierto intentando desviarlo de la misión a la cual había venido a este mundo. No es que Pedro conscientemente estaba dejándose usar por Satanás, pero esto ocurre porque nuestros pensamientos están impregnados por la forma de pensar **egoísta** de este mundo. Esa forma de pensar es normal a la gente que vive sin Dios, pero es casi siempre opuesta a la verdad de Dios y a su voluntad para nuestra vida.

En el versículo siguiente Jesús hace una de las declaraciones más importantes y que más se ha debatido en la historia de la Iglesia, afirmando que nadie puede ser su discípulo si no está dispuesto a tomar la cruz y seguirle. Tomar la cruz es para nosotros hoy, estar dispuestos a obedecer a Dios en cualquier cosa que nos pida para llevar salvación a este mundo perdido -cueste lo que cueste-, tomando la decisión de entregar todo por su causa, aun hasta nuestra propia vida.

Los discípulos aún no habían hecho una entrega total y absoluta de sus vidas al Señor.

3. Se impacientaban y molestaban con las personas
— *Mateo 19:13-15*

Parece ser que el ser humano siempre demanda paciencia hacia él, pero tiene problemas para ser paciente con otros. Sobre todo es difícil para los adultos tener paciencia con los niños. Esta es la realidad que propaga el personaje El Chavo, de la famosa serie televisiva de Roberto Gómez Bolaños, cuando exclama: "es que no me tienen paciencia".

Los discípulos se molestaron con los padres que llevaban a sus niños pequeños para que Jesús los bendijese. Los judíos tenían la costumbre de bendecir poniendo las manos sobre la cabeza. Esta era una forma de dedicación o consagración de la persona a Dios, siendo que desde entonces se consideraba que esta persona era propiedad de Dios.

Jesús les reprende la actitud a sus discípulos porque con su forma de actuar -impidiendo a los niños llegar hasta él- estaban discriminando a estas criaturas cerrándoles el camino a la gracia divina y a la Salvación.

La **impaciencia** nos lleva al enojo y el **enojo** nos lleva a pecar. La **impaciencia** surge por la intolerancia o falta de aceptación de otras personas. El cristiano debe ser una persona que ame a las otros tal cual son y no solamente cuando le agrada como son y como se comportan. Este amor sólo puede recibirse de Dios cuando el orgullo es limpiado de nuestro corazón.

4. Manifestaban dureza para juzgar a otros
— *Lucas 9:51-54*

En esta ocasión la gente de esta aldea de Samaria había sido grosera con Jesús al negarle la ayuda que solicitaba. Judíos y samaritanos se odiaban entre sí y Jesús tenía que pasar por tierra de Samaria para llegar a Jerusalén. Probablemente los discípulos temían que ladrones los asaltaran y le hicieran daño al Maestro.

Jacobo y Juan (a quienes apodaban los hijos del trueno) se sienten ofendidos por estos samaritanos y haciendo gala de su orgullo nacionalista le piden a Jesús autorización para enviar fuego del cielo y consumir a la ciudad y su gente. Nuevamente la reacción impaciente surge, pero esta vez aunada a la **inclemencia** o falta de misericordia y los **deseos de venganza**.

Dios jamás pondrá a nuestra disposición su autoridad y poder para que nosotros castiguemos a otros por haber ofendido nuestro orgullo. Jacobo y Juan querían usar el poder de Dios para satisfacer sus deseos de venganza. Esta actitud de los apóstoles nos recuerda al profeta Jonás, quien se sentó a esperar que Dios destruyera la ciudad. ¡Ni por un momento se le ocurrió pensar en que Dios no es un Dios vengativo sino uno que mira a todas las naciones con misericordia!

Jesús les reprende duramente porque los pensamientos y los deseos de ellos estaban diametralmente opuestos al sentir del corazón de Dios. Jacobo y Juan tenían un corazón lleno de amargura contra los samaritanos. Estaban más preocupados por la ofensa que recibieron de ellos que lastimó su orgullo que en demostrarles el amor de Dios. Su reacción ante la agresión de los enemigos no correspondía al "Espíritu de Jesús". Ellos continuaban reaccionando ante las circunstancias de manera que no era digna de un hijo o hija de Dios.

Dejar que en nuestro corazón echen raíces los sentimientos de **odio** y **amargura** y los **deseos de venganza** es contrario al amor y la misericordia de Cristo que debe llenar nuestro ser.

5. Peleaban por defender sus derechos a ser los primeros
— *Lucas 22:24-30*

Este suceso que relata Lucas ocurre durante la última cena, horas antes de que Jesús fuera arrestado. No era la primera vez que los discípulos tenían una discusión semejante (Mateo 18:1-5, Marcos 10:35-45). En los corazones de ellos había disposición a las peleas y en este caso querían resolver quién se merecía el derecho a ser el líder de todos ellos. Aunque no nos dice entre quienes era este pleito podemos suponer que era entre Pedro, Santiago y Juan, tres discípulos que ambicionaban un lugar de liderazgo.

Es interesante que Jesús no impide que se acaloren en la discusión. Probablemente porque estaba absorto en sus propios pensamientos reflexionando sobre los eventos que se avecinaban. Pero lo más probable es que Jesús esperaba que alguno de ellos recordara sus enseñanzas acerca del amor al prójimo. Pero esto no ocurrió, ellos estaban demasiado absortos por el deseo de **ganar la discusión**. Al no poder llegar a un acuerdo seguramente se volvieron a Jesús a ver a quién le daba la razón.

La respuesta de Jesús, lejos de ser la que ellos esperaban, les lleva a reflexionar sobre los motivos que les llevaban a desear ser líderes espirituales. Jesús les pone en claro que el liderazgo en la iglesia no es igual al que estamos acostumbrados a ver en este mundo.

En primer lugar dice que no deben servir a la gente para enseñorearse de ellos. En este caso Jesús cita el ejemplo de los reyes de ese tiempo que acostumbraban repartir las tierras conquistadas entre sus soldados y éstos a su vez en gratitud les decían a los ojos de todo el mundo "bienhechores". Muchos ambicionan lugares de liderazgo porque representan una oportunidad para lograr que otros les obedezcan y de recibir palabras de elogio, que alimentan el deseo interno de sentirse importante, de querer sobresalir sobre los demás, de engordar nuestro orgullo.

Jesús deja claro que este tipo de liderazgo es fácil y no merece ninguna recompensa de parte de Dios. Los líderes cristianos no han de **buscar posición**, fama, poder, honores o recompensa material de la gente a la que sirven, sino agradar primeramente a Dios, adoptando la actitud de un siervo.

Los líderes espirituales que Jesús puede usar para guiar a su pueblo son aquellos que renuncian al orgullo y se humillan poniéndose a la par del necesitado para servirle. La autoridad que Dios delega a sus líderes es para servir no para ser el que está por encima de los demás.

6. Tenían dificultad para servir con humildad al prójimo
— Juan 13:1-5

Este suceso ocurre poco antes de la muerte de Jesús. En el versículo 1 dice que Jesús sabía que la hora de su muerte había llegado. Todo el tiempo que Jesucristo vivió como hombre y sirvió en este mundo lo hizo mientras caminaba hacia su destino: la cruz. El Hijo de Dios había venido al mundo para llegar a ese momento, esa era la meta suprema de su venida, entregarse en sacrificio por nuestros pecados.

Pero en esta ocasión encontramos a Jesús dando una lección muy importante a los discípulos. En aquellos tiempos la mayoría de la gente se desplazaba de un lugar a otro caminando por caminos polvorientos, contando sólo con unas sandalias amarradas con tiras de cuero que cubrían sus pies, de manera que los pies se llenaban de polvo lo cual causaba incomodidad. Al llegar a una casa como gesto de bienvenida los buenos anfitriones adinerados ponían a un esclavo a lavar los pies de los invitados. Los discípulos estaban en una habitación prestada en la cual no había anfitrión y aunque allí estaba el recipiente con el agua y la toalla, ninguno de los doce tomó la iniciativa para prestar este servicio a los demás, ninguno quiso tomar el lugar de siervo.

Probablemente todos estaban esperando que Jesús señalara a uno de ellos y le ordenara hacer esto. Mientras estaban comiendo,

Jesús se levanta en silencio, toma el agua y comienza a lavarles los pies. Jesús, el Hijo de Dios encarnado no sentía que asumir este trabajo para servir a otras personas era una deshonra o una humillación, pero el orgullo que estaba arraigado en el corazón de los discípulos les hacía pensar de otra manera.

Pregunte a los alumnos ¿por qué creen ustedes que Pedro reaccionó de esta manera?

—Versículo 7

En el verso 7 Jesús nos da la respuesta. Pedro no podía entender que Jesús, el líder del grupo, el Hijo de Dios, el Dios hecho carne, se rebajara a tomar este papel de esclavo, lo que socialmente se consideraba entre los oficios más humillantes. Pero Jesús le dice que lo que Él estaba haciendo no era posible que lo comprendiera todavía pero que lo comprendería después. ¿A qué se refiere Jesús con esto? ¿Cuándo comprendería Pedro que el hacer obras de servicio al prójimo no es algo que degrada a los ojos de Dios, sino todo lo contrario?

—Versículos 12-20

Queda claro en estas palabras de Jesús, que el servir a otros debe ser una característica natural en la vida del cristiano. Pero aunque los discípulos amaban al Señor y querían imitarle en todo lo que Él hacía, todavía no alcanzaban a comprender la grandeza de Su amor y no eran capaces de amar a otros de esta manera, no podían vivir la vida como Jesús.

Mientras Jesús estuvo con ellos fue el modelo de esa clase de vida donde el amor de Dios se derrama desde el corazón hacia afuera, aunque ellos demostraron una y otra vez que no eran capaces de reproducir este amor santo en su vida. Jesús no ignoraba esto; el amor de Dios no se puede imitar, no se puede obtener por los esfuerzos humanos, no se produce por hacer sacrificios personales, ni por estar convencido de que es lo que debemos hacer.

En el versículo 20 les dice que la capacidad para amar de esta manera sólo podría llegar a sus vidas cuando recibieran al que enviaría en su lugar. Luego en el capítulo 14: 16-17, Jesús les dice que Él enviará al Espíritu Santo. Esta obra del Espíritu Santo.

CONCLUSIÓN

Los pasajes estudiados nos muestran algunas de las reacciones que salían a la luz en la vida de los discípulos donde ellos podían ver las evidencias de que necesitaban una obra más profunda de limpieza del pecado en su ser. El seguir a Jesús y servir a otros requiere que estas actitudes sean purificadas.

Cada cristiano, así como los discípulos, ve surgir estos pensamientos, actitudes, palabras y hasta acciones en su vida. Sólo el poder del Espíritu Santo morando plenamente en el creyente puede limpiar este pecado indeseable que trae tristeza y dolor a quien desea agradar a Dios en el 100% de todo lo que piensa, dice y hace.

SV

Actitudes pecaminosas que necesitan ser limpiadas

HOJA DE ACTIVIDAD

Versículo para memorizar

"Por tanto, también nosotros, que estamos rodeados de una multitud tan grande de testigos, despojémonos del lastre que nos estorba, en especial del pecado que nos asedia, y corramos con perseverancia la carrera que tenemos por delante". Hebreos 12:1 (NVI)

Actividad 1

Lea Mateo 8:23-27 y responda las siguientes preguntas:

1. ¿Por qué reprendió Jesús a los discípulos en esta ocasión?
_____

2. ¿De qué tenían miedo?
_____

3. ¿De qué dudaban?
_____

4. ¿Estás de acuerdo en que el miedo y la duda son síntomas de falta de fe?
_____

5. Escriban unas ideas sobre ¿Qué es la fe?
_____

6. Lean 2 Timoteo 1:12 y comparen lo que dice sobre la fe con la definición de la pizarra y las ideas que escribieron en la pregunta anterior. Luego escriban una definición de fe propia del grupo.

7. En base a estas definiciones describan ¿Cómo es una fe débil? (Puedes usar palabras como: desconfiada, dudosa, temerosa, fluctuante, indecisa y otras).
_____
_____

8. Señala en el siguiente test entre el 0 y el 10 ¿cómo está tu fe en este momento? Marca un círculo alrededor del número, siendo el **0** lo más bajo y el **10** lo más alto.

1	Débil	0 - 1 - 2 - 3 - 4 - 5 - 6 - 7 - 8 - 9 - 10	Fuerte
2	Desconfiada	0 - 1 - 2 - 3 - 4 - 5 - 6 - 7 - 8 - 9 - 10	Confiada
3	Le cuesta creer	0 - 1 - 2 - 3 - 4 - 5 - 6 - 7 - 8 - 9 - 10	Todo lo cree
4	Impaciente	0 - 1 - 2 - 3 - 4 - 5 - 6 - 7 - 8 - 9 - 10	Todo lo espera
5	Duda con frecuencia	0 - 1 - 2 - 3 - 4 - 5 - 6 - 7 - 8 - 9 - 10	Persiste en todo tiempo
6	Cree si ve las evidencias	0 - 1 - 2 - 3 - 4 - 5 - 6 - 7 - 8 - 9 - 10	Cree aunque no ve
7	Duda de las promesas de Dios	0 - 1 - 2 - 3 - 4 - 5 - 6 - 7 - 8 - 9 - 10	Confía en las promesas de Dios
8	No hace diferencia en mi vida	0 - 1 - 2 - 3 - 4 - 5 - 6 - 7 - 8 - 9 - 10	Me ayuda a vivir
9	No creo en los milagros	0 - 1 - 2 - 3 - 4 - 5 - 6 - 7 - 8 - 9 - 10	Oro y espero Milagros
10	Tengo temor por mi futuro	0 - 1 - 2 - 3 - 4 - 5 - 6 - 7 - 8 - 9 - 10	Confío mi futuro a Dios

Conclusión

Los pasajes estudiados nos muestran algunas de las reacciones que salían a la luz en la vida de los discípulos donde ellos podían ver las evidencias de que necesitaban una obra más profunda de limpieza del pecado en su ser. El seguir a Jesús y servir a otros requiere que estas actitudes sean purificadas. Cada cristiano, así como los discípulos, ve surgir estos pensamientos, actitudes, palabras y hasta acciones en su vida. Sólo el poder del Espíritu Santo morando plenamente en el creyente puede limpiar este pecado indeseable que trae tristeza y dolor a quien desea agradar a Dios en el 100% de todo lo que piensa, dice y hace.

BASE BÍBLICA

Efesios 2:1-3 y Gálatas 5:19-21.

PARA MEMORIZAR

"Así que les digo: Vivan por el Espíritu, y no seguirán los deseos de la naturaleza pecaminosa". Gálatas 5:16 (NVI)

PROPÓSITO DE LA LECCIÓN: QUE EL ALUMNO...

Conozca los diferentes estados espirituales y el lenguaje bíblico que los describe. **Comprenda** que el cristiano no ha sido salvado para vivir esclavo del pecado. **Identifique** dónde se encuentra su vida en este momento en cuanto a su progreso espiritual. **Tome** conciencia de que la llenura del Espíritu no es una opción sino una etapa más en el desarrollo del cristiano. **Sea** incentivado a experimentar esa vida de calidad, libre del dominio del pecado que provee la llenura del Espíritu.

¿Natural, carnal o espiritual?

POR MÓNICA DE FERNÁNDEZ

Introducción

En la lección anterior estudiamos sobre las actitudes pecaminosas que permanecen en los creyentes y que son fruto de la raíz de pecado que anida en su ser interior. En esta lección y la siguiente estudiaremos cuatro tipos de estados espirituales y vamos a conocer más sobre el pecado que mora en la vida del creyente y que le estorba para vivir la vida conforme a la voluntad de Dios.

Estudio bíblico

Veamos qué nos dice la Palabra de cada uno de estos estados. Todo cristiano que desea crecer a semejanza de Cristo pasa en su vida espiritual por tres etapas:

1. El que camina en el pecado (persona natural)

— *Efesios 2:1-3 y Gálatas 5:19-21*

La persona natural es como Karina, está viva pero muerta espiritualmente porque vive separada de Dios. Su mente, sus emociones y su voluntad están dirigidas por su carne. Toma sus decisiones guiada por su propio entendimiento sin la orientación de la Palabra de Dios. Hemos estudiado este estado espiritual en las primeras lecciones de este trimestre.

En Efesios leímos que todos los que ahora somos salvos pasamos por esta etapa cuando vivíamos en desobediencia a Dios. Esta es una persona que comete pecado en su pensamiento, en su hablar y en su manera de hacer las cosas. La lista de pecados de Gálatas 5 incluye tanto el pecado interior como las manifestaciones externas que son el fruto de éstos que no se pueden ver.

La persona natural está muerta espiritualmente. Puede ser una persona muy malvada o puede ser un buen ciudadano, una persona decente que se ve a sí misma como justa, pero al no tener a Cristo en su vida no tiene al Espíritu ni tiene vida eterna. Tiene cuerpo y alma, pero no tiene vida espiritual. Romanos 8:9 dice: "Y si alguno no tiene el Espíritu de Cristo, no es de él".

Esta persona necesita arrepentirse de sus pecados y aceptar a Cristo como su Salvador personal.

2. El creyente que sigue a Cristo pero todavía en la carne (persona carnal)

Cuando la persona ha nacido de nuevo, el Espíritu que viene a morar en su ser, inicia un proceso de transformación que dura toda su vida. Somos nuevas personas, renacidas como hijos e hijas de Dios, gozamos de una nueva forma de vida, pero como Miguel, al poco tiempo descubrimos que algo no anda tan bien como esperábamos.

— *Gálatas 5:16-17*

Todos los cristianos vivimos en la carne, porque estamos en un cuerpo de carne, pero hay una diferencia entre vivir en la carne y ser carnal. Esta palabra griega que se traduce "carne" representa todo aquello que se opone al Espíritu. Los deseos de la carne nos quieren impulsar a servir a la carne o sea vivir conforme nos dictan los deseos del cuerpo, la mente y las emociones. No es que el cuerpo sea malo, pues es creación de Dios y Dios no hace nada que sea malo o que no sirva. Pero el problema del cuerpo es que está acostumbrado a satisfacerse a sí mismo de manera egoísta.

Por ejemplo un alcohólico que quiere dejar de beber, no puede obedecer a su cuerpo porque éste desea seguir bebiendo y se ha hecho dependiente del alcohol. A menos que su voluntad se imponga a los deseos de su físico seguirá siendo un bebedor toda su vida.

Ahora bien, esta carne permanece en todos los nuevos creyentes y muy pronto se manifiesta en la vida del discípulo como vimos en la lección anterior. Algunos cristianos se confunden cuando descubren este anhelo dentro de sí mismos de volver a las cosas que habían dejado. Probablemente esto se debe a que están confundidos al creer que en la experiencia de salvación se acaban todos los problemas con el pecado.

Pero no fue así. En realidad, en su interior se inició una guerra. Vencer las tentaciones se hace difícil, hay un deseo creciente en su interior de satisfacer los deseos de la carne, que se oponen a la vida que Jesús quiere enseñarle. Esta fuerza interior que nos invita a desear lo opuesto a la voluntad de Dios, recibe también los nombres de "vieja naturaleza", "viejo yo" o "viejo hombre".

Este deseo proviene de la raíz del pecado de Adán con el cuál toda la raza humana ha sido contaminada. Este "viejo yo" desea que vuelvas a las costumbres que tenías antes de ser cristiano y lucha para que en tu vida no se arraiguen hábitos nuevos como orar, diezmar, amar a los enemigos, servir a otros primero, entre otros. Tu cuerpo se resiste a los cambios, tu mente se resiste a ser una persona diferente, tu corazón no quiere separarse de los viejos amigos que ahora se burlan de ti por ser un cristiano...

Alguien describió que la vida del cristiano en esta etapa es como tener dos leones peleando en su interior para ver quién logra tener el dominio. Uno es el león viejo, nuestra vieja voluntad también llamada el viejo hombre o el "yo" pecaminoso, la cual está acostumbrada a dominar y no tiene ninguna intención de sujetarse a Cristo. Esta es nuestra identidad anterior, nuestra vida vieja habituada al pecado, lo que éramos antes de haber nacido de nuevo en Cristo. El otro león es joven, es la vida nueva, la persona regenerada y renacida en Cristo que desea agradar a su Salvador y Señor. El creyente pronto descubre que el león viejo es difícil de mantener bajo control.

Lo natural en la vida del cristiano no es permanecer mucho tiempo en este estado. En las lecciones siguientes veremos la salida que Dios ha provisto en Cristo para darnos libertad completa de esta condición de pecado.

3. El creyente que vive la vida de Cristo (persona espiritual)

—*Romanos 8:1*

Hay otra forma de vivir a la que Dios quiso llevarnos desde que nos ha dado la vida en Cristo Jesús, es la vida conforme al Espíritu. Como Julia, la persona espiritual ha ido más allá de la experiencia de la salvación y ha descubierto que ser lleno del Espíritu le ha cambiado la vida.

Si leemos los primeros capítulos del libro de los Hechos, comprobaremos que cuando los discípulos fueron llenos del Espíritu Santo se produjo un cambio maravilloso en sus vidas. Mientras ellos estaban con Jesús no podían vivir a la altura de la vida de su Maestro, pero cuando el Espíritu les llenó, de repente comenzaron a tener poder para vivir la vida como su Señor.

Veamos algunos de los resultados de la llenura del Espíritu en la vida de estos hombres y mujeres.

La relación con Jesús fue diferente

Mientras los discípulos caminaron con Jesús no podían tenerlo dentro de sus corazones. Jesús estaba con ellos, pero aun así sus enseñanzas parecían no echar raíces en sus corazones. Les enseñó sobre la humildad y sobre el peligro de sentirse mayor que otras personas y aun así se peleaban entre ellos por quién sería el jefe de todos.

Fue hasta que Cristo logró entrar en ellos por medio del Espíritu Santo que pudo dominar el orgullo que había en sus corazones. Esto era imposible antes de que Jesucristo diera su vida para que el pecado fuera totalmente limpiado de nuestras vidas. Sólo siendo llenos del Espíritu Santo podemos tener a Jesucristo viviendo en nuestro ser.

Lea Juan 14:23.

Cuando el Espíritu llena al creyente, un amor nuevo hacia Dios se establece en su corazón. Cuando recibimos el amor de Dios, éste inunda nuestro ser, comienza a desbordarse y amar a otras personas es algo que fluye naturalmente de la vida del cristiano. Nuestro corazón se convierte en algo así como una represa que es anegada de agua fresca y tiene que abrir las compuertas para derramar el agua a los campos sedientos o de otra manera estallará.

Cuando Jesús nos llena de Su vida con Su Espíritu, Él y nosotros nos volvemos uno. Es algo así como una simbiosis espiritual y Él comienza a llenar nuestros pensamientos de sus pensamientos, nuestros afectos de los suyos, nuestra pasión de Su pasión. Lo normal en la vida del cristiano es que desee esta relación más profunda con Jesús.

La unidad con el Cuerpo de Cristo se fortalece

—*Romanos 5:5*

El amor de Dios derramado en el corazón de los discípulos reemplazó las malas actitudes que había en ellos. El amor de Dios es lo que hace posible que podamos amar a otros cristianos y estemos dispuestos a servirles en sus necesidades. Los cristianos de la iglesia primitiva compartían sus bienes materiales y su riqueza espiritual.

Muchas veces en la iglesia tenemos problemas cuando ponemos a trabajar personas que por su temperamento chocan entre sí. Algunas iglesias llegan a dividirse por este tipo de peleas que terminan enemistando a los hermanos.

Cada uno dice amar a Dios individualmente pero ninguno está dispuesto a ceder en su orgullo para que la obra de Dios gane. ¡Es difícil creer que estas personas estén llenas de este Espíritu de amor de Dios!

En algunos de nuestros países de Latinoamérica todavía se pueden ver las construcciones donde se usaba barro para unir los bloques de piedra o los ladrillos de arcilla cocidos. Estas construcciones se han mantenido en algunos casos por más de cien años, pero estas paredes son fáciles de demoler. En España, también se pueden encontrar todavía en los pueblos casas viejas cuyas paredes son de piedras naturales puestas una sobre la otra y unidas con barro. Usted puede sacar con facilidad una piedra pequeña de estos muros porque la mezcla que las une no es buena. Todas estas construcciones se hicieron donde y cuando no había cemento disponible, o donde no se sabía que existía tal cosa. Pero hoy en día ¿a quién se le ocurriría hacer una casa uniendo los ladrillos con barro?

El amor de Dios tal como se describe en la Biblia es como la mezcla de cemento que se usa para unir los ladrillos en una pared. Este amor está disponible, sin embargo algunos siguen usando sustitutos que no unen de la misma manera, como el barro que se usaba antaño.

Poder para cumplir la misión que nos encomendó el Señor

— *Juan 15:5*

El creyente lleno del Espíritu tiene una unción especial que produce fruto cuando sirve al Señor. Esto se debe a varios factores de los cuales mencionaremos algunos.

El cristiano lleno del Espíritu es humilde para aprender, ha muerto al egoísmo que le llevaba a creer que todo lo sabía. Una persona que estudia y se prepara es más útil en la obra de Dios y su trabajo rinde mayor fruto. Otros, a causa del orgullo, andan a tientas cometiendo multitud de errores que pudieron prevenirse y gastan su tiempo y energía sin mayor provecho.

El cristiano lleno de la presencia del Señor trabaja en sociedad con el Espíritu Santo. En su caminar diario aprende a conversar con el Espíritu y a tomar decisiones guiado por el Espíritu. Es el Espíritu quien le muestra a dónde debe ir a predicar el evangelio, Él le hace recordar la enseñanza de la Palabra para cada ocasión, Él le da sabiduría práctica para resolver los problemas de la vida y dar consejo a otras personas.

El Espíritu Santo va delante de la persona espiritual preparando los corazones de la gente para que tengan hambre de oír la Palabra de Dios y deseen arrepentirse. Por otra parte, e! Espíritu le da la valentía al hombre o la mujer espiritual para hablar sin temor y sin vergüenza a las personas.

Poder para vivir en santidad

Esta experiencia es una segunda obra de gracia que nos da el poder de vivir cerca de Cristo y lejos del pecado.

— Romanos 6:11-14

La voluntad de Dios para sus hijos es que no ofrezcan ninguna oportunidad al pecado en sus vidas. El desea expresar su amor por este mundo perdido por medio de todo nuestro ser, convertir nuestras manos, mentes y pies en instrumentos útiles y bien afinados que Él pueda usar. Los cristianos santos hablan con verdad, aman lo justo, se apasionan por la obra de Dios, invierten su tiempo, sus capacidades y bienes para servir a Dios. La vida de santidad es posible sólo cuando somos llenos del Espíritu Santo de Dios.

4. El cristiano que no crece (cristiano carnal)

La persona carnal como Enrique, aunque ha expresado su fe en Cristo y está viva espiritualmente, sigue deseando las cosas de esta vida antes que las espirituales. Frecuentemente sigue los impulsos de la "carne" guiado por sus apetitos. Los intereses de esta persona y sus decisiones están centrados en sí misma. Su mente está ocupada por pensamientos carnales, sus emociones dominadas por sentimientos negativos y su forma de relacionarse con Dios y con otros manifiesta este desequilibrio interior.

— Santiago 1:8.

El apóstol Santiago le llama "hombre de doble ánimo" que significa "una persona que tiene dos almas o una doble vida". Esta persona quiere vivir como cristiano y como mundano al mismo tiempo; no quiere renunciar a los placeres terrenales, pero tampoco quiere perderse la vida eterna.

Personas como éstas tienen su mente y sus afectos divididos, no están dispuestas a renunciar a hacer su voluntad para seguir a Cristo en un cien por ciento. El cristiano carnal no está viviendo una vida agradable a Cristo.

Ningún hijo o hija de Dios tiene que permanecer en esta doble vida. El pecado es difícil de abandonar, penetra en nuestro pensamiento, en nuestra personalidad, nos esclaviza llevándonos a hacer cosas que nos avergüenzan y nos impide ver la salida que Dios nos ofrece por medio de Cristo Jesús. Pero cada hijo de Dios puede y debe vivir libre del dominio del pecado.

¿Desea usted que Dios quite completamente el pecado de su vida y le dé la libertad de su dominio? En las próximas lecciones vamos a profundizar más sobre el peligro de vivir en la carne y los beneficios de la vida en el Espíritu.

CONCLUSIÓN

Todas las personas viven en uno de los cuatro estados espirituales. La persona natural es aquella que no tiene una relación con Dios, vive en pecado, no tiene vida espiritual y a menos que acepte a Cristo como Salvador está destinada al infierno.

El nuevo cristiano es una persona que ha renacido del Espíritu y está en una etapa de crecimiento en su relación con Dios. Seguir a Jesús se le hace difícil debido a la herencia de pecado que hay en su vida y que necesita ser quitada por el Espíritu Santo. La persona espiritual es aquella que ha entregado el cien por ciento de su vida al Señor, ha muerto al egoísmo y crece en su relación de amor con Jesús y con sus semejantes.

El cristiano carnal es un creyente que permanece por decisión propia viviendo una doble vida, su relación con Dios no es íntima y su vida es una mezcla de lo mundano con lo cristiano. Este último estilo de vida no es agradable a los ojos de Dios. SV

¿Natural, carnal o espiritual?

HOJA DE ACTIVIDAD

Versículo para memorizar

"Así que les digo: Vivan por el Espíritu, y no seguirán los deseos de la naturaleza pecaminosa". Gálatas 5:16 (NVI)

Actividad 1

¿Con quién te identificas más? ¿A cuál de estas personas se asemeja más tu relación con Dios, con el mundo y con tu familia?

Julia

Para Julia Dios es un Padre cercano y amoroso. Esta relación es muy importante para ella porque tanto su padre como el padre de sus hijos no fueron personas cariñosas y tiernas.

Ella disfruta de su tiempo a solas con Dios, conversa con Dios como con un amigo. Habla de Dios con entusiasmo y tiene la certeza de que Dios siempre la escucha, aun cuando está triste y desanimada. Habla con Dios en su casa, mientras viaja al trabajo, cuando se levanta, cuando se acuesta... Para ella Dios es la persona más interesante del universo, alguien a quien vale la pena dedicarle tiempo para conocerlo más. Para ella obedecer a Dios no es una carga pesada, sino es la respuesta natural de alguien que ama a otro y desea agradarle.
Julia le ha entregado a Dios el control de toda su vida y siempre le consulta cómo usar sus talentos, cómo educar a sus hijos y cada decisión importante o pequeña de su vida está bajo su dirección.

Para Julia vivir cada día en este mundo la confronta con un gran desafío. Ella sabe que las costumbres de las personas y los principios por los cuales viven están lejos de lo que la palabra de Dios enseña. Ella examina la Biblia buscando dirección para todos los asuntos de su vida: ¿cómo vestirse, como relacionarse con el sexo opuesto, qué ver en la TV, qué película alquilar? Algunas veces es difícil e incluso doloroso obedecer al Señor porque las reglas de Dios no son populares.

Ella se esfuerza por criar a sus hijos de manera que amen a Dios y tengan una relación personal con Él. Ella confía en que el Señor es su proveedor y le dará sabiduría para administrar sus entradas. Para ella su trabajo, es un servicio para Dios.
Julia sufrió mucho cuando su esposo decidió terminar con su matrimonio, pero se recuperó con la ayuda de su familia y su iglesia. Luego de su divorcio ella decidió que ella y sus hijos servirían al Señor. Quiere ser un ejemplo de fidelidad cristiana a sus hijos. Quiere que ellos recuerden su voz cuando oraba por ellos. Ella quiere que sus hijos sepan que tienen una misión en este mundo para la cual Dios les ha dado la vida.

Miguel

Miguel es un joven de 25 años que tiene unos meses de haber nacido de nuevo y está tomando las clases de discipulado en su iglesia. Tiene muchos deseos de conocer más a Jesús, por eso se esfuerza por leer la Biblia y orar cada día. Le gusta ir a la iglesia porque allí aprende cosas nuevas acerca de Dios. Miguel siente que está enamorado de su Señor, le admira profundamente y desea ser como Él en todas las áreas de su vida.

Pero últimamente descubrió que no es tan fácil obedecer a Jesús en todo lo que le pide. Muchas preguntas surgen en su cabeza: ¿Qué es eso de amar a los otros como nos amamos a nosotros mismos? ¿Eso de vivir sin pecar, es verdad que es posible? ¿Cómo puedo amar y perdonar a los que me han lastimado tanto?

Miguel quiere involucrarse en los ministerios de la iglesia y realmente disfruta mucho de esto de servir a otros, pero a veces le resulta difícil cuando hay en la televisión un programa que le interesa, o cuando quiere quedarse los sábados a dormir hasta tarde.

El admira a otros cristianos a los que siempre se les ve animados para trabajar en la iglesia y parece que nada les cuesta renunciar a su tiempo libre para estar allí trabajando junto a los líderes de los ministerios. El admira a Jessica, por ejemplo, una joven de 23 años que todos los sábados llega al templo a limpiar y preparar todo para los servicios del domingo. También admira a don José, un hermano mayor que siempre le recibe con una sonrisa en la puerta del templo y ¡se sabe el nombre de las más de 100 personas que asisten! Pero su favorita es doña Sonia, que es la cocinera cuando hay un evento especial. A ella la abandonó su esposo hace muchos años y sola crió a sus ocho hijos, trabaja de cajera en un supermercado y todavía tiene tiempo para evangelizar y discipular a otros. ¡Ella ha traído a más de cinco familias a la iglesia desde que se convirtió hace tres años!

Para Miguel es difícil dejar las cosas de la vida antes de ser cristiano. Todavía siente deseos de ir a bailar con sus amigos. Le gusta fumar y de vez en cuando le da una probadita al cigarrillo. Miguel ha descubierto que dentro de sí hay una fuerza que le hace difícil obedecer a Dios en todo. A veces duda de su salvación, porque aunque quiere ser como otros cristianos, siente que nunca llegará a ser así.

Su relación con su familia no es fácil. De vez en cuando todavía le responde con mal ánimo a su padre. Pero el problema mayor se presentó con su novia, Paula. Ella no es cristiana y no sólo no entiende el cambio que hay en la vida de Miguel, si no que lo obligó a decidir entre ella o la iglesia. Si quería seguir con ella tenía que demostrárselo empezando a vivir juntos como pareja (aunque sin casarse). Miguel con mucho dolor porque ama a su novia se vio obligado a terminar la relación. Él confía en que Dios tiene una esposa cristiana para él y está decidido a esperar por ella.

Miguel no quiere volver atrás, él desea con todo su corazón tener la valentía para romper con todo lo que había en su pasado que le relaciona con el pecado. Miguel quiere tener esa fuerza interior para servir a otros y que no le cueste tanto dejar otras cosas para dedicar tiempo al trabajo en la iglesia. Miguel sabe que la felicidad que experimenta con Jesús, en nada se compara a la felicidad que le daba el mundo y quiere con todo su corazón que Dios llene su ser de Su amor y de pureza para ser como Jesús.

Él quiere ser recordado como alguien valiente que siguió y sirvió a Jesús con todas sus fuerzas.

Karina

Karina tiene conciencia de que existe un Dios o fuerza de vida o ser superior, como quieran llamarle. De pequeña su abuela la llevó a la Escuela Dominical pero ya casi no recuerda nada de aquella época. Tiene prejuicios contra la iglesia organizada y desconfía de los evangelistas de TV y sacerdotes. A veces se pone a pensar acerca de Dios cuando está de vacaciones en las montañas o en el mar.

Karina se considera una persona religiosa. Para ella Dios está en todas partes. Recientemente le ha despertado curiosidad por leer libros sobre la vida espiritual. Ha comprado biografías del Dalai Lama, Mahatma Gandhi, Buda y otros. Ha probado la meditación y la psicoterapia para ponerse en contacto con su ser interior. Cree que dentro de ella misma está la clave para cumplir con su destino en este mundo. Para ella la autoridad de su vida es su propio yo iluminado.

Karina está siempre en onda con lo nuevo. Opina negativamente sobre el aborto, la homosexualidad, la eutanasia, pero defiende el derecho de cada persona a escoger lo que quiera, lo que para ella vale realmente, es el libre derecho del ser humano a hacer lo que quiera con su vida y su cuerpo.

El trabajo para ella es un campo de juego donde unos y otros compiten por el éxito, el dinero, el poder y la realización personal. Ella está determinada a tener éxito en su profesión cueste lo que cueste.
Se va a casar cuando encuentre realmente un buen candidato, por ahora está pensando mudarse con su novio actual para ver cómo funciona. Ella sueña con tener hijos con buena educación y que sean unos triunfadores. Quiere que sus hijos la recuerden como una mujer inteligente, independiente, afectuosa y divertida.

Ella quiere ser recordada como alguien que sabe bien lo que quiere y sabe luchar por sus sueños.

Enrique

Enrique tiene mucho tiempo de ser cristiano y sabe mucho acerca de Dios, él puede recitar versículos bíblicos de memoria como nadie y se expresa muy bien en la oración en público. También ora en su casa desde que aceptó a Jesús como su Salvador en su juventud.
Para él, Dios es un líder poderoso y que está demasiado ocupado resolviendo los problemas de este mundo. Él no cree que Dios tenga interés en cultivar una relación personal con él.

Enrique ora por las mismas cosas una y otra vez porque piensa que de esta manera por su insistencia quizás Dios tenga misericordia y le escuche. Por lo general sus oraciones son por cosas que él mismo necesita: trabajo, seguridad para su familia, etc.
Para él, servir a Dios es su responsabilidad. Él es cristiano porque es el estilo de vida correcto, pero "siempre y cuando no te vuelvas un fanático" dice. A él le gusta compartir con la gente en la iglesia y colaborar con la iglesia porque es lo que Dios demanda de él y a Enrique no le gusta sentirse culpable.

Entre la congregación además, tiene una red de contactos para su trabajo en la radio cristiana.
No le gusta mucho cuando el pastor de la iglesia pide ofrendas especiales o que den tiempo para algún ministerio. Para él Dios le hizo para disfrutar de la vida.

Enrique no es una mala persona, a él le interesa conocer lo que Dios quiere para su vida, pero por lo general hace lo que él quiere.
Para Enrique la Biblia es un libro un poco desactualizado en cuanto a asuntos de moral y valores. Enrique vive la vida de acuerdo a las normas aprendidas de sus padres o de su comunidad cristiana.

Sus valores cristianos son flexibles. En su casa se ven programas de TV y películas que enseñan valores y principios que están en rebelión contra la voluntad de Dios, pero está contento porque sus hijos todavía desean asistir al grupo de jóvenes de la iglesia.

Para Enrique su trabajo es una forma de ganarse la vida y el éxito que tiene en su profesión se debe a su esfuerzo y talentos naturales. Tiene muchas esperanzas para su familia. Él se esfuerza por darles todo a sus hijos. Estos son adolescentes y pasan mucho tiempo con amigos no cristianos, pero siguen sacando buenas notas en la escuela y no son tan malos o tan mal educados como otros muchachos del barrio. Su matrimonio parece fuerte, pero han perdido el romance después de muchos años de vivir juntos. Hay como una especie de pacto entre ellos dos: mientras él mantenga estable la economía de la casa ella lo tratará bien.

Enrique piensa que cuando lo recuerden van a decir: "Él y su familia trataron de servir al Señor".

Espera que sus hijos sean mejores cristianos que él y que no tomen en cuenta que no pasó mucho tiempo con ellos debido a su trabajo.

¿CON QUIÉN TE HAS IDENTIFICADO?
Si es con Julia...
Estás satisfecho/a con tu experiencia actual con Dios y te gusta crecer cada día en tu relación con Él.

Si es con Miguel...
Conoces a Dios pero no estás satisfecho/a de tu relación actual y estás en la búsqueda de una experiencia y relación más profunda.

Si eres como Karina...
Aún no has aceptado a Jesús como Salvador y estás viviendo como una persona religiosa.

Si eres como Enrique...
Conoces a Dios pero has optado por un estado de infancia espiritual que es extremadamente peligrosa.

Conclusión
Todas las personas viven en uno de los cuatro estados espirituales. La persona natural es aquella que no tiene una relación con Dios, vive en pecado, no tiene vida espiritual y a menos que acepte a Cristo como Salvador está destinada al infierno. El nuevo cristiano es una persona que ha renacido del Espíritu y está en una etapa de crecimiento en su relación con Dios.

Seguir a Jesús se le hace difícil debido a la herencia de pecado que hay en su vida y que necesita ser quitada por el Espíritu Santo. La persona espiritual es aquella que ha entregado el cien por ciento de su vida al Señor, ha muerto al egoísmo y crece en su relación de amor con Jesús y con sus semejantes.

El cristiano carnal es un creyente que permanece por decisión propia viviendo una doble vida, su relación con Dios no es íntima y su vida es una mezcla de lo mundano con lo cristiano. Este último estilo de vida no es agradable a los ojos de Dios.

LECCIÓN 08

BASE BÍBLICA

1 Corintios 3:1-4.

PARA MEMORIZAR

"Por tanto, hagan morir todo lo que es propio de la naturaleza terrenal: inmoralidad sexual, impureza, bajas pasiones, malos deseos y avaricia, la cual es idolatría". Colosenses 3:5 (NVI)

PROPÓSITO DE LA LECCIÓN: QUE EL ALUMNO...

Comprenda que permanecer en la vida en la carne no es una opción para los hijos e hijas de Dios. **Pueda identificar** si existen en su vida las evidencias del dominio del pecado sobre la voluntad de Dios. **Reflexione** sobre el mal que causa la persona carnal a sí mismo y a la iglesia del Señor.

Una infancia larga y peligrosa

POR MÓNICA DE FERNÁNDEZ

Introducción

En la lección anterior vimos el tipo de vida del creyente carnal que es semejante a la de Enrique. Enrique es el típico creyente que se rehúsa a crecer, a ir más adelante en la vida espiritual. Vamos a hacer un repaso de lo que vimos sobre la vida del creyente carnal.

Esta lección es para estudiar este estado espiritual de los cristianos que se mantienen viviendo en la carne porque este es el problema más serio que ha enfrentado la iglesia cristiana en toda su historia. Usted se pregunta: ¿por qué? ¿Qué daño puede hacer este tipo de persona? ¿Por qué no les dejamos vivir la vida cristiana a su manera? ¿Después de todo ellos son así y tenemos el deber de amarlos como son?

Si usted piensa de esta manera no tiene la información adecuada. Los cristianos carnales han sido y son el peor enemigo para el avance del evangelio en este mundo. Para comprenderlo mejor vea las comparaciones de la actividad 2.

Estudio bíblico

— 1 Corintios 3:1-4

En este capítulo de 1 Corintios el apóstol Pablo describe la situación espiritual en que se encontraban los cristianos de Corinto. Les llama carnales y bebés espirituales, les dice que viven peleándose entre ellos y que son semejantes a los hombres y mujeres pecadores. Esta era la razón de que el apóstol se viera limitado para enseñarles las verdades espirituales, ya que ellos no estaban en condiciones de comprenderlas y ponerlas en práctica. No era que a los creyentes de Corinto les faltaba inteligencia, ellos eran personas educadas y capaces de aprender; pero eran incapaces de asimilar las verdades profundas que Dios tenía para sus vidas.

Este estado de carnalidad en que vivían los hermanos de Corinto causaba problemas a la iglesia, a los líderes espirituales y a ellos mismos. Veamos entonces cuáles son los peligros de que el creyente permanezca indefinidamente en este estado.

1. Una infancia prolongada

Pablo describe al creyente carnal como alguien que habiendo pasado tiempo de ser cristiano todavía es un niño, un bebé espiritual.

¿Qué significa esto?

En la iglesia es normal tener bebés espirituales que son los nuevos creyentes. Estos están aprendiendo por medio del discipulado las verdades básicas de la Palabra y dando sus primeros pasos como discípulos de Cristo. Estas personas, como los bebés, son muy frágiles, necesitan de muchas atenciones y de una persona que los cuide, es decir, necesitan ser pastoreados muy de cerca. Todo el tiempo deberíamos tener bebés espirituales como éstos en la iglesia. Ellos son un síntoma de que la iglesia está cumpliendo con su misión de ganar a los perdidos para Cristo.

Pero los otros bebés son un caso diferente, se espera que los cristianos que ya han estado cierto tiempo en la iglesia estén más desarrollados. Pablo dice que estas personas no son capaces de digerir o asimilar las riquezas espirituales que Dios tiene preparadas para sus hijos. Como los niños, no pueden decidir qué es lo que les conviene. En otras palabras, son totalmente incapaces de discernir la verdad del engaño debido a su falta de conocimiento de las verdades divinas. Pablo dice que no habían alcanzado el nivel de crecimiento espiritual que ya debían tener y que debido a eso tuvo que volver a enseñarles las cosas básicas acerca del cristianismo ya que su vida era semejante a la persona natural.

A igual que un padre y una madre se preocupan si su bebé no gana peso y no crece en altura, a Pablo le preocupaba la falta de crecimiento de los corintios porque no era un síntoma de buena salud espiritual. Estos cristianos mostraban las características propias de los bebés: no podían ayudarse a sí mismos y no podían ayudar a otros.

Un bebé no puede ayudarse a sí mismo

Los cristianos carnales no saben alimentarse a sí mismos. Dependen de los pastores a quienes convierten en sus niñeras. Mantienen a sus pastores (o pastoras) ocupados dándoles alimento, solucionando problemas de sus relaciones, pidiendo consejo por cualquier pequeño problema, pidiendo que intercedan por ellos en oración, animándoles o haciendo el trabajo del ministerio que ellos deberían estar haciendo. Como no tienen victoria sobre el pecado, vuelven una y otra vez a los pecados de la vida vieja. El que un cristiano año tras año permanezca en el pecado es una señal de que algo está mal, así como un niño que permanece en la infancia más allá del tiempo de su crecimiento normal, esto muestra síntomas de enfermedad.

Un bebé espiritual no puede ayudar a otros
— Hebreos 5:11-14

El autor de la carta a los Hebreos, al igual que Pablo se encuentra con esta misma dificultad con algunos creyentes judíos que se resistían a madurar. Los líderes de la iglesia no podían entrenarlos para que asumieran responsabilidades de ministerio en la iglesia; por el contrario, debían ayudarles porque no tenían fortaleza espiritual. Debido a que los creyentes carnales no pueden ayudarse a sí mismos tampoco pueden servir de guía espiritual para otro.

El autor de Hebreos dice en el verso 12: "debiendo ser ya maestros después de tanto tiempo,..." Estos hermanos tenían varios años de ser cristianos, pero no eran capaces de asumir responsabilidades en la iglesia.

En nuestro tiempo escuchamos con frecuencia a los pastores quejarse de los creyentes que no asumen responsabilidades. En ocasiones encontramos iglesias donde asiste un promedio de 100 personas y ¡no pueden llenar apenas las siete plazas de maestros de Escuela Dominical! Da mucha tristeza estar en alguna iglesia donde se piden voluntarios para hacer tareas pequeñas, como por ejemplo alistar los elementos de la comunión, traer un plato de comida para el almuerzo o colaborar con una ofrenda para el campamento de jóvenes de la iglesia y ver que pocas son las manos que se levantan. ¿Qué nos pasa? ¿Qué es esta falta de interés? ¿Será que somos como niños incapaces de asumir cualquier tipo de responsabilidad? ¿Será que nos falta amor y pasión por la obra de Dios? Todos estos son síntomas de carnalidad y la carnalidad es pecado.

En las iglesias saludables los cristianos crecen. Desde que aceptan a Cristo como Salvador son discipulados en forma constante hasta que están preparados para asumir responsabilidades en el Cuerpo de Cristo. La experiencia de muchas de estas iglesias crecientes alrededor del mundo, demuestra que lleva un promedio de dos años preparar a un nuevo creyente para que asuma una responsabilidad de liderar a otros, como por ejemplo ser un discipulador o un líder de grupo de estudio bíblico o un maestro.

En ocasiones tenemos que reconocer que la culpa ha sido de los líderes de la iglesia local que no le han dado prioridad al discipulado. Es triste que los nuevos creyentes permanezcan sentados en las bancas o sillas del templo y que no haya preocupación en los líderes por entrenarlos para que ellos puedan involucrarse en el servicio también.

Por el contrario, cuando se dan las condiciones en la iglesia local y la persona recibe enseñanza para su nivel de desarrollo espiritual y de todas maneras no hay progreso en su vida y no hay interés en servir a los demás, los síntomas evidencian carnalidad.

2. No pueden recibir las verdades más profundas
Eran "tardos para oír"

En Hebreos 5:11 hemos leído que estos hermanos carnales se habían hecho "tardos para oír". No es que ellos tenían algún impedimento mental o físico que les limitara en el aprendizaje. Ellos eran lentos y perezosos para oír y asimilar lo que se les enseñaba porque rechazaban las verdades espirituales que les eran compartidas. ¡Qué cuadro tan triste! ¡Qué mal se debían sentir sus pastores y maestros cristianos, de que sus enseñanzas cayeran en saco roto!

No habían aprendido

Luego en el versículo 12 dice: ..."tenéis necesidad de que se os vuelva a enseñar cuáles son los primeros rudimentos de la palabra de Dios..." Estos hermanos eran como alumnos de escuela que habiendo desaprobado el año debían volver a cursar el mismo período y tomar las mismas lecciones.

Es importante que entendamos bien en qué consiste el aprendizaje. Para que ocurra aprendizaje espiritual se necesita la participación de al menos tres sujetos: el maestro que cumple el rol de educador; el alumno que cumple el rol de aprendiz o discípulo y el Espíritu Santo quien obra el milagro de la enseñanza. Es importante señalar que si cualquiera de estas partes no cumple con su función entonces no hay aprendizaje. Veamos brevemente los roles de cada uno.

El maestro es el responsable de dar el alimento adecuado según la etapa de desarrollo espiritual de la persona. A los bebés espirituales debe darles "leche" o sea las cosas básicas que se ven en las lecciones para nuevos creyentes. Cuando tiene alumnos más maduros ya puede ir a los conceptos y verdades más profundas de la Palabra de Dios. Sin embargo, la enseñanza espiritual no es sólo el traspaso de datos y conceptos del maestro al alumno, pues el discipulado cristiano consiste en aprender a vivir como Jesús en todas las áreas de la vida. De manera que el maestro o líder cristiano es uno que enseña a vivir y para eso es fundamental mostrar el ejemplo y constatar de que sus alumnos estén viviendo de acuerdo a lo que se espera de ellos en cada etapa de su desarrollo.

El alumno es responsable de llevar lo que aprende a su diario vivir. En el discipulado cristiano no podemos escoger qué vamos a obedecer y qué no. Cuando hacemos este tipo de elecciones nos convertimos en carnales. Esta actitud del creyente carnal es lo que expresa el dicho popular: "le entra por un oído y le sale por el otro". Pero si el alumno oye y aplica los conocimientos de la Palabra, su vida se desarrolla normalmente y la vida de Cristo se va conformando en su ser, crece paso tras paso recibiendo más y más del Espíritu.

El Espíritu Santo es quien hace posible que lo que aprendemos por medio de los sentidos (oído, vista, tacto, etc.) podamos comprenderlo, es decir que sea algo que tenga sentido para nuestra vida. El Espíritu nos da también la sabiduría para llevarlo a la práctica. Sin embargo, como toda gracia que viene de Dios, puede resistirse. El creyente puede negarse a hacer algún cambio que sabe que Dios le pide; limitando de esta manera el actuar del Espíritu en su ser.

¿Cómo nos damos cuenta si una persona aprendió o no? Cuando da muestras de madurez ¿verdad?

Saque las frutas, muéstrelas a la clase y pregunte: ¿Cómo distinguimos la fruta madura de la inmadura? Deje que expresen sus ideas, al tiempo que usted corta las frutas en pedazos y pone los trozos en dos platos diferentes, uno para las maduras y otro para las verdes.

Luego diga... la mejor forma de saber si una fruta está madura es probándola ¿verdad?

Permita que ellos tomen un pedazo de fruta de cada plato y lo coman. Luego pregunte: ¿Cuál sabe mejor? ¿Cuál prefiere usted? ¿Qué nos enseña esto? ¿Cómo podemos comprobar que una persona está aprendiendo y creciendo en la vida de Cristo?

Puede anotar sus ideas en la pizarra y luego hacer una síntesis de la opinión de la clase en una frase corta.

Eran inexpertos

Luego en el verso 13 les llama "inexpertos", que significa carentes de experiencia. Estas personas no habían experimentado muchas de las cosas de la vida cristiana. Eran rebeldes para poner en práctica en su vida lo que aprendían y por eso no adquirían experiencia.

Por ejemplo, si aprendo que debo perdonar a los que me han ofendido y me niego a hacerlo, no estoy poniendo en práctica el perdón. El perdón sigue siendo tan sólo un concepto para mí y no podré comprobar la libertad de esa carga del odio o el resentimiento. Si no he perdonado, tampoco puedo poner en práctica el amor hacia mis enemigos. Esta falta de obediencia va creando una barrera entre el Padre Celestial y el creyente, porque negarse a obedecer es pecado.

No eran capaces de diferenciar el bien del mal

En el versículo 14 dice: "no tienen los sentidos ejercitados en el discernimiento del bien y el mal". Esto que dice el autor es algo a lo que debemos poner mucha atención. Lo peligroso de la vida en la carne es que finalmente terminamos justificando el pecado, es decir, excusándonos a nosotros mismos por hacer lo que no agrada a Dios.

Cuando el nuevo cristiano comienza a obedecer a Dios en las pequeñas cosas, la obediencia en todo lo demás llega naturalmente, aunque sabemos que no será fácil y que requerirá aprender disciplina. Al otro lado, el creyente carnal se desliza con frecuencia en las cosas pequeñas, aquellas que no se ven y al no ejercitarse en obedecer en lo que es más fácil, no llega a desarrollar una obediencia del cien por ciento a la voluntad de Dios.

El juicio para distinguir el bien del mal sólo lo recibimos del Espíritu Santo cuando llena nuestra mente y nos guía en nuestros pensamientos para llegar a conclusiones sobre las cosas y las situaciones de acuerdo a la enseñanza de la Palabra de Dios. El escuchar la voz del Espíritu y dejarnos guiar por Él es un ejercicio que se alcanza con la práctica.

Por ejemplo, si el Espíritu me hace sentir mal por la forma en que respondí a un hermano y no hago nada al respecto y por el contrario continúo haciendo lo mismo vez tras vez; al cabo de un tiempo esta voz del Espíritu será imperceptible para mí. Cada cristiano debe desarrollar sus sentidos espirituales interiores para oír la voz interna del Espíritu. El desoír esta voz o ignorarla puede llevarnos a vivir una vida desorientada no sabiendo distinguir entre lo bueno y lo malo, haciendo fácil que el pecado nos arrastre y finalmente volvamos a la vida en el pecado.

3. El pecado y el fracaso domina en su vida

Los pecados manifiestos en la vida de los corintios eran celos, contiendas y disensiones (1 Corintios. 3:3-4). Estos hermanos demostraban con su conducta y sus actitudes que seguían viviendo como personas que no habían nacido de nuevo. Ellos se dejaban llevar por los celos, envidiándose los unos a los otros. Se dividían agrupándose en bandos y discutían acaloradamente para defender su propia opinión. Como no podían ponerse de acuerdo se creaban divisiones entre ellos que cada vez los separaban más. Ellos no hacían nada para guardar la unidad: ninguno estaba dispuesto a ceder.

Estos creyentes creían que eran espirituales y maduros pero la verdad es que no se puede ser espiritual y estar dividido al mismo tiempo. El motivo por el cual discutían, era por sus preferencias de liderazgo. Algunos querían a Pablo, otros a Apolos. Los que decían

ser discípulos de Pablo, no querían sujetarse al liderazgo de Apolos y los que decían ser de Apolos, no querían a Pablo como líder espiritual. Ellos estaban dejándose llevar por sus preferencias personales en lugar de buscar la voluntad de Dios para sus vidas y su iglesia.

A veces la tendencia de los cristianos es a pasar por alto estos pecados a los que consideramos "pequeños" como son los celos, la envidia, la lucha de poder y otros que causan grave daño a la hermandad entre los cristianos. Pablo señala aquí lo grave de la conducta de estos hermanos, quienes habiendo nacido de nuevo seguían viviendo y pensando como los que no son hijos e hijas de Dios.

Aunque ellos se consideraban espirituales, su forma de pensar y su modo de actuar demostraban lo contrario. Cuando damos lugar en nuestra vida a reacciones temperamentales, orgullo, envidia, divisiones, palabras duras e hirientes, falta de perdón, hablar mal de alguien a sus espaldas, falta de bondad, falta de interés por ayudar a otros, etc.; lo que estamos mostrando son los frutos de la carne y la carne solo produce pecado. La carne es egoísta y orgullosa, no genera amabilidad. La carne es todo lo opuesto al amor que es fruto del Espíritu.

4. La carne puede coexistir con los dones espirituales

Los dones espirituales son habilidades especiales dadas por Dios a sus hijos cuando son salvos y adoptados en su familia. Estos dones son los que permiten que cada cristiano pueda contribuir al ministerio de la iglesia y servir al mundo como Cristo.

No debemos ignorar que los cristianos carnales también han recibido dones espirituales. Sin embargo, debemos hacer la diferencia entre dones espirituales y el fruto del Espíritu, que es la capacidad de amar a Dios y a nuestros semejantes de todo corazón. Entre los corintios había dones maravillosos, tal es así que Pablo dice: "Gracias doy a mi Dios siempre por vosotros, por la gracia de Dios que os fue dada en Cristo Jesús; porque en todas las cosas fuisteis enriquecidos en Él, en toda palabra y en toda ciencia;..." (1 Corintios. 1:4-5).

En la segunda carta habla de los muchos dones que ellos tenían, aunque les gustaban los dones espectaculares que los hacían destacar en el grupo. Al mismo tiempo el apóstol dice que no se preocupaban de la misma manera en cultivar el fruto del Espíritu: amor, gozo, paz, paciencia, benignidad, bondad, fe, mansedumbre y templanza.

Lamentablemente en la iglesia contemporánea muchos cristianos carnales llegan a ocupar lugares de liderazgo porque vivimos en un mundo donde lo que se valora es la imagen. La imagen es lo que una persona proyecta de sí misma y lo que la gente percibe. La gente frecuentemente confunde esa imagen con lo que en realidad la persona es. De manera que cuando se busca un líder por lo general escogemos al que habla bien, canta bien, es simpático, tiene buena educación, tiene buena presencia, es responsable, entre otras cualidades que saltan a la vista. Todas estas cosas son importantes, pero para escoger un líder espiritual debemos buscar una persona que no sea carnal, porque como vimos en estos pasajes, un creyente carnal no es apto para ser líder espiritual de otros. Las capacidades, buena educación y talentos nunca podrán reemplazar al poder del amor santo de Dios.

5. ¿Cómo hallar la salida?

— *Romanos 7: 22-25*

Debemos mencionar que en los capítulos 5, 6, 7 y 8 de Romanos, Pablo relata la búsqueda del ser humano para llegar a vivir la vida espiritual en compañerismo con Dios. El apóstol para darse a explicar mejor escribe en primera persona, o sea, actúa el papel de una persona que va de la vida natural a la vida espiritual.

En este capítulo 7 describe la lucha interior del creyente carnal (los dos leones de nuestra lección anterior) y concluye con estas palabras de desesperación: "¡Miserable hombre de mí! ¿Quién me librará de este cuerpo de muerte?" Este es el grito desesperado de una persona que ha tratado por sus propias fuerzas vivir la vida de Cristo y se siente miserable, fracasado, derrotado. Esta es una experiencia dolorosa pero necesaria.

El creyente carnal necesita "tocar fondo", pues es la única forma de que esté plenamente convencido de lo malo de su carnalidad. Hasta que no esté completamente seguro de que en su interior reside una fuerza de maldad que se opone a la voluntad de Dios para su vida, no pedirá ayuda de Dios. El Espíritu Santo trabaja en la vida del creyente para llevarlo a este punto. Nos hace ver como en un espejo lo horrorosa que es la maldad que se aloja en nuestro ser.

De la misma manera que el pecador arrepentido busca a Cristo para ser librado de sus pecados, el creyente tiene que arribar a la certeza de su maldad y desesperación para que llegue finalmente al punto de reconocer que nunca podrá ser como Cristo en sus propias fuerzas o con su propia inteligencia.

En la próxima lección vamos a ver que la única solución para salir de la carnalidad es renunciar por completo a ella. No hay otra forma de comenzar a vivir en el Espíritu.

Anime a los alumnos a reflexionar en esta semana en las lecturas bíblicas sugeridas y a prepararse en oración para hacer una entrega total y completa de su ser a Jesucristo.

CONCLUSIÓN

La vida del creyente carnal no es lo normal que Dios quiere para sus Hijos. Cristo murió en la cruz para hacernos totalmente libres del poder del pecado.

El creyente que se mantiene obstinadamente viviendo en la carne desobedece a Dios y no es apto para asumir responsabilidades de ministerio en la iglesia.

El Espíritu Santo trata de llevar al creyente carnal a un convencimiento de la pecaminosa fuerza de maldad que lo habita, para traerlo al punto de reconocer que es impotente para vivir la vida de Cristo por sus propios medios y que sólo renunciando por completo a esa fuerza de pecado puede recibir la plenitud del Espíritu Santo de Dios.

SV

Una infancia larga y peligrosa

HOJA DE ACTIVIDAD

Versículo para memorizar

"Por tanto, hagan morir todo lo que es propio de la naturaleza terrenal: inmoralidad sexual, impureza, bajas pasiones, malos deseos y avaricia, la cual es idolatría". Colosenses 3:5 (NVI)

Actividad 1

¿Cómo es la vida de un creyente carnal? Escoge la opción correcta.

1. La relación con Dios del creyente carnal es como...

_____ amigos _____ conocidos _____ marido y mujer

2. Para el creyente carnal Dios es...

_____ un líder poderoso y muy ocupado _____un padre cariñoso _____ una fuerza cósmica

3. Sus oraciones se parecen a...

_____ una lista de compras _____ una charla de amigos _____un ruego desesperado

4. Lo que le gusta de la iglesia es...

_____ los amigos _____ la enseñanza _____ los contactos de negocios

5. Piensa que le dio la vida para...

_____ disfrutarla _____ servir a otros _____ glorificar a Dios

6. En cuanto a lo que hace con su vida, sigue la siguiente regla...

_____ consulto a Dios _____ hago lo que quiero _____me baso en la Palabra

7. Sus logros en la vida se deben a...

_____ la provisión de Dios _____ la oración de su abuela _____ su talento natural

Actividad 2

El fruto de la carne produce lo opuesto al fruto del Espíritu de amor.

En la columna de la izquierda se incluye una lista de los frutos del amor que Pablo menciona en 1 Corintios 13, como los distintivos de la vida espiritual. Como vimos la vida en la carne es lo opuesto a la vida en el Espíritu. Estos se incluyen en la lista de la derecha. Señala en ambas listas cuáles son las conductas más frecuentes en tu vida actualmente.

Evidencias de madurez espiritual	Evidencias de la inmadurez carnal
Tiene paciencia en todo.	Es impaciente.
Siempre es amable, atento, afectuoso.	Es descortés, trata con dureza a la gente.
No es envidioso.	Tiene envidia.
No se cree más que otros.	Soberbio, altanero, vanidoso.
Humilde.	Orgulloso.
Gentil, educado, respetuoso.	Grosero, mal educado, irrespetuoso.
Generoso, dadivoso.	Egoísta, se pone primero que los demás.
No se enoja por cualquier cosa.	Se enoja con facilidad.
Perdona y olvida las ofensas.	Se pasa la vida recordando lo malo que otros han hecho.
Aplaude a los que hablan con verdad.	Aplaude a los malvados.
Espera lo mejor de la gente y de Dios.	Desconfía de la gente y de Dios.

Si tienes la mayoría de las marcas en la segunda columna necesitas ser libre del dominio de la carne en tu vida. Si tienes sólo algunas, igualmente necesitas crecer en estas áreas específicas.

Conclusión

La vida del creyente carnal no es lo normal que Dios quiere para sus Hijos. Cristo murió en la cruz para hacernos totalmente libres del poder del pecado. El creyente que se mantiene obstinadamente viviendo en la carne desobedece a Dios y no es apto para asumir responsabilidades de ministerio en la iglesia. El Espíritu Santo trata de llevar al creyente carnal a un convencimiento de la pecaminosa fuerza de maldad que lo habita, para traerlo al punto de reconocer que es impotente para vivir la vida de Cristo por sus propios medios y que sólo renunciando por completo a esa fuerza de pecado puede recibir la plenitud del Espíritu Santo de Dios.

LECCIÓN 09

BASE BÍBLICA

1 Pedro 1:2-5.

PARA MEMORIZAR

"Pues si ustedes, aun siendo malos, saben dar cosas buenas a sus hijos, ¡cuánto más el Padre celestial dará el Espíritu Santo a quienes se lo pidan!". Lucas 11:13 (NVI)

PROPÓSITO DE LA LECCIÓN: QUE EL ALUMNO...

Conozca en qué consiste la vida de amor santo a la cual Dios quiere llevarnos. **Comprenda** que sólo renunciando al autogobierno y la auto idolatría puede ser lleno del Espíritu Santo. **Sea** incentivado a orar para ser lleno del Espíritu.

¿Cómo recibir la llenura del Espíritu de amor?

POR MÓNICA DE FERNÁNDEZ

Introducción

Comience la clase mostrando el frasco lleno y diga lo siguiente: La vida del creyente lleno del Espíritu se parece mucho a este frasco. Dios quiere llenarnos hasta el borde con su Espíritu, es una llenura del cien por ciento de su amor y su pureza. Pero para que Dios pueda llenarnos tenemos que vaciarnos primero (vacíe el contenido del frasco en una bandeja).

En esta clase vamos a hablar de cómo ocurre este proceso de ser llenados del Espíritu Santo y para ello voy a solicitar dos voluntarios para que vuelvan a meter todos estos materiales dentro del frasco.

Ubique a los voluntarios en un lugar visible para que los alumnos puedan verlos mientras trabajan. Las instrucciones serán: poner todo en el frasco en 1 minuto de tiempo, una sola oportunidad y no debe sobrar nada. Si lo logran se llevan el premio.

Sin embargo, es probable que fracasen. Agradezca a los voluntarios y señale el frasco mientras pregunta a la clase: ¿Por qué no pudieron poner todos los ingredientes en el frasco?

Escuche las respuestas y luego diga: ¿Creen que lo habrían logrado si les hubiera demostrado cómo hacerlo? Vamos a ver cuál es el secreto mientras estudiamos en la Palabra qué es lo que debemos hacer para que Dios pueda llenarnos por completo de su Espíritu y darnos todas esas bendiciones que tiene reservadas para nosotros.

Si lo logran poniendo las piedras grandes primero, felicítelos y entregue el premio. Luego diga que ellos hicieron lo correcto pusieron lo más grande, la piedra más importante primero.

Como veremos en esta lección, para ser llenos del Espíritu Santo debemos dar a Dios el lugar de importancia que merece en nuestra vida.

Estudio bíblico

1. ¿Deseas con todo el corazón ser santo como Él es santo?

El primer paso para preparar nuestra vida es estar seguros de que deseamos esta experiencia.

¿En qué consiste esta experiencia? Las Escrituras hablan de la santidad de muchas formas diferentes.

Hay dos aspectos que son centrales sobre la vida de santidad que nos ayudarán a comprender mejor esta experiencia:

Dios nos llena de su amor santo

¿De qué nos llena Dios? Cuando la Biblia dice que Dios nos llena de su santidad, lo que significa es que Dios nos da de su propia naturaleza y la naturaleza de Dios es amor.

Cuando Dios nos llena de su Espíritu, nos llena de amor, pero no es alguna clase de amor que los seres humanos hayamos practicado, este amor es el mismo amor que une a las tres personas de la Santa Trinidad. Es el amor con que el Padre ama al Hijo, el amor del Hijo por el Padre y el Espíritu y el amor del Espíritu por el Padre y el Hijo. Por eso podemos decir con seguridad que la vida de Dios es amor. Dios vive para amar y no puede hacer otra cosa que amar. Todo lo que Él ha hecho, todas sus decisiones, todas sus leyes, están profundamente arraigadas en Su amor.

Dios nos salva para llenarnos de este amor divino y luego se ofrece a guiarnos de la mano para aprender a vivir esta vida de amor, llena de Su amor.

—2 Pedro 1:4

¿Qué es la vida de santidad?

Dios nos ha prometido capacitarnos para amar perfectamente a Dios y a nuestros semejantes. De esta manera cada cristiano tiene el privilegio que sólo un hijo o hija de Dios puede tener de ser partícipe de la naturaleza divina. Cuando Dios nos llena de Su amor, nos llena de Su misma esencia.

Cuando somos llenos del Espíritu no hay lugar para el pecado. El amor a Dios nos impulsa a amar lo que Él ama y aborrecer lo que Él odia. El resultado es una vida de pureza, alejarnos de todo lo mundano para entregarnos a servir a Dios con nuestras vidas.

2. Hay que vaciarse

En segundo lugar, debemos estar dispuestos a rendir nuestra vida totalmente y para siempre a Jesucristo. Para ser llenos del Espíritu debemos vaciarnos primero. (Vacíe el frasco mientras habla).

Cuando somos salvos el Espíritu Santo viene a vivir a nuestra vida, pero el amor de Dios no puede llenarnos por completo porque en nuestro interior permanece el amor egoísta. Este amor egoísta es el pecado heredado por toda la raza de nuestros primeros padres. Este amor nos impulsa a amar al mundo y al pecado, nos lleva a poner nuestra voluntad por encima de todos los demás, a amarnos por encima de todos los demás, incluyendo a Dios.

Juan Wesley enseñaba que ningún cristiano está listo para ser lleno del amor perfecto de Dios hasta que no esté libre de todo pecado por dentro y por fuera. Hasta que el pecado no sea expulsado, el amor de Dios no puede ocupar toda la capacidad del alma.

¿Cómo vaciarse de esta manera? Hay tres pasos muy importantes que debes hacer antes de que Dios pueda llenarte de Su amor santo.

Renuncia al auto gobierno

Cuando nosotros comenzamos la vida cristiana aceptamos a Cristo como nuestro Señor y Salvador. Reconocer que Cristo es nuestro Señor por voluntad del Padre, es una cosa, pero hacer los cambios en nuestra vida para que Cristo pueda ser realmente rey, es otra.

Si queremos ser llenos del Espíritu Santo tenemos que estar dispuestos a vivir en el Reino de Dios. El Reino de Dios no es como nuestros gobiernos democráticos en que elegimos a nuestros gobernantes y luego podemos estar o no de acuerdo con ellos y hasta votar en contra en las próximas elecciones.

En la vida del cristiano sólo hay una forma de gobierno que Dios ha establecido y es una Teocracia. En ella Dios es el soberano absoluto al que sus siervos obedecen por amor. Este rey gobierna en amor, rige en amor y las personas eligen estar en su reino por voluntad propia. Sus súbditos ordenan su vida de acuerdo a la voluntad de Dios, no por temor al castigo, sino porque están convencidos de que Su voluntad es perfecta para sus vidas.

No debemos tener temor de no poder llegar a vivir la vida de pureza que vivió Jesús, pues nada de esto lo conseguiremos por nuestro esfuerzo personal. Por eso tenemos que renunciar a llevar el control de nuestra vida y abandonarnos por completo a nuestro Dios. Cuando el Espíritu Santo llena nuestra vida nos capacita para amar a Dios y amar su voluntad. De manera que Dios no sólo nos pide que vivamos como Jesús en obediencia perfecta a Su voluntad, sino que también nos da el "poder" de amor que permite que podamos hacerlo.

El autogobierno es cuando tú llevas el control de tu vida. Cuando esto ocurre, no puedes amar a Dios y a otros en un cien por ciento.

Renuncia a la auto idolatría

La idolatría es rendirse o entregarse a cualquier cosa y darle a ello los honores y el lugar que sólo nuestro Creador merece; puede ser un ángel, una imagen, un familiar, un vicio, un deporte, una religión...y sobre todo nosotros mismos.

La auto idolatría es rendir culto o adoración a uno mismo, en lugar de dársela a Dios. Nosotros nacimos con la tendencia pecaminosa de amarnos a nosotros mismos por encima de todo lo demás. Dios merece tener el primer lugar de nuestra vida, El merece ser nuestro primer y gran amor, aquel que está por encima de cualquier otra cosa o persona.

Ese dios que somos nosotros siempre estará intentando llevarnos a hacer su voluntad y como está acostumbrado a desoír la voz de Dios, tenemos que sacarlo del lugar de importancia que se ha dado, humillarlo y sujetarlo al Espíritu Santo.

Tienes que morir
— Marcos 8:34

Cuando Jesús pidió esto a sus discípulos, Él pidió nada más y nada menos que fuéramos capaces de hacer por Él, lo mismo que Él hizo por nosotros cuando entregó su vida en la cruz para morir por nuestros pecados.

Lea Filipenses 2:5-8 y pregunte ¿Qué hizo Cristo por amor a nosotros?

Tomar la cruz significa renunciar a nuestra propia vida, morir a sí mismo. Morir a sí mismo significa renunciar al autogobierno y renunciar a la auto idolatría. Al morir a nosotros mismos renunciamos a todo lo nuestro que se opone a Dios: forma de pensar incorrecta, malas actitudes y malos deseos.

Los apóstoles pudieron ser llenos del Espíritu porque estuvieron dispuestos a morir a sí mismos.

Veamos el testimonio de Pablo
— Gálatas 2:20

La única manera de vivir la vida de Cristo es dejar de vivir en nosotros. Dejar de apoyarnos en nuestro orgullo, en nuestras capacidades, en nuestra experiencia, en nuestro nombre, para rendirnos por completo a la dirección de Dios, de la misma manera que un ciego se deja guiar por su perro lazarillo.

Cuando Dios nos llena con su Espíritu de amor la vida de Cristo se funde con la nuestra. En el momento de la entrega, nosotros hacemos un pacto con Dios y Él lo firma llenándonos con su Espíritu. Ya no nos gobernamos solos, sino que nuestro espíritu dialoga con el Espíritu y decidimos lo que es lo mejor para nuestra vida, para nuestra iglesia, para nuestra familia, porque el que nos dirige y aconseja es el Espíritu de amor y el amor de Dios nunca se equivoca.

3. Una entrega total del cien por ciento
Pida a otro voluntario que lea Romanos 12:1-2.

En este pasaje el Apóstol Pablo ruega a los hermanos de la iglesia en Roma que hagan esta entrega de todo su ser al Señor, presentando sus cuerpos como sacrificio vivo, santo, agradable a Dios. Veamos qué agrega esta descripción de Pablo a nuestra comprensión de la entrega que Dios requiere de nosotros.

Presentar sacrificio vivo

En la antigüedad en muchas religiones se practicaban rituales de sacrificio. Estos consistían en entregar a sus dioses un animal o algún otro tipo de ofrenda la cual era quemada en un altar. En el caso del pueblo de Israel, ellos acostumbraban dar ofrendas a Dios para demostrar su gratitud por algo que Dios les concediera, o como muestra de arrepentimiento. Dios mismo estableció estos sacrificios en el pueblo de Israel para que cuando Jesucristo fuera enviado, ellos pudieran reconocerle como el cordero perfecto que quita el pecado del mundo (Juan 1:29). Estos sacrificios de animales consistían en entregar el animal vivo para que el sacerdote lo matara cortando la vena yugular para que el animal se desangrara y quemara el cuerpo sobre el altar del templo.

Pero hay una gran diferencia en el sacrificio del que nos habla Pablo. No se trata de entregar un cuerpo muerto, sino de entregarnos como ofrenda viva para seguir viviendo para Dios.

Este no es un sacrificio para obtener perdón de Dios sino un sacrificio de alabanza. Nosotros le damos nuestra vida a Dios para que Él pueda formar en nosotros la vida de Cristo y así glorificarse a sí mismo, mostrando su amor al mundo.

No conformarse a este siglo

Los hijos de Dios no pertenecemos a este mundo, pertenecemos al reino de Dios. Este reino habita en el corazón de cada uno de sus hijos. Sin embargo, la tentación del cristiano es a adaptarse al pecado que domina en la gente de nuestro contexto. Esta es una costumbre que muchos cristianos tienen y aún los líderes de muchas iglesias acomodan su vida y acomodan la Palabra de Dios de manera de tener excusa para vivir a la manera pecaminosa del mundo.

Para muchos cristianos la línea entre lo bueno y lo malo es borrosa. Si usted les pregunta ¿Qué opina sobre el aborto? ¿Qué dice la Biblia de la homosexualidad? ¿Es excusable mentir a veces? ¿Está bien dejar brotar mi enojo y dañar a los demás con mis palabras? no siempre tendrá una respuesta satisfactoria.

La manera de vivir de la gente que no es cristiana no representa un modelo para el cristiano que quiere vivir la vida de Cristo.

Transformaos por medio de la renovación de vuestro entendimiento

Esta palabra que usa Pablo para describir el cambio que el Espíritu produce en la vida de los hijos e hijas de Dios es "metamorfosis". Es la misma palabra que se usa en Mateo 17:2 para describir la transfiguración de Cristo (también en Marcos 9:2). Ésta es una palabra que se usa mucho en la ciencia para describir el cambio total y completo que es parte del proceso de crecimiento de muchas criaturas vivientes. Por ejemplo la oruga que teje un capullo donde se encierra durante un tiempo y luego sigue su existencia como mariposa.

Lo que expresa aquí el apóstol es que el Espíritu trae a la vida del creyente un cambio radical en la forma de pensar, es un giro de 180 grados mediante el cual deseamos tener la mente de Cristo y damos acceso al Espíritu Santo para que vaya transformándonos paso a paso, día con día, haciéndonos más y más semejantes a nuestro Señor.

El cambiar la forma de pensar es indispensable para cambiar la forma de sentir y de vivir.

4. El Espíritu Santo se recibe por fe

La llenura del Espíritu se recibe por la fe, de la misma manera que recibimos la salvación. Hay cristianos que pasan días ayunando y orando pensando que de esta manera convencerán a Dios de que ellos merecen ser llenos de su Espíritu.

Ayunar y orar no está mal pero el propósito fundamental de estas disciplinas debería ser someter nuestra voluntad y examinarnos a nosotros mismos para estar preparados para esta experiencia. Dios no espera que usted le ruegue que le llene con su Espíritu, ¡El desea hacerlo y está listo para llenarlo con Su Amor cuando usted se lo pida!

Veamos esta comparación, si usted hace un cheque de su cuenta de banco y quiere hacerlo efectivo, ¿qué hace? ¿Va al cajero del banco y se pone de rodillas suplicándole que le dé el dinero? No, porque no es necesario. Usted tiene dinero en ese banco y sabe que cuando lo necesite ellos se lo darán.

Esta experiencia es como un cheque que podemos cobrar en cualquier momento... ¡Dios tiene un banco lleno de riquezas espirituales y están allí para que nosotros las hagamos efectivas en nuestra vida!

Algunos cristianos pasan mucho tiempo esperando por esta experiencia del Espíritu porque están confundidos y lo que buscan es alguna manifestación de tipo emocional, una señal o un ángel que baje del cielo y les diga que ya fue hecho. Pero esto no ocurrirá, porque la llenura del Amor de Dios se recibe por la fe. Es tan simple como cuando usted fue salvo. De la misma manera que Dios le llamó a la salvación ahora le llama a ser lleno del Espíritu.

— 1 Pedro 1:2-5

El apóstol Pedro dice que somos "elegidos según la presciencia de Dios Padre", lo que significa que la voluntad de Dios desde que nos salvó es que seamos santificados por completo. En su sabiduría Dios ha trazado un plan perfecto para restaurarnos completamente del pecado y llevarnos a vivir en pureza de amor. Luego dice que: "nos hizo renacer para una esperanza viva". Esto significa que por medio del sacrificio de Cristo en la cruz, Dios nos ha regalado una nueva vida para que comencemos a vivirla en esta tierra, libres de la corrupción de pecado. Para el cristiano la vida eterna comienza cuando recibe a Cristo como Salvador.

Tanto la salvación, como la llenura del Espíritu y la vida de crecimiento que viene luego es el camino que Dios ha elegido y diseñado para cada uno de sus hijos e hijas. De manera que no hay lugar a dudas de que Dios quiere llenarnos con su Espíritu.

Lo que sí debemos asegurarnos de hacer primero es preparar nuestro corazón para que pueda ser llenado.

Tome ahora el frasco vacío y diga: Para que Dios pueda llenarnos por completo con su Espíritu de amor, tenemos que seguir el orden correcto, primero vaciamos nuestra vida, renunciando a todas las formas de pecado que nos han llevado a una vida de auto gobierno y auto idolatría.

Ponga primero la piedra grande y diga: lo primero que Dios va a darnos es su Espíritu Santo. Éste ocupará el lugar principal en nuestra vida.

Acomode las otras piedras -de las más grandes a las más pequeñas- y diga: El Espíritu Santo trae consigo el amor perfecto de Dios que llenará nuestra vida de buenas intenciones, buenos pensamientos, buenas actitudes, buenas obras,... o sea nos guiará para hacer todos los cambios que sean necesarios para reproducir en nosotros la vida de Cristo.

Luego finalmente agregue la arena hasta llenar el frasco hasta el borde y diga: este amor de Dios dará frutos maravillosos e incontables como los granitos de esta arena que estamos echando. Por medio de estos frutos la gente podrá ver y experimentar el amor de Cristo. Nosotros perderemos la cuenta porque dar amor será lo natural que brote de nuestra vida. Lo importante no es contar la arena, sino ver lo hermosa que se ve extendida en la playa proveyendo reposo a los que están cansados.

— Juan 7:37-39
pregunte a la clase ¿Cuál es el agua viva que Jesús prometió dar a todo el que se la pide?

Termine llenando el frasco con agua y diga: El Espíritu Santo es el agua de vida prometida por Jesús a cada uno de sus hijos e hijas. Hasta que no seas lleno por completo de Él, no podrás experimentar lo que es estar realmente vivo.

Estar vivo para Dios es ser completamente libre del pecado para amar como Dios nos ama y esto sólo podrás hacerlo cuando el Espíritu te llene por completo.

¿Quieres tener esta vida de Dios corriendo por tu ser y derramándose a todo el que te rodea? ¿Quieres ser lleno del Espíritu de Amor ahora?

CONCLUSIÓN

La voluntad de Dios para la vida de sus hijos e hijas es que puedan amar de la misma manera que Él los ama, sin ningún tipo de interés egoísta. Este amor perfecto es el que une a las tres personas de la Santa Trinidad y es el que llevó al Padre a dar a su Hijo único, Jesucristo, por nuestra salvación. Si no poseemos el amor de Dios no podemos servir a este mundo como Cristo lo hizo.

Para que Dios pueda llenarnos de Su amor primero debemos renunciar al egoísmo que reside en nuestro ser interior y que lucha en contra de la voluntad de Dios para nuestra vida. Este pecado no permite que Dios sea realmente el rey de nuestra vida y nos impide amar a Dios con todo nuestro ser. Para ser lleno del Espíritu de amor hay que morir a nosotros mismos.

La llenura del Espíritu se recibe con una oración de fe. A partir de allí, por medio de la relación continua con Dios, Él nos va transformando y nos enseña a vivir y amar como Jesús.

¿Cómo recibir la llenura del Espíritu de amor?

HOJA DE ACTIVIDAD

Versículo para memorizar

"Pues si ustedes, aun siendo malos, saben dar cosas buenas a sus hijos, ¡cuánto más el Padre celestial dará el Espíritu Santo a quienes se lo pidan!". Lucas 11:13 (NVI)

Actividad 1

De las siguientes formas en que se describe la vida santa en la Biblia, ¿cuáles no habías escuchado hasta ahora o tienes dudas acerca de lo que significan? Márcalas con una **X**. Luego al final de la clase si aún tienes preguntas sobre alguna de ellas puedes pedir más explicación a tu maestr@.

_____ Una entrega completa de todo nuestro ser a Dios o consagración.

_____ Ser santificado, es decir, capacitado por Dios para vivir en pureza.

_____ Ser lleno del Espíritu.

_____ La segunda obra de gracia.

_____ Ser hechos perfectos en amor.

_____ La perfección cristiana.

_____ El bautismo del Espíritu Santo.

_____ La entera santificación.

_____ Morir a uno mismo.

_____ Una vida y un corazón puro.

_____ Ser semejante a Cristo.

_____ Vivir en pureza como Cristo.

_____ Ser restaurado a la imagen de Cristo.

Actividad 2

Según lo que lees más abajo en 2 Pedro 1:3-4 (Traducción en Lenguaje Actual) responde: ¿Qué es vivir en santidad?

_____

"Dios utilizó su poder para darnos todo lo que necesitamos y para que vivamos como Él quiere. Dios nos dio todo eso cuando nos hizo conocer a Jesucristo. Por medio de Él, nos eligió para que seamos parte de su reino maravilloso. Además, nos ha dado todas las cosas importantes y valiosas que nos prometió. Por medio de ellas, ustedes podrán ser como Dios y no como la gente pecadora de este mundo, porque los malos deseos de esa gente destruyen a los demás".

Actividad 3

Oración para pedir a Dios que te llene con su Espíritu de Amor

En tu oración sigue el siguiente desarrollo:

1. Dile a Dios cuanto deseas ser lleno de Su Espíritu y por qué.

2. Renuncia al auto gobierno y la auto idolatría y pídele a Dios que te limpie de los deseos pecaminosos de la carne que se oponen a Su voluntad para tu vida.

3. Confiesa todo pecado que el Espíritu Santo traiga a tu mente, por ejemplo: si has ofendido a alguien, si no has sido fiel a Dios en alguna cosa, etc.

4. Entrega toda tu vida al Señor: incluye tu pasado, tu presente y tu futuro. Incluye tus capacidades, tu experiencia y todo lo que consideras de valor en tu vida.

5. Pide al Señor que te llene con su Espíritu Santo y que inunde tu vida con su amor y recíbelo por fe.

6. Agradece a Dios por llenar tu vida con Su Espíritu.

Conclusión

La voluntad de Dios para la vida de sus hijos e hijas es que puedan amar de la misma manera que Él los ama, sin ningún tipo de interés egoísta. Este amor perfecto es el que une a las tres personas de la Santa Trinidad y es el que llevó al Padre a dar a su Hijo único, Jesucristo, por nuestra salvación. Si no poseemos el amor de Dios no podemos servir a este mundo como Cristo lo hizo. Para que Dios pueda llenarnos de Su amor primero debemos renunciar al egoísmo que reside en nuestro ser interior y que lucha en contra de la voluntad de Dios para nuestra vida. Este pecado no permite que Dios sea realmente el rey de nuestra vida y nos impide amar a Dios con todo nuestro ser. Para ser lleno del Espíritu de amor hay que morir a nosotros mismos. La llenura del Espíritu se recibe con una oración de fe. A partir de allí, por medio de la relación continua con Dios, Él nos va transformando y nos enseña a vivir y amar como Jesús.

BASE BÍBLICA

Mateo 14:22-33.

PARA MEMORIZAR

"Que el Dios de la esperanza los llene de toda alegría y paz a ustedes que creen en él, para que rebosen de esperanza por el poder del Espíritu Santo". Romanos 15:13 (NVI)

PROPÓSITO DE LA LECCIÓN: QUE EL ALUMNO...

Conozca la obra interior que ha hecho el Espíritu Santo en su vida cuando fue lleno del amor de Dios. **Comprenda** que la llenura del Espíritu es el inicio de una vida libre del dominio del pecado. **Haga** un compromiso de perseverar en esta experiencia de pureza, reafirmando su compromiso con Dios cada día.

De Simón a Pedro:
Cambios internos resultantes de la llenura del Espíritu

POR MÓNICA DE FERNÁNDEZ

INTRODUCCIÓN

Inicie la clase pidiendo a los alumnos que narren experiencias que vivieron en la semana en cuanto a su oración para recibir la llenura del Espíritu de amor.

En esta lección hablaremos sobre los cambios internos que se producen en la vida de los cristianos cuando Dios los llena con su Espíritu de amor.

—Mateo 14:22-33.

Luego escriba en la pizarra: "De Simón a Pedro".

Una de las transformaciones más asombrosas que nos narra la Biblia sobre el cambio en la vida de un cristiano al recibir la llenura del Espíritu Santo, es la de Simón Pedro.

Juan y Andrés fueron los primeros discípulos en ser llamados por Jesús. Andrés era hermano de Simón y el mismo día fue y buscó a su hermano. Juan era hermano de Jacobo e hizo lo mismo que Andrés llevando a su hermano a Jesús. Este grupo de hermanos se conocían desde niños, eran de la misma ciudad y compartían una empresa de pesca. Simón era el líder de este equipo de pescadores.

¿Cómo era Simón? Simón era ansioso y ambicioso; era audaz, sincero y decidido. Frecuentemente sobresalía por su iniciativa: mientras los otros discípulos estaban todavía reflexionando en una pregunta, Simón lanzaba su respuesta.

A Simón le gustaba estar en el centro de la acción. Por eso en el medio de la tormenta -como narra Mateo- mientras los demás discípulos están aferrados a las bancas del bote, Simón se lanza a caminar en el agua sin pensarlo dos veces. Debemos reconocer que Simón era valiente. No debemos olvidar que ¡cuando Simón se hunde ya había llegado caminando hasta el centro del lago! En otras palabras, tuvo la valentía de llegar hasta allí, la cual ninguno había tenido. También siguió a Jesús hasta el patio del Sumo Sacerdote junto a Juan. Los demás habían huido y él permaneció allí hasta que el gallo cantó.

A Simón le gustaba hablar, hablar y hablar. Era curioso y preguntón. En los evangelios hace más preguntas que todos los demás apóstoles juntos y si vemos los primeros capítulos del libro de Hechos -donde Juan y él son inseparables- Simón es el que habla siempre, Juan parecería que fuese mudo.

Obviamente, Simón no era perfecto. Una de sus debilidades era el hábito de hacer funcionar su boca antes que su cerebro. Simón era impetuoso, inconstante, poco digno de confianza, solía hacer grandes promesas que no podía cumplir. Era de aquellas personas que se meten en un proyecto ambicioso pero que se rinden antes de terminarlo. Era el primero en entrar y el primero en abandonar. Era la típica persona carnal de doble ánimo. Encaja muy bien con lo que dice Santiago 1:8 "El hombre de doble ánimo es inconstante en todos sus caminos".

¿Cómo fue transformada la vida de este hombre en su caminar como discípulo de Jesús?

ESTUDIO BÍBLICO
1. Jesús le cambió el nombre

El nombre Simón era un nombre común y corriente. En los evangelios se mencionan al menos siete personas diferentes de nombre Simón.

- Simón el Zelote era otro de los 12 (Mateo 10:4).
- Uno de los hermanos de Jesús (Mateo 13:55).
- El padre de Judas Iscariote (Juan 6:1).
- Simón el leproso, Jesús comió en su casa (Mateo 26:6).
- Un fariseo donde Jesús comió también (Lucas 7:36-40).
- El que cargó la cruz Simón de Cirene (Mateo 27:32).

Su nombre completo era Simón, hijo de Jonás o "Juan" que a veces se traduce Jonás (Mateo 16:17; Juan 21:15-17). Excepto el nombre de sus padres no sabemos nada más de su familia.

—Juan 1:42 donde relata el primer encuentro de Simón con Jesús: "Y mirándole Jesús, dijo: Tú eres Simón, hijo de Jonás; tú serás llamado Cefas (que quiere decir Pedro)" Pedro era una especie de sobrenombre que significaba "roca" o "pedazo de roca" (en griego es Petros y en arameo Cefas).

Jesús tuvo un propósito para cambiarle el nombre

Parece ser que Jesús le cambió el nombre para que recordara siempre lo que él debía llegar a ser. Este Simón impetuoso, agresivo e impaciente tenía que llegar a ser Pedro, una roca, en las manos de Jesús.

Simón necesitaba creer que Jesús iba a transformarle en una roca, es decir, alguien a quien se puede creer, alguien a quien se puede seguir.

Jesús le llama a veces Simón y a veces Pedro

Un aspecto muy interesante de Jesús como Maestro es ver la forma que usó para discipular a Simón. Jesús no sólo le dio un nombre nuevo sino que -a partir de entonces- a veces le llama Simón y a veces le llama Pedro. Cada vez que Pedro hacía algo que debía ser corregido le llama por su viejo nombre, Simón. Veremos algunos de estos casos en el siguiente punto.

2. El viejo Simón se asoma
Simón el "sabelotodo"

En Lucas 5:5 dice: "Respondiendo Simón, le dijo: Maestro, toda la noche hemos trabajado y nada hemos pescado; más en tu palabra echaré la red".

¿Quién habla aquí? El viejo Simón, el pescador quien demuestra no creer que Jesús tenga la razón, probablemente pensó algo como esto: ¿Cómo el Señor va a saber más que él que fue pescador toda su vida?

En esta oportunidad Simón demuestra no tener mucho ánimo de obedecer a Jesús, quizás se dijo a sí mismo: ¿Es que el Maestro no sabe lo cansados que estamos y lo frustrados que nos sentimos? ¿Acaso cree que hemos pasado la noche durmiendo? ¿Duda de que realmente hayamos hecho nuestro mejor esfuerzo, que lo hemos intentado todo sin resultado alguno?

Sin embargo, luego vemos en el versículo 8 a Simón reconociendo que Jesús es el Señor y por ello sabe más que él y tiene control sobre la naturaleza. Lucas describe esta escena diciendo: "viendo esto Simón Pedro, cayó de rodillas ante Jesús, diciendo: Apártate de mí, Señor, porque soy hombre pecador".

El Espíritu Santo estaba permitiendo que la vieja naturaleza carnal aflorara en Simón para que él pudiera darse cuenta de que había una tendencia de pecado en su vida que debía ser limpiada para que pudiera ser el Pedro que Jesús quería de él.

Simón el indisciplinado

Lucas relata uno de los fracasos más serios que tuvo que enfrentar Pedro en su carrera como discípulo: Traicionó a su maestro. Jesús le había advertido a Pedro que esto iba a ocurrir: como leemos en Lucas 22:31 "Simón, Simón, he aquí Satanás os ha pedido para zarandearos como a trigo".

En el huerto de Getsemaní Pedro no pudo permanecer orando como Jesús le había pedido y se quedó dormido: Marcos escribe: "Vino luego Jesús y los halló durmiendo; y dijo a Pedro: "Simón, ¿duermes? ¿No has podido velar una hora? Velad y orad, para que no entréis en tentación; el espíritu a la verdad está dispuesto, pero la carne es débil" (Marcos 14:37-38).

Debe haber llegado el punto de que cada vez que Jesús le llamaba Simón, Pedro temblaba. En su interior deseaba que Jesús le llamara Roca. Pero Jesús sólo le llamó Roca cuando pensaba, hablaba y actuaba correctamente.

Simón el impaciente

La última vez que Jesús le llama Simón fue después de su resurrección.

—Asigne a un alumno para que lea: Juan 21:3 y Juan 21:15-19.

Jesús les había pedido que fueran a Galilea donde Él se encontraría con ellos. Sin embargo Simón se cansó de esperar y se interna con el bote en el lago a pescar, a donde los demás discípulos lo siguieron. Ellos pescaron toda la noche y no sacaron nada. En la mañana estaban agotados y a lo lejos ven a Jesús en la playa esperándoles con un suculento desayuno.

Luego de comer juntos, Jesús conversa con Pedro sobre su traición, en el patio del Sumo Sacerdote, mientras Él era sometido al interrogatorio. Probablemente Simón estaba tratando de evitar esta confrontación. Él había negado tres veces conocer o ser amigo de Jesús, pese a que antes había prometido delante de todo el grupo de discípulos que seguiría a Cristo hasta la muerte.

Jesús comprendía la naturaleza humana que luchaba en el interior de Pedro. Pedro era como muchos de nosotros: a veces actuaba en su naturaleza carnal o en las costumbres de su vida antes de ser cristiano y en otras ocasiones se comportaba como un verdadero hijo de Dios.

El evangelio de Juan dice que Jesús le hizo una misma pregunta tres veces: "Simón hijo de Jonás, ¿me amas?" Y tres veces Pedro respondió: "Sí Señor, tú sabes que te amo..." ¿Qué le pidió Jesús que hiciera para demostrar su amor? Que pastoreara a otros creyentes, desde bebés espirituales (corderitos) hasta los ya maduros (corderos).

Para cuidar y guiar a la gente en la vida cristiana Simón tenía que ser convertido en Pedro. Aquella fue la última vez que Jesús le llamó Simón.

La tarea principal para la cual Dios nos capacita cuando nos llena con su Espíritu es para hacer discípulos, es decir, cuidar a otras personas mientras ocurre su desarrollo espiritual y enseñarles a vivir la vida de Cristo. Para esto es necesaria mucha paciencia y la paciencia es una de las capacidades que nos da el fruto del Espíritu.

Fue en este último encuentro con Jesús que Simón comprendió al fin que para poder servir a su Señor tenía que dejar que Jesucristo le transformara con el poder de su Espíritu.

3. Resultados de la llenura del Espíritu

—Asigne dos alumnos que lean Hechos 1:8 y 2:1-7.

A Jesús le llevó tres años y medio de discipulado, pero al fin Pedro había comprendido que no podía vivir la vida de Cristo en sus propias fuerzas. Como vemos en Hechos 1:8 Pedro obedeció a su Señor y esperó la promesa del Espíritu Santo. En el día de Pentecostés, unas semanas después de su último encuentro con Jesús, Simón fue lleno del Espíritu y su vida fue transformada.

Esta fue la primera ocasión en la historia en que el Espíritu Santo venía a permanecer en los corazones de los hijos de Dios. Jesús había sido lleno del Espíritu y esto era posible porque en su vida no había pecado. Por otro lado, para que el Espíritu pudiera venir a vivir en los corazones de los discípulos algo tuvo que ocurrir primero: la muerte y resurrección de Jesucristo. Sólo así el pecado pudo ser limpiado de sus corazones. Como bien dice Hebreos 13:12: "Por lo cual también Jesús, para santificar al pueblo mediante su propia sangre, padeció fuera de la puerta. "Los cambios en la vida de Pedro saltan a la vista: fue él quien se levantó y con valentía predicó un tremendo sermón y 3 mil personas se convirtieron. Pedro nunca volvió atrás... Al fin lleno del Espíritu Santo, Pedro estuvo listo para servir a su Señor. ¿Cómo ocurrió esto? Esto fue posible porque alguien amó tanto a Pedro que invirtió su vida para que él pudiera ser trasformado.

Jesús prometió a sus discípulos que la llenura del Espíritu traería poder a sus vidas. Veamos algunos de los cambios evidentes que este poder del Espíritu de Dios trajo a la vida de Pedro.

El Espíritu Santo capacita la vida del creyente

La palabra griega que se traduce poder es "dunamin" que viene del verbo "dunamai" que significa ser capaz. Cuando Jesús les promete el Espíritu de poder, les está diciendo que Él les enviará una fuerza capacitadora para que ellos puedan emprender la difusión del evangelio en el mundo.

Muestre los aparatos eléctricos y haga a la clase unas preguntas como éstas, mientras usted hace la demostración:

¿Estos aparatos que vemos aquí para qué fueron creados?

¿De dónde obtienen el poder, la energía para funcionar y cumplir con su propósito?

¿Funcionan si están cerca de la fuente de poder? (Mientras dice esto acerque las baterías).

¿Dónde debe estar instalada la fuente de energía para que funcionen?

¿Tienen alguna utilidad si están desconectados de la fuente de poder?

¿Qué nos enseña esta ilustración sobre la vida cristiana?

La única fuente de poder para el cristiano es el Espíritu Santo. El Espíritu Santo capacita a los creyentes con un poder sobrenatural que les infunde pureza, poder o valor y energía espiritual para ser testigos y para la oración, amor perfecto, abundancia de fruto y reposo. Todos estos requisitos son indispensables para llevar adelante la misión encomendada por su Señor de hacer discípulos suyos en todas las naciones. Veamos entonces brevemente en esta lección el poder para vivir en pureza, para dar testimonio y para la oración, que son evidentes en la experiencia y enseñanzas del apóstol Pedro. Dejaremos los otros resultados de la llenura del Espíritu para estudiarlos en la próxima lección.

Poder para vivir una vida santa

En 1 de Pedro 1:15-16 dice que el llamado de Dios a sus hijos es a ser santos como Él es santo. El poder del Espíritu llena nuestro corazón del amor santo de Dios, es un poder que nos capacita a crecer en amor. Este amor residiendo en nuestro interior nos identifica con el Dios de amor santo. Si amamos a Dios con todo nuestro ser, haremos todo lo posible para complacerlo y no desearemos más volver al pecado o hacer cualquier cosa que ofenda o traiga vergüenza a nuestro Padre. Es este poder de amor el que lo capacita para obedecer a Dios.

No debemos entender que la vida llena del Espíritu impide volver a pecar de alguna manera, sino que la vida del creyente santificado es una de limpieza continua.

El Espíritu Santo actúa en nosotros como un semáforo de tres luces, nos hace sentir paz cuando estamos haciendo lo que a Dios le agrada: esta es la luz verde. Nos inquieta cuando estamos en peligro de hacer algo pecaminoso: esta es la luz amarilla de advertencia y nos trae tristeza y dolor cuando hemos hecho algo fuera de la voluntad de Dios: esta es la luz roja que nos indica que debemos detenernos y reparar el daño.

El cristiano lleno del Espíritu percibe este poder interior que es un río del amor de Dios que fluye inagotable y se manifiesta en su vida.

Poder para el testimonio y servicio efectivo

En Mateo 28:18-20 leemos que el llamado a hacer discípulos es para todos los creyentes, sin embargo la cobardía de Pedro le impedía cumplir con este mandato. Como muchos de nosotros, Pedro sentía temor ante una tarea que no era popular. Sólo cuando fue lleno del Espíritu, fue fácil para él cumplir con el propósito de Dios para su vida y aún ante la amenaza de persecución permaneció en Jerusalén y no dejaba de predicar el evangelio.

El Espíritu de amor nos capacita con una compasión especial para la gente que sufre a causa del pecado. Dar testimonio de Cristo no es una opción para el creyente lleno del Espíritu. La fuerza de amor más grande y poderosa que existe en el universo está en su corazón y le impulsa a hacer algo para que las personas conozcan a Cristo. Como vemos en el ejemplo de Esteban, esta pasión no puede ser apagada ni aún por las pruebas y el martirio (Hechos 7:55-60).

Si bien todos los cristianos pueden testificar, hay una gran diferencia cuando testificamos llenos del poder del Espíritu.

Poder en la oración

—1 Pedro 2:5 y 9.

Uno de las responsabilidades del sacerdote en Israel era la de elevar a Dios oraciones intercesoras por el pueblo. El plan de Dios desde la venida de Cristo es que todos los cristianos seamos sacerdotes y que podamos dirigirnos a Dios con toda confianza.

Cualquier cristiano puede orar, pero la oración del creyente lleno del Espíritu es diferente.

—Romanos 8:26.

Este versículo dice que el Espíritu nos ayuda. El creyente y el Espíritu son dos personas que se dirigen a Dios juntas. El Espíritu Santo se pone a nuestro lado y suple todo lo que humanamente nos falta para orar como es necesario. En ocasiones cuando no encontramos las palabras para expresar nuestras emociones a Dios, o cuando no sabemos qué debemos pedir, lo mejor es callar y quedarnos en silencio derramando nuestra vida en la presencia de Dios, con la confianza de que el Espíritu llevará ante Dios nuestra petición. El Espíritu se solidariza con el hijo o hija de Dios y clama por nosotros. Es maravilloso contar con esta ayuda permanente en nuestra vida.

4. Pasado y presente al servicio del Señor

Pedro siguió usando los dos nombres para sí mismo. En sus cartas firma: "Simón Pedro, siervo y apóstol de Jesucristo" (1 Pedro 1:1). Tomó el sobrenombre que Jesús le dio como su apellido. El apellido es el que señala nuestra ascendencia, nuestro linaje, nuestra familia... dice en 1 Pedro 2:9-10:

...

"Mas vosotros sois linaje escogido, real sacerdocio, nación santa, pueblo adquirido por Dios, para que anunciéis las virtudes de Aquel que os llamó de las tinieblas a su luz admirable; vosotros que en otro tiempo no erais pueblo, pero que ahora sois pueblo de Dios; que en otro tiempo no habíais alcanzado misericordia, pero que ahora habéis alcanzado misericordia".

Simón ahora tenía la seguridad interior de que era de la misma sangre que su Cristo. Él fue lleno del Espíritu Santo y permitió a Jesús ser el Señor de toda su vida y de su ministerio. Es maravilloso saber que El Espíritu Santo no elimina nuestro pasado. No nos somete a un lavado de cerebro. Todo lo contrario, al ser llenos del Espíritu Santo podemos reconciliarnos con nosotros mismos, aceptar nuestra historia, aceptarnos como somos, reconocer nuestros defectos y estimar nuestras virtudes; en otras palabras, ¡aprendemos a vernos, valorarnos y amarnos como Dios nos ama! No pensando que somos mejores ni tampoco que valemos menos que otros, sino una visión más equilibrada y verdadera.

Es hermoso saber que Dios no desecha nuestro pasado. Nuestro pasado es parte de lo que nosotros somos, pero Él convierte esa historia nuestra en una herramienta poderosa para influenciar en las vidas de otras personas.

Si el pecado nos ha dejado marcas, esas marcas se convierten en un testimonio vivo de la obra de restauración que Jesucristo ha hecho en nosotros. Si tenemos alguna cosa valiosa, Dios lo convierte en un tesoro que gana intereses continuamente al invertirlos en la transformación de las vidas de nuestros semejantes.

—1 Pedro 2:4-10

Todas las personas, aún los cristianos buscamos una roca firme en la cual anclar el barco de nuestra vida. La vida en este mundo es un mar lleno de tormentas que no tienen piedad de nosotros. Estas tormentas nos sacuden, nos lastiman, nos llenan de temor. Los seres humanos buscan asegurar su vida en muchas cosas, algunos -como Pedro- en sí mismos, otros en los bienes materiales, otros en su pareja, otros en un líder espiritual, otros en su conocimiento y otros en otras cosas.

Sin embargo, para ser lleno del Espíritu, Pedro tuvo que tocar fondo y darse cuenta de que la única Roca segura donde anclar la vida es Jesucristo. En este pasaje Pedro afirma no sólo que había hallado la... Piedra Viva, escogida por Dios y preciosa... sino que además, desde entonces, dedicó toda su vida para que otros también pudieran encontrarla.

Este mismo cambio operado en Pedro es el que Dios hace en la vida de cada uno de sus hijos. Ser lleno del Espíritu no implica que el creyente tenga más del Espíritu Santo sino al contrario, que el Espíritu Santo tiene más del cristiano, quien habiendo renunciado a colocar en primer lugar sus deseos egoístas, se pone enteramente a la disposición del Señor para que le use conforme a sus propósitos.

CONCLUSIÓN

Pedro tuvo un cambio significativo y notable en su vida desde que fue lleno del Espíritu de amor. Él comprendió que la voluntad de Dios para cada uno de sus hijos e hijas es que experimenten su amor en sus vidas y puedan compartirlo con otros.

El Espíritu Santo infunde poder a la vida del creyente. Este poder lo capacita para vivir en pureza, para dar testimonio y servicio efectivo y para interceder en oración por otros.

Como pueblo de Dios tenemos la tarea de anunciar la esperanza que hay en Cristo, pero -así como Pedro- no podemos hacer esto sin antes ser llenos del Espíritu de amor de Dios.

SV

De Simón a Pedro:
Cambios internos resultantes de la llenura del Espíritu

HOJA DE ACTIVIDAD

Versículo para memorizar

"Que el Dios de la esperanza los llene de toda alegría y paz a ustedes que creen en él, para que rebosen de esperanza por el poder del Espíritu Santo". Romanos 15:13 (NVI)

Actividad 1

Luego de leer estos ejemplos contemporáneos de apodos que indican lo que la persona debe llegar a ser, piense en lo siguiente: Si Jesús te diera hoy un sobrenombre que te recordara lo que debes llegar a ser ¿Cuál crees que sería?

El Buldog

Hace años llegó a las ligas menores de béisbol de Estados Unidos un muchacho tímido, llamado Orel que tenía un brazo extraordinariamente fuerte y certero.

El entrenador de los Dodgers, Tommy Lasorda, se dio cuenta del potencial que había en este joven para llegar a ser uno de los grandes del béisbol. Sin embargo, el joven carecía de confianza en sí mismo y de espíritu competitivo. El entrenador le puso entonces un sobrenombre que era lo opuesto a su personalidad. Le puso "Buldog".

Con el tiempo Orel, llegó a ser uno de los jugadores más tenaces de las ligas de béisbol. Su sobrenombre le ayudó a definir su actitud y a recordarle lo que él debía ser.

Neo

En la película "Matrix" al protagonista se le da un nuevo nombre NEO, que significa nuevo, o algo viejo o que ya existe pero regenerado. Este nombre le recordaba que él era el elegido para salvar a la raza humana de la Matrix y que aunque todavía no lo sabía, tenía el poder para hacer algo especial, que nadie más podía hacer.

Mi mayor dificultad es _____ Lo que debo llegar a ser en Dios es _____

Por lo tanto creo que el sobrenombre adecuado para mí sería _____

Actividad 2

¿Cuál es la obra de purificación que trae a nuestro corazón el Espíritu Santo cuando nos llena?

Completa las siguientes oraciones conforme a lo que lees en los versículos que se indican abajo.

1. Juan el Bautista dijo que Jesús tiene el poder de bautizar con _____ (Mateo 3:11)

2. Palabras que describen la purificación interior son: _____ (1 Corintios 6:11).

3. Por medio de _____ somos limpiados (Juan 15:3).

4. Jesús oró para que fuéramos _____ (Juan 17:17).

5. La voluntad de Dios para nuestra vida es que crezcamos en _____ (Mateo 5:48).

6. Pablo nos dio ejemplo de perseverar en _____ (Filipenses 3:12).

Conclusión

Pedro tuvo un cambio significativo y notable en su vida desde que fue lleno del Espíritu de amor. Él comprendió que la voluntad de Dios para cada uno de sus hijos e hijas es que experimenten su amor en sus vidas y puedan compartirlo con otros.

El Espíritu Santo infunde poder a la vida del creyente. Este poder lo capacita para vivir en pureza, para dar testimonio y servicio efectivo y para interceder en oración por otros.

Como pueblo de Dios tenemos la tarea de anunciar la esperanza que hay en Cristo, pero -así como Pedro- no podemos hacer esto sin antes ser llenos del Espíritu de amor de Dios.

LECCIÓN 11

BASE BÍBLICA

Efesios 4:13, 1 Corintios 13.

PARA MEMORIZAR

"De este modo, todos llegaremos a la unidad de la fe y del conocimiento del Hijo de Dios, a una humanidad perfecta que se conforme a la plena estatura de Cristo". Efesios 4:13 (NVI)

PROPÓSITO DE LA LECCIÓN: QUE EL ALUMNO...

Comprenda el significado de perfección cristiana desde la perspectiva Divina. **Reflexione** sobre las cualidades distintivas del amor de Dios. **Identifique** algunas de las formas en que el amor de Dios se muestra en la vida de sus hijos. **Reconozca** las evidencias del amor de Dios actuando en su vida.

Amor perfecto:
El estilo de vida del cristiano lleno del Espíritu

POR MÓNICA DE FERNÁNDEZ

Introducción

Pregunte a los alumnos ¿qué es estilo de vida? Escriba la pregunta en la pizarra y permita a los alumnos expresar sus ideas.

Luego escriba en la pizarra esta definición y pida a los alumnos que la comparen con lo que han expresado.

"El estilo de vida se refiere a los hábitos, el conjunto de comportamientos y las actitudes
que desarrollan las personas".

—Efesios 4:13

Cuando el creyente es lleno del Espíritu inicia una caminata espiritual. Día por día, año tras año crece y se asemeja más a Cristo. Para que esto sea posible, el creyente debe colaborar con el Espíritu haciendo tantos cambios en su vida como sean necesarios para llegar a ser lo más semejante a Cristo que pueda llegar a ser. En este proceso Dios transformará por completo su vida. Este cambio inicia en nuestro ser interior, como vimos en la lección pasada, pero como veremos en esta lección, se hace cada vez más evidente en nuestro exterior.

Estudio bíblico

En este estudio vamos a definir dos palabras muy importantes: amor y perfección. La importancia de estas palabras es que ellas resumen lo que es el estilo de vida del cristiano lleno del Espíritu. Ambas palabras describen la cualidad central de esta capacidad que recibimos de Dios por medio de Su Espíritu. Ambas están íntimamente relacionadas de tal manera, que una cualidad no puede ser posible sin la otra.

A los ojos de Dios no podemos ser perfectos si no tenemos el amor que nos hace perfectos. Así mismo, para amar como Dios ama se requiere ser perfectos. Comenzaremos definiendo "perfección".

1. ¿Qué significa ser perfecto?

—Génesis 17:1 y Mateo 5:48

Tanto en el Antiguo como en el Nuevo Testamento encontramos el llamado de Dios a sus hijos e hijas para ser perfectos delante de Él.

¿Qué significa ser perfecto desde la perspectiva Divina?

La perfección cristiana es uno de los nombres que ha recibido en la historia de la Iglesia la experiencia de la llenura del Espíritu. Algunas personas se confunden en lo que significa ser perfectos, afirmando que es una vida libre de defectos, errores, actitudes o formas de comportamiento que puedan ofender a otro en alguna manera.

Para comprender el significado que tiene esta palabra vamos a ver unos ejemplos de cómo la usaron Jesús y los discípulos.

Comencemos con Mateo 5:48, Jesús dijo: "Sed pues, vosotros perfectos, como vuestro Padre que está en los cielos es perfecto". ¿A qué se refiere? Si vemos los versículos anteriores desde el 38 al 47 Jesús está enseñando cómo se debe perdonar y amar a los que nos han hecho algún daño. La palabra griega que se traduce perfectos en este pasaje es "teleios", que significa fin, meta, límite. La enseñanza principal en este pasaje es que la meta para cada cristiano es llegar a amar como Dios nos ama.

Otro pasaje semejante es cuando Jesús dialoga con el joven rico y le dice: "Si quieres ser perfecto, anda, vende lo que tienes y dalo a los pobres y tendrás tesoro en el cielo; y ven y sígueme" (Mateo 19:21). La palabra griega empleada es la misma –teleios- del ejemplo anterior. Jesús asume que este joven al igual que los demás quería crecer y tenía metas buenas para su vida. Pero Jesús lo pone frente a un nuevo desafío, una nueva meta: amar como Dios ama, para lo cual tenía que dejar todo lo demás en segundo plano. La enseñanza aquí es que las metas personales del cristiano deben resultar en beneficio de otras personas y no sólo para sí mismo.

Pablo también habla de perfección en Efesios 4:13 cuando escribe a la iglesia: "...hasta que todos lleguemos a la unidad de la fe y del conocimiento del Hijo de Dios, al hombre perfecto, a la medida de la estatura de la plenitud de Cristo". Pablo usa aquí la misma palabra teleios, pero para describir a un hombre perfecto o sea maduro. En sus escritos Pablo siempre insta a los hermanos a dejar la niñez espiritual y alcanzar la meta de la madurez. Pablo inicia esta frase afirmando que todos y cada uno de los creyentes debe llegar a esta meta y que ésta es la tarea primordial de los líderes y pastores de las iglesias.

En 2 Timoteo 3:17 Pablo también escribe: "... a fin de que el hombre de Dios sea perfecto, enteramente preparado para toda buena obra". Aquí Pablo usa otra palabra griega "artios" que se traduce perfecto y significa equipado, ajustado o perfectamente preparado.

Observando este breve estudio, podemos concluir que en la Biblia la única perfección posible es la perfección de amor. El cristiano perfecto entonces, es aquel que ha crecido hasta un punto de madurez en que recibe el amor de Dios. Este amor perfecto morando en su vida, lo capacita, lo equipa para el servicio, pero a la vez lo sigue equipando y ajustando conforme al modelo de Jesús.

Ninguno de nosotros puede ser perfecto en mente, en entendimiento, en el hablar, o en el actuar hasta que estemos en la presencia de Dios. Pero sí podemos ser perfectos, si en nosotros corre el río del amor perfecto de Dios. Lo que nos hace perfectos no es lo que hacemos, sino la energía del amor de Dios que habita en nuestro ser y esta energía es la que nos dirige y nos impulsa para que cada uno de nosotros viva conforme al propósito para el cual fuimos salvados.

Los cristianos llenos del Espíritu son perfectos en este sentido de estar completos, tienen la capacidad de crecer a semejanza de Cristo y de cumplir con el propósito para el cual Dios los ha llamado a cada uno.

2. ¿Cómo es el amor perfecto?

Pregunte a la clase ¿qué entiende la gente por amor?

El amor perfecto es aquel que el apóstol Pablo describe en 1 Corintios 13. Es el mismo amor con el cual nos ama Cristo. Este es un amor que se da sin reservas, sin condiciones, sin medida. Es el amor puro despojado de egoísmo. Es el amor que nos permite amar a Dios con todo el corazón, con toda el alma y con toda la mente (Mateo 22:37). Este es el amor del cual Dios nos llena con Su Espíritu.

El Espíritu Santo al llenar el corazón del creyente produce cambio en los motivos y en los afectos que ahora se centran en hacer la voluntad perfecta de Dios y se demuestran en una nueva capacidad de amar a Dios, a su obra y a todas las personas con un amor ilimitado, aún a costa del sacrificio personal. Es un amor que no busca lo suyo, sino que siempre y en todo procura el avance del reino de Dios.

Veamos algunas de las formas en que el amor perfecto se manifiesta en la vida de los cristianos llenos del Espíritu.

Es amor intencional

—1 Juan 4:19

Pregunte a la clase ¿Quién amó primero: Dios a nosotros o nosotros a Él?

Por medio de la Palabra nosotros sabemos que Dios nos ama intencionalmente, o sea Él nos ama porque ha decidido amarnos, porque lo desea y tiene la voluntad de amarnos. El cristiano lleno del Espíritu no sólo debe sentir este amor perfecto sino que debe tomar la decisión de cultivar ese amor hacia Dios y hacia sus semejantes.

Con respecto a Dios, el creyente lleno del Espíritu lo pone en el centro de sus afectos. Dios se convierte en la pasión número uno de su vida. El cristiano lleno del Espíritu se esfuerza por agradar a Dios y así como Jesús, su único deseo, el propósito fundamental de su vida, es no hacer su propia voluntad, sino la de su Dios (Juan 6:38). Este amor se expresa en el cumplimiento de todos los mandamientos de Dios, en su relación con Dios y en amar a otras personas como Dios las ama.

Los griegos usaban tres palabras diferentes para expresar amor. Estas palabras nos ayudan a describir mejor el amor de Dios. El amor ágape se refiere al amor que siempre entrega bien, aún a cambio de mal; el amor eros es aquel que se deleita con lo bello, con lo que gratifica los sentidos; el amor filial, es aquel que une en lazos de amistad.

Los cristianos muestran este amor en lo siguiente: El cristiano responde a las ofensas pagando bien por mal (Romanos 5:8 y 12:14). Promueve el bienestar de los demás, aún de los que le han hecho daño. El cristiano se deleita al contemplar la belleza de la creación y disfruta de lo bueno, lo valioso, lo hermoso. Procura resaltar la belleza de la creación de Dios en lugar de destruirla, pero al mismo tiempo se horroriza con el pecado que corrompe al mundo y las criaturas de Dios. El cristiano es un amigo fiel y promueve y cultiva los lazos de amistad.

Un cristiano lleno del Espíritu tiene el amor de Dios derramado en su corazón. No es un cristiano de nombre solamente sino uno que intencionalmente busca más de Dios en su corazón y en su vida.

Es amor que busca expresarse

—Juan 4:13-14

Jesús comparó este fruto abundante del Espíritu con un río de agua viva fluyendo dentro de nuestro ser. Cuando Jesús hablaba de agua viva quería resaltar la gran diferencia que hay entre un río y un lago. En los ríos el agua fluye, corre; su cauce se vacía y se vuelve a llenar. Los lagos reciben el agua pero la acumulan. En Palestina existe un lago conocido como el Mar Muerto, el cual recibe las aguas limpias y frescas del río Jordán, pero en vez de distribuirlas para que rieguen los campos, las acumula. Estas aguas tienen tan alto contenido de sal, que nada puede vivir en ellas. Es agua muerta.

El Espíritu de Dios es una fuerza de amor generosa que corre como agua fresca en la vida del cristiano y éste sólo puede ser plenamente feliz, cuando derrama su vida en servicio. Con la misma intensidad con que ama a Dios con todo su corazón, le sirve con todas sus fuerzas (Hechos. 24:16). Emplea sus talentos y fuerzas constantemente de acuerdo a la voluntad de su Maestro.

La abundancia del Espíritu produce abundancia de ministerio. El amor perfecto se manifiesta en acción. El amor de Dios nos moviliza. Dios nos ama y ese amor le llevó a hacer algo por nosotros, por nuestro bienestar. El cristiano que ama sólo de palabra no está reflejando el genuino amor de Dios.

El clamor de Dios es un amor proactivo, es decir, busca la oportunidad de expresarse en lugar de sentarse a esperar que le inviten a hacer algo por otras personas. Es un amor que energiza, nos da fuerzas y valor para ir a donde quiera que esté la necesidad. No es un cristiano al que comúnmente se conoce como "calienta bancas". Es pro activo para hacer el bien a todos cuantos pueda. Participa en compasión y en evangelismo, al tiempo que comparte las responsabilidades del trabajo en la iglesia.

Este amor se expresa en muchas formas distintas y en muchas personalidades diferentes, por ejemplo:

Es un amor que anima al otro y se alegra cuando logra su objetivo, como ser: Hablar a otros conforme a su capacidad para que despierten del pecado; llevar a otros a Cristo para que sean justificados por la fe y tengan paz con Dios (Romanos 5:1) y estimular a los salvos para que abunden más en amor y buenas obras.

Es un amor que perdona, no guarda rencor ni toma venganza. En otras palabras, perdona y no registra las ofensas... es un amor que soporta y olvida, perdonando en la misma forma en que Dios le ha perdonado en Cristo (Colosenses 3:13).

Es un amor que le mueve a dar tiempo y dinero en forma sacrificada, más allá de lo que a veces otros ven como algo racional, mucho más de lo que cualquier persona buena daría para una buena causa.

Un cristiano lleno del Espíritu es una persona cuya vida exterior es el reflejo de la relación íntima que tiene con su Señor.

Es amor que transforma nuestras relaciones

—Juan 3:34

Jesús dijo que Dios no daría su Espíritu por medida, sino que lo derramaría abundantemente en cada uno de sus hijos e hijas. Si bien todos los cristianos deben manifestar el fruto del Espíritu, el creyente lleno del Amor de Dios lo demuestra en forma abundante en su vida.

¿Cuál es este fruto del Espíritu? Amor, gozo, paz, paciencia, benignidad, bondad, fidelidad, mansedumbre y dominio propio, como escribió Pablo en Gálatas 5:22-23.

—Hebreos 4:1-11.

La vida llena del Espíritu es una vida de reposo que se compara con el descanso que tuvo Dios en el sexto día luego de crear el mundo y al del pueblo de Israel cuando entró por fin en la tierra de Canaán (Génesis 1:31-2:2). El autor de Hebreos dice que este descanso es sólo para el pueblo de Dios y que es el resultado de poner toda la fe y toda la confianza en nuestro Dios.

Cuando el cristiano es lleno del Espíritu la guerra en su ser interior entre la vida en la carne y la voluntad de Dios se termina. Su ser interior ya no está dividido, se encuentra en paz. Su mente se encuentra en calma porque tiene una nueva seguridad de que su vida depende por completo de Dios y encuentra felicidad plena haciendo la voluntad de Dios.

El cristiano lleno del Espíritu es una persona reconciliada con Dios y consigo mismo y esto se refleja en sus relaciones con otras personas. Como en su interior hay paz, se convierte en un pacificador. Su corazón es limpio. Ha sido purificado de toda pasión de venganza, de envidia, de malicia y de ira, de toda actitud despiadada o de inclinación maligna. Ha sido limpiado de orgullo y de la altivez que provoca contiendas (Proverbios 13:10). Este amor perfecto se muestra en dominio propio, autocontrol y humildad.

Este amor al igual que el de Dios tiene tres cualidades importantes: es firme, sincero y siempre busca el bienestar del otro. Es un amor que se exige a sí mismo al máximo para dar lo mejor de sí. Es un amor que no hace nada indebido, no apoya lo incorrecto y no se goza en la injusticia, muestra confianza, respeto, compasión, es paciente, amable y siempre dice la verdad.

Este amor perfecto se vuelve el principio que gobierna o que está detrás de todo lo que hacemos y eso incluye como nos relacionamos con otras personas. El estilo de vida del cristiano lleno del Espíritu es uno que crece en relaciones de amor con otras personas.

CONCLUSIÓN

La vida en el Espíritu es una vida de crecimiento en el amor perfecto, es una vida que cada vez se llena más de Cristo. La abundancia del amor de Cristo se va haciendo carne en la vida del creyente, transforma su carácter, sus hábitos, sus actitudes y la forma en que se conduce y relaciona con otros.

Este amor perfecto produce en su vida crecimiento que le llevará a ser un cristiano maduro. El estilo de vida del creyente lleno del Espíritu es de crecimiento en el amor perfecto de Dios. Este crecimiento es intencional y se expresa en una vida entregada al servicio y en las buenas relaciones con los demás. SV

Amor perfecto:
El estilo de vida del cristiano lleno del Espíritu

HOJA DE ACTIVIDAD

Versículo para memorizar

"De este modo, todos llegaremos a la unidad de la fe y del conocimiento del Hijo de Dios, a una humanidad perfecta que se conforme a la plena estatura de Cristo". Efesios 4:13 (NVI)

Actividad 1

En el siguiente cuadro escribe algunas diferencias que has notado o aprendido en estas clases sobre la diferencia entre el estilo de vida de una persona no cristiana y un cristiano que vive en la carne y uno que vive lleno del Espíritu. Menciona ejemplos de: hábitos, comportamientos, actitudes para responder a las preguntas.

	No cristiano	Cristiano que vive en la carne	Cristiano que vive lleno del Espíritu
¿Cómo usa su tiempo libre?			
¿Cómo usa sus capacidades?			
¿Cómo usa sus bienes?			
¿Cómo se relaciona con otros?			

Actividad 2

Si su maestro/a le pidiera que para la próxima clase trajera una fruta perfecta ¿Cómo la escogería? ¿Qué buscaría en ella? ¿Cuáles serían sus cualidades o características? _____

Actividad 3

Compare las siguientes definiciones de "perfecto" tomadas de diferentes diccionarios, con sus propias ideas y las expresadas en clase para luego escribir en sus propias palabras una definición de "perfecto".

1. Que tiene el mayor grado posible de calidad o bondad entre sus semejantes _____

2. Que tiene el mayor grado posible de bondad o excelencia en su línea _____

3. Que posee el grado máximo de una determinada cualidad o defecto _____

4. Que cumple con responsabilidad y eficacia la función para la que fue diseñado _____

Mi propia definición de perfecto es: _____

Actividad 4

¿Qué entiende la gente por amor? _____

Actividad 5

Menciona algunas formas en que puedes mostrar intencionalmente el amor de Dios a las siguientes personas esta semana:
A la persona que más amo _____
A la persona que me ha costado más trabajo amar _____

Conclusión

La vida en el Espíritu es una vida de crecimiento en el amor perfecto, es una vida que cada vez se llena más de Cristo. La abundancia del amor de Cristo se va haciendo carne en la vida del creyente, transforma su carácter, sus hábitos, sus actitudes y la forma en que se conduce y relaciona con otros. Este amor perfecto produce en su vida crecimiento que le llevará a ser un cristiano maduro. El estilo de vida del creyente lleno del Espíritu es de crecimiento en el amor perfecto de Dios. Este crecimiento es intencional y se expresa en una vida entregada al servicio y en las buenas relaciones con los demás.

recuerda a Ananías que él no estaba obligado a vender
o a entregar el dinero de la venta a la iglesia (Hechos
...do consistió en no ser honestos con Dios, a quien nadie
...añar (Gálatas 6:7). La consecuencia de esta actitud fue

...mos evitar ser tentados, pero si podemos orar para que
...yude para triunfar sobre la tentación.

...na llena del Espíritu puede "técnicamente" pecar. Como
...o, no está libre de tentaciones. La cosa es que no desea
...que ama tanto a su Señor que no desea hacer nada que
...agrade. Ha sido librado del deseo de hacer lo malo cons-
...te, por amor a aquel que lo amó primero y se entregó por
...z.

...nos dará madurez instantánea?

...que confundir pureza con madurez. No están en las
...ndiciones una persona que ha sido llena del Espíritu por
...na que lo ha sido por 10 años. Ambas tienen el mismo
...ureza, pero no el mismo nivel de madurez. El camino a la
...spiritual es un proceso que consiste en "crecer" en una
...tima con Jesús; en el estudio y obediencia a la Palabra y
...pañerismo y servicio en la iglesia.

...usted obtiene su primera licencia de conducir (normal-
...la juventud) ésta lo habilita para guiar un vehículo; pero su
...n el manejo, su conocimiento de los caminos, su reacción
...maniobra incorrecta de otro conductor, su habilidad en el
...un neumático y su pericia en el mantenimiento básico de
...óvil, nunca será la misma que la de una persona que tiene
...ños conduciendo. Su licencia y la del otro conductor son
...cidas, dicen más o menos lo mismo y ambas resultarán sa-
...s cuando un oficial de tránsito las examine. La diferencia
... licencia está nueva y la del otro chofer ha sido renovada
...ocasiones y tiene las marcas del paso de los años. De igual
...on con la pureza y la madurez.

...nplo de una persona pura y al mismo tiempo inmadura lo
...mos en la vida del apóstol Pedro.

...tas 2:11-14.

...ra una persona llena del Espíritu Santo que actuó hipócri-
...l dejar de compartir, con los creyentes no judíos, por temor
...ensarían de él otros líderes de la iglesia. Pablo reprende a
...su actitud inmadura, al asociarse con quienes exigían que
...les" pasaran por el rito de la circuncisión (una costumbre
...venía de los tiempos de Moisés) antes de ser aceptados
...sia.

...é nos hace a todos iguales?

...uno de nosotros hemos sido creados únicos. Aún los
...idénticos físicamente hablando, poseen diferencias en su
...e ser. La ciencia ha demostrado que existen distintos tipos
...eramentos que las personas naturalmente traen al nacer.
...peramentos se han catalogado en cuatro: coléricos, san-
...flemáticos y melancólicos.

Cada uno de éstos tiene características propias que le harán
preferir ciertas cosas antes que otras, ser más o menos extrover-
tidos, reaccionar de manera diferente ante una misma situación,
etc. La santidad no destruye la personalidad que tenemos. Jamás
podremos ser iguales, siempre mantendremos características sin-
gulares.

Esto lo vemos claramente reflejado en la vida de los apóstoles,
aún después del Pentecostés, en el que fueron llenos del Espíritu.
Piense en un momento en la vida de Pedro, Juan o Pablo. ¿Qué características tenía la personalidad de estos hombres antes de ser
llenos con el Espíritu Santo? ¿Qué cambios hubo después? ¿Fueron
estos cambios beneficiosos para su tarea?

Hay quienes piensan que un encuentro más profundo con el
Señor (Pentecostés en el caso de Pedro y Juan y Damasco en el caso
de Pablo) quizá pudo haber acentuado en sus personalidades y fue
un valor agregado para el cumplimiento fiel de la misión que Dios
les encargó.

Por ejemplo Pedro siempre era el atrevido y el de iniciativa en los
evangelios. En Hechos lo vemos de la misma forma, solo que con un
grado de compromiso más profundo. A Juan lo observamos frecuentemente cerca de Jesús, alguien a quien Jesús amaba de una manera
especial. En sus cartas encontramos un apóstol tierno llamando a
los hermanos: "hijitos míos". Por último Pablo, alguien categórico en
sus convicciones y extremadamente celoso de cumplir la ley. Sus
escritos nos reflejan un apóstol con lenguaje directo y preocupado
porque las iglesias vivieran conforme al evangelio de la gracia.

*Pregunte a la clase ¿Puede Dios tomar ventaja de nuestros
temperamentos naturales y utilizarlos para el cumplimiento de la
misión que nos encomendó? ¿De qué manera? ¿Pueden dar algunos
ejemplos?*

5. ¿Qué nos dará perfección angelical?

Cuando en una congregación existen diferencias de opinión y problemas entre los creyentes, esto evidencia que la obra del reino se
está desarrollando entre los seres humanos. Un lugar en el cual con
seguridad no hay conflictos es en el cementerio. Sólo hay muertos
allí y las personas muertas no tienen diferencias de opinión, no
tienen agendas ni intereses. Si estamos vivos tendremos conflictos.
Donde hay un grupo de seres humanos, existirán problemas por
resolver.

La santidad no nos libra de equivocarnos con las personas o en
las decisiones, ni de pensar diferente que los demás y menos de
ofender por algún motivo, o que nos sintamos ofendidos por algo
que alguna persona ha dicho o hecho.

Pablo y Bernabé tuvieron una diferencia de criterios por Juan
Marcos que los llevó a la separación como compañeros de viaje,
pero –porque seguían estando llenos del Espíritu, a pesar de ello
no los apartó del ministerio misionero que habían recibido de parte
de Dios.

El ser humano al ser santificado por Dios jamás alcanzará el grado
de perfección de los ángeles, quienes están libres de todas las imperfecciones de nuestra humanidad. Nosotros estamos en el mundo
para ser sal y luz.

LECCIÓN 12

PARA MEMORIZAR

"Por lo tanto, como escogidos de Dios, sar
afecto entrañable y de bondad, humildad, an
do que se toleren unos a otros y se perdone
otro". Colosenses 3:12-13 (NVI)

PROPÓSITO DE LA LECCIÓN: QUE EL AL

Reconozca las interpretaciones erróneas so
tidad de vida. **Reflexione** sobre el peligro qu
la iglesia estas formas equivocadas de enter
Comparta experiencias sobre cómo afectan
el testimonio de la iglesia en la sociedad. **Pr**
ayudar a las personas confundidas, a compr
significa vivir en santidad.

Errores comunes sobre la vida llena de

POR MÓNICA DE FERNÁNDEZ

Base Bíblica
Lucas 22:39-44

Introducción
Comience la clase escribiendo la siguiente pregunta en la pizarra ¿Es importante conocer las ideas equivocadas sobre la vida llena del Espíritu? ¿Por qué y para qué nos será útil esta información?

Permítales expresar sus respuestas... Resuma cada idea y a medida que hablan haga una lista en la pizarra. Si no lo mencionan, usted puede agregar: para no caer en los mismos errores, para ayudar a los que están equivocados, para defender lo que la Biblia enseña al respecto, entre otros.

En la presente lección vamos a estudiar sobre algunos de estos errores más comunes en torno a lo que significa ser lleno del Espíritu y vivir en santidad.

Estudio bíblico
Algunas ideas equivocadas sobre lo que hace una vida santa son:

1. ¿Qué destruye el libre albedrío?
Cuando Dios creo al ser humano, lo hizo para tener comunión con él, para que sea su amigo. Por esto, es totalmente equivocado pensar que la vida llena del Espíritu anula la libre voluntad del ser humano, pues jamás Dios deseó crear a un robot que respondiera "a control remoto" o a un prisionero que le obedeciera forzadamente.

Encontramos en la Biblia ejemplos por medio de los cuales podemos asegurar que Dios no destruye el libre albedrío. Revisemos los ejemplos de Adán y Eva y Jesús.

En el caso de Adán y Eva, Dios los crea y los pone como responsables de administrar el Edén, pero en ningún momento para que le obedezcan a la fuerza. En Génesis 2:8-9 encontramos a Dios poniendo al ser humano en el huerto del Edén y también encontramos que hace nacer el árbol de la ciencia del bien y del mal. Esto representa en realidad, la oportunidad de escoger. Por supuesto que Dios hace su recomendación al ser humano, pero no influye en la decisión de éste. Observemos la decisión de la primera pareja en

Génesis 3:6 "y tomó de su fruto, y con
el cual comió así como ella". Adán y E
para sus vidas pues les trajo separaci
Veamos el ejemplo de Jesús.

— Lucas 22:39-44.

En este pasaje encontramos al S
voluntad de su Padre por más difícil
al Padre su deseo. No fue fácil para Él
se, ganar enemigos, pagar el precio d
sión, recibir insultos, maltrato físico y
obligado a ir a la cruz, Él fue por su p
Padre y por amor a nosotros. Es por e
para cumplir la voluntad de su Padre

Como podemos observar, el libre
vida de la persona llena del Espíritu
tendremos que tomar decisiones y a
obedezcan por su propia voluntad.

2. ¿Qué se es inmune a la tenta
Este es también un concepto equiv
el mismo santo Hijo de Dios fue tenta
— Mateo 4:1-11.

Aquí el Señor fue tentado tres ve
aprovecha de la necesidad humana
Jesús había pasado 40 días en ayun
a probar la fidelidad de su Padre y
riquezas y poder. Hebreos 4:15 (VP) nos
padecerse de nuestra debilidad, porqu
a las mismas pruebas que nosotros; s

En las Escrituras encontramos muc
no lograron superar o salir victorios
ejemplo Ananías y Safira, cuya historia
pareja cristiana fue tentada en el áre
de engañar a los apóstoles quedando
do parte del monto de la venta de su

Ser sal impartiendo vida a la sociedad y preservándola de la maldad y ser luz guiando a otros en el camino de la salvación (Mateo 5:13-16). Mientras sigamos cumpliendo con nuestra misión en esta vida nunca estaremos libres de errores y debilidades humanas.

Sin embargo –como vimos en el punto 3- debemos crecer cada día a fin de parecernos más y más a Cristo. Si -por ejemplo-, al principio de mi caminar en el Espíritu me afectaban fuertemente los comentarios y actitudes de los demás; luego de varios años he aprendido a que no me dañen, perdonando y olvidando la ofensa inmediatamente. Si años atrás juzgaba con facilidad las intenciones de otras personas, he aprendido que esa es tarea del Señor. Si tomaba decisiones apresuradamente que podían perjudicar a personas o bienes, hoy oro y medito más, explorando todas las posibilidades para buscar la opción que sea realmente la que Dios quiere. Aun así, nunca estaré exento de equivocarme, mientras esté en este mundo.

6. ¿Qué es licencia para hacer cualquier cosa?

Viviendo llenos del Espíritu tenemos libertad, no para pecar, sino para obedecer de una mejor manera a nuestro Dios sin ningún estorbo que limite nuestra entrega completa a Él.

No somos libres para hacer nuestra libertad humana egoísta, sino para someternos al dulce y tierno amor de nuestro Señor Jesucristo, para servirle con todo nuestro ser (1 Pedro 2:16). Si permitimos que nuestros deseos egocéntricos nos dominen entonces somos sus esclavos, pero si hacemos la voluntad de nuestro Padre celestial entonces somos libres por el poder de Jesús (Romanos 6:1,2; Gálatas 5:1).

Libertad, no es el permiso para hacer lo que me plazca hacer. Eso se llama libertinaje. Libertad significa tener la capacidad de hacer lo que debo hacer.

7. Se confunde con legalismo

En ocasiones, en el proceso de la entera consagración que precede a la llenura del Espíritu, Dios trata con algunas áreas de nuestra vida (a veces una o dos) que más nos cuesta rendir. Cuando finalmente esas cosas son dejadas en el altar, el Señor responde con su obra santificadora en nuestra vida. El problema radica en que frecuentemente pensamos en que como esas fueron las áreas críticas para nosotros, lo deben ser para todas las personas. Si esto se traduce en que nosotros tratemos de imponer en los demás el cambio de esas "cosas" específicas como requisito para ser llenos del Espíritu, nos transformamos en legalistas.

Veamos un ejemplo. Ernesto es una persona que antes de conocer al Señor tuvo a una banda de música como su "dios" comprando todas sus producciones, yendo a todos sus conciertos, etc. En el proceso de consagración, el Señor le indicó que sería mejor deshacerse de todos los CD´s, posters y revistas de esa banda que tenía en casa. Eso fue necesario en su caso, para ser lleno con la presencia santificadora de Jesús. Ernesto jamás quiso volver siquiera a escuchar esa música porque para él representa un regreso al pasado, a la vida sin Cristo. En la actualidad sólo escucha música cristiana. En la radio de su automóvil se sintoniza sólo una emisora evangélica.

Mario, en cambio, quien asiste a su misma iglesia local, tiene en su casa algunos discos de esa misma banda y de la música cristiana que también escucha. Cada tanto disfruta escuchando una canción de esos intérpretes, cuyas letras no son ofensivas a Dios o a su Palabra. Para Mario –también lleno del Espíritu Santo- esa música no fue un área problemática en su entrega total al Señor. La banda no era su "dios" ni lo será nunca y por lo tanto no le afecta en su crecimiento espiritual escuchar algún tema cada tanto. Si Ernesto trata de convencer a Mario de que él no puede ser verdaderamente lleno de la presencia de Dios antes de que se deshaga de toda esa música, habrá caído en una actitud legalista.

Décadas atrás, en algunas iglesias cristianas, el legalismo tenía que ver con la clase de ropa que podían vestir las mujeres, o el uso de alianzas matrimoniales en los hombres, entre otras. Se ponía mucha más atención a la "forma externa" de vivir la santidad, que a la del corazón (Colosenses 2:11).

El legalismo comienza muchas veces inocentemente cuando queremos establecer reglas para evitar conductas "mundanas" o exigir ciertas prácticas como exigencia para crecer en la fe o ser bienvenido en la iglesia. Las consecuencias del legalismo pueden ser muy graves. Muchas personas y aún hijos de creyentes se han alejado de la iglesia por su causa. Haremos bien en escuchar las palabras del apóstol Pablo en 2 Corintios 3:6 (VP) "...pues Él nos ha capacitado para ser servidores de un nuevo pacto, no escrito, sino espiritual. La ley escrita condena a muerte, pero el Espíritu de Dios da vida".

8. Se confunde con emocionalismo

En nuestros días y como consecuencia de una sociedad cada vez más hambrienta de emociones "fuertes", el extremo del emocionalismo es probablemente más notorio que nunca antes.

Obviamente, los seres humanos somos emocionales por naturaleza y no hay nada malo con expresar nuestras emociones. De hecho, no es posible, ni saludable tener una relación con Dios que carezca de emoción. Sin embargo podemos caer en el error de que las manifestaciones emocionales ocupen el lugar principal en nuestra vida espiritual.

Cuando decimos que Dios está con nosotros porque nos "sentimos bien", o cuando medimos nuestro nivel de espiritualidad por "cuánto disfrutamos el servicio de hoy", estamos dando muestras evidentes de emocionalismo. Lo interesante es que a veces los creyentes, en un estado de desborde emocional, podemos no saber lo que estamos diciendo, como Pedro en el monte de la transfiguración (Lucas 9: 33-36).

Es necesario destacar que todos nosotros respondemos emocionalmente a las experiencias espirituales. Sin embargo, la manera en que respondemos está determinada por nuestra forma de ser o temperamento, nuestro pasado y el medio ambiente en el que nos desenvolvemos. Para algunas personas será levantar una o ambas manos al cielo con los ojos cerrados, para otras será dar palmadas o gritar "amén", para otra será solamente decir "gracias Señor" en voz baja, o derramar algunas lágrimas. No podemos "legislar" una u otra manera de responder a la presencia del Señor.

[1] *Keith Drury dice que "El emocionalismo puede ser engañoso... una desviación atractiva que nos aleja de la verdad central de la santidad... induce a las personas a buscar una "embriaguez espiritual", o cierta sensación. Las emociones pueden ser excitadas por la predicación, por los cantantes, o por los conjuntos musicales, resultando en un sentido falso de la bendición de Dios mientras que, en verdad, es un disfraz superficial de lo verdadero".*

Mezclar la fe con lo emocional no es un fenómeno nuevo. Ha sucedido antes en la historia de la iglesia. En las congregaciones cristianas en diferentes épocas, se han asociado algunas manifestaciones emocionales con la presencia de Dios o aún con la llenura del Espíritu Santo.

Algunas de estas manifestaciones ligadas a la espiritualidad han sido las siguientes:

1. Un nuevo lenguaje de oración (lenguas neo pentecostales).

2. Sacudidas o caídas en el Espíritu.

3. Explosiones de risa, gritos, corridas u otras expresiones de origen emocional.

4. Conocimiento o revelación espiritual instantánea, de modo tal que la educación teológica es innecesaria.

5. Proceso de "sanidad interior" de consejería, que minimiza la obra purificadora del Señor en el altar.

CONCLUSIÓN

A nuestro alrededor hay muchas formas diferentes de comprender la vida de santidad y la experiencia de la llenura de Espíritu. Algunas son bíblicamente correctas y otras equivocadas. Muchos confunden santidad con emocionalismo, legalismo, libertinaje, ser perfecto, ser inmune a la tentación y otras cosas. Identificar estos errores nos ayudará a no caer en ellos y nos mantendrá concentrados en continuar creciendo en la vida santa mientras el Espíritu nos enseña a vivir más cerca del amor de Dios y más lejos del pecado cada día.

Errores comunes sobre la vida llena del Espíritu

HOJA DE ACTIVIDAD

Versículo para memorizar

"Por lo tanto, como escogidos de Dios, santos y amados, revístanse de afecto entrañable y de bondad, humildad, amabilidad y paciencia, de modo que se toleren unos a otros y se perdonen si alguno tiene queja contra otro". Colosenses 3:12-13 (NVI)

Actividad 1

A continuación encontrará algunas afirmaciones sobre la vida santa.

Señale con "**F**" las que considere falsas y con "**V**" las verdaderas.

La persona santificada:

_____ tiene libre albedrío (puede pecar o no pecar).

_____ es inmune a la tentación.

_____ cuando es llena del Espíritu Santo recibe madurez instantánea.

_____ puede pensar diferente y no estar de acuerdo en todas las cosas con otros santificados.

_____ es igual que los ángeles.

_____ levanta las manos para adorar.

_____ nunca discute con otro cristiano.

_____ se ríe todo el tiempo.

_____ habla en lenguaje extraño para orar.

_____ no tiene necesidad de pasar al altar a orar.

Actividad 2

¿Es posible pecar si uno es lleno del Espíritu?

Reflexione sobre lo siguiente y responda:

Piense en un padre de familia, de unos 40 años. Su esposa acaba de tener un precioso hijo después de muchos años de búsqueda infructuosa y la enfermera se lo trae al padre para que lo cargue en sus brazos por primera vez.

¿Piensa que puede ese padre matar a su hijo? ¿Tiene las fuerzas suficientes para hacerlo? ¿Tiene los medios disponibles?

La respuesta a todas estas preguntas será un evidente SI PUEDE "técnicamente", pero... ¿Matará el padre a su hijo?

¿Por qué creen ustedes que no lo haría? _____

_____

Actividad 3

Legalismo y emocionalismo hoy.

Discutan en grupo sobre las siguientes preguntas:

¿Existen aún hoy algunas de las formas mencionadas de legalismo / emocionalismo en nuestro entorno?

_____

¿Qué otras expresiones modernas de legalismo/emocionalismo conocemos?

_____

¿Qué podemos hacer nosotros al respecto?

_____

Conclusión

A nuestro alrededor hay muchas formas diferentes de comprender la vida de santidad y la experiencia de la llenura de Espíritu. Algunas son bíblicamente correctas y otras equivocadas. Muchos confunden santidad con emocionalismo, legalismo, libertinaje, ser perfecto, ser inmune a la tentación y otras cosas. Identificar estos errores nos ayudará a no caer en ellos y nos mantendrá concentrados en continuar creciendo en la vida santa mientras el Espíritu nos enseña a vivir más cerca del amor de Dios y más lejos del pecado cada día.

LECCIÓN 13

PARA MEMORIZAR

"Más bien, al vivir la verdad con amor, creceremos hasta ser en todo como aquel que es la cabeza, es decir, Cristo". Efesios 4:15 (NVI)

PROPÓSITO DE LA LECCIÓN: QUE EL ALUMNO...

Comprenda que debe asumir responsabilidad para su crecimiento espiritual.

Reflexione sobre las maneras en que los cristianos perseveran en la vida llena del Espíritu.

Mida su estado actual de vulnerabilidad a la tentación.

Evalúe su crecimiento espiritual hasta hoy.

Proponga nuevas metas para su vida espiritual en los próximos seis meses.

Trazando metas para mi vida espiritual

POR MÓNICA DE FERNÁNDEZ

Introducción

En esta lección vamos a estudiar lo que nos dice la Palabra de Dios sobre la responsabilidad del cristiano de cuidar y crecer en la experiencia de la llenura del Espíritu. Como hemos estudiado en las lecciones de este trimestre, Dios nos salva para que vivamos llenos de su Espíritu y tengamos un estilo de vida de amor perfecto.

Para vivir en esta experiencia de santidad y crecer en ella es muy importante que comprendamos bien ¿cuál es nuestra responsabilidad en cuanto a colaborar con el Espíritu en la obra de restauración que ha iniciado en nuestra vida? ¿Cuáles son los peligros que amenazan mi crecimiento espiritual saludable?

Como en las lecciones anteriores intentaremos darle algunas ayudas prácticas.

Estudio bíblico

¿Santo yo? ¿Cómo es la vida de una persona que vive llena del amor santo de Dios? Veamos una ilustración que nos ayudará a captar mejor esta idea:

Un muchachito fue de vacaciones a Europa con su familia. Recorrieron varias ciudades y muchos de los templos más imponentes que el hombre ha construido en la historia. Unos meses después, en la clase de Escuela Dominical su maestra preguntó ¿Qué es un santo? El niño pensó durante un momento y recordó la gran belleza de las inmensas ventanas de aquellas catedrales con sus cristales de variados colores y dijo: "Un santo es una persona que deja pasar la luz de Dios a través de él".

Este niño expresó el concepto de la santidad en pocas palabras con una gran riqueza de significado: La vida santa es una que es transparente y limpia, que permite que la vida de Cristo se muestre con todo su esplendor; amando, sanando, enseñando y trayendo luz de salvación a todo el que sea posible.

Como dijimos en la introducción vamos a ver algunas cosas que debemos hacer para crecer saludablemente en la vida de amor perfecto.

— Juan 15: 1-17.

En esta enseñanza que Jesús dio a sus discípulos se encuentran las claves para nuestra permanencia y crecimiento en la vida de amor. Veamos cuáles son:

1. Mantén tu vida centrada en Jesucristo

Lea nuevamente el verso 4 de Juan 15.

Jesús dice que para permanecer en la vida espiritual tenemos que ser como la rama o el sarmiento de la vid. La rama no tiene otra cosa que hacer más que seguir pegada al tronco y dar fruto. Su responsabilidad se limita a recibir la savia y la nutrición que el tronco le trae desde la raíz. Al contrario de lo que algunos creen, la vida llena del Espíritu sólo requiere vivir conectada a la fuente de vida. Nada puede reemplazar esta comunión íntima con Jesús. Algunos sin darse cuenta la llegan a sustituir por trabajo en el ministerio, u otras ocupaciones legítimas de la vida, es decir, se preocupan más por dar mucho fruto que por estar unidos al Señor del fruto.

Pero si meditamos con seriedad lo que dice la Palabra nos daremos cuenta que el fruto no nos dará los nutrientes necesarios para mantenernos vivos espiritualmente hablando. Si usted hace un picadillo de uvas o toma un vaso de jugo de uvas y pone allí dentro una rama de la vid ¿Qué ocurrirá?

Si ponemos nuestra mirada en los resultados de nuestro trabajo, en nuestros logros y triunfos, corremos el peligro de creernos la fuente del fruto. Al fin y al cabo -nos decimos, ¿no fue la rama la que dio el fruto? Por ello nuestra primera responsabilidad para mantenernos llenos del Espíritu es permanecer unidos a Jesucristo.

2. Crece en la adoración y mantente humilde

La vida del cristiano lleno del Espíritu es de absoluta dependencia de Dios y ésta es la base de la adoración. El verdadero adorador se humilla en espíritu y reconoce que toda su vida y la vida de todo lo que le rodea provienen de la mano de Dios. Reconoce que la vid es la que hace todo el trabajo que garantiza su subsistencia para que pueda continuar dando fruto.

En un pueblo de Londres, llamado Hampton Court, hay una vid (o parra) que es famosa porque en ocasiones llega a dar un millón de racimos. Por mucho tiempo el secreto de su productividad era un misterio hasta que alguien resolvió el asunto. Cerca de este lugar donde está sembrada la vid corren las aguas del río Támesis y las raíces de la parra recorren más de cien metros para alimentarse del agua y de los ricos nutrientes que posee el fango del río. Las raíces llevan todo el alimento hacia el tronco, la vid hace todo el trabajo y las ramas reciben el beneficio.

Si usted corta una rama de esta vid, ésta se convertirá en un palo seco que sólo servirá para leña (Juan 15:6). El Espíritu Santo es el que nos mantiene unidos a la fuente de vida, que es Cristo y separados de él nada podemos hacer. Es más, todo lo que hacemos, cuando enseñamos, cuando testificamos, cuando servimos, todo depende de Él, del fluir de su Espíritu, que es la savia que alimenta nuestra vida.

El cristiano lleno del Espíritu debe perseverar en el reconocimiento de que su vida no es nada, para que el Señor pueda ser el todo de su vida.

3. Mantén tu mente centrada en Cristo y con una actitud positiva

En el verso 11 de Juan 15 dice que si vivimos unidos a la vid tendremos el gozo de Jesús morando en nuestro ser. El gozo es uno de los frutos que el Espíritu trae a nuestra vida, pero si no lo cuidamos y protegemos puede irse de nuestra vida.

Uno de los mayores problemas que afecta a los cristianos es la pérdida del gozo. Esta puede ocurrir por muchas razones, por ejemplo: un cristiano que le ha tratado mal, temor o inseguridad por el futuro, problemas económicos o falta de trabajo, un mal testimonio que ha visto en otros cristianos, estrés o depresión producidos por exceso en el trabajo, ingratitud de otros hacia su servicio para el Señor, ser víctima de alguna situación o trato injusto de parte de los hermanos, entre otros.

Todos estos problemas nos pueden quitar el gozo, sobre todo si tenemos la idea de que la vida cristiana es una vida fácil. Los cristianos que ponen su esperanza en las circunstancias y en las personas pronto se decepcionarán, porque las personas no son perfectas y la vida no es un recreo vacacional.

La única manera de perseverar en el gozo del Señor es manteniendo nuestra mente centrada en Jesucristo.

Nada hay más lejos de la vida llena del Espíritu que un cristiano amargado. Una persona con amargura vive llena de rencor, siente lástima de sí mismo, es quejosa, malhumorada, siempre busca defectos en las personas y en lo que hacen las personas. Al otro lado, en cambio, el cristiano lleno del Espíritu echa fuera los pensamientos negativos y no permite que hagan raíces en su corazón.

Para mantener esta mente positiva debemos aprender a ser agradecidos en todo y por todo, para con Dios y para los demás. Esto significa que debo ser agradecido aún por las dificultades, porque es en medio de ellas donde más necesito aferrarme al tronco de donde se alimenta mi esperanza.

El cristiano crece en gozo cuando aprende a bendecir. Bendecir significa dar palabras de paz, de ánimo, de perdón, de aceptación. El Espíritu quiere enseñarnos a llevar nuestros pensamientos por la ruta de la bendición y usar nuestra boca como herramienta de bendición, desechando todo hábito y costumbre pecaminosa de hablar.

4. No dejes de alimentarte

Lea el verso de Juan 15:7.

La savia que corre por el tronco y que trae los nutrientes a nuestra vida es esta maravillosa asociación del Espíritu Santo y la Palabra de Dios. Cuando el Espíritu llena al creyente, pone en su vida el deseo de conocer más del Señor Dios y le anima en una reflexión más profunda de la Palabra de Dios. Todo esto redunda en mayor crecimiento, en una vida cristiana más fuerte, más sólida. Sin embargo, para que esto sea posible, el cristiano debe disciplinarse en dedicar

tiempo y esfuerzo al estudio, manteniendo hábitos saludables como: asistir a los cultos, ir a clases de estudio bíblico, disfrutar la amistad y la conversación con los hermanos, ayudar a discipular a otros, estudiar la Palabra a solas y en grupo y perfeccionarse en la práctica de sus dones para el ministerio. Todo esto le ayudará a crecer saludable.

Es bueno que hagamos una advertencia aquí, no debe equipararse el crecimiento espiritual con conocimiento intelectual. El crecimiento del cristiano no consiste sólo en aprender cierta información de la Biblia. Algunas personas pueden llegar a saber mucho acerca de Dios, pero en realidad no le conocen, ni le sirven con sus vidas. El conocimiento intelectual conlleva en sí mismo el peligro del envanecimiento que tan sólo edifica el orgullo, pero este por sí sólo no cambia la forma de vivir (Mateo 7:16; Efesios 5:8; Santiago 2:18).

No queremos decir que el conocimiento es malo, por el contrario, afirmamos que es bueno cuando comprendemos que es tan sólo el primer escalón en el progreso hacia la madurez. Para crecer en la vida espiritual se necesita además pasar por una variedad de experiencias como adorar, tener compañerismo, estudiar y poner en práctica lo aprendido en nuestra vida. El crecimiento espiritual forma nuestro carácter, nuestra visión y nos provee de habilidades para el ministerio.

En Filipenses 3:13 el apóstol Pablo dice: "...no pretendo haberlo ya alcanzado..." El camino hacia la madurez cristiana es para transitarlo toda la vida. A medida que avanzamos podemos reconocer lo que nos hace falta y así ponernos en acción para remediarlo. Para crecer en santidad de vida es imprescindible reconocer delante de Dios que necesitamos de Él para llegar a la meta. Esta actitud humilde es necesaria para dejarnos formar por Las Escrituras y por nuestros líderes y maestros cristianos.

Este proceso de crecimiento lleva todo el resto de la vida a una persona. Es por ello que en la iglesia todos seguimos siendo discípulos, aún los líderes que están en las posiciones de mayor responsabilidad. Recordemos que el crecimiento espiritual del cristiano es intencional y no es automático (Hechos 5:12, Filipenses 2:12, Romanos 6:13).

Para vivir lleno del Espíritu es indispensable seguir alimentándose y nutrirse de la mejor manera posible para crecer fuertes y saludables en esta nueva vida.

5. Obedece al Señor en todo tiempo y en todo lugar

La costumbre oriental de amarrarse la túnica con un cinturón en preparación para ponerse en acción. Lo que está diciendo aquí el apóstol Pedro es que es nuestra responsabilidad tomar la decisión de poner en práctica las enseñanzas de la Palabra de Dios en nuestro vivir.

Como vemos, la vida de obediencia es la vida normal del discípulo de Cristo, como dice el v. 15: "sino como Aquel que os llamó es santo sed también vosotros santos..."

Un periodista le preguntó a la Madre Teresa de Calcuta: --- ¿Qué opina acerca de lo que dice la gente de que usted es una santa? Ella contestó: ---- ¡No veo porqué me ven como algo extraordinario, santos es lo que todos debemos ser! ! ¡Para eso nos ha creado Dios, es lo más natural que debe ocurrir en la vida de cada ser humano!

Vivir en santidad no es una opción, es un llamado y una vocación para todos los cristianos.

Pedro termina diciendo en "toda vuestra manera de vivir". ¿En dónde y cuándo debemos vivir en obediencia perfecta a la voluntad de Dios para nuestra vida? La respuesta bíblica es un absoluto total: "en el cien por ciento de la vida". Esto se refiere a la vida pública y la vida privada. Abarca los motivos, los deseos, los sentimientos, las actitudes, lo que decimos, lo que pensamos y lo que hacemos.

En nuestra vida existe una dimensión que los demás pueden ver y otra muy íntima que sólo Dios y nosotros conocemos. La obediencia más difícil para el cristiano es la que tiene que ver con la vida privada. Allí estamos solos con nuestros pensamientos, nuestros deseos y nuestras motivaciones. Pero cuando nos mantenemos puros y obedientes en nuestra vida privada, los resultados saltan a la vista cuando estamos con otros.

Algunos cristianos intentan mantener una doble vida y puede que lo logren por un tiempo, pero tarde o temprano la falta de vida espiritual se hace notar en su vida. No es posible vivir lleno del Espíritu para servir en la iglesia y vivir a nuestro antojo en la vida privada. Esto causa muchos problemas, no sólo a la persona que permanece en pecado, sino que daña el testimonio de la iglesia y puede alejar a los hijos de estos creyentes del camino del Señor.

El gran desafío para nosotros es vivir en pureza y obediencia del cien por ciento, delante de Dios, de nosotros mismos y de nuestros prójimos.

6. Resiste las tentaciones

No hay una vacuna contra la tentación y no hay cristiano que esté libre de ella. Satanás tiene como blanco de sus ataques al cristiano lleno del Espíritu. Su estrategia más común es hacerle dudar de la Palabra de Dios y de su progreso espiritual. Veamos unos ejemplos.

*Realice la **actividad No. 2** de la hoja de actividades*

Las tentaciones han tenido éxito una y otra vez, aún en la vida de personas que estaban sirviendo a Dios con sus vidas. Las tentaciones más peligrosas son aquellas que nos atacan en los momentos en que somos más vulnerables (a Jesús lo tentó Satanás cuando estaba cansado y hambriento).

Cualquier cristiano puede caer en la tentación alguna vez, aún el que está lleno del Espíritu. Por lo general no serán grandes pecados: un mal pensamiento, una mala decisión, una palabra ofensiva por perder la paciencia, una expresión de orgullo, entre otros. Estos pequeños pecados pueden ser aquellas grietas peligrosas por las cuales nuestra vida llegue a deslizarse y caer en un abismo de pecado más profundo.

Para evitarlo, es importante, que cuanto el Espíritu Santo nos alerta del peligro de la tentación busquemos fuerza de Dios para resistirla en oración. Si se ha caído, lo mejor es pedir perdón de inmediato a Dios y a quien ha recibido el daño de nuestra conducta. Así como el viñador poda la viña, el cristiano lleno del Espíritu necesita que su vida se mantenga limpia todo el tiempo.

Todos nosotros pasamos por etapas de debilidad en nuestra vida, donde somos más vulnerables a la tentación. En cuanto nos sea posible, debemos evitar entrar en estas áreas peligrosas, aunque no siempre será factible. Por ejemplo, los cristianos trabajamos a veces en exceso. Tenemos responsabilidades laborales, en la casa, con la familia, en la iglesia y muchos agregan y agregan compromisos en sus días al punto de no tener un momento de descanso. En el siguiente auto examen veremos por ejemplo que estar exhausto física y mentalmente ofrece una calle abierta a las tentaciones.

*Pida a los alumnos que completen la **actividad No. 3**.*
Una vez que tengan las sumas de su estado de sensibilidad a la tentación pídales que lean la interpretación de puntajes.

7. Ten metas claras

¿Cómo se llega a ser santo en toda la manera de vivir?

Lean en voz alta Filipenses 3:13-14.

En la vida cristiana si no avanzamos, nos deterioramos. La clave es no dejar de crecer. Pablo dice "extendiéndome a lo que está delante prosigo a la meta".

¿Quién dijo que la vida cristiana es aburrida? Por el contrario, la vida cristiana es una que siempre nos presenta nuevos desafíos, nuevas montañas espirituales que escalar, nuevos mares de conocimiento que navegar. Para el intelectual, Jesucristo es una fuente inagotable de conocimiento; para la persona práctica, Jesucristo es el Dios que cada día nos sorprende con pequeños milagros; para el artista, Dios es el autor de inagotables maravillas; para el romántico, Dios es la fuente de amor... La vida cristiana es una vida donde siempre hay algo mejor y maravilloso que Dios tiene para nosotros.

Este pasaje enseña el valor de tener metas en la vida. Para alcanzar una meta se necesita determinación. El cristiano que alcanza la meta es aquel que no se rinde ante las dificultades. Debemos tener claro que la salvación y la perfección cristiana es por la fe, pero el crecimiento depende de que nosotros prosigamos hacia la meta de madurez a la que el Espíritu nos guía.

Las metas en la vida espiritual nos ayudan a evitar los siguientes peligros: el estancamiento, la vida cristiana mediocre y el conformismo.

Las metas nos ayudan a acercarnos más a Dios, conocer más a Cristo, depender más de Él, y ser cada día más semejantes a Él.

CONCLUSIÓN

La permanencia del cristiano en la vida llena del Espíritu depende de su propio compromiso y obediencia manteniéndose unido a Jesús y lejos del pecado. No existe una vacuna contra la tentación, los creyentes santificados también experimentan tentación pero cuentan con la ayuda del Espíritu Santo para reconocerla. Si el creyente peca es indispensable que se arrepienta y no permanezca en el pecado. La formación de la vida de Cristo en el cristiano demanda que éste tenga metas claras para su crecimiento espiritual y se discipline para alcanzarlas. Siempre hay nuevas metas adelante para crecer en la vida llena del Espíritu.

SV

Trazando metas para mi vida espiritual

HOJA DE ACTIVIDAD

Versículo para memorizar

"Más bien, al vivir la verdad con amor, creceremos hasta ser en todo como aquel que es la cabeza, es decir, Cristo". Efesios 4:15 (NVI)

Actividad 1

Lea 1 Pedro 1:13-16 y responda las siguientes preguntas:

1. ¿Qué clase de hijos desea Dios que seamos?

_____
_____

2. ¿Qué tipo de deseos tienen las personas que no han nacido de nuevo?

_____
_____

3. ¿Qué es lo que lleva a las personas a vivir en pecado satisfaciendo los deseos de la carne?

_____
_____

4. ¿Quién es el que nos llama a ser santos y por qué?

_____
_____

5. ¿Cómo es posible permanecer en nuestra vida santos y puros de corazón? Escoge la opción que consideras verdadera:

· La santidad de corazón permanece aunque cometamos pecado.

· La santidad de corazón sólo es posible mediante una vida disciplinada.

· La santidad de corazón es responsabilidad de Dios y no nuestra.

· La santidad de corazón sólo es posible para los que están en la vida eterna.

Actividad 2

¿Está tu vida de santidad siendo atacada por las tentaciones?

Señala en esta lista los pensamientos que han venido a tu vida en las últimas semanas

_____ Creer que tu vida de santidad de corazón depende totalmente de tu esfuerzo.

_____ Pensar que eres mejor que los demás por tu vida de santidad de corazón.

_____ Sentir que por tu vida de pureza de corazón mereces privilegios.

_____ Demandar reconocimientos y felicitaciones por tu vida de santidad de corazón.

_____ Buscar tu propia autosatisfacción con tu vida de santidad de corazón sin darle la gloria a Dios.

_____ Olvidar que otros necesitan ayuda para alcanzar su santidad de corazón.

_____ Detener el desarrollo de tu experiencia de santidad de corazón.

Conclusión

La permanencia del cristiano en la vida llena del Espíritu depende de su propio compromiso y obediencia manteniéndose unido a Jesús y lejos del pecado. No existe una vacuna contra la tentación, los creyentes santificados también experimentan tentación pero cuentan con la ayuda del Espíritu Santo para reconocerla. Si el creyente peca es indispensable que se arrepienta y no permanezca en el pecado. La formación de la vida de Cristo en el cristiano demanda que éste tenga metas claras para su crecimiento espiritual y se discipline para alcanzarlas. Siempre hay nuevas metas adelante para crecer en la vida llena del Espíritu.

Familia

UNIDAD 2

El Matrimonio es Sagrado y Bueno para el Hombre y la Mujer

¿Por qué estamos juntos? Hacia un proyecto de vida en el matrimonio

Lo que llevas a matrimonio lo afectara para bien o para mal

Honrando la Relacion Sexual con la Pareja

Resolviendo los conflictos en la pareja de manera diferente

Cómo construir una cultura de paz en los hogares

La Rutina: El enemigo de los matrimonios

¿Qué es comunicación y como la fortalezco en mi matrimonio

La importancia de honrar a mi pareja

¿Contra qué debo proteger mi matrimonio

Cuando en el matrimonio no damos el paso del "Yo" al "Nosotros"

Cuando el dolor y la angustia llegan al matrimonio y la familia

La Familia y el Ministerio

LECCIÓN 14

BASE BÍBLICA

Génesis 2:18-24.

PARA MEMORIZAR

"Y dijo: Por esto el hombre dejará padre y madre, y se unirá a su mujer, y los dos serán una sola carne". Mateo 19:5 (RVR 1960)

PROPÓSITO DE LA LECCIÓN: QUE EL ALUMNO...

Enseñar que Dios creó el matrimonio, entre el hombre con una mujer, dando una unidad entre la pareja, que tiene que dejar su hogar anterior para poder crear otro nuevo.

¿Por qué nosotros los cristianos creemos que el matrimonio es sagrado y bueno para el hombre y la mujer?

POR MIGUEL E IRENE GARITA

Desarrollo de la Lección

Génesis 2:18-24. [18] "Y dijo Jehová Dios: No es bueno que el hombre esté solo; le haré ayuda idónea para él. [19] Jehová Dios formó, pues, de la tierra toda bestia del campo, y toda ave de los cielos, y las trajo a Adán para que viese cómo las había de llamar; y todo lo que Adán llamó a los animales vivientes, ese es su nombre. [20] Y puso Adán nombre a toda bestia y ave de los cielos y a todo ganado del campo; más para Adán no se halló ayuda idónea para él. [21] Entonces Jehová Dios hizo caer sueño profundo sobre Adán, y mientras éste dormía, tomó una de sus costillas, y cerró la carne en su lugar. [22] Y de la costilla que Jehová Dios tomó del hombre, hizo una mujer, y la trajo al hombre. [23] Dijo entonces Adán: Esto es ahora hueso de mis huesos y carne de mi carne; ésta será llamada Varona, porque del varón fue tomada. [24] Por tanto, dejará el hombre a su padre y a su madre, y se unirá a su mujer, y serán una sola carne".

Veremos la importancia del plan de DIOS para la humanidad mediante el matrimonio.

A. Dios creo al hombre y la mujer para que vivieran unidos en una relación de matrimonio

En Génesis el relato de la creación, incluye la creación del hombre, de la mujer, del matrimonio, y de la familia. En él están planteados una serie de elementos importantes para analizar en la relación matrimonial y familiar; veremos que el relato es corto, pero deja claro dos cosas: primero que Dios creó el matrimonio y la familia no como algo surgido de un estado pecaminoso, por el contrario es la primera institución que se hizo en el estado de pureza que en ese momento estaban Adán y Eva y lo bendijo. Por otro lado nos enseña la forma que debemos vivir el matrimonio, también nos enseña que debemos aprender y cuidar lo sagrado del mismo, Mateo 19:5 "Y respondiendo Jesús, dijo: ¿No habéis leído que aquel que los creó, desde el principio los hizo varón y hembra", y añadió: "por esta razón el hombre dejará a su padre y a su madre y se unirá a su mujer, y los dos serán una sola carne?"

Por consiguiente, ya no son dos, sino una sola carne. Por tanto, lo que Dios ha unido, ningún hombre lo separe..." Efesios 5:31.

B. Dios creo la institución del matrimonio: como base de la familia

Dios mismo creó la institución del matrimonio, y la familia, como un complemento de lo que al hombre y la mujer les faltaba en su estado de soledad, de esta forma la pareja se complementa al vivir juntos, para enfrentar la sociedad de una manera diferente. No es lo mismo vivir solo, que vivir con alguien que es su complemento idóneo, de esta manera estarán completos. Lo vemos en Génesis 2:18. Dios vio que no era bueno que el hombre esté sólo, manifestando, "... le haré ayuda idónea para él". Creando, Dios a Eva de la costilla de Adán que manifestó "ahora eres hueso de mis huesos y carne de mi carne", (Génesis 2:23). Desde aquí Dios afirma que el hombre dejará su familia, se unirá a una mujer para formar una nueva unidad. "Por tanto, dejará el hombre a su padre y a su madre, y se unirá a su mujer, y serán una sola carne" (Génesis 2:24). Este principio, declarado en el huerto, fue citado por Pablo (Efesios 5:31) y Jesús mismo (Mateo 19:4-6) cuando enseñaron sobre el matrimonio, como lo presentamos antes, pero esta idea es aumentada con el mandato que "lo que Dios juntó, no lo separe el hombre". Este verso 6, nos enseña que: lo que Dios ha hecho, no puede ser cambiado, ni reelaborado o adaptado por el hombre, la sociedad o la cultura, aunque el hombre, la sociedad, la cultura, crean que se necesiten estos cambios.

San Pablo en Romanos 7:2-3, plantea que esta unión debe permanecer mientras vivan los cónyuges, que solo la muerte de uno de ellos rompe el vínculo.

C. Dios relacional, por lo tanto el desea que vivamos en familia

Si analizamos el relato, también nos lleva a comprender la esencia de lo que Dios quería que fuera el matrimonio. Lo primero, es un Dios relacional, y por lo tanto desea que hombre viva también en una relación profunda con su pareja, el matrimonio, así como la familia. Se establecen de esta manera sobre una relación, constituyéndose en un vínculo, que es para toda la vida. Además es una relación que es bendecida por Dios.

Cuando hablamos de vínculos, tenemos que definirlo como una unión profunda porque se reafirma en nuestro ser interior, y domina las demás áreas de la vida, entre un hombre y una mujer, que los lleva no solo a estar unidos por un matrimonio, sino que es algo más profundo, ya que la unidad nace de un conocerse, de estar unidos por un sentimiento, como el amor, en el cual cada uno profundiza el conocimiento sobre otro, cuando ambos se muestran como son, con sus virtudes, defectos, áreas buenas y malas, aceptándose tal y cual son. Esto establece y fortalece el vínculo, el cual crece con el amor incondicional de uno por el otro.

D. Dos personas en esencia iguales pero con funciones diferentes

Por otro lado, esta relación y vínculo es de dos personas en igualdad de condiciones, según dice el relato, que el hombre y la mujer, en esencia están constituidos iguales, pero con funciones diferentes, Adán dice: ahora te llamaré "varona", reconociendo la igualdad en su esencia de los mismos elementos físicos, pero a la vez hace la diferenciación entre ellos a nivel funcional, estamos hechos para diferentes funciones, pero necesitándose los dos para complementarse. Esto también tiene grandes repercusiones hoy día, porque de esta manera el Creador establece que el matrimonio es la unión de dos personas.

En el Nuevo Testamento, la relación matrimonial, se la compara con la relación de Cristo con su iglesia, según Efesios 5:25-33:

"²⁵ Maridos, amad a vuestras mujeres, así como Cristo amó a la iglesia, y se entregó a sí mismo por ella, ²⁶ para santificarla, habiéndola purificado en el lavamiento del agua por la palabra, ²⁷ a fin de presentársela a sí mismo, una iglesia gloriosa, que no tuviese mancha, ni arruga ni cosa semejante, sino que fuese santa y sin mancha. ²⁸ Así también los maridos deben amar a sus mujeres como a sus mismos cuerpos. El que ama a su mujer, a sí mismo se ama. ²⁹ Porque nadie aborreció jamás a su propia carne sino que la sustenta y la cuida, como también Cristo a la iglesia, ³⁰ porque somos miembros de su cuerpo, de su carne y de sus huesos. ³¹ Por esto dejará el hombre a su padre y a su madre, y se unirá a su mujer, y los dos serán una sola carne. ³² Grande es este misterio; mas yo digo esto respecto de Cristo y de la iglesia. ³³ Por lo demás, cada uno de vosotros ame también a su mujer como a sí mismo; y la mujer respete a su marido".

Aquí se le plantea al hombre cómo debe amar a su esposa, con un amor sacrificial, de entrega, de cuidado, respeto, siempre manteniendo la unidad hacia su cónyuge. Esta forma de amar, solo puede darse cuando el hombre busca en Dios, la fuerza, la pureza, y el ser conscientemente un esposo dispuesto a velar y cuidar de su pareja en todas las áreas de la vida de ella. Creo que también se le pide a pareja este tipo de amor por el esposo, cuando se habla de que se respete.

CONCLUSIÓN

Del análisis de la pareja de esta manera, es importante señalar lo siguiente:

1. El matrimonio fue hecho por Dios.
2. Es una unión para siempre. Mientras viva la pareja.
3. Es la base de nuestra creencia sobre el matrimonio, la cual debemos tener claro y definida como cristianos que somos.
4. Dios no acepta el divorcio ni la separación. El matrimonio es un complemento para enfrentar la vida de manera idónea.
5. Debemos mantener y fortalecer este vínculo, con la ayuda de Dios en nuestro hogar.
6. No podemos aceptar como cristianos el vínculo matrimonial con personas de un mismo sexo.

Sv

RECURSOS

Actividad suplementaria

Esta es una dinámica para entender la creatividad, lo que significa crear. Por lo que se pide a cada pareja o grupos de dos o cuatro parejas, si son muchas que construyan un robot con diferentes materiales que se les otorguen en el salón (Tijeras, cartulina, goma, engrapadora etc.) que obtenga 3 cosas:

1. Que sea un robot y no una persona.
2. Que se pueda parar solo.
3. Que tenga algo movible "una parte del cuerpo etc".

Para realizarlo se otorgara un tiempo máximo de 20 minutos, ponerle un nombre y explicar en que se parece a la creación del hombre y la mujer.

Información Suplementaria

Lectura devocional: Mateo 19: 1-6. (Mr. 10.1-12; Lc. 16.18)

¹ Aconteció que cuando Jesús terminó estas palabras, se alejó de Galilea, y fue a las regiones de Judea al otro lado del Jordán. ² Y le siguieron grandes multitudes, y los sanó allí. ³ Entonces vinieron a él los fariseos, tentándole y diciéndole: ¿Es lícito al hombre repudiar a su mujer por cualquier causa? ⁴ Él, respondiendo, les dijo: ¿No habéis leído que el que los hizo al principio, varón y hembra los hizo, ⁵ y dijo: Por esto el hombre dejará padre y madre, y se unirá a su mujer, y los dos serán una sola carne? ⁶ Así que no son ya más dos, sino una sola carne; por tanto, lo que Dios juntó, no lo separe el hombre.

¿Por qué nosotros los cristianos creemos que el matrimonio es sagrado y bueno para el hombre y la mujer?

HOJA DE ACTIVIDAD

Texto para memorizar

"Y dijo: Por esto el hombre dejará padre y madre, y se unirá a su mujer, y los dos serán una sola carne". Mateo 19:5 (RVR 1960)

Actividades

1. Dios creo al hombre y a la mujer para que vivieran unidos, en una relación de matrimonio, ¿qué elementos consideramos importantes, para la familia, matrimonio, como guía? (Génesis 2:18-24)

_____
_____
_____
_____

2. Dios creo la institución de la familia, del matrimonio: como base, ¿qué tan valioso es el pacto del matrimonio, a criterio de Dios?

_____
_____
_____
_____

3. Dios relacional, desea que vivamos en familia, ¿cuál era la esencia de Dios con respecto a lo relacional de la vida del hombre?

_____
_____
_____
_____

4. ¿Qué similitud tiene la relación matrimonial, con CRISTO y la iglesia? (Mateo 5: 25-33)

_____
_____
_____
_____

Conclusión

Del análisis de la pareja de esta manera, es importante señalar lo siguiente:

1. El matrimonio fue hecho por Dios.
2. Es una unión para siempre. Mientras viva la pareja.
3. Es la base de nuestra creencia sobre el matrimonio, la cual debemos tener claro y definida como cristianos que somos.
4. Dios no acepta el divorcio ni la separación. El matrimonio es un complemento para enfrentar la vida de manera idónea.
5. Debemos mantener y fortalecer este vínculo, con la ayuda de Dios en nuestro hogar.
6. No podemos aceptar como cristianos el vínculo matrimonial con personas de un mismo sexo.

LECCIÓN 15

PARA MEMORIZAR

"Y el señor dijo a Abram: vete de tu tierra, de entre tus parientes y de la casa de tu padre, a la tierra que yo te mostraré". Éxodo 12: 1–3 (RVR 1960)

PROPÓSITO DE LA LECCIÓN: QUE EL ALUMNO...

Enseñar que el matrimonio pasa con el tiempo por muchas situaciones o etapas en la vida, pero que cada matrimonio debe construir un proyecto de vida juntos.

¿Por qué estamos juntos?
Hacia un proyecto de vida en el matrimonio

POR MIGUEL E IRENE GARITA

Desarrollo de la lección

Todos los matrimonios al casarnos vamos a una tierra nueva, ¿cómo está usted en esta nueva tierra?

Son muchas las razones por las que deseamos o anhelamos tener una pareja, con la cual pretendemos llenar muchas expectativas, aunque en realidad lo que nos impulsa a vivir en pareja no es otra cosa que la búsqueda del amor: amar, ser y sentirnos amados.

Muchos matrimonios pasan el tiempo de su vida en pareja, solamente viviendo el día a día, no tienen planes para el futuro, porque solo viven el presente. Aun cuando planearon su boda, la que fue muy bien organizada, no hicieron planes de como querían vivir, ni de planear la vida futura, esto los hace vivir, como los apóstoles del pasaje, tratando de pescar algo bueno para la vida en pareja y ya están cansados de trabajar en eso.

El proyecto de vida matrimonial es desarrollar un sistema de vida en común con la pareja y con los hijos, hacia una meta que tienen que construir cada día a pesar de las situaciones a favor y en contra que enfrenten diariamente. Lucas 14:28-30 (RVR 1960) [28] Porque ¿quién de vosotros, queriendo edificar una torre, no se sienta primero y calcula los gastos, a ver si tiene lo que necesita para acabarla? [29] No sea que después que haya puesto el cimiento, y no pueda acabarla, todos los que lo vean comiencen a hacer burla de él, [30] diciendo: Este hombre comenzó a edificar, y no pudo acabar.

Ser pareja es vivir juntos, es el compromiso que asumen dos personas que deciden compartir una vida. Donde se planean proyectos para el futuro del matrimonio: en lo personal, espiritual, social, familiar, profesional, financiero, etc.

A. Áreas en que se desarrolla la pareja

Toda pareja pasa por áreas de desarrollo, de no hacerlo, se queda atrapado en una de ella, los cónyuges no maduran, ni crecen, provocando conflictos. Al igual que las personas pasan por etapas propias del crecimiento y desarrollo, el matrimonio debe pasarlas.

Se desarrollan en varias áreas, de las cuales las más importantes son las siguientes:

1. Área del yo - tu que debe pasar "al nosotros". Antes era solo, ahora debo pensar en que somos dos, y debo realizar los ajustes que se requieren para esto.

2. Área reproductiva. Es cuando tenemos nuestros hijos. Pasamos a ser padres y madres.

3. Área social. Es lo relacionado con el nivel social, el trabajo, estudio, amigos.

4. Área participativa eclesial. Si somos cristianos también debemos crecer en cuanto a la participación en la iglesia.

B. La importancia en un proyecto de vida de la pareja

La pareja pasa por diversas etapas, fases, y situaciones en su vida, va a tener mejores y peores momentos, pero va a depender mucho de los proyectos que tengan, para que se reactive o mantenga el amor y el deseo. El hacer juntos un proyecto de vida, que dé sentido a la relación y les de dirección de hacia dónde quieren ir o hacer.

Es sobre la base de un amor existente, presente, que se construye un proyecto de vida juntos, hace que en los momentos de estancamiento, apatía, distanciamiento de la pareja, que el proyecto viene a ser un elemento que mantenga viva la llama del amor, el deseo de seguir juntos y el de resolver los problemas existentes de manera exitosa. Los proyectos pueden ser diversos, ya sean de corto o a largo plazo.

Además, no solamente se trata de construir ese proyecto, sino que el mismo se convierta en un espacio de comunicación de la pareja en el que se planteen los objetivos de ese proyecto y una forma de lograrlo. Por ejemplo:

· Un viaje, estudiar una carrera u oficio.
· Una casa nueva.
· Reparar la casa donde se vive.
· Tener hijos o más hijos.
· Un emprendimiento empresarial, etc.

C. El fin primordial de un proyecto de vida

1. Ayuda a tener un matrimonio exitoso que perdure en el tiempo y permite tener una vida matrimonial buena.

2. No es solo realizar juntos un proyecto de construir algo, sino también tener un estilo de vida agradable en todo.

3. Permite tener un estilo de vida sano, que construya una familia sana.

4. Nos moviliza a tener una relación optimista, alegre, de la vida, juntos.

5. Sobre todo, permite formar una relación de pareja y familia sujeta al poder de Dios. Que amemos a Dios y éste sea el que nos una.

6. El proyecto de vida rompe la rutina en que viven muchas parejas

D. ¿Cómo lograr esto?

• La pregunta principal que queremos hacer de nuestra familia, ¿cómo queremos vivir el resto de nuestra vida?, ¿qué queremos tener, vivir, hacer dentro de cinco, diez, treinta años?

• Fundamentar la relación en toda La Palabra de Dios. Para hacer su voluntad. Juan 5:30 "porque no busco mi voluntad".

• Todo proyecto de vida tiene que reconocer las debilidades que tenemos como persona y como pareja, nuestra imperfección nos llevara a fallar en algunas cosas. Por lo tanto debemos decidir firmemente que nos aceptaremos incondicionalmente.

• Establecer como norma una buena comunicación. Santiago 1: 19.

• Buscar actividades y pasatiempos juntos, disfrutar juntos de cosas que nos gusten, esto nos da confianza y ser amigos. Nos ayuda ocuparnos en planear nuestro futuro.

• Comprometernos a que nuestra pareja es la prioridad de nuestra vida.

• Contribuir a desarrollar relaciones sexuales satisfactorias para ambos.

• Buscar reírnos juntos de la vida. La vida es difícil pero sigue siendo bella vivirla. Aprender una buena forma de resolver los conflictos que se tengan como pareja o como familia. Porque los conflictos nos sirven para crecer.

Cuando los resolvemos de manera en que los dos ganamos contribuye a mantenernos unidos. Queremos seguir juntos, pero si los guardamos sin resolver tienden a separarnos. Recordar dos cosas: que nos amamos, que no somos enemigos, que Dios nos permitió vivir juntos, que nuestros hijos son de ambos.

RECURSOS

Lectura complementaria

Lucas 5: 4.

"Y cuando terminó de hablar, dijo a Simón: boga mar adentro, y echad vuestras redes para pescar. 5 y respondiendo simón, le dijo: Maestro, hemos trabajado toda la noche, y nada hemos pescado; más en tu palabra echaré la red. 6 Y habiéndolo hecho, encerraron gran cantidad de peces, y su red se rompía".

Hoy el Señor te quiere decir boga mar adentro en tu relación, no tengas miedo al fracaso, pues todos los grandes pensadores, todos los grandes hombres de la humanidad, fracasaron en algunos de sus intentos por lograr su objetivo, pero nada, ni nadie los detuvo. Que nada, ni nadie te detenga, si no puedes lograr tus metas, debes plantearte metas nuevas; si tu sueño no convierte, no te desanimes, sigue adelante.

Actividad Suplementaria

Repartir papeles a cada pareja con las preguntas, ¿porque se casó usted? ¿Para qué se casó usted?, si tuviera la oportunidad de hacer algún cambio con la pareja con quien se casó, ¿qué cambio haría? que lo lean y estudien por unos minutos y que luego lo expresen al grupo.

LECCIÓN 15

¿Por qué estamos juntos?
Hacia un proyecto de vida en el matrimonio

HOJA DE ACTIVIDAD

Texto para memorizar

"Y el señor dijo a Abram: vete de tu tierra, de entre tus parientes y de la casa de tu padre, a la tierra que yo te mostrare". Éxodo 12:1-3 (RVR 1960)

Actividades

1. Áreas en que se desarrolla la pareja. ¿Qué áreas no desarrolladas pueden causar conflictos?

_____
_____
_____

2. La importancia de un proyecto en pareja. ¿Ha tenido alguna vez en mente, un proyecto de vida familiar?

_____
_____
_____

¿En base a qué, realiza su proyecto? _____
_____
_____

3. El fin primordial de un proyecto de vida. ¿Cuáles son los propósitos y objetivos a alcanzar en su proyecto?

_____
_____
_____

LECCIÓN 16

PARA MEMORIZAR

"Aquello que fue, ya es; y lo que ha de ser, fue ya; y DIOS restaura lo que paso". Eclesiastés 3:15 (RVR 1960)

PROPÓSITO DE LA LECCIÓN: QUE EL ALUMNO...

Enseñar como llevamos al matrimonio una serie de creencias, actitudes, reacciones y conductas negativas o enfermizas, experiencias, rasgos físicos, heredadas o aprendidas del hogar donde nacimos, y que no hemos resuelto. Que éstas pueden afectar las relaciones matrimoniales, sobre todo cuando no es sanado o resuelto, enfermando las relaciones matrimoniales y familiares. Que debemos por lo tanto sanarlas, ya sea buscando ayuda externa y sobre todo confiando en el poder de Dios como sanador y restaurador de nuestras vidas.

Lo que llevas a matrimonio lo afectará para bien o para mal

POR MIGUEL E IRENE GARITA

Desarrollo de la lección

Juan 4:1-40. Jesús y la mujer samaritana. Este pasaje nos presenta un Jesús que rompe ideas aprendidas que se convierten en preconceptos creados, y que repetimos. Estas diferentes experiencias aprendidas se convierten en normas culturales, sociales, morales y hasta espirituales, con las que vivimos y actuamos, afectando nuestras conductas. Los versos 4,5 y 9 se presentan como preconceptos culturales. Verso 20: espirituales. Verso 27: morales y sociales. En todos, Jesús, vino para romper las ideas preconcebidas que aprendidas en la vida.

Al casarnos llevamos muchas formas de vivir, pensar y actuar, que aprendimos en los hogares, y que en ocasiones provocan conflictos, crisis y hasta separaciones en la pareja, sobre todo no permiten un desarrollo sano y feliz entre los cónyuges.

1. Lo que traemos a la vida que llevamos al matrimonio.

Llevamos al matrimonio condiciones y aprendizajes que traemos a la vida, como:

a. Herencias de nuestra familia. Si la familia vivió en condiciones de pobreza, de violencia, abandono, de esfuerzo y trabajo, es posible que los hijos repitan lo mismo.

b. Experiencias o aprendizajes. Psicológicas, sociales, espirituales. Cuando la persona ha vivido experiencias traumáticas, de tipo psicológico, social, o venimos de hogares ateos, supersticiosos, brujerías, estamos predispuestos a repetirlos en el matrimonio.

2. Creencias y aprendizajes que levamos al matrimonio

a. Físicas. Color de cabello, ojos, estatura, etc., pero también heredamos la inteligencia, para resolver o no poder analizar problemas, el temperamento, carácter, defectos físicos, que pueden afectar la relación matrimonial, por ejemplo, aspectos físicos que dificultan o ayudan a la relación sexual.

b. Inteligencia general y otras. Todos heredamos la inteligencia de nuestros padres. Esta es importante porque nos permite evaluar las diferentes situaciones de la vida, y escoger la respuesta más

adecuada para nosotros ante una situación dada. Se ha visto que personas de poca capacidad intelectual o inteligencia, les cuesta dar respuestas adecuadas en sus relaciones de pareja, les cuesta, percibir, discriminar, analizar todas la áreas que comprenden una situación, y esta limitación les dificulta tener matrimonios exitosos, y familias exitosas, por lo tanto debemos revisar cuáles elementos que traemos al matrimonio, son los que están afectando negativamente. Si esta es una de las áreas, La Biblia nos dice qué podemos pedir a Dios

c. Psicológicas. Traumas, abusos, rechazos, agresiones que recibimos en la familia, ya sea por nuestros padres u otros, que afectaron negativamente nuestra vida, trayéndolas al matrimonio. Porque existe la tendencia de repetir lo más negativo de nuestra historia de vida.

d. Factor sociocultural. Clase social económica, pobreza o riqueza, costumbres, hábitos buenos o malos, sobre la higiene personal, del hogar, sobre el orden, la disciplina, el trato a los demás. El ser cariñosos o lejanos.

e. Formas de reacción. En muchos hogares se habla a gritos, o de mala manera o se reacciona solo con peleas. La cortesía o comprensión, el buen trato, el abandono, la crítica, a vivir siempre activo, pasivo, alegre o no, a ser pesimista u optimista, ser luchador, perseverante, trabajador o no. Es en el hogar donde aprendemos casi todo, cómo vivir la vida, aprendemos a sobre vivir sanos o enfermos, así como los temores, o fortalezas para enfrentar las dificultades cotidianas.

f. Factores espirituales. Si venimos de hogares muy religiosos o no, o venimos de hogares muy supersticiosos, o de hogares ateos, esto nos afectará en la relación matrimonial y la enseñanza a nuestros hijos.

Lo importante es, entender que todos traemos cosas de nuestras familias al matrimonio, y que esto puede afectar nuestra relación matrimonial, porque nuestro cónyuge trae también sus cosas y en muchos casos, son contrarias a lo que aprendimos.

En muchos matrimonios, estas diferencias forman conflictos que la pareja no puede resolver, y pueden perdurar por muchos años, ya que son aprendizajes que quedan a nivel inconsciente, pues los vimos repetirse muchas veces en el hogar en que nos criamos y queda como un preconcepto, que es una idea preconcebida sobre una circunstancia o situación por alguno de los padres, los cuales la repitieron muchas veces.

Además, se aprende la manera de pensar de ellos, la que repetimos sin darnos cuenta.

CONCLUSIÓN

1. Por lo visto anteriormente, es importante primero darnos cuenta de cómo lo aprendimos en el hogar, y luego llevarlo a los pies de Jesucristo, para que Él lo cambie y pueda poner en nuestra relación de pareja, nuevas formas de vivir, pensar y actuar.

2. Debemos reconocer y luego renunciar a estos aprendizajes o preconceptos,

3. Pedir a Dios que ponga nuevos aprendizajes para vivir con nuestra pareja,

4. Debemos llevar a nuestra pareja a tomar decisiones de cambio. Llevarla al altar para que deje su conducta negativa, y reciba el cambio de su área de vida que está afectando la relación de la pareja. Jesucristo sigue siendo el sanador y restaurador de lo que pasó. Él quiere darnos una vida nueva en el matrimonio.

RECURSOS

Actividad suplementaria

Hacer grupos de tres parejas, que hablen por 20 minutos de cosas que aprendieron de sus familias parentales, y que están repitiendo en su relación matrimonial. Que se enfoquen en tres áreas: el manejo del dinero, las muestras de afecto, la forma de manejar el hogar, y criar a los hijos. Escribirlo en un papel periódico grande o cartulina y luego exponerlo a los demás del grupo. La dinámica debe durar 40 minutos. Luego la charla sobre el tema.

Información Complementaria

La mujer samaritana, que en un principio se había mostrado atrevida y descortés, tuvo un cambio de actitud, mostrándose más receptiva. Jesús conocía plenamente toda la vida de esa mujer, y debió ser un poco incómodo para ella, que un desconocido supiera todo sobre su vida privada y las malas prácticas que había adquirido en el andar de su vida. El Maestro le dio la oportunidad de cambiar y romper con todo eso que llevaba, y que lastimosamente lo aplicaba en cada relación que tuvo, dando resultado como un fracaso rotundo. La idea que enfocaba Jesús era de darle de beber de esa agua espiritual que saciara su sed, pero también mostrarle, que las malas costumbres aprendidas afectaban las relaciones de matrimonio y que por ende debía de abandonarlas.

LECCIÓN 16

Lo que llevas a matrimonio lo afectará para bien o para mal

Texto para memorizar

"Aquello que fue, ya es; y lo que ha de ser, fue ya; y DIOS restaura lo que pasó". Eclesiastés 3-15 (RVR 1960)

Actividades

I. Lo que traemos a la vida, que llevamos al matrimonio.

¿Qué condiciones o ideas relata JESÚS, que no son correctas? (Juan 4: 5-9)

_____
_____
_____
_____

2. Herencias de nuestra familia.

¿Qué posibilidades hay de que repitamos los mismo pasos de nuestra familia?

_____
_____
_____
_____

3. Experiencias o aprendizajes: psicológico sociales, espirituales.

¿Son los aprendizajes de tipo social, espiritual y psicológico los aspectos que afectan el matrimonio hoy día?

_____
_____
_____
_____

¿Cuáles serían?

_____
_____
_____

¿Estaría dispuesto a entregarlos en las manos de Cristo?

_____
_____

Conclusión

· Por lo visto anteriormente, es importante primero darnos cuenta de cómo lo aprendimos en el hogar, y luego llevarlo a los pies de Jesucristo, para que Él lo cambie y pueda poner en nuestra relación de pareja, nuevas formas de vivir, pensar y actuar.

· Debemos reconocer y luego renunciar a estos aprendizajes o preconceptos,

· Pedir a Dios que ponga nuevos aprendizajes para vivir con nuestra pareja.

· Debemos llevar a nuestra pareja a tomar decisiones de cambio. Llevarla al altar para que deje su conducta negativa, y reciba el cambio de su área de vida que está afectando la relación de la pareja. Jesucristo sigue siendo el sanador y restaurador de lo que pasó. Él quiere darnos una vida nueva en el matrimonio.

LECCIÓN 17

PARA MEMORIZAR

""Haced morir, pues, lo terrenal en vosotros: fornicación, impureza, pasiones desordenadas, malos deseos y avaricia, que es idolatría". Colosenses 3:5 (RVR 1960)

PROPÓSITO DE LA LECCIÓN: QUE EL ALUMNO...

Enseñar la importancia de honrar nuestras relaciones sexuales en el matrimonio, como parte de nuestra ética cristiana, que nos dice que tenemos un Dios tres veces santo según, el profeta Isaías en el Capítulo 6, verso 3, y por Juan en Apocalipsis 4:8. (Leer estos pasajes). En ambas se sustenta la santidad de Dios como atributo que debemos buscar aun en las relaciones sexuales con nuestra pareja. Enseñar cómo deben ser las relaciones sexuales.

Honrando la relacion sexual con la pareja

POR MIGUEL E IRENE GARITA

Desarrollo de la lección
Pasajes de estudio

Levítico 18:23: "Ni con ningún animal tendrás ayuntamiento amancillándote con él, ni mujer alguna se pondrá delante de animal para ayuntares con él; es perversión". Romanos 1:26-28, 1. Corintios 6:9-10.

Dios es el creador de nuestra sexualidad y por ende nuestras relaciones deben ser agradables y satisfactorias para ambos cónyuges, dentro del marco del matrimonio, y siguiendo la ética de Dios.

1. ¿Qué se entiende por honrar la relación sexual?

Cuando se habla de honrar la relación sexual en la pareja, debemos entender que debe comprender los siguientes parámetros:

a. Respetar a la pareja, su cuerpo, su dignidad. No puede haber honra si no hay respeto en todo sentido. Respeto viene a ser, considerar, reconocer, apreciar, valorar las cualidades de una persona, en este caso de la esposa o esposo, como algo que necesitamos proteger. Está unido al amor que se tiene por la pareja, en donde queremos dar lo mejor de nosotros al cónyuge. El no respetar a la pareja en las relaciones sexuales, puede hacer de lo bueno de las relaciones sexuales, algo vulgar, lleno de lascivia, y deshonroso, que llevará a un tipo de relaciones sexuales más orientada por una pasión desordenada en donde todo se vale, a una pasión contenida por el amor a la pareja. Si no hay respeto no estaremos dispuestos a cuidar los límites entre lo normal, y lo inmoral en la relación. El respeto de esta manera viene a ser algo que define moral y espiritualmente una relación sexual sana.

b. Otro de los aspectos dentro de lo que llamamos honrar sexualmente a la pareja, tiene que ver con hacer sentir a la pareja como alguien agradable, hermoso o hermosa, es decir que en las relaciones debemos lograr que nuestra pareja se sienta bien de tener una relación sexual con su cónyuge.

c. Parte de honrar a la pareja es hacerla sentir que como usted disfruta ella también. Cuando ambos disfrutan de la relación, la relación sexual se ve como un regalo de Dios para la pareja y además

es una parte muy importante dentro del matrimonio, porque es para el disfrute de ambos.

d. Por otro lado podemos hablar de honrar la relación sexual cuando esta se lleva a cabo dentro los parámetros de la ética cristiana. Para los cristianos existe un manual que nos guía, nos da parámetros de conducta en todas las áreas de relación y estos mantienen los limites sanos del disfrute sexual

2. ¿Por qué damos importancia del preámbulo sexual?

a. La pareja debe tener necesidad de hacerlo. Sin embargo en muchas ocasiones el otro no siente los mismos deseos, y esto es sinónimo de conflictos y frustraciones en la pareja, por lo que es importante en muchos casos preparar o estimular al otro para una relación, respetarle si está en un momento que no es el adecuado. Por ejemplo muchos esposos vienen del trabajo, se alimentan, ven televisión hasta tarde de la noche, y en ese momento desean tener una relación sexual, buscan a su pareja que posiblemente, cansada de las tareas hogareñas y de atender a los hijos, se acostó más temprano y ya está dormida, es injusto que este hombre llegue a altas horas de la noche a buscar una relación sexual, es la hora menos adecuada, porque no respeta las horas de descanso de su esposa, la cual al final aceptará, pero no tan agradable si fuera en otro momento. De esta forma es importante honrar a la pareja en el área sexual, aprender a tener un preámbulo o preparación para las relaciones, el cual no debe ser tan estructurado, pero si prepararse en algunas áreas, las cuales le permitirá un mayor gozo sexual.

b. Esta preparación es para ambos: Debe ser mental. Cuando mediante gestos de afecto, del amor, estimulamos a la pareja sobre la posibilidad de una relación sexual, alguna frase sugestiva, entendiendo que la mujer se estimula más por palabras de cariño, que por otras expresiones, los hombres son más visuales o el tacto que por palabras. Estas diferencias debemos tenerlas en cuenta para prepararnos a una buena relación. Otra área de preparación es la física, que tiene que ver con el aseo o limpieza, física y bucal.

Es parte de respetar al otro cuando nos presentamos limpios y aseados para una relación sexual, le estamos diciendo a la pareja, que le respetamos y amamos, por esto nos presentamos aseados. También debemos buscar el lugar adecuado, ya que para muchas mujeres el temor de ser oídas o vistas, les inhibe tener una relación placentera y satisfactoria.

c. Un elemento también que debe tenerse en cuenta es: Tomar tiempo para el preámbulo. Antes de la penetración, esto es importante para los hombres a quienes se les ha enseñado que relación sexual es solo penetración, y por esto no están dispuestos a dar tiempo para la preparación de la esposa, pero el tiempo antes de la penetración es vital, porque es aquí donde podemos dar gestos de cariño y amor a la pareja, prepara a ambos para disfrutar más la sexualidad.

3. ¿Qué es la sexualidad no sana?

Definimos la sexualidad no sana como aquella que afecta la relación misma, o que solo si sucede esto se puede tener relación. Entre la sexualidad no sana podemos agruparla en tres áreas:

a. Por la frecuencia: Aunque no podemos definir lo que es sano o no en cuanto a la frecuencia de las relaciones, porque está afectado a veces por la edad, el temperamento sexual, problemas físicos, estrés, cansancio, etc., si podemos plantear que existen dos extremos: en los hombres es la impotencia, es decir la incapacidad de tener una erección, para lo cual es necesario recibir ayuda médica para que haga un examen físico y determinar las causas, que pueden ser físicas o mentales, o ambas. En la mujer es la frigidez o incapacidad de tener orgasmos, por lo tanto no quiere tener relaciones sexuales. Puede haber también muchas otras causas, como el deseo de tener muchas relaciones, de ser posible todos los días y varias veces al día, lo cual puede ser problemático con la pareja, ya que el otro no lo desea y se convierte en un problema por tratar de satisfacer a la pareja. En estos casos es importante recibir ayuda.

b. La falta de deseo: Que proviene de algún problema más psicológico que físico, y es necesario resolver. A veces enojos no resueltos con la pareja, desconfianza, problemas de autoestima, culpas no resueltas, depresión, etc., pueden ser impulsadores de falta de deseo sexual, y afectan la frecuencia.

c. La forma o manera de tener la relación. Actualmente la sociedad es más abierta sexualmente, salen de los parámetros llamados normales para sentir placer como el sadismo, el golpear o denigrar al otro, el masoquismo y el fetichismo.

Por otro lado también están entre las distorsiones de la sexualidad el objeto de la relación y entre ellos tenemos, las relaciones homosexuales, pederastia, incesto, el sexo grupal, en intercambio de parejas, el incesto o sexo animales o con familiares que no son la esposa o el esposo. etc.

4. ¿Que afecta negativamente la sexualidad en la pareja?

Las parejas en ocasiones entran en situaciones de conflicto en sus relaciones sexuales, estos son producidos por varias circunstancias. *Por ejemplo:*

a. Aprendizajes y experiencias negativas o traumáticas anteriores no resueltas, como el abuso de cualquier tipo, maltrato, problemas de autoestima.

El abuso afecta a la víctima en su autoestima, valía personal, se siente indigno, y crea formas distorsionadas de la sexualidad. etc.

b. Otra situación puede ser cuando las parejas entran en rutina, que apaga el deseo de estar con la pareja, y por lo tanto se pierde el deseo sexual.

c. Enojos no resueltos entre la pareja por situaciones conflictivas que no se han perdonado. Mientras se mantenga el enojo, no hay deseos para la mujer de tener deseos sexuales.

d. Problemas laborales, familiares o económicos existentes que provocan estrés en alguno de la pareja, o en ambos, esto corta el deseo sexual.

e. Otros elementos que afectan la relación sexual en la pareja, es la edad y etapa matrimonial de la pareja, enfermedades físicas y mentales que afectan o incapacitan la relación sexual.

CONCLUSIÓN

Es importante honrar nuestras relaciones sexuales en la vida matrimonial que no solo vienen a ser algo gratificante, y satisfactorio para la pareja, sino que además es una forma de agradar a Dios que es la base de nuestra ética cristiana.

Es muy importante conocer cuáles son las disfuncionalidades que nos llevan al fracaso en esta área de la vida matrimonial y que Dios quiere una vida sana y santa en las relaciones sexuales de la pareja.

Oración: Señor que nuestra sexualidad sea sana y acorde a tú Palabra.

RECURSOS

Información complementaria

Romanos 1:26-28.

v.26 Por esto Dios los entregó a pasiones vergonzosas; pues aún sus mujeres cambiaron el uso natural por el que es contra naturaleza, v. 27 y de igual modo también los hombres, dejando el uso natural de la mujer, se encendieron en su lascivia unos con otros, cometiendo hechos vergonzosos hombres con hombres, y recibiendo en sí mismos la retribución debida a su extravío. v.28 Y como ellos no aprobaron tener en cuenta a Dios, Dios los entregó a una mente reprobada, para hacer cosas que no convienen.

Por eso nosotros debemos buscar como cristianos relaciones basadas en la Santidad de Dios.

Entender que Dios fue el creador del disfrute sexual, con la pareja dentro del matrimonio, tanto para el hombre como para la mujer y Enseñar a la pareja, a conversar de manera adecuada sobre su propia sexualidad.

Actividad suplementaria

Dinámica

Entre todos los asistentes formar un círculo, entregar a la primera persona una figura de papel en forma de corazón, cada persona se pasara el corazón pero deberá hacer dos cosas: 1. Decir una característica positiva de la sexualidad en el matrimonio, ejemplo: Respeto, pasión, sinceridad, amor, unión, etc. 2. Cuando cada persona diga esa característica al mismo tiempo deberá hacerle algún daño al corazón, como arrugarlo, rasgarlo en alguna parte, pellizcarlo etc. e írselo pasando uno a otro.

Cuando ya todos hayan hecho uno por uno la dinámica, el líder le dirá a los integrantes que si a alguno le gustaría que su corazón fuese tratado como hicieron con el corazón de papel, que muchas veces en una pareja no honramos la sexualidad porque decimos con palabras una cosa, pero en nuestros actos hacemos otras y que con estas actitudes terminamos dañando la sexualidad en la pareja y los resultados pueden ser tan malos en el corazón de nuestro conyugue, que puede terminar como el corazón de papel, dañado, destrozado y muy difícil de reparar nuevamente.

Honrando la relacion sexual con la pareja

HOJA DE ACTIVIDAD

Texto para memorizar

"Haced morir, pues, lo terrenal en vosotros: fornicación, impureza, pasiones desordenadas, malos deseos y avaricia, que es idolatría".
Colosenses 3:5 (RVR 1960)

Actividades

1. ¿Qué se entiende por honrar la relación sexual?

Mencione los actos en contra de la moral sexual, y del matrimonio según Levítico 18.

_____
_____
_____

2. ¿Honra usted a su pareja?

_____
_____
_____

3. ¿Considera usted importante el preámbulo sexual?

Mencione ¿por qué es importante?

_____
_____
_____

4. Defina que es la sexualidad no sana.

_____
_____
_____

5. ¿Cómo afecta esto a la relación de pareja?

_____
_____
_____

Conclusión

Es importante honrar nuestras relaciones sexuales en la vida matrimonial que no solo vienen a ser algo gratificante, y satisfactorio para la pareja, sino que además es una forma de agradar a Dios que es la base de nuestra ética cristiana.

Es muy importante conocer cuáles son las disfuncionalidades que nos llevan al fracaso en esta área de la vida matrimonial y que Dios quiere una vida sana y santa en las relaciones sexuales de la pareja.

LECCIÓN 18

BASE BÍBLICA

Marcos 9:50 (RVR 1960)

PARA MEMORIZAR

"Por lo demás, hermanos, tened gozo, perfeccionaos, consolaos, sed de un mismo sentir, y vivid en paz; y el Dios de paz y de amor estará con vosotros". 2 Corintios 13:11 (RVR 1960)

PROPÓSITO DE LA LECCIÓN: QUE EL ALUMNO...

Los conflictos son parte de la vida matrimonial, en la pareja, y en muchos casos no se pueden evitar. Lo importante es cómo los enfrentamos y resolvemos de manera que no afecten la vida de los cónyuges y salir victoriosos ante los conflictos y crisis en la pareja. Conocer qué nos habla la Biblia sobre cómo enfrentarlos y resolverlos.

Resolviendo los conflictos en la pareja de manera diferente

POR MIGUEL E IRENE GARITA

Desarrollo de la lección

Marcos 9:50 "Buena es la sal; más si la sal se hace insípida, ¿con qué la sazonaréis? Tened sal en vosotros mismos; y tened paz los unos con los otros". Colosenses 3:18-19 "Casadas, estad sujetas a vuestros maridos, como conviene en el Señor. Maridos, amad a vuestras mujeres, y no seáis ásperos con ellas".

En todos los matrimonios surgen los conflictos, en algunos es cosa de todos los días aun en hogares y parejas cristianas. Debemos saber el por qué sucede y tomar las medidas adecuadas para evitar hasta donde sea posible los conflictos y si se están dando, cuáles medidas debo tomar para resolverlos.

1. ¿Qué es el conflicto?

Es cuando la pareja o la familia discute, pelea, tiene ideas contrarias uno con otro, porque dicen algo que está en contra del otro, o que ella o él, se sienten amenazados o agredidos. Los conflictos pueden ser producidos por una infinidad de acciones, ideas, pensamientos y actitudes dentro de la pareja o la familia. El conflicto es parte normal de las familias aunque esta sean cristianas, pero la forma de resolverlos o enfrentarlos son las que nos definen como cristianos maduros o no.

a. Los conflictos se producen por nuestra falta de madurez emocional, cristiana, ya que no crecemos lo suficiente para mantenernos en paz, con nosotros y con la pareja o familia. Por otro lado tenemos un enemigo que busca siempre que tengamos conflictos, sea con nosotros mismos, nuestros cónyuges, la familia, y hasta con Dios, y aun cuando se sirve y se quiere vivir una vida de santidad, el enemigo busca como destruir tu relación con Dios mediante el conflicto.

El conflicto de esta manera daña las relaciones entre las personas, en la pareja, enfría la relación matrimonial, deteriora la confianza, rompe la armonía y la paz con que se debe vivir en la familia. Además enferma a los individuos y en general es provocador de la violencia social. Nos aleja de la paz con Dios.

En general los conflictos son la causa de las guerras entre pueblos y países, la miseria, del dolor y muerte de muchos, aun de muchas enfermedades emocionales y físicas, porque trasciende a la sociedad, la cultura, la iglesia. Son formadores de sociedades y culturas violentas y agresivas. Los conflictos son la causa de la mayoría de los divorcios y la destrucción de muchos hogares porque estructuran formas de conducta agresiva.

Sin embargo, las personas enfrentan el conflicto de manera equivocada; según su madurez emocional, su vivencia cristiana y de la intensidad del conflicto mismo. La manera más equivocada es cuando rehusamos enfrentar la verdadera causa del problema, en algunos casos lo minimizamos, decimos: "no es nada, no es problema", lo negamos pero internamente lo mantenemos y va creciendo. Por ejemplo en muchas parejas, se da una discusión por una situación que requiere hablarse y resolverse, pero se enojan unos días y no vuelven a tocar el asunto, con la idea de que con el tiempo transcurrido, ya se resolvió. Sin embargo no se han perdonado, ni se olvidan, es como una espina, que no sacamos de nuestra piel, pero que se infecciona con el tiempo. La circunstancia no resuelta nos va enojando y lleva a amargar nuestra vida.

Por lo tanto es importante encontrar maneras de resolver los conflictos acorde con nuestra fe cristiana. La Palabra siempre tiene enseñanza sobre el conflicto, nos indica que vivir con sabiduría es resolver el conflicto de manera adecuada.

2. ¿Cuál es el mensaje bíblico sobre los conflictos en la pareja?

La Biblia nos dice que debemos buscar la paz. *Marcos 9:50 "La sal es buena, pero si deja de ser salada, ¿cómo le pueden volver a dar sabor? Que no falte la sal entre ustedes, para que puedan vivir en paz unos con otros".* Por otro lado, no dice en *1 Tesalonicenses 5:13 "... que tengamos paz entre nosotros". Romanos 14:19 "Así que, sigamos lo que contribuye a la paz y a la mutua edificación". Proverbios 14:29 "El lento para la ira tiene gran prudencia, pero el que es irascible ensalza la necedad". Proverbios 20:3 "Es honra para el hombre eludir las contiendas, pero cualquier necio se enredará en ellas". Proverbios 17:13–14 "Al que devuelve mal por bien, el mal no se apartará de su casa. El comienzo de la contienda es como el soltar de las aguas; deja, pues, la riña antes de que empiece".*

Estos son versículos como muchos otros, que nos motivan a vivir en paz, a no entrar en la contienda o conflicto, como algo de sabiduría, sin embargo muchos esposos y esposas les gusta estar en conflictos, porque primero fue lo que aprendieron en sus hogares, a pelear por todo, este modelo lo llevan a su propia pareja, otros hombres y mujeres, crecieron con un carácter irascible y de contienda, que lo muestran hasta con orgullo, diciendo que tienen en carácter del padre, sin reconocer que su padre fue una persona grosera y malcriada, le falto carácter para resolver sus propias debilidades y temores. Porque ser un verdadero hombre, o verdadera mujer, es ser capaz de controlar aquello que nos hace mal y le hace mal a los demás. Por otro lado se han olvidado lo que dice la Palabra que en Cristo somos nuevas creaturas, lo viejo pasó, he aquí todo es hecho nuevo, somos nuevas personas, más sabias, alegres, lo difícil y malo es hecho nuevo. Eres un nuevo hombre y una nueva mujer, con una enseñanza de vida diferente a la que aprendimos en el hogar donde nos criamos.

3. Otros elementos que impulsan al conflicto

Por otro lado entramos o vivimos en conflicto porque hemos aprendido socialmente a no perder, a que siempre debemos ganar, aunque dañemos al otro, a no dejarnos. Sin embargo la lógica de Dios para nosotros es de dar la otra mejilla.

En muchos matrimonios la idea es si me la hace me la paga, esto facilita el conflicto e impide que podamos encontrar reglas adecuadas para manejarlo sin cambiar de actitud. Permitamos que sea Cristo el que controle nuestras emociones y controle nuestro carácter.

4. Lo que desea DIOS que aprenda la pareja.

Sólo cuando le permitimos al Señor que controle nuestras relaciones, es cuando podemos estar dispuestos a aprender un modelo para resolver conflictos.

¿Por qué necesitamos un modelo para resolver los conflictos? Modelo significa aprender una forma que nos ayude paso a paso, como hacerlo.

Le sugiero que ponga en práctica este modelo para que vea con la ayuda de Dios, que usted puede encontrar una nueva forma de resolver los conflictos en su matrimonio y familia de una manera más saludable para todos

5. Modelos para resolver conflictos.

Este modelo tiene sus bases las cuales son:

a. Estar comprometido a buscar la paz en nuestro matrimonio, en la familia.

b. Bajar la guardia. Esto se llama a no estar nunca a la defensiva con nuestra esposa o familia o en el hogar. Es un estado de estar confiado en el hogar y en las relaciones con mi familia.

c. Estar comprometido conscientemente y firmemente en la búsqueda de una solución a los conflictos surgidos en la relación de pareja y con la familia.

d. Renunciar a las reacciones según los patrones aprendidos. Reaccionar como un cristiano o cristiana redimida por la sangre de Jesucristo, y santificada por su Santo Espíritu. Conscientemente decidir cambios para mejorar el carácter.

e. Buscar por todas las formas de aprender a reaccionar de manera madura, sabia y prudente al conflicto.

f. El compromiso por la paz debe siempre llevarnos a perdonar. Ser perdonados, a restituir si es necesario, a luchar por ganar la confianza de nuevo.

6. Actitudes o conductas que debe llevar el modelo.

El modelo en si conlleva varios procedimientos que usted debe aprender, por ejemplo:

a. Expresar sus puntos de vista claramente.

b. Oír y hablar con respeto, (Santiago 1:19) listo para oír, lento para hablar y mucho más lento para enojarse.

c. Examine sus temores e inquietudes respecto al caso en conflicto.

d. Analice el caso desde las posición del otro.

e. Analice y piense el conflicto desde la posición de que diría Jesús, desde su enseñanza. Es necesario orar por el conflicto, aunque este enojado.

f. Elijan una solución que sea satisfactoria para ambos. Ganarganar.

g. Si es necesario el negociar, esto es un arte, no de ganarle al otro sino, de que los dos ganen.

h. Estén dispuestos a someter al Señor Jesucristo el problema y la solución.

CONCLUSIÓN

Aunque la pareja se ame siempre, pueden haber conflictos, por es necesario encontrar y usar esta herramienta que nos ayude a fortalecer, trabajar por nuestra pareja, matrimonio, familia. Siempre estamos llamados a perfeccionar la relacion con el matrimonio y la familia.

Dinámica

Se puede dibujar, o marcar con cinta aislante, dos líneas paralelas en el suelo. El ancho debe ser de unos 20 cm. Nadie puede bajarse de ellas o salirse de las líneas.

El facilitador invita al grupo a meterse entre las líneas. Una vez que están todos colocados se explica que el objetivo es ubicarse según las edades, o la fecha de nacimiento, o la estatura. Se pide después cómo han logrado desplazarse sin caerse, ni salirse de las líneas, cómo han sentido el apoyo del grupo, su proximidad, etc. Debe motivar al dialogo para resolver un conflicto.

LECCIÓN 18

Resolviendo los conflictos en la pareja de manera diferente

HOJA DE ACTIVIDAD

Texto para memorizar

"Por lo demás, hermanos, tened gozo, perfeccionaos, consolaos, sed de un mismo sentir, y vivid en paz; y el Dios de paz y de amor estará con vosotros. 2 Corintios 13:11 (RVR 1960)

Actividades

I. ¿Qué es el conflicto?

¿Cómo resuelvo mis conflictos?

_____
_____

¿Soy lo suficiente maduro para afrontarlo?

_____
_____
_____
_____

2. ¿Cuál es el mensaje bíblico sobre los conflictos en la pareja? ¿Cómo lo definiría? (Marcos: 50, Proverbios 14 y 20)

_____
_____
_____
_____

3. ¿Qué elementos impulsan al conflicto?

_____
_____
_____
_____

4. ¿Cuál es la percepción de Dios sobre el tema, según lo estudiado?

_____
_____
_____
_____

Conclusión

Aunque la pareja se ame siempre, pueden haber conflictos, por es necesario encontrar y usar esta herramienta que nos ayude a fortalecer, trabajar por nuestra pareja, matrimonio, familia. SIEMPRE ESTAMOS LLAMADOS A PERFECCIONAR LA RELACION CON EL MATRIMONIO Y LA FAMILIA.

LECCIÓN 19

BASE BÍBLICA

Salmo 119:165.

PARA MEMORIZAR

"Y el mismo Dios de paz os santifique por completo; y todo vuestro ser, espíritu, alma y cuerpo, sea guardado irreprensible para la venida de nuestro Señor Jesucristo". 1 Tesalonicenses 5:23 (RVR 1960)

PROPÓSITO DE LA LECCIÓN: QUE EL ALUMNO...

Al vivir en una sociedad donde la violencia está a la orden del día, y ha entrado también a los hogares cristianos, es necesario que estos conozcan la importancia de vivir en una cultura de paz, así como construirla dentro del hogar.

Cómo construir una cultura de paz en los hogares

POR MIGUEL E IRENE GARITA

Desarrollo de la lección

Dios tomó la iniciativa de hacer la paz. Jesucristo nos dio paz con Dios, con nosotros mismos y con los demás. La familia es el lugar ideal para aprender y vivir en paz. Dios bendice a quienes trabajan para que haya paz en el mundo "porque ellos(as) serán llamados hijos(as) de Dios".

Salmo 119:165 "Mucha paz tienen los que aman tu ley y nada los hace tropezar".

1. Concepto de la palabra PAZ

La palabra "paz" (del latín *pax*), es definida como un estado de equilibrio y estabilidad las partes de una unidad, sea esta individual, social o espiritual. Por lo tanto es de gran importancia para nuestra vida personal, matrimonial y familiar. En el Antiguo Testamento cuando usa la expresión *Shalom* ("paz" en hebreo), especialmente en los saludos, se refiere a un bienestar material y de espíritu: "la paz esté contigo" o "con vosotros" Génesis 26:29. La palabra "paz" en la Biblia tiene muchos significados.

En el Antiguo Testamento, *Shalom* (paz) abarca bienestar en el sentido más amplio de la palabra; (Salmos 73), hasta con relación a los impíos; salud corporal (Isaías 57:18-19; Salmos 38:3); contentamiento [...] (Génesis 15:15, etc.); buenas relaciones entre las naciones y entre los hombres [...] (Jueces 4:17; 1 Crónicas 12:17, 18); salvación [...] (Jeremías 29:11; cf. Jeremías 14:13). El Nuevo Testamento, dice: "Él es el Dios de Paz". 1 Tesanolicenses: 5:23 nos llama a ser pacificadores para heredar la tierra (Mateo 5:9).

2. La violencia en la sociedad actual

Encontramos mucha violencia en los hogares de nuestra sociedad. Dicha violencia se ha convertido en un modo de vida en muchas de las familias hoy día, en las cuales, los gritos, la violencia psicológica, o física, o patrimonial, o sexual y espiritual, ha llegado a instaurarse de forma real, con un gran sufrimiento para las esposas, esposos e hijos. Y estas conductas duran muchos años, aumentando conforme pasa el tiempo.

El problema ha sido tan real, que ya también está en muchos de los matrimonios y hogares cristianos.

Encontramos formas de violencia y maltrato, disfrazadas de descuido para el cónyuge, chistes burlones a la pareja, de descalificación a las habilidades de la misma, y sobre todo al no dejar que él o ella, se realice con un estudio, profesión.

Las relaciones y cuidado de la pareja y familia están por encima de cualquier forma de vida cultural, pues la Biblia nos indica cómo debemos actuar, como esposos o esposas, independientemente de la cultura en que vivamos. El amor que nos enseña La Palabra de cómo debemos amar a nuestra pareja, está por encima de cualquier tipo de cultura.

3. ¿Cómo construir y practicar la paz en los hogares?

a. Construir acuerdos de convivencia, basada en el respeto, amor, confianza, relaciones sanas, cooperación.

Expresar las emociones de forma adecuada. No gritos, ni reacciones de violencia, insultos.

b. Vivir en la familia los valores de la cultura de paz.

Resolver los conflictos de modo no violento, sino con el diálogo y la tolerancia, y la negociación.

c. Establecer pautas claras de cómo actuar en el hogar, no gritos, no reaccionar sin control cuando se esté enojado, no golpear, dialogar los enojos.

Como padre no demuestra su autoridad con amenazas, gritos, golpes, castigos o amenazas.

4. Forma de empezar y hacer un programa de paz dentro de su familia

Empiece haciendo un cartel con los valores más importantes en su familia. El amor, el respeto, la paz. El cuidarnos mutuamente, el amor a Cristo. La obediencia. La santidad. etc., repítalo seguido. Respete las relaciones familiares, sea amable con todos. Sea ejemplo de paz, necesita crear un ambiente de paz, y alegría.

Con toda la familia elabore un cartel de reglas para vivir en paz. Dicho cartel tiene tres áreas lo que está sucediendo ahora, lo que necesito cambiar, y una regla para hacerlo. Adjunto encontrará un modelo de cartel para trabajar con toda la familia.

SITUACION ACTUAL	LO QUE NECESITO	REGLA PARA LOGRARLO
Se grita mucho	Que no se grite	si se grita no se atiende
Se pelea o discute	Hablar y pedir por favor	Aprender a dialogar para resolver

CONCLUSIÓN

Dios quiere que su pueblo viva en paz, y por lo tanto, en medio de la violencia que existe en la actualidad, quiere que cada familia pueda crear una cultura de paz, ya que la familia es la unidad más pequeña y el núcleo de la sociedad; ¡como impactaríamos al mundo si nuestra familia fuera un modelo de paz para el vecindario! Que Dios nos ayude a lograrlo, comprometámonos con la paz.

Dinámica

Pedir a tres parejas que representen con una pequeña obra, cómo reaccionan cuando están enojados. Preguntar al grupo que piensan sobre la violencia en la sociedad, y como creen ellos que podemos cambiar esta violencia, hacer un rato de dialogo sobre el tema de la violencia y la necesidad de paz en los hogares.

HOJA DE ACTIVIDAD

Texto para memorizar

"Y el mismo Dios de paz os santifique por completo; y todo vuestro ser, espíritu, alma y cuerpo, sea guardado irreprensible para la venida de nuestro Señor Jesucristo". 1 Tesalonicenses 5:23 (RVR 1960)

Actividades

1. ¿El concepto de la palabra paz, como lo definiría usted?
_____
_____

¿Qué Significado tenía en el Antiguo Testamento?
_____
_____

¿Cuál es el enfoque que se le da en el Nuevo Testamento?
_____
_____

2. ¿Cómo se manifiesta la violencia en la sociedad actual?
_____
_____

3. ¿Cómo construir y practicar la paz en los hogares?
_____
_____

¿Cómo crearía usted un programa de paz?
_____
_____

Conclusión

Dios quiere que su pueblo viva en paz, y por lo tanto, en medio de la violencia que existe en la actualidad, quiere que cada familia pueda crear una cultura de paz, ya que la familia es la unidad más pequeña y el núcleo de la sociedad; ¡como impactaríamos al mundo si nuestra familia fuera un modelo de paz para el vecindario! Que Dios nos ayude a lograrlo, comprometámonos con la paz.

LECCIÓN 20

PARA MEMORIZAR

"Así que hermanos os ruego por las misericordias de Dios, que presentéis vuestros cuerpos en sacrificio vivo, santo, agradable a Dios, que es vuestro culto racional". Romanos 12:1-2 (RVR 1960)

PROPÓSITO DE LA LECCIÓN: QUE EL ALUMNO...

Enseñar a las parejas que existe un enemigo silencioso, pero presente en todo matrimonio, sin importar los años de casado, por el contrario entre más años de casado se tenga, más presente está la rutina en el matrimonio. Es la causante de los alejamientos, frustraciones, enojos, separaciones y divorcios de muchas parejas, que se amaron pero que la rutina mato al amor, también es la causa de muchas infidelidades dentro de los matrimonios.

La Rutina: Enemigo de los matrimonios

POR MIGUEL E IRENE GARITA

Desarrollo de la lección

Muchos matrimonios se han desintegrado porque entraron en una relación de rutina y no pudieron darse cuenta y salir de ella, lo que los llevó a una frustración, que paulatinamente se alejaron de sus parejas, hasta que llegaron a la separación y lo más grave al divorcio.

Pasaje para estudio

1 Pedro 5:6-7. "Humillaos pues bajo la poderosa mano de Dios, para que Él os exalte cuando fuere tiempo. Echando toda vuestra ansiedad sobre Él, porque Él tiene cuidado de vosotros".

1. ¿Qué es la rutina?

Del francés *routine*, una rutina es una costumbre o un que se adquiere al repetir una misma tarea o actividad muchas veces. La rutina implica una práctica que, con el tiempo, se desarrolla de manera casi automática, sin necesidad de implicar el razonamiento. La vida cotidiana de la pareja y la familia está llena de rutinas, desde que nos levantamos, hasta el acostarnos, también en las parejas, se puede caer en relaciones rutinarias, que deterioran las relaciones. Por otro lado, debe señalarse que la rutina es un mecanismo que brinda seguridad (minimiza los imprevistos) y que permite ahorrar tiempo (al evitar las tareas poco frecuentes).

Para algunas cosas en la vida, la rutina es importante mantenerla, por ejemplo, una rutina de ejercicios, de comidas saludables, de hábitos o disciplinas espirituales, nos permiten mantenernos con una vida plena, equilibrada ante las dificultades de la vida. Sin embargo, también existe rutina en la vida de casados que se convierte en uno de los factores que produce perdida de atención en la pareja por lo cual se da un alejamiento y enfriamiento de la relación y que muchas veces puede llevar a la pareja a la pérdida del amor y aun llevarla a la separación.

2. La rutina y lo efectos en la pareja

Una vida de pareja demasiado rutinaria puede llevar a los cónyuges al hastío, provocando una sensación de frustración, un vacío existencial en la pareja, que en algunos casos produce depresión, y pérdida del sentido de la vida como pareja y familia. La rutina produce una especie de abandono en la vida relacional de la pareja, todo abandono produce enojo, por lo que se crea una frustración en la relación.

3. Ideas para combatir la rutina en el matrimonio

a. La rutina empieza con un deterioro de la comunicación, en donde ésta, se reduce simplemente a las cosas rutinarias de la cotidianidad de la relación en el hogar. Por lo que es importante revisar cómo nos estamos comunicando, solo con gestos, monosílabos, o gruñidos para decir sí o no. Empiece a contar y a oír a su pareja con toda intencionalidad y atención. Cuente chistes, historias, del pasado, haga recuento de momentos agradables que pasaron. Santiago 1:19, no da la base, de cómo mejorar la comunicación, estando listos para oír, y muy lentos para hablar. El éxito es aprender a oír.

b. Pare la crítica a su cónyuge, practique el halago, alabe su comida, su cuerpo, su belleza. Siempre hable de las áreas buenas que tiene su pareja.

c. Vea siempre a su pareja como el regalo de Dios, para vivir siempre juntos y de forma alegre. Sí se puede ser feliz en el matrimonio.

d. Salgan en algún momento juntos, solos como pareja, aunque sea a pasear al parque, mas, no se tiene que gastar mucho.

e. Dediquen tiempos juntos para las relaciones sexuales, que éstas sean muy satisfactorias, de tal manera que los una y se fortalezca la relación.

f. Sorprenda a su pareja con algún presente para ella, puede ser algo muy sencillo, pero que demuestre que pensó en ella o él. Atrévase a llamarla para decirle que le quiere.

g. Piense, ¿qué le agradaría a mi pareja que le hiciera, dijera?, hágale una caricia, dígale que es linda, que nunca le dejaría. Llévelo a cabo de vez en cuando manteniendo el cariño y amor en su relación. El amor hay que cultivarlo todos los días, así como la felicidad.

h. Rompa sus propias rutinas, para ir a trabajo por el mismo camino, hacer lo mismo cada día, propóngase levantarse más temprano, orar con su pareja, o por sus hijos, leer un texto bíblico cada día en la mañana antes de salir al trabajo, de ser posible con los hijos.

i. Romanos 12: 1-2 dice: "Renovaos en vuestro entendimiento". Debe renovar el concepto de relación que ha venido manejando en su matrimonio y familia. Si usted cambia de pensar, cambiará en su actuar.

CONCLUSIÓN

Debemos salirnos de la rutina, pero antes debemos conocer cómo funciona, como hablamos en la Lección 3, el crear un proyecto de vida en pareja, esto es una de las formas que nos mantienen enfocados, en lograr las metas planteadas en la pareja, y de esta manera no hay posibilidad de que la rutina afecte su relación. Además nada de esto es funcional para la pareja, si no buscamos la ayuda y presencia de Dios en el hogar, cuando aprendemos a amarle con todas nuestras fuerzas, mente y corazón, también aprendemos a amar a nuestros cónyuges de esta manera enfrentaremos con éxito el que nuestro matrimonio no caiga en la rutina.

Dinámica

Darle a cada miembro de la pareja el cuestionario: Cuando el matrimonio vive en una rutina. Debe ser contestado individualmente, por cada esposo y esposa, luego que lo comparen analizando las respuestas cada pareja, es importante que luego puedan compartir con el grupo las diferencias o similitudes que encontraron. Sobre áreas rutinarias. No se olvide que se deben sacar copias del cuestionario para cada persona o alumno.

Información suplementaria
Cuestionario: Cuando el matrimonio vive en una rutina

(*Test desarrollado por la psicóloga Marta Guerri Pons y adaptado por Miguel Garita Murillo*)

La rutina es esa "zona de confort" que a veces se cuela subrepticiamente en una relación amorosa, y en la que no debes dejarte atrapar. Sí, es cierto que con el tiempo aprendes a conocer los gustos, costumbres, y hasta manías de tu pareja, y es más difícil que te sorprenda pero... de ahí a que te aburra hay mucha diferencia.

Tu pareja no es un sofá, así que no es suficiente que te sientas cómodo con ella si lo que quieres es una relación de calidad. Por suerte, haber caído en la rutina no es una situación irreversible. Es algo que se puede cambiar aunque, como todo en la pareja, es cosa de dos.

Responda a las preguntas del siguiente cuestionario para saber si la rutina se ha instalado en vuestra vida, y poder así reaccionar antes de que acabe con la relación:

1. Los fines de semana con mi pareja...

　a. Son diferentes cada vez.

　b. Son siempre lo mismo.

　c. Son variables, pero poco.

2. Las conversaciones de mi pareja...

　a. Son terriblemente repetidas.

　b. Son muy interesantes.

　c. Son amenas, aunque por lo general versan sobre lo mismo.

3. ¿Cuál de los siguientes sentimientos experimentas con mayor frecuencia cuando estás a solas con tu pareja?...

　a. Interés.

　b. Bienestar.

　c. Aburrimiento.

4. Respecto a la forma de vestir de mi pareja...

　a. Me encanta; es original e impredecible.

　b. Me parece siempre la misma. Nunca me sorprende.

　c. Está bien, y alguna vez me sorprende con algo nuevo.

5. Cuando hablo con mi pareja por teléfono...

　a. No paramos porque no podemos parar de contarnos cosas.

　b. No solemos tener cosas nuevas que contarnos.

　c. Nos contamos el día a día, con alguna novedad.

6. Nuestras relaciones sexuales son...

　a. Totalmente variables dejándonos llevar por lo que nos apetece en ese momento.

　b. Más o menos iguales, incluyendo algún elemento de variedad.

　c. Siempre lo mismo; les falta improvisación.

7. ¿Con qué frecuencia tienes algún detalle que sorprenda a tu pareja (por ejemplo invitarle a cenar, ir a buscarle al trabajo, comprarte ropa sexy, etcétera?

　a. Muy pocas veces.

　b. De vez en cuando.

　c. Muchas veces.

8. Respecto a las cosas en común entre mi pareja y yo...

 a. El paso del tiempo hace que cada vez haya más.

 b. Son las mismas de siempre.

 c. Siento que cada vez hay menos.

9. El atractivo sexual que siento hacia mi pareja...

 a. Es menor que al principio, pero sigue siendo bueno.

 b. Es muy elevado, me gusta mucho.

 c. Es prácticamente inexistente.

10. Los intereses de mi pareja...

 a. Cada vez me resultan más aburridos

 b. Algunos me gustan y otros no.

 c. Despiertan enormemente mi interés.

11. Cuando debo viajar a solas con mi pareja...

 a. Estoy deseándolo pues me encanta viajar a solas con él/ella.

 b. Me siento tremendamente desmotivado.

 c. Me apetece, pero no espero nada nuevo.

12. Habéis salido solos a cenar o a pasear, ¿de qué habláis?

 a. De nada o de cosas sin interés.

 b. Dependiendo del momento hablamos de unas u otras cosas.

 c. De nuestros temas de conversación habituales.

Claves para calificar y resultados del test de rutina en la pareja

Suma los puntos obtenidos en el test anterior para comprobar si la rutina se ha colado en tu relación. Estas son las claves y sus resultados correspondientes:

1. a= 0 b=2 c=1   **7.** a= 2 b=1 c=0

2. a= 2 b=0 c=1   **8.** a= 0 b=1 c=2

3. a= 0 b=1 c=2   **9.** a= 1 b=0 c=2

4. a= 0 b=2 c=1   **10.** a= 2 b=1 c=0

5. a= 0 b=2 c=1   **11.** a= 0 b=2 c=1

6. a= 0 b=1 c=2   **12.** a= 2 b=0 c=1

Resultados del test de rutina en pareja

0-8 puntos - Haciendo surf

Vuestra relación es tan excitante como el primer día... o tal vez estéis al inicio de la misma. Disfruta de estos momentos; eso sí, si estás al comienzo de la relación debes saber que no es frecuente que este entusiasmo intenso del principio se mantenga. Si me equivoco, mi más sincera enhorabuena.

8-16 puntos - Navegando en aguas tranquilas

La rutina no se ha apoderado de vuestra relación, pero ojo... está al acecho. No obstante, si llevas mucho tiempo con tu pareja, no te preocupes, pues estas puntuaciones son normales. En cualquier caso, incluid algún ingrediente novedoso en vuestra relación. Seguro que la enriquece.

16-24 puntos - Jaque Mate, barco hundido

La rutina ha podido con vosotros. Este hecho es preocupante, pues es uno de los principales factores de riesgo que pueden desestabilizar la relación, además de dejar la puerta abierta a terceras personas. Es fundamental que realicéis actividades en común e incluyáis el factor sorpresa en vuestro idilio si queréis volver a disfrutar de la vida en común.

La Rutina: Enemigo de los matrimonios

Texto para memorizar

"Así que hermanos os ruego por las misericordias de Dios, que presentéis vuestros cuerpos en sacrificio vivo, santo, agradable a Dios, que es vuestro culto racional". Romanos 12:1-2 (RVR 1960)

Actividades

I. ¿Qué es la rutina?

_____
_____
_____
_____
_____

¿Qué consecuencias tiene?

_____
_____
_____

2. Estrategias para combatir la rutina.

¿Cuál es su plan ante una situación como esta?

_____
_____
_____

3. ¿Hace usted el esfuerzo de romper con la rutina?

_____
_____
_____

¿Cómo lo hace?

_____
_____
_____
_____

Conclusión

Debemos salirnos de la rutina, pero antes debemos conocer cómo funciona, como hablamos en la Lección 3, el crear un proyecto de vida en pareja, esto es una de las formas que nos mantienen enfocados, en lograr las metas planteadas en la pareja, y de esta manera no hay posibilidad de que la rutina afecte su relación. Además nada de esto es funcional para la pareja, si no buscamos la ayuda y presencia de Dios en el hogar, cuando aprendemos a amarle con todas nuestras fuerzas, mente y corazón, también aprendemos a amar a nuestros cónyuges de esta manera enfrentaremos con éxito el que nuestro matrimonio no caiga en la rutina.

LECCIÓN 21

BASE BÍBLICA

Proverbios 25:11.

PARA MEMORIZAR

"Mis queridos hermanos y hermanas, sed prontos para oír, tardos para hablar y lentos para la ira". Santiago 1: 19 (RVR 1960)

PROPÓSITO DE LA LECCIÓN: QUE EL ALUMNO...

Enseñar sobre la importancia de la comunicación en el matrimonio y la familia, como nos estamos comunicando, sea con gestos, palabras y hasta con los silencios, que se dan en las parejas. Como debemos mantener una buena comunicación, que nos permita matrimonios sanos y exitosos.

¿Qué es la comunicación y como la fortalezco en mi matrimonio?

POR MIGUEL E IRENE GARITA

Propósito de la lección

Enseñar sobre la importancia de la comunicación en el matrimonio y la familia, como nos estamos comunicando, sea con gestos, palabras y hasta con los silencios, que se dan en las parejas. Como debemos mantener una buena comunicación, que nos permita matrimonios sanos y exitosos.

1. Enseñar que siempre nos estamos comunicando.

2. Que hombres y mujeres tienen diferentes formas de comunicarse.

3. No toda comunicación es buena para fortalecer las relaciones matrimoniales y familiares, algunas formas de comunicación son dañinas a la relación.

4. Como podemos mejorar la comunicación en la pareja.

5. Que nos dice la Biblia sobre la comunicación matrimonial y familiar.

6. Conocer elementos inconscientes en la pareja dificultan la comunicación.

7. Establecer conscientemente la decisión de mantener una comunicación adecuada con la pareja y la familia, de acuerdo al plan de Dios.

Desarrollo de la lección
Pasaje de estudio

Proverbios 25:11 "Manzanas de oro con figuras de plata es una palabra dicha como conviene".

Lectura devocional

Proverbios 15:1 "Una blanda respuesta ahuyenta la ira, pero la palabra áspera provoca la cólera".

Mediante la comunicación, nos relacionamos con los demás y establecemos vínculos, y aunque siempre nos estamos comunicando, no toda forma de comunicación es la adecuada. Cuando hay muchas fallas en la comunicación se deterioran las relaciones en la pareja, causando enojos, distanciamientos, que contribuyen al desamor y la separación de las mismas. Una de las causas principales de fallas en la comunicación es el tiempo que ocupan los cónyuges haciendo cosas en el hogar, estudiando, viendo televisión y otras actividades, otra son los malos hábitos que aprendemos, como hablar sin esperar que el otro termine, lo cual puede llevarnos a entender o interpretar mal al otro.

1. La falta de comunicación en los matrimonios de nuestra sociedad es alarmante

Muchas de las parejas solo tienen pocos minutos a la semana para una conversación agradable, e importante. Usualmente es sobre algún tema serio o problema que está pasando alguno de los miembros de la familia. Pero hace falta en las parejas, un tipo de conversación para expresar situaciones que les unan y fortalezcan su amor. Una buena comunicación permite crecer en confianza, unidad, alegría, y satisfacción de estar juntos, permite la sensación de ser importante el uno para el otro.

2. Algunas formas de comunicación en las parejas

En muchos hogares, se pueden dar conversaciones estereotipadas, que son las mismas cada día, por ejemplo: "dame de comer", "quieres comer", "buenos días", "adiós, voy a trabajar". También otro tipo de comunicación es solo quejas, "no me entiendes", "no vienes temprano", "siempre te quejas, "no haces esto o aquello". También se pierde la comunicación cuando se tienen posiciones extremistas por uno de los cónyuges, en donde se ven las cosas o blancas o negras, solo extremos, ejemplo: "usted no sirve para nada", "no haces nada bien".

O cuando alguno de los dos tiene posiciones inflexibles, de tal forma que, siempre deben ganar en cualquier discusión y esto cierra la comunicación en la pareja. Existen también otros aspectos que dificultan la comunicación como cuando no aceptamos que nuestra pareja piense o sea diferente, y nos enojamos para no seguir hablando si la opinión de la pareja es diferente a la nuestra, o cuando no son importantes a uno de los cónyuges los puntos de vista o creencias del otro. Por lo tanto no le dejamos que se exprese, y la interrumpimos, le contradecimos a cada momento cuando ella quiere expresar su punto de vista, el cual descalificamos, minimizamos; por otro lado cuando manipulamos de alguna forma a la pareja, para lograr lo que se desea, o simplemente le respondemos que sí o no, aunque no estemos de acuerdo, ni pensemos en cambiar o hacer lo que se nos pide.

3. Resultados de una comunicación inadecuada

El resultado de estos comportamientos o formas de comunicarse es debilitar la relación con el cónyuge, y puede llegar al punto de la ruptura en muchos casos. Sin embargo, por otro lado hay que tener claro que los hombres y las mujeres nos comunicamos diferentes, el hombre se comunica por actos, y mujer por sentimientos, por lo tanto un hombre puede estar mostrando su cariño, amor y cuidado a su pareja y la familia comprando pan y cosas para la casa, pero la mujer necesita oír que le ama, que piensa en ella. Si esto no se entiende establecemos una barrera en la comunicación.

La buena comunicación debe ser constante en la relación matrimonial para tener un matrimonio sano, y para la resolución de conflictos. Aprender a comunicarse bien es un arte que vale la pena aprender y que nos llevará a comprender a la otra persona. Cuando somos novios pasamos horas charlando, explorando intereses y actitudes del otro, pensando en el futuro. Esta apertura inicial dura los primeros años y aún los primeros meses del matrimonio pero luego vamos perdiendo la capacidad de comunicarnos, por la rutina, el estar pensando en nuestras situaciones cotidianas, derivadas de problemas en el trabajo, las tensiones diarias, problemas que necesitamos solucionar, entre otros.

4. ¿Cómo mejorar la comunicación con la pareja?

Uno de los aspectos más importantes para mejorar a comunicación es expresar sus sentimientos y pensamientos de forma adecuada, directa, sin dejarse llevar por las emociones negativas como la ira, enojo, miedo, gritos, etc.

I. Muestre aprecio por las cualidades buenas de su pareja.

II. Acepte las muestras de afecto y los cumplidos, pero también esté dispuesto a brindar cumplidos, y muestras de afecto a la pareja.

III. Aprenda a decir "No" cuando es necesario hacerlo.

IV. Pida las cosas que quiera de forma directa, pero cortés y amable. De las gracias por lo que te den.

V. Explique lo que piensa o cómo se siente

VI. No se excuse culpando a otros, cuando es su responsabilidad. Es mejor pedir disculpas.

VII. Usar en la conversación términos asertivos, hablar en positivo, de lo bueno, rechazando lo malo. Por ejemplo. En una situación diga "vamos a salir de esto, nos va a costar pero lo lograremos, pronto pasará", pensado que Dios está con nosotros y nos ayudará.

VIII. Exprese siempre que pueda, sentimientos, palabras, gestos, u acciones de alegría, paz, gozo.

IX. Este dispuesto, listo atento, primero a oír, más que a responder, como dice Santiago 1:19. Y más lento para enojarse. Este es el modelo ideal que nos plantea La Biblia, que si lo practicamos, nos llevará a mantener una comunicación adecuada con nuestra pareja.

X. La Palabra también dice que la blanda respuesta quita la ira. Aprendamos a responder con respuestas dirigidas por nuestra mente y no tanto con nuestras emociones. Acuérdate no podemos confiar en nuestras emociones.

CONCLUSIÓN

Si logramos establecer una buena comunicación en la pareja, se reducirían los conflictos, los malos entendidos, y mejoraría la unidad e integración de la pareja, además de tener relaciones más profundas como matrimonios, lo cual viene a fortalecerlo, de las tantas amenazas que se dan contra la pareja y la familia.

Una buena comunicación depende en la mayoría de las ocasiones de una buena relación con Dios, cuando tenemos una buena comunicación con Él, es posible entenderlo, amarlo, y mantenernos cercanos y unidos.

SV

RECURSOS

Dinámica

Se escoge una pareja y los sientan frente a frente, ante todo el grupo, a cada uno se le pone uno o varios objetos del sexo contrario, por ejemplo a la mujer una gorra de hombre, o camisa de hombre, al hombre un sombrero de mujer, y se les da la siguiente instrucción: a la mujer responda y actúe en la silla, como si fuera un hombre. "Nosotros los hombres somos y hablamos así en el hogar". Al hombre se le pide que responda y actúe en la silla, como si fuera una mujer. "nosotras las mujeres somos y hablamos". Se le pide al resto del grupo de hombres, que apoye a la mujer que responde como hombre, diciendo cosas que hace o dice las mujeres. Lo mismo para el grupo de mujeres, que apoyen al hombre que actúa y responde como mujer. Esta dinámica dura unos treinta minutos y pueden rotar diferentes parejas, haciendo lo mismo. Lo que se persigue es que aprendan a ver las diferentes maneras de pensar y comunicarse de los hombres y de las mujeres.

¿Qué es la comunicación y como la fortalezco en mi matrimonio?

HOJA DE ACTIVIDAD

Texto para memorizar

"Mis queridos hermanos y hermanas, sed prontos para oír, tardos para hablar y lentos para la ira". Santiago 1:19 (RVR 1960)

Actividades

1. La poca comunicación es alarmante en los matrimonios.

¿Considera usted, importante el tiempo que se le da a la comunicación?

_____
_____
_____
_____
_____

2. Algunas formas de comunicación en las parejas.

¿Cómo describiría usted la buena comunicación (Proverbios 25:11)

_____
_____
_____
_____
_____

3. Resultados de una comunicación inadecuada.

¿De qué manera se debilita la relación?

_____
_____
_____

¿Qué tan continúa debe ser la comunicación?

_____
_____
_____

4. ¿Cómo mejorar la comunicación con la en pareja?

¿Son sus expresiones y pensamientos adecuados que contribuyen a la comunicación?

_____
_____
_____

Conclusiones

Si logramos establecer una buena comunicación en la pareja, se reducirían los conflictos, los malos entendidos, y mejoraría la unidad e integración de la pareja, además de tener relaciones más profundas como matrimonios, lo cual viene a fortalecerlo, de las tantas amenazas que se dan contra la pareja y la familia.

Una buena comunicación depende en la mayoría de las ocasiones de una buena relación con Dios, cuando tenemos una buena comunicación con Él, es posible entenderlo, amarlo, y mantenernos cercanos y unidos.

LECCIÓN 22

PARA MEMORIZAR

"Mejores son dos que uno; porque tienen mejor paga de su trabajo. Porque si cayeren, el uno levantará a su compañero; pero ¡ay del solo! que cuando cayere, no habrá segundo que lo levante. También si dos durmieren juntos, se calentarán mutuamente; más ¿cómo se calentará uno solo? Y si alguno prevaleciere contra uno, dos le resistirán; y cordón de tres dobleces no se rompe pronto". Eclesiastés 4:9-12 (RVR 1960)

PROPÓSITO DE LA LECCIÓN: QUE EL ALUMNO...

Enseñar la importancia de honrar a la pareja, como una muestra de amor, definiendo que es honra en el matrimonio. Además enseñar los efectos de honrar a la pareja, y como la Biblia nos muestra como honrar a nuestras parejas.

La importancia de honrar a mi pareja

POR MIGUEL E IRENE GARITA

Desarrollo de la Lección

Pasaje para estudio

1 Samuel 1:10. ¹ *"Hubo un varón de Ramataim de Zofim, del monte de Efraín, que se llamaba Elcana hijo de Jeroham, hijo de Eliú, hijo de Tohu, hijo de Zuf, efrateo.* ² *Y tenía él dos mujeres; el nombre de una era Ana, y el de la otra, Penina. Y Penina tenía hijos, mas Ana no los tenía.* ³ *Y todos los años aquel varón subía de su ciudad para adorar y para ofrecer sacrificios a Jehová de los ejércitos en Silo, donde estaban dos hijos de Elí, Ofni y Finees, sacerdotes de Jehová.* ⁴ *Y cuando llegaba el día en que Elcana ofrecía sacrificio, daba a Penina su mujer, a todos sus hijos y a todas sus hijas, a cada uno su parte.* ⁵ *Pero a Ana daba una parte escogida; porque amaba a Ana, aunque Jehová no le había concedido tener hijos.* ⁶ *Y su rival la irritaba, enojándola y entristeciéndola, porque Jehová no le había concedido tener hijos.* ⁷ *Así hacía cada año; cuando subía a la casa de Jehová, la irritaba así; por lo cual Ana lloraba, y no comía.* ⁸ *Y Elcana su marido le dijo: Ana, ¿por qué lloras? ¿Por qué no comes? ¿Y por qué está afligido tu corazón? ¿No te soy yo mejor que diez hijos?* ⁹ *Y se levantó Ana después que hubo comido y bebido en Silo; y mientras el sacerdote Elí estaba sentado en una silla junto a un pilar del templo de Jehová,* ¹⁰ *ella con amargura de alma oró a Jehová, y lloró abundantemente.*

1. ¿Qué es el matrimonio?

El matrimonio es un modelo de relaciones que dios, quiere establecer en su pueblo, donde ambos cónyuges representan a dios y su obra. Partiendo de esto analizaremos lo que es honrar a nuestras parejas.

2. ¿Qué es honrar?

Honrar es comprender y proteger a tu pareja, entendiendo que somos coherederos, y de la misma esencia de Dios. Es amar y proteger lo que se le pide al hombre: no son acciones asignadas o aprendidas por la cultura. Efesios 5:25 dice: "Maridos, amad a vuestras mujeres, así como cristo amó a la iglesia, y se entregó así mismo por ella". Honrar es tener en alta estima al otro, lo que le produce seguridad y fortalece la autoestima en el otro, porque lo hace sentirse importante, valioso, amado, aceptado que son las

bases de la misma autoestima. De esta manera cumplimos lo que nos pide San Pablo en este versículo, que le indica al hombre ir más lejos que solo amar, es ir a un amor sacrificial. Es una forma de honrar a Dios, porque El los unió y quiere que sean uno en cristo. Nuestro cónyuge es el tesoro que Dios te dio, "donde está tu tesoro estará tu corazón". (Mateo 6:21). La honra no realmente honra hasta que se expresa y se demuestra. La expresión de la honra cambia nuestros pensamientos.

Estas acciones hacen que el otro responda de la misma manera, de esa forma se mantendrán conectados en amor. Honrar debe ser el centro de la relación matrimonial. Dios lo pide como un medio por el cual se manifiesta Cristo en la vida del hogar. Solo cuando ambos están sometidos a Dios, es que podemos decidir honrarle mediante la honra de mi pareja, me puedo someter a ella o a él. En Isaías 54:5 Dios se revela con el título de marido, para mostrar cuando ama y protege a la esposa. 1 Samuel 1:10 nos muestra un marido que con acciones de amor honra a la mujer.

3. Efectos de honrar a la pareja

• Ayuda a ver con exactitud el inmenso valor que Dios tiene de una persona hecha a su imagen y semejanza, como lo es mi pareja y yo.

• Fortalece la relación de pareja. me fortalezco yo,

• Se crea un ambiente seguro donde florecen relaciones maravillosas.

• Pablo ánima a los cristianos al amor y la honra entre ellos. Romanos 12:10.

• Ayuda a ver con exactitud el inmenso valor que Dios tiene de una persona hecha a su imagen y semejanza, como lo es mi pareja y yo.

4. ¿Cuándo no honro a mi pareja?

• Cuando no la respeto como persona.

• Cuando la descalifico en lo que hace.

• Cuando no le doy el lugar que se merece como pareja, sea hombre o mujer.

• Cuando le critico delante de los demás.

• Cuando no le cuido. no le ayudo, no le protejo, no le pongo atencion.

• Cuando le insulto, y maltrato y no le doy lo que necesita.

5. Le honro en la forma de relacionarme o dirigirme a ella

· En como le hablo y trato a mi pareja. Haga las cosas que su pareja le gusta.

· Al cuidar su salud e imagen estoy honrando a mi pareja.

· Le honro cuando busco el perdon si le he ofendido.

· Hacer una lista de cosas positivas de la pareja.

6. Ideas practica de honrar a mi pareja

· Darle el lugar en la que mi pareja debe estar o se merece.

· Honrarle delante de los familiares, amigos y compañeros de trabajo, estudio, vecinos. Soy responsable de la pareja.

· Honrarle con los bienes, cuidándole, protegiéndole. supliendo sus necesidades.

· Honrarle con la idea de que somos iguales, amándole, respetándole en su manera de ser, sintiéndose orgulloso de su pareja.

· Honrarle, aceptándole, admirándole, ser admirador de su pareja.

· Hablar bien de la pareja en todo lugar y con todos.

· Pensar y ver lo mejor de su pareja.

· Ayudarle a ser mejor, a desarrollar su potencial.

· La pareja puede ser mejor cada día, con el estudio, el apoyo.

· Resaltar lo bueno, lo agradable, que tenga.

· Apoyar lo que haga o quiera hacer si es bueno para él/ella.

· Resaltar su belleza, su capacidad, inteligencia, buen juicio, su humor, o alegría, su firmeza de carácter. Siempre resalte lo bueno.

· Valore su belleza o su valor, inteligencia, generosidad, etc., y dígaselo siempre.

CONCLUSIÓN

El honrar a la pareja tiene una serie de ventajas en el matrimonio, como, mejorar la relación, la alegría, y satisfacción de estar casado. Además produce hogares más estables, tranquilos, establece un ambiente para un mejor desarrollo de todos los miembros del matrimonio y la familia.

El honrar es la característica que da como resultado una vida de respeto y amor hacia la pareja, en todo momento, no dependiendo de las circunstancias y los momentos que puedan Pasar, si no de la convicción de ambos y la madures que posean, en cuanto al tema.

Cerrar la reunión con un llamado al compromiso de cambiar, empezando con tres ideas nuevas de honrar a su pareja por los días hasta la próxima reunión.

SV

RECURSOS

Dinámica

Realizar una dinámica donde las mujeres por un lado, (se recomiendan en grupos de tres, para mejorar la comunicación), igualmente los hombres se reúnan en grupos de tres para que analicen y contesten: ¿cuándo se han sentido honrados o no por sus esposos, esposas? con la idea que tengan por honrar. Duración 10 minutos, y luego lo explican los resultados al resto del grupo.

La importancia de honrar a mi pareja

HOJA DE ACTIVIDAD

Texto para memorizar

"Mejores son dos que uno; porque tienen mejor paga de su trabajo". Eclesiastés 4:9-12 (RVR 1960)

Actividades

1. ¿Qué es honrar?

Según efesios 5:25 ¿cuál es el significado de honrar?

_____
_____
_____
_____
_____

2. Efectos de honrar a mi pareja.

¿Qué resultados obtengo al hacerlo?

_____
_____
_____
_____

3. Cuando no honro a mi pareja. Esto es lo que hago o digo:

- _____
- _____
- _____
- _____

4. Ideas prácticas de honrar a mi pareja.

Según lo estudiado, ¿cómo lo haría usted?

_____
_____
_____
_____

Conclusión

El honrar a la pareja tiene una serie de ventajas en el matrimonio, como, mejorar la relación, la alegría, y satisfacción de estar casado. Además produce hogares más estables, tranquilos, establece un ambiente para un mejor desarrollo de todos los miembros del matrimonio y la familia. El honrar es la característica que da como resultado una vida de respeto y amor hacia la pareja, en todo momento, no dependiendo de las circunstancias y los momentos que puedan Pasar, si no de la convicción de ambos y la madures que posean, en cuanto al tema.

Cerrar la reunión con un llamado al compromiso de cambiar, empezando con tres ideas nuevas de honrar a su pareja por los días hasta la próxima reunión.

LECCIÓN 23

PARA MEMORIZAR

"No temas, porque yo estoy contigo; no desmayes, porque yo soy tu Dios que te esfuerzo, yo te ayudaré, siempre te sustentaré con la diestra de mi justicia". Isaías 41:10 (RVR 1960)

PROPÓSITO DE LA LECCIÓN: QUE EL ALUMNO...

Mostrar que los matrimonios tienen enemigos, y muchos de los cuales no se dan cuenta, por lo tanto la presente lección intenta mostrar algunos de los enemigos más frecuentes para los matrimonios.

¿Contra qué debo proteger mi matrimonio?

POR MIGUEL E IRENE GARITA

Desarrollo de la lección

Todo matrimonio tiene sus enemigos, de los cuales debemos como cónyuges, siempre proteger nuestra relación matrimonial.

¿De qué debemos protegernos? Como elemento principal se debe proteger el matrimonio de la mala propaganda que se ha hecho del mismo, por una sociedad secularista, y relativista, que ha estado promoviendo la libertad sexual, más que la santidad del matrimonio. Que el matrimonio no es bueno, sino que es difícil, que si no sirve es mejor separarse. Que promueve el divorcio como elemento para no enfrentar ni resolver las diferencias matrimoniales, y que ha visto como la salida más fácil, el dejar a nuestra pareja, en lugar de luchar por mantener un matrimonio para toda la vida, llevando a una gran cantidad de hijos al sufrimiento por la separación de los padres. Este es el principal enemigo, porque rompe con lo que dice La Palabra de Dios, que el matrimonio es para toda la vida.

1. El enemigo llamado INFEDELIDAD

Existen también otros enemigos, **como la infidelidad**, por medio de la cual muchos matrimonios han sufrido la separación. ¿Cómo nos protegemos de esto?, no es tan fácil como se cree, pero lo que más ayuda como esposo, o esposa, es la toma de una decisión firme, ante Dios, de que decidimos ser fieles a la pareja, sin importar las circunstancias en que vivamos. Esta decisión, nos permite de una manera más fácil tomar acciones para evitarlo, a hablar de nuestra pareja ante otros y otras, de que le amamos, no intimar con personas de otro sexo. No salir, ni frecuentar lugares solos o solas donde hay personas de otro sexo. La infidelidad comienza con relaciones inocentes, de confianza y acercamiento. Huyamos de todo tipo de tentación.

2. El enemigo llamado VIOLENCIA

Por otro lado **debemos proteger nuestro matrimonio de todo tipo de violencia**. Si hemos tenido hogares violentos, lo más probable es que usted pueda repetir la violencia que vivió, siendo victimario, si antes fue víctima. Es importante sanar nuestra vida de los aprendizajes negativos que vivimos. En el caso de la violencia debe usted desarrollar un hogar con una cultura de paz, la cual se logra, cambiando los gritos por palabras suaves y tranquilas, haciendo un cartel de como vivirán en su casa, como actuaran, diciendo que las dificultades las resolverán con discusiones sanas, abiertas, pero sin ningún tipo de violencia, ni amenazas de ningún tipo. Enseñemos a los hijos a resolver sus dificultades con los hermanos, hermanas, familiares, mediante el dialogo.

Construya un cartel que indique que en esta casa, se pedirán las cosas cortésmente, dando gracias, que en ese hogar NO HAY ESPACIO PARA NINGÚN TIPO DE VIOLENCIA.

3. El enemigo llamado DEUDAS

Protege tu matrimonio de las deudas, que ahogan a muchos hogares, y son la fuente generadora de tensión, lo que lleva a la violencia, malos reacciones en la familia y la pareja. Estamos en tiempos donde las economías de las sociedades, son muy inseguras y frágiles, por lo que en los hogares se debe aprender a vivir con un presupuesto de gastos mensuales, aun mas, se de incluir en este presupuesto, un renglón de ahorro para eventualidades del futuro. Se debe enseñar a los hijos y a la familia vivir con lo necesario, sin lujos excesivos. A vivir con lo que se necesita y no con lo que se quiere. Cuidar los gastos debe ser tarea de todos. Hacer un presupuesto que incluya el diezmo, el ahorro, y el esparcimiento y someterse a él. Pida ayuda si es necesario para reorganizar sus finanzas y las de su hogar. No deje que en su hogar pase lo que dice Joel 1:4 "Lo que dejó la oruga, lo comió la langosta; lo que dejó la langosta, lo comió el pulgón; y lo que dejó el pulgón, lo comió el saltón".

Hogares donde no hay bendición porque el enemigo va destruyendo las bendiciones de Dios para ustedes, vuélvase a Jesucristo alejándose del pecado y encontraran la bendición de Dios para tu familia y finanzas. Él quiere que prospere en todo como prospera su alma.

4. El enemigo llamado DESAJUSTES PSICOSEXUALES

Se debe **cuidar el matrimonio de los desajustes psicosexuales**. Muchos matrimonios tienen problemas en esta área, sea por aprendizajes inadecuados, por problemas de salud, por malas experiencias, o simplemente porque en su vivir, han aprendido de un sexo distorsionado y enfermizo.

Gracias a Dios que en este tiempo existen personas con una buena formación profesional y cristianas a las que ser puede recurrir para sanar estos desajustes, existen medicamentos y técnicas que pueden corregir algunos de estos problemas, si es necesario se debe buscarles.

Pero lo primero que se debe hacer es que la pareja con problemas en esta área, es que pueda entender que se debe mantener la sanidad y santidad sexual, que aunque ahora muchas ideas han cambiado sobre la sexualidad, la pareja debe tener una idea clara de lo que es santidad sexual según La Palabra.

Todo lo que está definido en la Biblia como algo negativo, se debe evitar: la pornografía, seguir aquellos programas que promuevan ideas contrarias a la Palabra de Dios, y buscar profesionales cristianos que tengan muy claro lo que es santidad sexual. Deben hablar con el pastor o líder para que les refiera a médicos o profesionales de la salud mental que sean cristianos.

5. El enemigo VIVIR MAL

Otra gran área de proteger es el vivir mal. Muchas parejas por la experiencia de vida, **aprendieron a vivir mal**, con maltrato, abandono, rechazo, malas actitudes con respecto al matrimonio. Aún creen que no se puede vivir feliz en el matrimonio, pero La Biblia dice que en Cristo todo es nuevo, que somos nuevas criaturas, "De modo que si alguno está en Cristo, nueva criatura es"; 2 Corintios 5:17 **"las cosas viejas pasaron; he aquí, son hechas nuevas"**.

Debemos dejar el pasado y esforcémonos por ir hacia adelante, esto indica que debemos hacer un gran esfuerzo para vivir de acuerdo a lo que La Palabra, dice, es importante decidir hacer cambios, los cuales haremos con la ayuda de Dios. Sí se puede vivir bien en el matrimonio.

CONCLUSIÓN

Como se ha enseñado, se ha visto que todo matrimonio tiene sus enemigos, los cuales son importante reconocerlos para poder defenderse de ellos. La esperanza que tenemos es que la Biblia tiene palabras de aliento y esperanza, así como de seguridad, de que como matrimonio cristiano, Dios nos cubrirá, y protegerá, ya que Él quiere que vivamos bien.

Finalizar invitando a las parejas a ir al altar para pedir ayuda a Dios, que les ayude a proteger su matrimonio, sanando alguna de las áreas que hemos planteado u otra. SV

RECURSOS

Dinámica

Cada pareja haga una lista de gastos de su hogar, que incluya todos los gastos fijos, como la comida, pagos de luz, agua, teléfono, deudas, alquiler, etc., renglón de ahorro, diezmo, y compárelo con los ingresos que tienen en el hogar. Luego reduzcan algunos de los gastos, para ver la diferencia. De ser posible el expositor o encargado de los matrimonios debe presentar algunos tipos de presupuestos, como modelo. Dar hojas en blanco, y lápices.

¿Contra qué debo proteger mi matrimonio?

HOJA DE ACTIVIDAD

Texto para memorizar

"No temas, porque yo estoy contigo; no desmayes, porque yo SOY tu Dios que te esfuerzo, yo te ayudaré, siempre te sustentaré con la diestra de mi justicia". Isaías 41:10 (RVR 1960)

Actividades

1. El enemigo llamado infidelidad.

¿Cómo define usted este tema?

_____
_____
_____
_____

¿Qué tipos de amistades tiene: son más de su mismo sexo, o del sexo opuesto?

_____
_____
_____

2. El enemigo llamado: violencia.

¿Pueden los aprendizajes negativos del pasado convertirse en agentes de violencia?

_____
_____
_____

3. ¿Qué consecuencias tienen las deudas en la vida matrimonial?

_____
_____
_____

4. El enemigo llamado DESAJUSTES PSICOSEXUALES.

¿Qué opina usted acerca del concepto de hoy día acerca de la sexualidad?

_____
_____
_____

¿Qué se entiende por santidad sexual en la Biblia?

_____
_____
_____

Conclusión

Como se ha enseñado, se ha visto que todo matrimonio tiene sus enemigos, los cuales son importante reconocerlos para poder defenderse de ellos. La esperanza que tenemos es que la Biblia tiene palabras de aliento y esperanza, así como de seguridad, de que como matrimonio cristiano, Dios nos cubrirá, y protegerá, ya que Él quiere que vivamos bien.

Finalizar invitando a las parejas a ir al altar para pedir ayuda a Dios, que les ayude a proteger su matrimonio, sanando alguna de las áreas que hemos planteado u otra.

LECCIÓN 24

BASE BÍBLICA

Hebreos 6:1 (RVR 1960)

PARA MEMORIZAR

"Sino que hablando la verdad en amor, crezcamos en todo, en aquel que es la cabeza, Cristo". Efesios: 4:15 (RVR 1960)

PROPÓSITO DE LA LECCIÓN: QUE EL ALUMNO...

Enseñar que en todo matrimonio, para ser exitoso, ambos cónyuges debe dar un paso del **yo** al de **nosotros** y que este paso les permite integrarse como esposos, ser una unidad.

Cuando en el matrimonio no damos el paso del *yo* al de *nosotros*

POR MIGUEL E IRENE GARITA

Desarrollo de la lección

Pasaje para estudio

Hebreos 6:1 "Por tanto, dejando las enseñanzas elementales acerca de Cristo, avancemos hacia la madurez, no echando otra vez el fundamento del arrepentimiento de obras muertas y de la fe hacia Dios".

1 Corintios 16:13 (RVR 1960) "Velad, estad firmes en la fe; portaos varonilmente, y esforzaos".

Lectura devocional

1 Corintios 13:11 "Cuando yo era niño, hablaba como niño, pensaba como niño, juzgaba como niño; mas cuando ya fui hombre, dejé lo que era de niño".

Entre uno y tres años los niños son muy egoístas, aunque tengan varios juguetes en su mano, si ven otro niño con otro juguete, ellos trataran de quitárselo para tener más, pero al madurar, el niño aprende a intercambiar juguetes, con los de sus amiguitos, este paso de madurez se llama "pasar del yo al nosotros". Así encontramos en el matrimonio a esposos o esposas, que viven la vida con su pareja de forma egoísta, que todo gira alrededor de él o de ella, toman decisiones sin pensar en el otro, compran cosas para sí mismo, no para la familia, creen que el otro esta para hacerlo o hacerla feliz, porque se lo merece.

1. Características del individuo inmaduro

Son tan egoístas, que aun en las relaciones más íntimas, no piensan en el otro, solo en disfrutar del otro cónyuge. A veces pueden ser en apariencia generosos en los gastos de la casa, de la alimentación, aun del vacacionar, pero en realidad lo hacen para ellos.

Son personas que no quieren y no permiten que su pareja progrese, se desarrolle, tenga algún tipo de éxito, por lo que impiden que su pareja pueda desarrollar sus propios dones o habilidades. Esto hace que estos cónyuges sean personas frustradas en la relación matrimonial, muchos de ellos o ellas, sufren conflictos internos, y llegan a padecer enfermedades de tipo psicosomático, como la ansiedad, malestares gastrointestinales, esofagitis, gastritis, o depresiones, porque tienen grandes enojos que tienen que mantenerlos guardados, porque su pareja no le ha permitido realizarse como persona.

En el fondo es una forma de agresión muy sutil, y en algunos, casos tan reales, que la otra no puede defenderse. A veces le dicen ¿para qué vas a estudiar?, o prepararse en algo, que mejor debe estar en la casa, que los hijos la necesitan más, etc. De alguna manera manipulan a su pareja, para que esta no lo haga. Es triste esta situación, pero el problema está en que el cónyuge dominante, no ha podido entender las palabras de Adán, al ver a Eva, Génesis 2:21-24 ""Entonces Jehová Dios hizo caer sueño profundo sobre Adán, y mientras éste dormía, tomó una de sus costillas, y cerró la carne en su lugar. Y de la costilla que Jehová Dios tomó del hombre, hizo una mujer, y la trajo al hombre. Dijo entonces Adán: esto es ahora hueso de mis huesos y carne de mi carne; ésta será llamada Varona, porque del varón fue tomada. Por tanto, dejará el hombre a su padre y a su madre, y se unirá a su mujer, y serán una sola carne". En este pasaje se nos indica que Adán la vio como parte de él, que ambos en esencia son iguales, aunque con funciones diferentes, por esto la llamo "varona". Si el esposo o la esposa pierden este sentido de igualdad, que tiene con su pareja, no le dará las mismas oportunidades a esta y mantendrá su actitud egoísta, pensando que solo él o ella tienen los derechos en el hogar.

2. Porque no puede o le cuesta madurar

Por otro lado esto se fortalece, cuando la pareja egoísta proviene de un hogar en donde ha tenido padres muy sobreprotectores, o muy dominantes, en donde el hijo aprende que todo gira a su alrededor. Estos niños crecen con un sentido de desconfianza e inseguridad, ya que este tipo de padres provoca lo que yo llamo "desvitalización" de la persona, o sea, le quita fuerza para enfrentar con éxito los obstáculos de la vida. Estas personas tienden a ser dependientes de los padres, los cuales no le permiten que crezca y madure asumiendo la responsabilidad del matrimonio, inclusive ven a su cónyuge como el padre o la madre que le tiene que proveer todo, para que él o ella se sienta bien. Estos hombres y mujeres débiles, cuando se casan luchan para mantener el control del otro, viendo la vida de pareja en forma egoísta. Para mí estos hombres o mujeres no han dado el paso "del yo, al de nosotros".

3. El machismo y el egoísta son parecidos

Este tipo de pareja, si son hombres pueden vivir en uno de los extremos, o ser muy agresor, controlador, machista (acuérdate que los machistas están en proceso de extinción), o ser débil que no toma decisiones, le gusta ser dirigido, (acuérdate que las mujeres no quieren a los hombres débiles). El paso del yo a de nosotros, es un paso de madurez en la vida de la persona, este paso debe darse en el matrimonio, en donde se requieren hombres y mujeres maduros, que entienden que son complemento para su pareja, seguros de sí, que dirigen bien sus hogares, que son generosos, cuidadosos de la familia y de los hijos, dispuestos al sacrificio en bien de la familia, que se alegra de los éxitos de la pareja, como si fueran propios, que estimula permite que el otro crezca, desarrolle sus habilidades, que se alegra que su cónyuge brille con éxito, porque son una sola carne, están completos juntos.

4. Efecto de la madurez en el matrimonio

Es de gran importancia en el matrimonio, llegar a este nivel de madurez, porque así se podrá ser más feliz, entender qué es ser una sola carne, dejar áreas de conflicto, para convertirlas en áreas de crecimiento con la familia.

Esto contribuye a la paz en el hogar, a vivir en armonía, con hijos más sanos y estables, en general serán familias más felices y funcionales.

Hoy debe analizar cómo vive usted, como es su matrimonio, su familia, si no ha dado paso, del yo al de nosotros, le invitamos a hacerlo, tome esta decisión, y aprenderá a vivir mejor, su matrimonio merece vivir bien.

CONCLUSIÓN

No podemos tener un matrimonio sano, feliz y exitoso, sino no lo asumimos de forma madura, y nos esforzamos conscientemente por madurar en todas las áreas de la vida.

1 Pedro 3:7 "Vosotros, maridos, igualmente, vivid con ellas sabiamente, dando honor a la mujer como a vaso más frágil, y como a coherederas de la gracia de la vida, para que vuestras oraciones no tengan estorbo".

RECURSOS

Dinámica

Poner algunos obstáculos en el salón y pedir caminar a los esposos, con los ojos cerrados dirigidos solo por la voz de la esposa, analizar lo que se siente, como varones en ser dirigidos por la esposa.

LECCIÓN 24

Cuando en el matrimonio
no damos el paso del *yo* al de *nosotros*

HOJA DE ACTIVIDAD

Texto para memorizar

"Sino que hablando la verdad en amor, crezcamos en todo, en aquel que es la cabeza, Cristo". Efesios: 4:15 (RVR 1960)

Actividades

1. Características del individuo inmaduro.

¿Cuáles son?

_____
_____
_____

¿Que nos enseña la palabra, en cuanto al tema de la madures? (1 Corintios: 13–11)

_____
_____
_____
_____

2. Porque no puede, o le cuesta madurar.

¿A dado usted el paso del yo a de nosotros?

_____
_____
_____

3. El machismo y el egoísta son parecidos.

Dado que el machismo es parte de la cultura en Latinoamérica, eso es un arma potencial en contra la relación de pareja, ¿es eso cierto?

_____
_____
_____
_____

La Biblia nos enseña que debemos vivir, con madurez en la relación de pareja, ¿qué criterio tiene usted sobre esto? (1 Pedro: 3-7)

_____
_____
_____
_____

Conclusión

No podemos tener un matrimonio sano, feliz y exitoso, sino no lo asumimos de forma madura, y nos esforzamos conscientemente por madurar en todas las áreas de la vida.

1 Pedro 3: 7 "Vosotros, maridos, igualmente, vivid con ellas sabiamente, dando honor a la mujer como a vaso más frágil, y como a coherederas de la gracia de la vida, para que vuestras oraciones no tengan estorbo."

LECCIÓN 25

BASE BÍBLICA

Mateo 14:22-27, Marcos 6:45-52 y Juan 15:21.

PARA MEMORIZAR

"Aunque ande en valle de sombra de muerte, No temeré mal alguno, porque tú estarás conmigo; Tu vara y tu cayado me infundirán aliento". Salmos 23:4 (RVR 1960)

PROPÓSITO DE LA LECCIÓN: QUE EL ALUMNO...

Enseñar que como matrimonios o familias, siempre tendremos momento de dolor y de aflicción, la vida nos puede "atropellar" con circunstancias que no esperábamos, y entramos en momentos de angustia, dolor, impotencia para enfrentar la enfermedad, la muerte, el sufrimiento. Pero debemos saber que Dios estará con nosotros, en nuestra barca, y tiene el control de nuestra vida y destino. Que debemos confiar en Él.

Cuando el dolor y la angustia llega al matrimonio y la familia

POR MIGUEL E IRENE GARITA

Desarrollo de la Lección
Pasaje para estudio

Mateo 14:22-27, Marcos 6:45-52, Juan 15:21. ²² *"En seguida Jesús hizo a sus discípulos entrar en la barca e ir delante de él a la otra ribera, entre tanto que él despedía a la multitud.* ²³ *Despedida la multitud, subió al monte a orar aparte; y cuando llegó la noche, estaba allí solo.* ²⁴ *Y ya la barca estaba en medio del mar, azotado por las olas; porque el viento era contrario.* ²⁵ *Mas a la cuarta vigilia de la noche, Jesús vino a ellos andando sobre el mar.* ²⁶ *Y los discípulos, viéndole andar sobre el mar, se turbaron, diciendo: ¡Un fantasma! Y dieron voces de miedo.* ²⁷ *Pero en seguida Jesús les habló, diciendo: ¡Tened ánimo; yo soy, no temáis!"*

El pasaje leído, enseña, a un Jesús, sanando, salvando, sirviendo a las personas que se acercaban con dolor y angustia, un Jesús cumpliendo la misión en la tierra, de que el Reino de Dios se acercó para bendecir aquellos que le buscaron. Sin embargo, después de ayudar a las personas, manda a los discípulos solos, estos obedientes van en la barca, remando contra corriente, contra el viento fuerte que les azotaba. ¿Cuantas veces como cristianos nos sentimos solos en la barca de nuestra vida, que lucha contra las circunstancias que nos enfrentan, que nos atropellan de forma inesperada y brutal, con toda una crudeza que impide defenderse, porque nos paraliza? Hay situaciones en que la vida nos golpea donde más duele, y luchamos creyendo que vamos solos, sintiéndonos en un estado de total indefensión ante dicha circunstancia. Sufrimos la agonía de enfrentarnos, llenos de confusión, dolor, y angustia.

Lo mismo sucede en la vida de casados, muchas veces nos encontramos en situaciones de dolor y de angustia, porque de un momento a otro, la vida nos atropella con una circunstancia inesperada, un accidente, una enfermedad grave, una pérdida de un hijo, madre, padre, esposo, esposa, un problema económico en que perdemos lo que tenemos. La angustia que se entra por perder el trabajo, o por una deuda que no podemos pagar, la infidelidad llega a nuestro matrimonio, un hijo en drogas, preso, etc., son momentos en que nuestra barca va en contra un viento recio, que nos deja sin avanzar, llenos de desesperanza.

Nos preguntamos, ¿porque a nosotros, porque a mí? Son las preguntas que se hacen en estas circunstancias, a las cuales no encontramos las respuestas adecuadas

1. Causas del sufrimiento y dolor

Se podría pensar que algunas situaciones inesperadas pueden ser el producto de malas decisiones que se toman, y que tienen sus consecuencias directas sobre nosotros, por esto en La Palabra de Dios se no invita a tomar buenas decisiones, que nos lleven a la vida. Deuteronomio 30:15 "Hoy pongo al cielo y a la tierra por testigos contra ti, de que te he dado a elegir entre la vida y la muerte, entre la bendición y la maldición. Elige, pues, la vida, para que vivan tú y tus descendientes". Otra de las causas es que en este mundo, mientras vivamos en él, vamos a tener aflicciones, y aunque se quiera, no se puede hacer nada por evitarlo. Vivimos en un mundo de pecado, que muchas veces llega a nosotros, producto de ese pecado. La maldad del hombre afecta nuestro mundo, también.

Muchas veces también pasamos estas circunstancias para que nuestra fe se fortalezca, aprendamos a confiar en Dios más que en nosotros mismos, y muchas veces porque la vida es así, ya que no conozco otra respuesta como causa.

2.Que está pasando en nosotros ante el dolor y sufrimiento

Es importante también analizar nuestros sentimientos. Al revisar el pasaje encontramos que tuvieron miedo, estaban luchando contra la fuerza del viento, la oscuridad de la noche, y la imperiosa necesidad de seguir adelante. Pese a todo, el problema principal es que no podían abandonar la barca, pese a las circunstancias difíciles que enfrentaban. Así pasa en nuestra vida, aunque muchas veces el deseo de abandonar la lucha, de dejar todo botado, está en nuestra mente, no podemos, es imperioso seguir adelante, con nuestro dolor y angustia, e indefensión, ira, duda, agobiados o no, hay que seguir, sin tomar actitudes de victimas indefensas, o de enojo y amargura contra todo, aun contra Dios, al que le echamos la culpa de todo y le reclamamos que no nos ayuda.

Nos hundimos por las situaciones que estamos pasando y aun por situaciones internas. En otros casos podemos convertirnos en castigadores de los que nos hicieron daño, o simplemente, podemos tomar formas de conducta para escaparnos del dolor, como ingerir muchos medicamentos para no sentir nada, a veces es necesario hacerlo, sin embargo no como escape, sino como un tipo de ayuda. En otros casos establecemos comportamientos no adecuados como rebeldía y enojo.

En ocasiones podemos decir ¿hasta cuándo Señor seguiremos así? y a esto hay que agregarle que muchas personas cristianas, ven las dificultades en la vida, como un castigo de Dios por algún pecado oculto, así cuando se busca ayuda, en lugar de entender el dolor que se siente, le juzgan como si han pecado.

Porque en muchos casos se enseña, que con Cristo en nuestra vida nada nos va a pasar, es decir de alguna manera aprendemos un evangelio de oferta, y no real, porque la verdad es que no importa lo que vivamos, Dios está con nosotros, en nuestro barco, no solo para calmar el viento sino para calmar nuestra vida al sentir su presencia en la barca de nuestra vida o la barca en nuestro matrimonio y familia.

3. Pasos para enfrentar nuestra situación

Como primer paso debemos darnos cuenta que estamos en la barca, en medio de la tormenta de nuestra circunstancia, con nuestro dolor, angustia, luchando por mantenernos a flote, remando con todas nuestras fuerzas contra el viento, como dice en Jeremías 10:19 "... me toca enfrentar esta enfermedad". Cuando nos enfrentamos a las circunstancias, que nos agobian, podemos abrir nuestra mente, que el dolor y la angustia no me deja ver.

Enfrentarnos no significa minimizar el dolor, la angustia, significa que a pesar de ellas, tratamos de controlar nuestros sentimientos y emociones para sobrellevar, las circunstancias que se están pasando.

4. ¿Dónde está Dios ante mi dolor?

Segundo paso, es preguntarse dónde está Dios ante mi dolor. Según el pasaje, Él está en control de mis circunstancias, camina sobre las aguas, contra el viento, el mar agitado, Él camina sobre todo esto, para ir a mi encuentro y subir a la barca de mi vida, que esta agitada por mis problemas. Las palabras de Cristo para mí en este momento son " CALMENSE, NO TEMAN, SOY YO", nuestros temores muchas veces nos impiden ver que Él viene y están a nuestro favor, y ayuda, por esto es importante tratar de tranquilizarnos un poco, para percibir la acción del Señor en nuestra barca. Por otro lado el Señor nos sostiene firmemente cuando sentimos que nos hundimos, Salmo 23: "aunque andemos en valle de sombra y de muerte, tu vara y tu callado me infundirán aliento". Cuando sintamos que ya no podemos, su Palabra nos dará la fuerza para seguir. El trae la paz a nuestra vida, es el "oportuno socorro", en medio de las circunstancias más difíciles, permitámosle entrar a nuestra barca, su presencia es lo que necesitamos. Cuando San Pablo, le pidió que le sanara tres veces, la respuesta fue "bástate mi gracia". La inconmensurable gracia de Dios es suficiente ahora para seguir enfrentando mi dolor y angustia, ella producirá paz en medio de la tormenta, me sostendrá cuando esté a punto de desfallecer. ¡Gracias Señor por tu gracia, que nos sostiene!

CONCLUSIÓN

Debemos saber que posiblemente el dolor y la tristeza seguirá mientras este esta situación, pero debes saber: Esta situación pronto pasará, su dolor y angustia será parte de la historia de nuestra vida, que será un capítulo donde salimos victoriosos, de la prueba. Acuérdese que dios tiene "pensamientos buenos" sobre usted y su pareja y familia. Como la mañana trae nueva luz al día, así será para su matrimonio y familia. Un nuevo amenecer lleno de esperanza y paz que produce la presencia de Dios en su barca.

SV

RECURSOS

Dinámica

Hablar durante 15 o 20 minutos, en grupos de tres o cuatro parejas, sobre situaciones que han pasado en su matrimonio o familia, en las cuales, la angustia, el sufrimiento, el dolor llegaron a ustedes, y como lo resolvieron, si lo hicieron, o como le enfrentaron o lo están enfrentando.

LECCIÓN 25

Cuando el dolor y la angustia llega al matrimonio y la familia

HOJA DE ACTIVIDAD

Texto para memorizar

"Aunque ande en valle de sombra de muerte, No temeré mal alguno, porque tú estarás conmigo; Tu vara y tu cayado me infundirán aliento".
Salmos 23:4 (RVR 1960)

Actividades

1. Causas del sufrimiento y dolor.

¿Son mis decisiones lo suficientemente objetivas? (Deuteronomio 30:15)

_____
_____
_____
_____

¿Cómo benefician a mi matrimonio?

_____
_____
_____

2. ¿Qué está pasando en nosotros ante el dolor y sufrimiento?

¿Cómo reaccionaría usted ante una situación como esta? (Mateo: 14:22-27)

_____
_____
_____
_____

¿Siente usted miedo, pánico ante las tormentas de la vida?

_____
_____
_____

3. Pasos para enfrentar nuestra situación.

¿Lucha usted para mantenerse a flote, o se rinde ante la tempestuosa, circunstancia, que azota su barca?

_____
_____
_____
_____

Conclusión

Debemos saber que posiblemente el dolor y la tristeza seguirá mientras este esta situación, pero debes saber: Esta situación pronto pasará, su dolor y angustia sera parte de la historia de nuestra vida, que sera un capítulo donde salimos victoriosos, de la prueba. Acuérdese que Dios tiene "pensamientos buenos" sobre usted y su pareja y familia. Como la mañana trae nueva luz al día, así será para su matrimonio y familia. Un nuevo amenecer lleno de esperanza y paz que produce la presencia de Dios en su barca.

LECCIÓN 26

PARA MEMORIZAR

"Que gobierne bien su casa, que tenga a sus hijos en sujeción con toda honestidad, pues el que no sabe gobernar su propia casa, ¿cómo cuidará de la iglesia de Dios?". 1 Timoteo 3:4-5 (RVR 1960)

PROPÓSITO DE LA LECCIÓN: QUE EL ALUMNO...

Conocer la importancia de la familia en el ministerio. Los peligros y amenazas a que está sometida la familia de este tiempo, y como enfrentarlas para mantener una familia sana.

La Familia y el Ministerio

POR MIGUEL E IRENE GARITA

Desarrollo de la lección

Las familias en general están viviendo en tiempos difíciles, se desarrollan en medio de una sociedad compleja, llena de antivalores, y con muchas amenazas diferentes. Las familias de los líderes, al igual que las otras, viven bajos esas mismas amenazas, y aún más, porque el enemigo de nuestras vidas quiere destruirlas, ya que cuando se destruye la familia de un pastor o líder, también afecta al grupo al cual sirve.

Por esto es importante de que estas, puedan ser familias sanas y fuertes, que puedan enfrentar la vida con éxito.

Sin embargo por lo general no es así, pues muchos líderes no dan la importancia suficiente a la familia, creen que por ser líderes o pastores ya tienen asegurado que nada va a pasarle a su familia, que Dios tiene que proteger su hogar, su matrimonio, su familia, y ellos la descuidan, de tal manera que pastores y líderes a destacados han perdido a su familia.

La presente lección tiene por propósito mostrar que la familia del líder es importante, no sólo para él, sino para la congregación o ministerio en que sirve, ya que esta familia representa un modelo de lo que Dios quiere que nosotros aprendamos, como debe vivir la familia de un siervo de Dios. Dios mismo muestra que nuestra familia es importante, que es nuestra primera iglesia a la que debemos servir, y cuidarla. Analice el texto de Cantares 1:6 en la última parte *"...me pusieron a guardar las viñas. Y mi viña, que era mía no la guardé".*

1. La importancia de la familia

Si bien la prioridad número uno de cada cristiano es: *"Y amarás a Jehová tu Dios de todo tu corazón, y de toda tu alma, y con todas tus fuerzas".* (Deuteronomio 6:5). Cuando estamos comprometidos para amar a Dios, entonces sabemos que debemos amar a nuestras esposas, (Efesios 5:22-30) *"De la misma manera, las esposas deben estar sujetas a sus esposos como al Señor"* [25] *Esposos, amen a sus esposas, así como Cristo amó a la iglesia y se entregó por ella* [26] *para hacerla santa. Él la purificó, lavándola con agua mediante la palabra,* [27] *para presentársela a sí mismo como una iglesia radiante, sin mancha ni arruga ni ninguna otra imperfección, sino santa e intachable.* [28] *Así mismo el esposo debe amar a su esposa como a su propio cuerpo. El que ama a su esposa se ama a sí mismo,*

[29] *pues nadie ha odiado jamás a su propio cuerpo; al contrario, lo alimenta y lo cuida, así como Cristo hace con la iglesia,* [30] *porque somos miembros de su cuerpo".*

Este pasaje declara una serie de elementos que como los líderes deben vivir con su familia, de esta manera el apóstol Pablo inspirado por el Espíritu Santo, nos muestra la importancia de cuidar la familia, primero con amor, un amor como Cristo tuvo a su iglesia, un amor de entrega, que se muestra en el mantener santa a la familia, cuidarla, alimentarla, para que esta se desarrolle en todos los sentidos, de relaciones basadas en este amor, sin egoísmos, ni enojos, de esta manera la familia vivirá "radiante, sin mancha ni arruga ", sin conflictos que den mal testimonio a la comunidad en que sirve. Estas son las familias que necesitamos, pues son el testimonio de lo que Dios quiere que nosotros vivamos, aún en medio de una sociedad convulsa y compleja, llena de maldad. Dios ama a la familia, y desea que ésta viva bien donde desarrolle su ministerio. Este tipo de familia será un ejemplo para muchos, que viven mal, por estar sujetos al pecado y al afán de este mundo.

2. Amenazas que están sometida las familias hoy

Las amenazas que se ciernen sobre las familias hoy son de muchas clases, pero mostraremos algunas de ellas, contra las que es líder cristiano debe cuidarse.

a. Las deudas o problemas económicos. Muchos líderes cristianos viven vidas llenas de deudas, y siempre con problemas económicos. En algunos de estos casos el líder debe vivir basado en un presupuesto, ser buenos administradores que le ayude a no gastar más de lo que gana, por otro lado debe aprender que la bendición de Dios no es que tenga grandes riquezas, como la sociedad sin Dios lo promueve, sino que, si vivimos con la bendición de Él, tengamos mucho o poco, nos alcanzará para vivir bien. Cuando el líder busca las riquezas, pierde la dimensión de esta bendición.

b. Problemas en la salud. Muchos líderes viven en constante tensión, por las enfermedades que acosan a la familia. Es importante saber que debemos cuidar nuestro cuerpo, comiendo sanamente, haciendo ejercicios. Este cuidado es para que podamos servir con vigor y energía.

Debemos estar conscientes que alrededor hay elementos que pueden ser nocivos a nuestra salud, como enfermedades trasmitidas por mosquitos, debemos trabajar activamente para erradicar los criaderos, además de mantener el aseo constante. El cuidarnos ayudara a tener mejor salud cada día.

c. Conflictos con sus parejas e hijos. En muchas familias de líderes cristianos sean encargados de algún ministerio en la iglesia local, o sean pastores o misioneros, tienen conflictos conyugales y los llevan por muchos años. Esto hace que cada día se vayan alejando más, al final pueden terminar en separaciones y divorcios. Por otro lado, muchos no cuidan ni dan tiempo a los hijos, estos, crecen sin dirección cayendo en problemas como drogas, violencias, madres adolescentes, o cualquier otra situación, que avergüenza a los padres, y afecta el ministerio.

Se debe dirigir enseñando valores, sustentados en la Palabra de Dios, cada día. El tiempo que dedique a sus hijos, tendrá una recompensa al final, como dice La Palabra, enseñarla y cuando fueren viejos no se apartarán de ella. Se deben resolver los conflictos de la familia, bajo la dirección del Espíritu Santo, que nos guía a toda verdad.

d. La violencia social en que se vive. Muchos de nuestras familias están viviendo en medio de una sociedad violenta, que en muchas ocasiones tocan lesionando de alguna manera la familia cristiana. Debemos pedir a Dios que nos proteja, haciendo una verdad para nosotros el Salmo 91, *"El que habita al abrigo del Altísimo, morara bajo la sombra del Omnipotente, caerán a tu lado diez mil, pero a ti no te tocará"*. Esto es interceder por la protección de Dios cada día.

e. Caer en la liviandad espiritual. En muchos hogares de los líderes cristianos, empiezan a ver el trabajo en la obra de Dios, como una profesión. Creen que por ser líderes, y Dios lo ha puesto en ese ministerio, quieren desarrollarlo con el esfuerzo humano, por lo que van dejando las disciplinas espirituales de lado, no oran, no leen La Palabra, buscan temas más en libros cristianos (lo que no es malo), que en el estudio profundo de La Biblia, como fuente de inspiración. Esto los desenfoca, y pueden caer en sus propias áreas de inseguridad o debilidad, provocando así un alejamiento paulatino de la presencia de Dios, y de su Santo Espíritu, lo cual debilita a la familia, el ministerio, y al final todo el trabajo que han desarrollado. Una característica que se presenta en esta situaciones, es que el ministerio, comienza a decaer, o en la iglesia surgen conflictos y pleitos, en la familia del líder, comienza una serie de dificultades, sobre todo de desánimo en los diferentes miembros de la familia, que los hace alejarse como grupo familiar.

El caer en la liviandad espiritual es un mal que afecta a muchas familias de líderes, el proceso es lento, y no se dan cuenta de lo que está ocurriendo, hasta que las dificultades son tan grandes, que la familia explota en alguna situación sin control. Puede llevar al líder a mantenerse practicando los pecados ocultos, sin deseos de resolverlos.

f. Otras amenazas. El estrés por exceso de trabajo, lo que trae muchas consecuencias en la salud del líder, y afecta a los que están a su alrededor. Se vuelve más irritable, menos tolerante, con todos, le cuesta aun orar y mantener su vida espiritual, afecta su sexualidad, en general toda su salud mental, puede entrar en la depresión, o lo llamado *"bourned out"* en lo cual el líder no resiste su tarea, abandonándola, porque no sabe cómo resolver lo que tiene. Cayendo en el desánimo y la depresión, o enfermedades psicosomáticas (enfermedades cuyo origen es psicológico).

g. Las pérdidas por muerte de la familia. Esto afecta al líder, algunos se enojan con Dios pensando que si le sirve, ¿porque Dios no los cuido, o protegió? y algunos se alejan. Esto demuestra que son inmaduros en su vida cristiana, inclusive algunos reniegan, se vuelven personas amargadas, y enojadas con la vida.

3. ¿Cómo podemos fortalecer a la familia, para enfrentar estas amenazas?

Es importante fortalecer las familias, sean líderes o no. Pero en el caso de familias de los líderes en el ministerio, cobra más importancia esta acción, por cuanto tanto el líder como su familia son modelos de vida que las personas están viendo. Por lo tanto, cuando una familia se desintegra, afecta a muchos de los hermanos que le han seguido y que saben que trabajan en un ministerio. También afecta la fe de muchos, pero más aún, los miembros que la componen.

A continuación se presentan varios elementos que ayudan a mantener fuerte ante la adversidad y las asechanzas del enemigo:

a. Mantener una vida equilibrada: Lo primero que debemos entender es que el líder cristiano debe mantener una vida equilibrada en todo: con sus gastos, su familia, su iglesia, su relación con Dios. Entendiendo por equilibrio, el saber que el ministerio que desarrollemos no nos garantiza que nada nos va a pasar, por lo que debemos buscar siempre tener muy claro las prioridades, después de Dios, así la familia es lo primero, por lo que debo planear mi tiempo con ellos, luego mi trabajo, mis relaciones, saber cuándo debo decir no. El aprender a planear nos lleva a encontrar el equilibrio, porque nos permite organizar el trabajo, el tiempo, las tareas y las metas. Esto nos ayuda a controlar aquellas situaciones que nos empujan a los extremos, y todos los extremos son poco saludables para las personas.

b. Mantener una buena comunicación con Dios. Buscar a Dios en oración y buscar los planes que Él tiene para mi vida, son elementos indispensables para cuidarme de las amenazas que hablamos, saber que estamos alineados con el plan de Dios, nos da paz, y esperanza. No debemos perder los tiempos de adoración tanto personal como con la familia, mantener el estudio de la Biblia, *"lámpara es a mis pies tu Palabra"* Salmo 119:105.

c. Mantener pautas de conducta para resolver los problemas. Por ejemplo: no me enojaré, o haré daño a mi pareja y familia. Buscaré establecer siempre una relación con mi cónyuge desde la perspectiva de Colosenses 3:13-15 *"soportándoos unos a otros y perdonándoos unos a otros, si alguno tiene queja contra otro; como Cristo os perdonó, así también hacedlo vosotros. Y sobre todas estas cosas, vestíos de amor, que es el vínculo de la unidad. Y que la paz de Cristo reine en vuestros corazones, a la cual en verdad fuisteis llamados en un solo cuerpo; y sed agradecidos"*.

d. Adquiriendo la verdadera identidad de cristiano. Marcos 27-29... *"¿Quién dicen los hombres que soy yo? Y le respondieron, diciendo: Unos, Juan el Bautista; y otros, Elías; pero otros, uno de los profetas. Él les preguntó de nuevo: Pero vosotros, ¿quién decís que soy yo? Respondiendo Pedro, le dijo: Tú eres el Cristo"*. Como líderes nunca debemos perder nuestra verdadera identidad de que somos cristianos, seguimos y servimos a un Cristo vivo, poderoso, maravilloso, que nos sostiene y nos garantiza de que estará con nosotros aunque andemos *"en valle de sombra o de muerte"*, Salmo 23.

A Él servimos, porque le amamos con toda nuestra mente, fuerza, corazón, ya que nos amó primero, su amor es sanador, es el que nos ayuda a crecer en medio de las dificultades, su amor no da paz. Ese inmenso amor nos indica que debemos amar a nuestro prójimo, como a nosotros mismos, que es el segundo mandamiento.

e. Analizando nuestra situación. Cada líder se debe analizar así mismo, su situación, lo que trae de su pasado, como está viviendo, y debe enfrentar sus áreas débiles o enfermas, para tomar decisiones de cambio, y con la ayuda de Dios, puede cambiar su vida.

CONCLUSIÓN

Todo líder cristiano debe saber que el enemigo el diablo, anda como león rugiente para destruirle a él, su familia y ministerio. Pero el poder de Dios no solo le protege, sino que le guardará.

Debemos saber que siempre para todas la familias hay amenazas, pero nuestro Dios de gloria nos guardara y nos mantendrá en perfecta paz.

$\mathcal{SN}$

HOJA DE ACTIVIDAD

Texto para memorizar
"Que gobierne bien su casa, que tenga a sus hijos en sujeción con toda honestidad, pues el que no sabe gobernar su propia casa, ¿cómo cuidará de la iglesia de Dios? " 1a. Timoteo 3:4-5 (RVR1960).

Actividades
1. La importancia de la familia. Indique todos las razones que pueda del porqué es importante la familia para usted
_____
_____

2. Amenazas que están sometida las familias hoy. Describa cuatro amenazas que tiene su familia hoy:
_____
_____
¿Cuál de ellas es la más peligrosa para usted y su familia? _____
¿Con cuál amenaza se ha enfrentado usted y como la enfrentó y resolvió? _____
_____
¿Ha tenido usted alguna perdida en su familia?_____
¿Cómo la enfrentó? _____
_____
¿Qué entiende usted por liviandad espiritual, como la detectaría en su familia, con su pareja o hijos? _____
_____

3. ¿Cómo podemos fortalecer a la familia, para enfrentar estas amenazas?
a. Mantener una vida equilibrada. ¿Cuál es la mejor manera de mantener una vida equilibrada? _____
_____
b. Mantener una buena comunicación con Dios. ¿Mantiene buena comunicación con Dios cada día? ¿Cómo lo hace?
_____
_____
c. Mantener pautas de conducta para resolver los problemas. ¿Cómo mantiene las pautas de conducta para resolver los problemas en la familia y ministerio? _____
_____
d. Adquiriendo la verdadera identidad de cristiano. ¿Tiene clara usted su identidad de cristiano? ¿Qué le ha faltado?
_____
_____
e. Analizando nuestra situación. Revisando o analizando la situación de su familia, ministerio y la suya, ¿cómo ve a su familia?
_____
_____

Conclusión

Todo líder cristiano debe saber que el enemigo el diablo, anda como león rugiente para destruirle a él, su familia y ministerio. Pero el poder de Dios no solo le protege, sino que le guardará. Debemos saber que siempre para todas la familias hay amenazas, pero nuestro Dios de gloria nos guardara y nos mantendrá en perfecta paz.

Iglesia y su misión

UNIDAD 3

Sin Mancha y sin Arruga

Características de un Cristiano

Hagamos Crecer la Iglesia

La Escritura y la Tradición

La Experiencia y la Razón

Un Pueblo de Santidad

Llenos y Llenas del Espíritu

Un Pueblo Enviado

La Iglesia Local en la Misión Local

Importancia de la Compasión en la Iglesia Local

Principios Básicos de Compasión

Compasión con Propósito

Liderazgo transformacional

LECCIÓN 27

BASE BÍBLICA

Efesios 5:25-27.

PARA MEMORIZAR

"Maridos, amad a vuestras mujeres, así como Cristo amó a la iglesia, y se entregó a sí mismo por ella, para santificarla, habiéndola purificado en el lavamiento del agua por la palabra, a fin de presentársela a sí mismo, una iglesia gloriosa, que no tuviese mancha ni arruga ni cosa semejante, sino que fuese santa y sin mancha". Efesios 5:25-27

PROPÓSITO DE LA LECCIÓN:

Mostrar a los alumnos qué es la iglesia y la relación de ésta con el Señor Jesucristo.

Sin Mancha ni Arruga

POR RUBÉN FERNÁNDEZ

Introducción

Si hiciéramos una encuesta al azar entre cien cristianos de diferentes grupos, con la simple pregunta ¿Qué es la iglesia? Probablemente obtendríamos cien respuestas diferentes. Aún más, nosotros mismos podemos tener conceptos un tanto distorsionados acerca de lo que es la iglesia.

Cuando el que escribe era niño, asociaba la iglesia con el templo. ¡Vamos a la iglesia! decíamos... "Recuerdo que la iglesia, para muchos de nosotros, era el salón, o las facilidades en las cuáles nos reuníamos".

Para algunas personas la iglesia puede asociarse a la denominación. La iglesia es el grupo con cierto apellido denominacional con el que me congrego (nazareno, bautista, pentecostal, etc.) y casi llegamos a creer que no hay iglesia fuera de ella.

Otros –como los políticos- ven a la iglesia como una organización más, parte de las fuerzas vivas de la comunidad, como una sociedad de fomento o el Club de Leones. Para ellos la iglesia es una asociación civil religiosa "sin fines de lucro" una entidad que hace beneficencia, y en la que por supuesto, sus miembros también votan.

Si queremos describir cómo debe lucir la Iglesia de Jesucristo, debemos empezar por definirla correctamente. La realidad es que la iglesia es usted y la iglesia soy yo. Cuando nos reunimos juntos para adorar a Dios y cuando estamos en medio de la sociedad sirviéndole por medio de nuestros dones y talentos, somos la iglesia. La iglesia es la familia de Dios, es la gente.

Ahora bien, la iglesia nos presenta varias facetas que no se oponen y más bien se complementan entre sí: la iglesia es una y a la vez es diversa; es santa y también carismática; es universal y al mismo tiempo local; es divina y a la vez muy humana. La iglesia es la reunión (o asamblea) de los y las creyentes llamados y llamadas por Dios para el cumplimiento de su voluntad.

Desarrollo de la lección

Si bien el pasaje leído está dado en un contexto donde el apóstol está dando consejos para maridos y esposas; hijos y padres; siervos y amos; sobre como debemos someternos los unos a los otros por amor; en estos tres versículos nos da una joya preciosa sobre la relación entre Cristo y su iglesia, y nos dice bastante acerca de ella:

Consideremos por unos momentos la relación entre Cristo y su iglesia en este pasaje:

1. La profundidad del amor del Señor por la iglesia

"...Cristo amó la iglesia, y se entregó a si mismo por ella..." (v.25)

Efesios 3:18 en la versión popular, nos dice que el amor de Cristo es ancho (abarca a todas las personas del planeta), largo (alcanza a todas las generaciones que vivieron en la tierra), profundo y alto (nos sacó del pozo de pecado y nos hizo sentar en los lugares celestiales).

Cristo murió por todos los seres humanos, pero su muerte es eficaz sólo para la iglesia. Sólo los que creen en Jesús para salvación gozan de los beneficios de la salvación. En un sentido profundo del pasaje, Cristo murió por la iglesia. Qué hermoso es pensar que para cada uno de nosotros Él no murió en vano.

2. El objetivo del amor del Señor para su iglesia

"...para santificarla, habiéndola purificado en el lavamiento del agua por la palabra..." (v.26)

Para llegar a ser santa, apartada, diferenciada, debe ser lavada primero. La palabra de fe en el Cristo crucificado; la doctrina de la cruz es la que hace que el bautismo en agua tenga sentido. Bautizarse no le quita a usted ningún pecado. Arrepentirse y creer en Jesús es el requisito indispensable. Arrepentimiento es la palabra menos popular del cristianismo de este siglo. No atrae gente y por lo tanto en algunas iglesias no se menciona, no produce "rating" y por lo tanto los predicadores de televisión no la usan, pero Jesucristo era un predicador de arrepentimiento (Marcos 1:15). Necesitamos un cambio de actitud para ser libres de todo lo que nos ata y esclaviza. Para ser libres del pecado necesitamos arrepentirnos y creer.

Una vez que nos hemos arrepentido y creído el amor de Cristo, El quiere llenarnos completamente con su Espíritu Santo. Podemos y debemos ser diferentes de la corriente de este mundo, aún viviendo en este mundo.

3. La iglesia que buscará el Señor

"...a fin de presentársela a sí mismo, una iglesia gloriosa, que no tuviese mancha ni arruga ni cosa semejante, sino que fuese santa y sin mancha". (v. 27)

Cuando Pablo nos dice *"...a fin de presentársela a sí mismo..."*, está haciendo una alusión al método antiguo de purificación de las mujeres que eran designadas para ser esposas de los reyes. Se lavaban; se ponían óleos de mirra y perfumes aromáticos. En algunos casos, esta preparación duraba hasta doce meses.

¿Se ha preguntado usted, a cuál iglesia buscará el Señor? Un comentarista menciona: la iglesia visible contiene ahora limpios y no limpios juntos, como el arca de Noé o la sala de bodas, o la red, o el trigo y la cizaña, o los vasos de plata y de oro y los vasos de barro, mencionados en las parábolas. No que haya dos iglesias (una mezcla de buenos y de malos y otra sólo de buenos), sino una y la misma iglesia en relación a tiempos diferentes. Estoy convencido que en muchas iglesias en el continente hay personas inscriptas en el libro de membresía que no están inscriptas en el libro de la vida; es decir, no son parte de la iglesia que el Señor viene a buscar, pero asisten a un templo cada domingo.

Entonces... ¿cómo es la iglesia que verdaderamente viene el Señor a buscar? El pasaje nos dice que es:

A. Santa

La palabra "santo" encerraba en sí misma tres significados distintos para el pueblo hebreo:

• Puro

"...como aquel que os llamó es santo, sed también vosotros santos en toda vuestra manera de vivir..." 1 Pedro 1:15.

La pureza y la santidad no se pueden separar, son sinónimos. Un Dios santo demanda vidas sin contaminación de la corrupción del mundo que nos rodea. En este mundo hay muchas oportunidades para vivir en la impureza. Sin embargo, es posible y necesario hoy más que nunca, vivir una "contracultura" cristiana que nos mantiene libres del pecado.

• Apartado

"...quién nos salvó y llamó con llamamiento santo, no conforme a nuestras obras, sino según el propósito suyo y la gracia que nos fue dada en Cristo Jesús". 2 Timoteo 1:9.

Algo santo es algo separado para Dios. En el caso del pueblo de Israel, el templo, el sacerdocio, el diezmo y el día de descanso eran santos, pero el pueblo mismo era una "nación santa", es decir un pueblo apartado para Dios.

• Glorioso

La última acepción del término santo es "glorioso", que significa excelente, magnífico, espléndido, honorable, noble. La iglesia es gloriosa, en primer lugar porque procede del Rey de la Gloria (Salmos 24). Pero también lo es, porque tiene un mensaje glorioso para ofrecer. Un mensaje de bienaventuranza, de transformación completa de la persona, que redunda en un mundo mejor donde vivir.

Un mensaje que transforma las comunidades a través de personas que habiendo tenido un cambio completo en sus vidas, se han constituido en sal y luz para sus vecinos. Un mensaje celestial, pero para ser vivido en esta tierra. Un mensaje significativo.

Los discípulos en el libro de Los Hechos estaban impactando su comunidad con el mensaje de salvación integral. Sus obras eran notorias en la ciudad (Hechos 4:6). Predicaban, enseñaban y servían así como lo hizo su maestro. Todo el mundo sabía de ellos. Recordemos que cuando Jesús entro en Jerusalén en Domingo de Ramos se nos dice que "toda la ciudad se conmovió".

Qué triste es pensar que existen iglesias en la actualidad que pasan desapercibidas en sus comunidades. Ni se ven. Los jóvenes se drogan en la esquina del templo, pero ellos no hacen nada, su barrio tiene altos índices de violencia doméstica, pero no desarrollan ningún ministerio para suplir esa necesidad. Se ha hablado con razón de los templos mal ubicados en América Latina. Hay muchos. Debido al lugar que ocupan se vuelven invisibles. Pero lo que más me preocupa es que haya iglesias invisibles, ajenas a las necesidades de su pueblo, a las que Jesús siempre atendió.

Debemos tocar nuestro mundo positivamente con el evangelio de Cristo. Un evangelio que no es una teoría, algo que leemos en un libro nada más, un evangelio que es poder de Dios para salvación, un evangelio que le cambia la vida al que se la iba a quitar, que hace que el borracho no tome más, que las parejas que estaban por separarse se amen más que nunca antes, que los hijos rebeldes cambien de actitud. ¡Ese es el evangelio en el que creemos y que predicamos: un evangelio glorioso!

B. Sin mancha

La iglesia que el Señor viene a buscar no tiene pecado. Ha sido limpiada por la sangre del Cordero de Dios que quita el pecado del mundo, y está libre de toda falta o transgresión conciente a la ley del Señor. Es una iglesia que vive con victoria sobre el pecado.

C. Sin arruga

Debemos ser una iglesia que influya en el mundo, no que sea influenciada por el mundo. A un eminente expositor y escritor de santidad le preguntaron: ¿Cuál es la diferencia entre la iglesia y el mundo? Quince o veinte años, fue la respuesta. ¿Entienden lo que quería decir? Las cosas que hace algunos años a la iglesia le parecían pecado, ya no lo parecen hoy. En lugar de contagiar al mundo, el mundo nos ha contagiado a nosotros.

Supongamos por un momento que tenemos una bandeja de acero circular, del tamaño de una pizza personal (unos 20 cm. de diámetro), y queremos colocar dentro de ella una cartulina del tamaño y forma de una pizza mediana (35 cm. de diámetro). ¿Qué ocurrirá? ¡Obviamente se arrugará!

Así, las arrugas son las marcas de la decadencia de la iglesia. Muestran el paso del tiempo que ha dejado marcas de debilidad y enfermedad espiritual. Nos arrugamos cuando nos tratamos de acomodar a un molde diferente a aquel para el que fuimos creados.

CONCLUSIÓN

Hace más de medio siglo, en un país latinoamericano, se iba a llevar a cabo una boda. Todo estaba preparado. El templo estaba decorado para la ocasión, el novio estaba junto al altar con su madre (la madrina de bodas), y sobre la plataforma el pastor que iba a oficiar la ceremonia, todos, por supuesto, esperando a la novia. El templo estaba abarrotado. Las bodas no se daba seguido en la comunidad y se había levantado mucha expectativa. Era normal y hasta casi esperado que las novias se retrasasen unos minutos.

Sin embargo, algo ocurrió en el tiempo de espera, que puso a todo el mundo nervioso: se desató un temporal de viento y lluvia muy fuerte. No hubiera habido problema si la calle frente al templo hubiese estado pavimentada, pero no lo estaba. Pronto la tierra de la calle se anegó con ríos de agua llovida, convirtiéndose en un lodo pantanoso. De pronto, un vehículo negro dio vuelta en la esquina y comenzó a transitar lentamente en el barro para no quedarse atascado. ¡Ahí viene la novia! se escuchó en la acera. Unos a otros los asistentes comenzaron a mirarse y a decir "pobre novia, la calle es un desastre", y "se va a ensuciar toda". La novia abrió su puerta y miró con angustia a la calle. Tenía recogida sobre su regazo la larga cola de su vestido (como se usaba entonces) el cual por supuesto, estaba impecable, de punta en blanco. Sin embargo, algo ocurrió. La otra puerta trasera se abrió y la persona sentada allí se quitó los zapatos y las medias, se arremangó los pantalones y hundió sus pies en el barro. Caminó por detrás del carro y extendiendo sus brazos cargó a la novia, atravesando la calle enlodada la depositó sin una arruga ni una pizca de barro en el atrio del tempo. ¡Era el padre de la novia, por supuesto!

Como iglesia de Jesucristo, no ignoramos el barro del pecado, pero pasamos por encima de él, sin salpicarnos. Usted no necesita meter su cabeza dentro del bote de la basura para saber que la basura existe. Si comenzamos a revolver la basura que nos rodea, terminaremos contaminados. La iglesia que el Señor viene a buscar es una "sin mancha y sin arruga". ¿Somos realmente parte de ella, de la verdadera iglesia del Señor?

SV

LECCIÓN 27

Sin Mancha ni Arruga

HOJA DE ACTIVIDAD

Texto para memorizar

"Maridos, amad a vuestras mujeres, así como Cristo amó a la iglesia, y se entregó a sí mismo por ella, para santificarla, habiéndola purificado en el lavamiento del agua por la palabra, a fin de presentársela a sí mismo, una iglesia gloriosa, que no tuviese mancha ni arruga ni cosa semejante, sino que fuese santa y sin mancha" Efesios 5:25-27.

Actividades

Dinámica de Grupos sobre el Valor Medular escrito por los Superintendentes Generales: "Somos un pueblo de Santidad".

1. ¿Cuál es la diferencia práctica entre tener individuos santos que asisten a una iglesia y ser un pueblo de Santidad? Expliquen.

2. Discutan sobre la comparación de la experiencia de la santidad con el "carácter de Cristo" o "la semejanza a Cristo". Es una imagen que nos ayuda a compartir la experiencia con las nuevas generaciones ¿Por qué?

3. ¿Qué implicaciones concretas tiene entender a la entera santificación como el amor a Dios con todo nuestro corazón, alma, mente y fuerza, y a nuestro prójimo como a nosotros mismos? Expliquen.

Somos un pueblo de Santidad

Dios, quien es santo, nos llama a una vida de santidad. Creemos que el Espíritu Santo desea efectuar en nosotros una segunda obra de gracia, conocida con varios términos incluyendo "entera santificación" y "bautismo con el Espíritu Santo" —limpiándonos de todo pecado; renovándonos a la imagen de Dios; dándonos el poder para amar a Dios con todo nuestro corazón, alma, mente y fuerza, y a nuestro prójimo como a nosotros mismos; y produciendo en nosotros el carácter de Cristo. La santidad en la vida de los creyentes se entiende más claramente como semejanza a Cristo. Se nos exhorta en las Escrituras y somos atraídos por gracia para adorar y amar a Dios con todo nuestro corazón, alma, mente y fuerza, y a nuestro prójimo como a nosotros mismos. Para este fin nos consagramos plena y completamente a Dios, creyendo que podemos ser "enteramente santificados", como una segunda crisis en la experiencia espiritual. Creemos que el Espíritu Santo nos convence, limpia, llena y da poder a medida que la gracia de Dios nos transforma día tras día en un pueblo de amor, de disciplina espiritual, pureza ética, rectitud moral, compasión y justicia. La obra del Espíritu Santo nos restaura a la imagen de Dios y produce en nosotros el carácter de Cristo. La santidad en la vida de los creyentes se entiende más claramente como semejanza a Cristo. Creemos en Dios el Padre, el Creador, que da vida a lo que no existe. En otro tiempo no éramos, pero Dios nos llamó a ser, nos hizo para sí mismo, y nos formó a su propia imagen. Hemos sido comisionados para llevar la imagen de Dios: *Yo soy Jehová, vuestro Dios. Vosotros por tanto os santificareis y seréis santos, porque yo soy santo* (Levítico 11:44a).

Conclusión

Hace más de medio siglo, en un país latinoamericano, se iba a llevar a cabo una boda. Todo estaba preparado. El templo estaba decorado para la ocasión, el novio estaba junto al altar con su madre (la madrina de bodas), y sobre la plataforma el pastor que iba a oficiar la ceremonia, todos, por supuesto, esperando a la novia. El templo estaba abarrotado. Las bodas no se daba seguido en la comunidad y se había levantado mucha expectativa. Era normal y hasta casi esperado que las novias se retrasasen unos minutos.

Sin embargo, algo ocurrió en el tiempo de espera, que puso a todo el mundo nervioso: se desató un temporal de viento y lluvia muy fuerte. No hubiera habido problema si la calle frente al templo hubiese estado pavimentada, pero no lo estaba. Pronto la tierra de la calle se anegó con ríos de agua llovida, convirtiéndose en un lodo pantanoso. De pronto, un vehículo negro dio vuelta en la esquina y comenzó a transitar lentamente en el barro para no quedarse atascado. ¡Ahí viene la novia! se escuchó en la acera. Unos a otros los asistentes comenzaron a mirarse y a decir "pobre novia, la calle es un desastre", y "se va a ensuciar toda". La novia abrió su puerta y miró con angustia a la calle. Tenía recogida sobre su regazo la larga cola de su vestido (como se usaba entonces) el cual por supuesto, estaba impecable, de punta en blanco. Sin embargo, algo ocurrió. La otra puerta trasera se abrió y la persona sentada allí se quitó los zapatos y las medias, se arremangó los pantalones y hundió sus pies en el barro. Caminó por detrás del carro y extendiendo sus brazos cargó a la novia, atravesando la calle enlodada la depositó sin una arruga ni una pizca de barro en el atrio del tempo. ¡Era el padre de la novia, por supuesto!

Como iglesia de Jesucristo, no ignoramos el barro del pecado, pero pasamos por encima de él, sin salpicarnos. Usted no necesita meter su cabeza dentro del bote de la basura para saber que la basura existe. Si comenzamos a revolver la basura que nos rodea, terminaremos contaminados. La iglesia que el Señor viene a buscar es una "sin mancha y sin arruga". ¿Somos realmente parte de ella, de la verdadera iglesia del Señor?

LECCIÓN 28

BASE BÍBLICA

HECHOS 11: 22-30.

PARA MEMORIZAR

"Porque era varón bueno, y lleno del Espíritu santo y de fe. Y una gran multitud fue agregada al Señor". Hechos 11:24

PROPÓSITO DE LA LECCIÓN:

Mostrar a los discípulos las características del cristiano a la luz de su palabra y de los esenciales nazarenos.

Características de un Cristiano

POR ULISES SOLÍS

Introducción

Antes de iniciar la clase distribuya una página de papel bond en blanco y pídales que escriban algunas características de los cristianos de hoy. Al final de la clase las comparan con lo aprendido en esta lección.

1. Y a los discípulos se les llamó cristianos por primera vez en Antioquía. Según Beacon dice que se les había designado como: Creyentes, hermanos, santos, del camino, y discípulos. Por lo que era necesario asignarles otro nombre que indicara como discípulos de Cristo. William Barclay al respecto dice, que los habitantes gentiles de Antioquia eran expertos y famosos en poner motes o sobrenombres, pero a los cristianos les gustó y se apoderaron del nombre y lo dieron a conocer, 1 Pedro 4:16.

Este pasaje nos enseña las características o virtudes que deben tener los líderes de la iglesia ya sean ministros o laicos. También vale la pena mencionar que se nos enseña un modelo que debe seguir el liderazgo cuando se planta una nueva iglesia, esta debe ser intencionalmente discipulada para su madurez y crecimiento integral que incluye obras de piedad y misericordia.

Como la joven iglesia necesitaba ser edificada por medio de un discipulado, Dios comisiono por medio de la Iglesia de Jerusalén a un líder llamado Bernabé y lo enviaron para consolidar la obra del Señor en la iglesia de Antioquia. Este reunía ciertas características de un genuino cristiano comprometido con la extensión del Reino de Dios, que lo califican para desarrollar este importante ministerio, que aplica para todo nazareno en el siglo XXI. De esto estudiaremos en esta lección, veamos.

I. LIDERES APASIONADOS POR EL EVANGELISMO
Versículos 19-21.

A. La clave para realizar un evangelismo apasionado consiste en ser llenos y transformados profundamente por el poder del Espíritu Santo. La Palabra de Dios registra que el evangelio transformador había impactado en líderes laicos de la iglesia de Jerusalén, quienes llenos del Espíritu Santo llegaron a Fenicia, Chipre y Antioquía.

B. Otros varones de Chipre y Cirene que habían creído a Cristo y llenos del Espíritu Santo predicaron en Antioquia el evangelio del Señor Jesús.

No hay duda que se encontraban realizando un evangelismo apasionado, como consecuencia del poder de Dios en sus vidas. También Dios en su pura gracia les convirtió en los líderes transformacionales que la iglesia necesitaba en aquel momento, pues la presencia del Señor estaba respaldando su ministerio, Hechos 11:19-21.

C. No cabe duda que ahora el evangelio de Cristo estaba llegando a los gentiles especialmente a una ciudad clave e importante de Siria llamada Antioquía. La Biblia dice que dos varones (Discípulos) se dejaron usar por poder del Señor, pues gran numero Creyó y se convirtió al Señor en Antioquía, Vr. 21.

D. Jesús nos brinda el modelo del evangelismo apasionado, Mateo 9:35-38; San Juan 4:35. Él tuvo compasión de los perdidos quienes necesitaban amor, perdón y esperanza. Por tal razón podemos decir que la compasión por el perdido nace en el corazón de Dios y espera que sus discípulos hagan lo mismo: Un evangelismo apasionado.

Aplicación: Lo que aprendemos de esta sección es que urge ser llenos del Espíritu Santo para que elimine de nosotros toda cobardía y conformismo. Permita que su Espíritu derrame el amor de Dios en su corazón y se avivado para realizar un evangelismo apasionado, a fin de que otros crean y se conviertan al Señor y Salvador de sus vidas ¿Esta Listo?.

II.CONOCIENDO A BERNABE
Versículos 22-26.

A. Su nombre significa Hijo de Consolación. Con esto en mente es suficiente para creer que poseía un corazón pastoral y compasivo, pues fue escogido por la iglesia de Jerusalén para que cumpliera con este propósito.

B. Sus virtudes las describe la mis Palabra de Dios veamos:

1. Obediente. Al envío de su iglesia, Vr. 22. Dios necesita esta clase de obreros que estén listos para evangelizar y hacer discípulos a la semejanza de Cristo con Pasión. Dispuestos a dejar la comodidad para ir a las misiones.

2. Observador de la obra y gracia del Señor. Al ver a las personas creyendo y convirtiéndose al Señor, Vr. 23a.

3. Madurez. Se alegró por el trabajo que habían hecho otros siervos. ¿Se regocija usted cuando mira a familias cambiadas cuando les presenta con pasión a Cristo? ¿Siente celos por el trabajo que hacen otros obreros del Señor?

4. Motivado. Exhortó a los nuevos discípulos a que permanecieran fieles al Señor, Vr. 23b ¿Tiene este don motivacional para los nuevos creyentes?

5. Benigno. La benignidad y la bondad con ministro a los nuevos creyentes es un fruto del Espíritu que está dirigido hacia el prójimo, Vr. 24a.

6. Lleno del Espíritu Santo. Vr. 24b.

7. De fe. Vr. 24c. Solo Llenos del Espíritu Santo podemos evidenciar su fruto para ser fieles al llamado de Dios para cumplir la gran Comisión, como pueblo misional ¿Está listo para ir?

8. Comprometido y consagrado para ganar nuevos creyentes. 24d. pues una gran multitud fue agregada al Señor bajo su ministerio.

9. Realista. La tarea que tenía por delante era gigante, reconoció que necesitaba ayuda, por lo que buscó a Saulo para que le ayudara en la obra del ministerio, Vr. 25.

10. Discipulador y dispuesto a trabajar en equipo. Trabajo junto a Saulo discipulando a la iglesia y enseñando a mucha gente, Vr. 26a. Su propósito era conservar los frutos de la obra y gracia del Señor.

C. Las virtudes y ejemplo de Bernabé nos desafían a brindar ayuda espiritual y física a los nuevos creyentes ¿Qué hace usted con los nuevos creyentes? ¿Les llaman cristianos porque se parecen a Cristo? ¿Están modelando a cristo con su estilo de vida?

Aplicación: Vale la pena revisar nuestras características cristianas como nazarenos pues la razón de ser como iglesia es cumplir la gran comisión, proclamar la santidad cristiana de acuerdo a las Sagradas Escrituras y Hacer discípulos semejantes a Cristo en todo el mundo.

III. OBRAS DE MISERICORDIA
Versículos 27-30.

A. Los dones espirituales sirven para equipar a la iglesia a fin de que sus líderes edifiquen a su iglesia. La presencia de Acabo el profeta en la iglesia de Antioquia nos indica que había amor fraterno en Cristo y por Cristo con los hermanos de Judea, Vr. 27.

B. Tenemos una herencia teológica que nos impulsa a realizar las obras de compasión hacia los necesitados. La compasión ha sido una parte importante de la Iglesia del Nazareno desde sus inicios. En su libro "Compasión y Evangelismo" el doctor Thomas Nees dice: "En las enseñanzas de Jesús, la compasión incluye la generosidad para aquel que no es agradecido y aun el perdón para los enemigos. De esta forma se reconocen el sufrimiento la soledad y la culpa internas. Si la compasión guió a Jesús a alimentar al hambriento, Él también provee el pan de vida, pan para el alma hambrienta.

Cuando Jesús sana, Él también restaura a la persona interna". Compasión y evangelismo dos palabras que cuando se unen, nos acercan a lo esencial del ministerio y mensaje de Jesús Cristo.

C. Aquí apreciamos que la iglesia gentil envía socorro a los hermanos de Judea, como muestra practica de su compasión y amor cristiano, quienes se encontraba, pasando por una terrible hambruna, Vr. 29.

D. Esta debe ser otra característica de santidad social de los cristianos nazarenos de mostrar su fe por medio de las obras de generosidad con el necesitado, de acuerdo con lo que tenemos, Gálatas 5:6 y siguiendo el modelo de Cristo que por amor a nosotros se hizo pobre, 2 Corintios 8:9.

CONCLUSIÓN

A través de esta lección hemos aprendido que llenos del Espíritu Santo podemos servir con eficiencia a los nuevos creyentes, con amor, bondad y fidelidad.

Permita que el Espíritu Santo de Dios produzca en usted todas las características necesarias para que pueda realizar un Evangelismo apasionado, un discipulado intencional y mostrar compasión con los necesitados y menesterosos.

LECCIÓN
28

Características de un Cristiano

HOJA DE ACTIVIDAD

Texto para memorizar

"Porque era varón bueno, y lleno del Espíritu santo y de fe. Y una gran multitud fue agregada al Señor" Hechos 11:24.

Actividades

1. Elabore un cuadro comparativo de las características de Bernabé con la delos cristianos de hoy.

2. Interprete las cualidades que debe mostrar un cristiano siguiendo el modelo de Jesús de acuerdo a los siguientes pasajes:

a. Lucas 4:17-19. _____
_____

b. Lucas 10:25-37; 14:1-14. _____
_____

c.Mateo 9:35-38; 25:31-45. _____
_____

d. Santiago 1:27. _____
_____

3. Describa sus cualidades que le hacen actuar como genuino cristiano en su iglesia local:

a. ¿Realiza un evangelismo apasionado? _____
b. ¿Hace un discipulado intencionalmente? _____
c.¿Hace obras de misericordia con el desvalido y necesitado? _____
_____
_____
_____
_____
_____
_____
_____

Conclusión

A través de esta lección hemos aprendido que llenos del Espíritu Santo podemos servir con eficiencia a los nuevos creyentes, con amor, bondad y fidelidad.

Permita que el Espíritu Santo de Dios produzca en usted todas las características necesarias para que pueda realizar un Evangelismo apasionado, un discipulado intencional y mostrar compasión con los necesitados y menesterosos.

LECCIÓN 29

PARA MEMORIZAR

"Yo soy la vid, vosotros los pámpanos; el que permanece en mí, y yo en él, este lleva mucho fruto, porque separados de mi nada podéis hacer". Juan 15:5.

PROPÓSITO DE LA LECCIÓN:

Que los alumnos puedan reflexionar y comprender que separados de Jesucristo nada podremos hacer, esto incluye hacer crecer la iglesia.

Hagamos Crecer la Iglesia

POR LEONEL LÓPEZ

Introducción

Todos estamos de acuerdo que la iglesia crece por la voluntad de Dios y su accionar en cada creyente, no por el esfuerzo humano, aunque Dios usa el esfuerzo consagrado y la dedicación de todos los que trabajan en su obra para edificar y desarrollar su iglesia. La iglesia de Cristo, más que una entidad u organización es un cuerpo vivo y activo, dinámicamente comprometido con su Señor. La iglesia no puede estar separada de Cristo, pues él es la Vid verdadera.

La primera iglesia entendió bien cuál era su compromiso con la misión. No solo los apóstoles (líderes), sino cada creyente testificaba de Cristo día a día, en las casas y en todo lugar predicaban a Cristo y ganaban a los que no habían creído aún. Su objetivo era alcanzar a toda criatura y llegar a las naciones lo más pronto posible, sin importar las limitaciones y oposiciones que tuvieran que enfrentar, sabían bien quien estaba con ellos y en quien habían creído.

I. La iglesia debe crecer en lo espiritual

Todo cristiano sincero desea tener en su vida las bendiciones del Señor. No hay otra cosa que podamos anhelar más que esto. Deseamos tener más de su poder y ver un crecimiento espiritual más rápido en nuestra iglesia y soñamos con el día en que podamos decir: Tenemos un "Avivamiento".

La voluntad de Dios es que su iglesia (los creyentes) crezca y madure espiritualmente cada día con el propósito de parecernos más a Cristo y dar frutos espirituales, y para esto la mejor manera es permaneciendo en El, Cristo. Juan 15:5. Es doloroso ver como muchas personas llegan a la iglesia buscando otra cosa y no a Cristo; por eso llegan hoy y se van mañana, porque no quieren ni les interesa realmente permanecer en Cristo. Pablo escribe a la iglesia en Éfeso sobre la madurez espiritual que debían alcanzar, para que no fueran engañados por las falsas doctrinas, para que no fueran niños en Cristo, y para que tuvieran estabilidad y sabiduría cuando presentaran el evangelio con amor. Efesios 4.14.

Es imposible que los pámpanos den frutos separados de la vid. Asimismo es imposible que los cristianos den frutos espirituales separados de nuestro Señor Jesucristo.

La iglesia debe proveer las oportunidades para que los creyentes crezcan espiritualmente. El poder para la vida cristiana victoriosa proviene de la decisión de permanecer en comunión con el Señor en la búsqueda constante de Él. El poder de la gracia de Dios fluye en las oraciones, la adoración, la lectura de la Biblia, el servicio y la relación de su pueblo con Él. Juan 15:7; Hechos 13:3; 14:23.

II. La iglesia debe crecer congregacionalmente
A. Lo que nosotros queremos

Pastores, líderes y miembros en general anhelan que su iglesia crezca como congregación, es decir en número y como familia en la fe. Queremos tener una muy buena asistencia a los diferentes servicios de la iglesia, y sabemos que esto depende en gran manera del énfasis y atención que demos a cada uno de ellos.

Deseamos además que los asistentes lleguen a ser miembros de la iglesia y posteriormente los miembros lleguen a ser los líderes que necesitamos; y aunque sabemos que es un proceso muchas veces difícil, es lo que esperamos y la meta que tenemos, pues queremos que nuestras estadísticas estén entre las primeras, así nos sentimos mejor al verlas.

El sueño que anhelamos para nuestra iglesia es que esté "llena", que no haya lugar donde acomodar a la gente que llega, y que aunque por falta de recursos u otras cosas, no podamos ampliar el edificio donde nos congregamos (los que lo tienen), si podamos celebrar aunque sea más de un servicio el domingo. También queremos que todos los ministerios que hay en la iglesia funcionen como deben, y que no nos acordemos de ellos una vez al año para "informar" en nuestra asamblea local. Queremos que todo esto suceda en nuestra iglesia y el Señor también lo quiere.

B. Lo que quiere Jesús

Lo último que Jesús mandó a sus discípulos que hicieran antes de él ir al cielo, fue que predicaran su Palabra a todas las personas en toda parte. Marcos 16:15. Este mandato lo vemos a la luz de la palabra de Dios como un llamado, un ministerio y el privilegio de todo cristiano.

Cuando Dios mostró su gran amor dando a su Único Hijo, lo hizo para todo el mundo y para que nadie se pierda. Juan 3:16.

Jesús quiere que todos sepan que: *"Yo he venido para que tengan vida y la tengan en abundancia".* Juan 10:10; y que lo conozcan a él como el único Dios verdadero que vino a salvar al mundo.

A. Nuestra responsabilidad

Usted y yo somos los testigos, predicadores e instrumentos que Dios usa para que este mundo pueda oír el evangelio. Es la voluntad del Señor que todos los que le aman y siguen desarrollen oportunidades para compartir el evangelio de salvación a través del evangelismo personal. Mat. 13:1-9; Luc. 10:1-24; Hch. 2:14-47.

Él nos dejó este privilegio de compartir el evangelio a toda criatura, y para los creyentes debe ser una garantía y una felicidad hacerlo. Los métodos y las formas que podamos tener para hacerlo son diferentes y no tienen por qué ser iguales, pero no podemos confiar en las metodologías, debemos confiar en el poder del Espíritu Santo para transformar vidas, mientras compartimos la Palabra de Dios con sencillez y amor.

La respuesta de Isaías al llamado de Dios fue, *"envíame a mi"* Isaías 6:8, usted puede responder igual que el profeta. El apóstol pablo, sintiendo el gran peso de la responsabilidad que el Señor le había confiado, y que él había aceptado, exclamó desde lo más profundo de su corazón, consciente de lo que decía: *"¡Ay de mi si no anunciare el evangelio!"* 1 Corintios 9:16. El llamado está hecho y hay muchas oportunidades, cumplamos con nuestra responsabilidad.

No importa cuál sea su profesión u oficio, mientras usted lo ejerce, puede llevar a cabo un ministerio muy importante de predicar a Cristo y testificar a los no cristianos. Usted no tiene que ser un ministro ordenado para compartir el evangelio, usted ya tiene la orden en Marcos 16:15, no necesitamos un llamado especial para hacer lo que el Señor nos mandó a hacer antes de ir al cielo, solo tenemos que cumplir nuestra responsabilidad y considerarnos como lo que somos, embajadores de Cristo.

III. La Iglesia debe crecer extendiéndose a otros lugares

El crecimiento de la iglesia también está orientado hacia la plantación de nuevas iglesias, o como le llamamos también iglesias hijas. La iglesia local debe asumir la responsabilidad de fundar nuevas iglesias, de la misma manera que las iglesias de Antioquía, Tesalónica y Colosa lo hicieron en el Nuevo Testamento. Estas iglesias entendieron claramente que para que el Reino de Dios se extendiera, era necesario multiplicar la iglesia.

La rápida reproducción de la iglesia hoy es una realidad y esta realidad la entendemos mejor al considerar el verdadero concepto bíblico de Iglesia, sobre todo cuando no la limitamos a tiempo, lugar o número. Es posible tener una iglesia en un gran edificio, con cientos de personas sentadas en los bancos, un grupo de alabanza y un pastor predicando desde el púlpito. También es posible tener una iglesia con dos o tres personas de pie o sentada bajo un árbol, compartiendo una comida, mientras cantan o leen las Escrituras o como el Señor les guie.

Cada iglesia local debe orar, planificar y desarrollar estrategias encaminadas al establecimiento de nuevas iglesias, muchas de ellas surgen de un grupo de estudio bíblico o puntos de predicación en casas u otros lugares. Hch. 2.46; 10:24-27; 13:49; 14:23.

CONCLUSIÓN

La iglesia de Jesucristo ha de crecer en cualquier tiempo o cualquier lugar. Jesús quiere que cada miembro de su cuerpo, que forman su iglesia, pueda crecer y desarrollarse cada día en el lugar donde se encuentran; y esto es posible y darán muchos frutos, si permanecen en Cristo, como permanecen los pámpanos en la Vid.

RECURSOS

Información complementaria

El vocablo griego *ekklésia* (iglesia) se refiere a un pueblo llamado y convocado, y el Nuevo Testamento se refiere primeramente a la congregación del pueblo de Dios en Cristo, que se reúne en calidad de ciudadanos del Reino de Dios (Efesios 2:19) con el propósito de adorar a Dios.

La palabra iglesia puede referirse a la iglesia local. (Mt. 18:17; Hch. 15.4) o a la iglesia universal (Mt. 16:18; Hch. 20.28; Ef. 2:21-22).

La iglesia es el cuerpo de Cristo. (1 Cor. 6.15; 10:16-17; 12:12-27). Esto significa que no hay iglesia verdadera que no esté unida a Cristo que es la cabeza del cuerpo.

La iglesia es la esposa de Cristo (2 Cor. 11.2; Ef 5:22-27; Ap 19:7-9). Aquí se expresa el sentido de unión y fidelidad de la iglesia a Cristo y el amor y la familiaridad que les caracterizan.

La iglesia es una confraternidad espiritual. La confraternidad debe demostrar amor visible y cuidado mutuo. (Juan 13:34-35)

La iglesia es columna y baluarte de la verdad. (1 Timoteo 3:15). Sostiene la verdad como un cimiento sostiene un edificio.

La iglesia es enviada a predicar. Testifica a sus semejantes del amor de Dios, y de lo que Dios haz hecho en su vida. (Mateo 28:19-20)

La iglesia es un pueblo con esperanza futura; espera el regreso de su Señor. (Juan 4:3; 1 Tim. 6:14; 2 Tim. 4:8; Tit. 2:13; Heb. 9:28)

Definición de términos

Vid: viña, viñedo. *(Biblia de Estudio Vida plena)*

Pámpanos: Vástagos, ramas, renuevos, retoños.

Apóstoles: Personas designadas y envidas por la iglesia. Si la iglesia deja de enviar personas llenas del Espíritu Santo a hacer la obra misionera, engonce se obstaculizará la difusión del Evangelio por todo el mundo. *(Biblia de Estudio Vida plena)*

Niños en Cristo: Cristianos que no han madurado espiritualmente y son inestables.

Hagamos Crecer la Iglesia

HOJA DE ACTIVIDAD

Texto para memorizar

"Yo soy la vid, vosotros los pámpanos; el que permanece en mí, y yo en él, este lleva mucho fruto, porque separados de mí nada podéis hacer" Juan 15:5.

Actividades

Respondan las siguientes preguntas

1. ¿Está creciendo y desarrollándose nuestra iglesia local, según nuestras proyecciones de fe y en función de la Gran Comisión?

_____
_____
_____

2. Si la respuesta es **Sí**, entonces, ¿Cómo podemos ayudar a nuestras iglesias hermanas cercanas o lejanas, que no crecen ni se desarrollan?

_____
_____
_____

3. Si la respuesta es **No**, entonces, ¿Cuáles son los obstáculos que están impidiendo el desarrollo y multiplicación de su iglesia?

_____
_____
_____

4. ¿Qué acciones debe tomar la iglesia local para su desarrollo en la multiplicación?

_____
_____
_____

Conclusión

La iglesia de Jesucristo ha de crecer en cualquier tiempo o cualquier lugar. Jesús quiere que cada miembro de su cuerpo, que forman su iglesia, pueda crecer y desarrollarse cada día en el lugar donde se encuentran; y esto es posible y darán muchos frutos, si permanecen en Cristo, como permanecen los pámpanos en la Vid.

LECCIÓN 30

La Escritura y la Tradición

POR JORGE BAÑOS PEÑA

Introducción

Todos sabemos que en la época que nos ha tocado vivir la fe cristiana, muy a menudo aparecen corrientes doctrinales y prácticas "cristianas", que ameritan ser evaluadas a la luz de la Palabra de Dios y de la tradición que la iglesia cristiana ha jugado en la historia.

Poniendo una base sobre lo que se propone enseñar en esta lección, pregunte a sus alumnos si alguno de ellos conoce lo que llamamos en la Iglesia del Nazareno "El Cuadrilátero Wesleyano", que nuestra denominación utiliza para revisar y evaluar el pensamiento y la práctica de la iglesia cristiana pasada, presente y futura.

Algunos han mencionado que nuestra rica herencia en la tradición wesleyana, descansa en que tenemos una reputación de ser una denominación bíblica, racional, tradicional y experiencial.

I. La Escritura

A. La Escritura fuente primaria del Cuadrilátero Wesleyano

Hay cuatro partes en el cuadrilátero, pero no son partes iguales, sino hay que ver a la Escritura como primaria y autoritativa, claro con un apoyo trilateral de la tradición, la razón y la experiencia.

Como nazarenos afirmamos lo que anteriormente fue dicho por Juan Wesley, nuestro fundamento es y será la Escritura y su base bíblica la encontramos en el pasaje de 2a Timoteo 16-17.

Juan Wesley mencionaba al referirse a la Escritura "Mi propia intención fue ser "homo unius libri", el hombre de un solo libro... Mi fundamento es la Biblia. Sí, soy un fanático de la Biblia. La sigo en todas las cosas, en las grandes y en las pequeñas". (Garrastegui y Jones, 2002, pp. 26-27).

Como nazarenos coincidimos como norma de fe que la Biblia es nuestra fuente primaria de la verdad religiosa, porque es una revelación propia de Dios, que testifica de la revelación de Dios en Cristo Jesús (Juan 5:39).

B. La Escritura como autoridad e inspiración divina

Las preguntas que surgen aquí son ¿Por qué la Biblia es autoritativa? y ¿Por qué afirmamos que la Escritura es inspirada y revelada por Dios?

Sin entrar en muchos detalles y cuestionamientos teológicos sobre estas dos preguntas, queremos mencionar algunos postulados para dar respuesta a las preguntas antes mencionadas.

La iglesia cristiana históricamente ha considerado que la Escritura es autoritativa, por el simple hecho de que fue inspirada por Dios (2 Timoteo 3:16a). Como bien lo señala Truesdale "Hay tradiciones que afirman y creen que la fuente de la autoridad de la Biblia, se encuentra en el hecho de ser inspirada directamente de Dios. Es inerrante, y por lo tanto confiable y autoritativa" (2005, p. 29).

Como otros han señalado que la Biblia encuentra su autoridad en el testimonio fiel de Cristo, y en el hecho de que en verdad la salvación a través de Cristo ha sido experimentada y verificada por los creyentes en el transcurso de los siglos.

En cuanto al tema de la inspiración de las Escrituras, totalmente la iglesia cristiana afirma que es obra y trabajo de Dios, nadie pone en tela de duda esta afirmación.

Esta doctrina afirma la participación única del Espíritu Santo para controlar la producción de la Biblia. La participación del Espíritu es tal, que puede decirse correctamente que la Biblia es la Palabra de Dios. Esta inspiración es única en el sentido que se aplica a la Biblia en una forma y grado que no se usa para ninguna otra colección de escritos (Taylor, s/f. p.364).

Donde hay puntos de desacuerdos es en algunos presupuestos concernientes a la inspiración. Algunos afirman que la inspiración fue en forma de dictado literalmente. Otros más bien afirman (y es en su mayoría) que Dios inspiro a hombres a escribir tomando muy en cuenta su situación cultural y de contexto.

C. La Escritura como manual de moral y ética

Para nosotros la norma del cristiano concerniente a lo bueno y malo es la Palabra de Dios. Este libro es un libro de ética y moral, que contiene las directrices para vivir una vida santa y piadosa agradable a Dios mismo. Pero también es un libro que nos señala la conducta que no es aprobada por Dios.

Un autor señala que "La Biblia es la palabra de Dios en forma escrita, y es la única regla a seguir tanto en la fe como en la práctica. La Escritura provee, confirma y aumenta la verdadera sabiduría, y es la norma a usarse para distinguir entre el bien y el mal" (Garrastegui y Jones, 2002: p. 27).

II. La tradición cristiana
A. La tradición cristiana como herramienta de auxilio en la interpretación de las Escrituras

En la Edad Media hubo un concilio en la vida de la iglesia cristiana, que su propósito fue salvaguardar la sana doctrina de la Palabra de Dios. Este concilio fue llamado "La Santa Inquisición". A muchos herejes enviaron a la hoguera, por encontrar sus enseñanzas y sus prácticas falsas, porque atentaban contra la sana doctrina de la Palabra y la sana práctica de la fe cristiana.

Con el pasar del tiempo la iglesia cristiana conocida como "La Comunidad de Fe", ha sido la institución que ha trabajado con la interpretación de las Sagradas Escrituras.

Unos han puesto en la interpretación de la iglesia de tal grado, que han afirmado que la Escritura y la tradición tienen igual autoridad. Esto lo sostiene la iglesia cristiana "Católica Romana".

Otros grupos se han ido al otro extremo que han sido inflexibles, y han considerado que la tradición había sido corrompida y por lo tanto, el canto de batalla fue *"la sola scriptura"* (la sola Escritura). Estos grupos son los que han tomado sus bases de la Reforma Protestante del siglo XVI.

Ante estos dos extremos, como wesleyanos seguimos el consejo de Juan Wesley, de tomar una posición intermedia. ¿Qué significa esta posición intermedia?

La tradición cristiana no está al mismo nivel y posición con la autoridad de las Escrituras. Pero la tradición puede ayudar a una fiel y corporativa interpretación de las Sagradas Escrituras.

B. La tradición cristiana en la vida de la iglesia

Hay algunos pasajes bíblicos que debemos de prestar atención, porque son textos muy relacionados al tema que estamos abordando.

Los dos primeros pasajes son Lucas 1:1-4 y Hechos 1:1, que son textos escritos por el mismo autor Lucas. Los dos pasajes tienen que ver en este caso con contar, trasmitir, enseñar correcta y diligentemente la vida y ministerio de Jesús sobre la tierra. Estos tratados eran para alguien que posiblemente se había convertido al evangelio como es el caso de Teófilo, quien deseaba conocer la vida y los hechos de Cristo (Lc. 1:3; Hch. 1:1).

Otro pasaje que nos auxilia con este tema, es el que encontramos en el libro de Los Hechos de los Apóstoles 2:42ª: *"Y perseveraban en la doctrina de los apóstoles".*

Es interesante que a los primeros cristianos en Jerusalén se les instara a través de la Palabra a permanecer en las enseñanzas (doctrina), que los apóstoles habían transmitido y que habían aprendido de Jesús durante el tiempo que estuvieron con él.

¿Qué decir también de los grandes pensadores cristianos que han influenciado nuestro pensamiento a través de la historia?

Hoy día existe la Iglesia Reformada que han tomado sus enseñanzas de Martín Lutero. La Iglesia Calvinista que ha tomado la doctrina y enseñanzas de Juan Calvino. Nosotros que somos de tradición Arminiana-Wesleyana hemos tomado nuestras doctrinas y enseñanzas de Jacobo Arminio y Juan Wesley.

Todos estos grupos denominacionales se acercan a la Escritura, desde la perspectiva de quienes hemos tomado sus enseñanzas y doctrinas.

Tanto lo que leemos en Lucas y Hechos como las influencias de grandes pensadores cristianos de la historia, es lo que por siglos ha hecho la tradición cristiana en la vida y el quehacer de la iglesia. La tradición cristiana nos ha instado a recibir, conocer, guardar y transmitir a futuras generaciones las sanas enseñanzas de nuestro Señor Jesucristo.

CONCLUSIÓN

Hemos llegado al final de esta lección que sin dudas nos ha enriquecido con las cosas novedosas que hemos encontrado y también discutido. Pero también consideremos que hemos sido desafiados como cristianos a tener presente tres cosas fundamentales:

Primero, hemos sido desafiados a ser personas de un solo libro "la Escritura", como nuestra única fuente primaria de la verdad.

Segundo, que la historia cristiana a través de la tradición ha jugado un papel en la interpretación, conservación y transmisión de las verdades eternas del evangelio de Cristo en todas las generaciones.

Tercero, la iglesia del presente tiene el hermoso privilegio de ser parte de esta linda historia cristiana. Trasmitamos a nuestras futuras generaciones el verdadero y sano evangelio del Reino de Dios.

Sv

RECURSOS

Información complementaria

Para Juan Wesley había cuatro grandes fuentes de ayuda para comprender el conocimiento cristiano. Estas guías son: Las Escrituras, la razón, la antigüedad cristiana (tradición) y la experiencia. Como bien señala Garrastegui y Jones "Las primeras tres son las normas que la Iglesia de Inglaterra exigía para escribir sobre teología. A estas tres Juan Wesley añadió la "Experiencia", término que él había adoptado de los peitistas alemanes" (2002, p. 26). Algunos metodistas modernos llaman a estas cuatro guías "El cuadrilátero wesleyano".

Cabe destacar que Juan Wesley nunca utilizo esta frase "cuadrilátero", sino que fue un estudioso de Wesley, Alberto Outler, es quien acuña este término para referirse a la explicación, de la comprensión que Juan Wesley tenía sobre la verdad religiosa. Como señala Truesdale "Wesley nunca declaró esto directamente, pero fue su "método teológico", ese fue su manera de hacer teología e interpretación bíblica" (2005, p. 29).

Bibliografía citada

Calderon, María Rosario y otros. (2008). "Diccionario Escolar de la lengua española". México: Editorial Santillana.

Earle, Ralph. (1985). "Comentario Bíblico Beacon: Juan y Hechos. Tomo VII". Kansas City: Casa Nazarena de Publicaciones.

Garrastegui, Celsa y William Jonas. (2002). "Estas doctrinas enseño: Guía de estudio para las obras de Wesley". Estados Unidos: Wesley Heritage Foundation.

Taylor, Richard y otros. (S/f). "Diccionario Teológico Beacon". Kansas City: Casa Nazarena de Publicaciones.

Truesdale, Al y otros. (2005). "La teología de Juan Wesley". Kansas City: Programa de Estudios Ministeriales por Extensión.

Todas las citas bíblicas son usadas de la Biblia Reina Valera 1960.

La Escritura y la Tradición

HOJA DE ACTIVIDAD

Texto para memorizar

"Lámpara es a mis pies tu palabra, y lumbrera a mi camino" Salmos 119:105. (RV 1960)

Preguntas para la reflexión

1. Había usted escuchado sobre lo que conocemos como cuadrilátero wesleyano? ¿Cuál es la explicación que le habían dado?

_____
_____

2. ¿Cómo puede explicar a otros nazarenos los temas del cuadrilátero wesleyano?

_____
_____

3. ¿Puede pensar en otros ejemplos donde el cuadrilátero wesleyano se puede aplicar?

_____
_____

4. ¿Qué papel juega la Escritura dentro del cuadrilátero wesleyano?

_____
_____

5. ¿Por qué consideramos los wesleyanos que la Biblia es autoritativa?

_____
_____

6. ¿En qué sentido consideramos que la Biblia es sin error? ¿Puede explicar su respuesta a esta pregunta?

_____
_____

7. ¿Cómo podemos explicar las diferentes interpretaciones de las Escrituras?

_____
_____

8. ¿Qué papel juega la tradición en la vida de la iglesia cristiana?

_____
_____

9. ¿Qué nos enseña Lucas 1:4 y Hechos 1:1 con respecto a la enseñanza de la Escritura?

_____
_____

10. ¿Qué papel juega la iglesia del presente con relación a la tradición de la iglesia cristiana universal?

_____
_____

Conclusión

Hemos llegado al final de esta lección que sin dudas nos ha enriquecido con las cosas novedosas que hemos encontrado y también discutido. Pero también consideremos que hemos sido desafiados como cristianos a tener presente tres cosas fundamentales: Primero, hemos sido desafiados a ser personas de un solo libro "la Escritura", como nuestra única fuente primaria de la verdad.

Segundo, que la historia cristiana a través de la tradición ha jugado un papel en la interpretación, conservación y transmisión de las verdades eternas del evangelio de Cristo en todas las generaciones. Tercero, la iglesia del presente tiene el hermoso privilegio de ser parte de esta linda historia cristiana. Trasmitamos a nuestras futuras generaciones el verdadero y sano evangelio del Reino de Dios.

LECCIÓN 31

PARA MEMORIZAR

"El Espíritu mismo da testimonio a nuestro espíritu, de que somos hijos de Dios". Romanos 8:16.

PROPÓSITO DE LA LECCIÓN:

Que los hermanos y hermanas conozcan las grandes fuentes que nos ayudan a comprender y aprender el conocimiento cristiano desde la perspectiva wesleyana.

La Experiencia y la Razón

POR JORGE BAÑOS PEÑA

Introducción

Todos sabemos que el conocimiento correcto de Dios y de las cosas de Dios, como también el conocimiento que se tenga de uno mismo, son dos cosas esenciales para la salvación desde la perspectiva de la fe cristiana. Entender algo es la base sobre la cual una persona puede ejercer su voluntad y tomar una elección o llevar a cabo la elección correcta. Una persona puede decidir sobre un problema y actuar sobre éste si lo entiende.

También debemos de entender que el razonamiento que tengamos sobre algo o alguien debe de ir acompañado de experiencias, ya que estas son vitales en la toma de decisiones en la vida del ser humano. Como alguien lo señala: "En las experiencias de las relaciones humanas uno necesita saber algo sobre otra persona antes de iniciar una relación con ella, de igual manera nos sucede con Dios, sólo podemos llegar a amarle si llegamos a conocerle íntimamente" (Garrastegui y Jones, 2002: p. 25).

En esta clase trabajaremos los dos puntos centrales del tema de la lección de este día (Experiencia y Razón), que son la continuidad de la lección pasada (Cuadrilátero Wesleyano). Pero con la observación de reconocer el uso de la experiencia y la razón en la vida cristiana, como herramientas y no como fuentes.

I. La Experiencia cristiana
A. La Experiencia personal

Partimos del hecho que la Palabra de Dios contiene todo lo que el ser humano necesita saber para su propia salvación (Juan 5:39), pero no dudamos que la fe cristiana también juega un papel importante en la vida de cada creyente, porque es a través de la fe que el ser humano experimenta grandes experiencias con Dios. Entonces se puede afirmar que la "fe es experiencial" como lo señalaba Juan Wesley (Truesdale, 2005: p.34).

Es interesante describir lo que Garrastegui y Jones mencionan por experiencia y que debe de ser nuestro concepto del cómo articulamos este término en esta lección. El término "experiencia" no es un término general que describe cualquier experiencia humana. "Experiencia" es el cumplimiento en la interioridad del cristiano de esa santidad que enseña la Biblia y que está enlazada a las palabras bíblicas a través del poder del Espíritu Santo" (2002, p. 37).

Debemos de entender que la vida cristiana es la religión de la experiencia, experiencias significativas en la vida de la persona, eventos que han marcado a la persona y que son hecho reales en su vida interior que nadie puede quitar, y por cuales testifica de estas experiencias a otros (Hechos 9:1-22; 22:1-16; 26:9-18).

Es por esta razón que los cristianos de todas las épocas y edades, pueden experimentar la seguridad del amor salvífico de Dios en sus vidas. Dentro de nuestra denominación ésta es conocida como la "doctrina de la seguridad" o el "testimonio del Espíritu", que es tomada precisamente del texto bíblico que estamos memorizando en esta clase, Romanos 8:16.

Cabe también señalar con este subtema sobre las experiencias personales, especialmente lo mencionamos, porque estamos en una época donde las experiencias "mixticas" se ven cada día en las congregaciones, porque es lo que muchas personas llegan a buscar a las iglesias "experiencias" no vivencia de la fe. Aclaramos, las experiencias personales (sanas) nunca van en contra de la Palabra de Dios, mucho menos la contradice, al contrario las experiencias que una persona testifica que está teniendo, deben de ser fundamentadas y revisadas a la luz de la Escritura.

Como señala Garrastegui y Jones sobre la aclaración que se ha hecho arriba "El Espíritu Santo guía el proceso completo de la vida cristiana según estas experiencias trabajen junto con la razón y la tradición para interpretar el significado de la Biblia. Estas fuentes ayudan a proveer el entendimiento que es necesario en el camino hacia la salvación" (2002, p. 41).

B. La Experiencia comunitaria

Qué decir también de las experiencias que la comunidad de fe ha tenido a inicios del nacimiento de la iglesia en el Nuevo Testamento, y sigue teniendo a lo largo de la historia cristiana. No se pueden hacer a un lado estas experiencias, ya que son valederas y la misma comunidad de fe lo ha testificado en sus XX siglos de historia.

Entre ellas tenemos la primera experiencia registrada en el libro de Los Hechos 2: 1-13, la cual nos narra la venida e investidura del Espíritu Santo sobre los primeros creyentes de la era cristiana. Esta es la primera experiencia como comunidad de fe que la Iglesia Cristiana ha registrado como un evento sobrenatural propiciada propiamente por Dios a través del Espíritu Santo.

Otro gran ejemplo de este tipo de experiencias comunitarias de la primera comunidad de creyentes las encontramos en Hechos 2:43-47; 4:32-37. Un estilo de vida marcado por la consagración a Dios muy distante y diferente al resto del pueblo, producto de una relación íntima y vivencial con Jesucristo. No era una experiencia **mixtica**, sino más era una experiencia vivencial, sabiendo que el cristianismo no es otra cosa que un estilo de vida, que debe de llevar el creyente, pero que se logra únicamente teniendo cada día un encuentro personal y vivencial con Cristo.

Qué podemos mencionar de las experiencias que la comunidad de fe ha experimentado a lo largo de los siglos concernientes al tiempo de la adoración en sus servicios devocionales y en los tiempos de la comunión mediante los sacramentos (Santa Cena y Bautismo). Son experiencias donde expresamos con nuestro corazón, nuestros labios y cuerpo gratitud y adoración a nuestro Dios, pero también son momentos donde como comunidad recibimos de parte de Dios gracia y misericordia.

Tanto las experiencias individuales como comunitarias son valederas dentro del marco de una sana enseñanza y guía de la Palabra de Dios, y donde la misma comunidad da testimonio de la presencia del Espíritu Santo en dichas experiencias.

II. La Razón
A. La razón como herramienta para entender la verdad

Como aspecto introductorio sobre este subtema vale destacar que con relación al uso de la razón en la vida de la iglesia, ha habido serios cuestionamientos y posiciones. A través del tiempo han existido corrientes que han substituido la fe cristiana por una religión racional. Otros han rechazado totalmente este elemento por considerarla insuficiente de relacionarse con la fe (algo parecido entre el agua y el aceite que no se mezclan entre sí).

En este estudio tratamos de encontrar una vía media entre los dos extremos mencionados anteriormente. No debemos de darle un valor excesivo a la razón que dependemos exclusivamente de él y convirtamos nuestra fe en una religión racional, pero tampoco se debe de desestimar, pensando que la razón puede ser un instrumento de Dios, para el entendimiento de la Palabra, las vivencias del Pueblo de Dios y la presentación de argumentaciones y defensas de nuestra fe (1 Pd. 3:15; Rom. 2:15).

El último elemento del "Cuadrilátero Wesleyano" es la razón, entendida aquí no como una fuente independiente de la verdad, sino más bien como un elemento auxiliar de la verdad. Miles citado por Truesdale aporta lo siguiente a esta afirmación "La razón es una herramienta, no es una fuente... No se puede explicar nuestro camino a Dios, sin la revelación especial. Pero esto no quiere decir que la fe es irrazonable... un verdadero cristiano es razonable... la razón es esencial para el entendimiento (Job 13:3, 6)" (2005, p. 34).

John Locke citado por Garrastegui y Jones menciona referente a la razón "Todo conocimiento es producto de la experiencia: "No hay nada en el entendimiento que no haya sido percibido primero por los sentidos... incluía la revelación como un conocimiento que llegaba al ser humano desde afuera" (2002, p. 30).

Para Juan Wesley (de quien hemos tomado su teología en la Iglesia del Nazareno) el cristianismo es una religión verdaderamente racional, porque está a tono con la razón eterna o la verdadera naturaleza de las cosas. Wesley mencionaba "La naturaleza de Dios es racional y el universo según él lo creó tiene una estructura racional.

La razón humana fue creada para reflejar, en parte, la naturaleza de Dios y para entender la relación entre los seres humanos y Dios y la relación de los seres humanos entre sí" (2002, p. 30).

B. Los tres recursos de la razón en la vida cristiana

La razón nos ayuda a procesar las experiencias, para reconocer su existencia, estructura y finalmente comunicarla a otros. La razón nos ayuda además a comprender, analizar, estructurar y comunicar asuntos relacionados a la fe y la verdad bíblica.

Para Wesley la razón en los seres humanos "Es una facultad del alma humana; esa facultad que se ejerce a través de tres formas; por una percepción simple. Por un juicio, y por el discurso... La facultad del alma que incluye estas tres operaciones es lo que yo quiero decir por el término razón" (Garrastegui y Jones, p. 30).

¿Cómo se aplican estos tres componentes de la razón en la vida cristiana?

La percepción simple tiene que ver con aquellas cosas que apenas concebimos en la mente, es el primer acto de simplemente entender algo a primera vista o lectura, sin profundizar el significado.

Por juicio debemos de entender que es la determinación de aquellas cosas concebidas están de acuerdo con o se diferencian unas de otras. Los juicios forman las premisas desde donde los movimientos de un juicio a otro pueden llevarse a cabo. Las premisas más importantes se llaman axiomas, las cuales no pueden ser probadas, pero se aceptan implícitamente como obvias.

Por discurso, es la noción o progreso de la mente de un juicio a otro. El discurso especialmente, es la habilidad de poder inferir una cosa de otra y poder llegar a conclusiones que antes no habían sido entendidas.

La lógica es una ciencia necesaria que provee las reglas para guiar el proceso de razonamiento ya que la percepción humana es propensa a la imprecisión, los juicios falsos y los discursos indeterminados y débiles.

La fe nos capacita para perfeccionar la razón, para que así los ojos de nuestro entendimiento puedan ser iluminados, y en armonía con las Escrituras, podamos explicar en una forma razonable a otras personas cuando nos preguntan sobre la esperanza que vive en nuestro interior.

CONCLUSIÓN

Hemos llegado al final de esta lección que sin dudas nos hemos enriquecido con las cosas nuevas que encontramos y dialogamos. Pero también hagámonos esta pregunta ¿Qué retos o desafíos como cristianos nos ha dejado está lección para nuestro crecimiento espiritual?

Primero, las experiencias tanto individuales como comunitarias son vitales para el conocimiento y la vida del creyente y la iglesia misma. Estas son las que nos dan razón y sentido a nuestras convicciones como hijos de Dios. Pero que todas esas experiencias deben de ser revisadas y fundamentadas a la luz de la Palabra de Dios.

Segundo, que la razón juega un papel importante en el conocimiento y el razonamiento de la Palabra de Dios. La razón es la facultad que tiene el ser humano de observar, entender y aplicar las verdades eternas de la Escritura a su propia vida de una manera lógica y razonable. SV

RECURSOS

Información complementaria

Para Juan Wesley había cuatro grandes fuentes de ayuda para comprender el conocimiento cristiano. Estas guías son: Las Escrituras, la razón, la antigüedad cristiana (tradición) y la experiencia.

Como bien señala Garrastegui y Jones "Las primeras tres son las normas que la Iglesia de Inglaterra exigía para escribir sobre teología. A estas tres Juan Wesley añadió la "Experiencia", término que él había adoptado de los peitistas alemanes" (2002, p. 26).

Algunos metodistas modernos llaman a estas cuatro guías "El Cuadrilátero Wesleyano".

Cabe destacar que Juan Wesley nunca utilizó esta frase "cuadrilátero", sino que fue un estudioso de Wesley, Alberto Outler, es quien acuña este término para referirse a la explicación, de la comprensión que Juan Wesley tenía sobre la verdad religiosa. Como señala Truesdale "Wesley nunca declaró esto directamente, pero fue su "método teológico", ese fue su manera de hacer teología e interpretación bíblica" (2005, p. 29).

Definición de términos

Experiencia

"La experiencia consiste en eventos e influencias en los que la persona ha participado… La experiencia religiosa encuentra su fuente en los diversos tipos de relación con lo sobrenatural y está asociada con la realidad y los valores fundamentales" (Taylor, s/f, p. 288).

Razón

"La razón es la facultad de la persona de observar orden en el universo y aplicar orden a sus pensamientos y acciones. Cuando algo es significativo o tiene sentido, es porque ha sido ordenado apropiadamente por la razón" (Taylor, s/f, p. 567).

Bibliografía citada

Garrastegui, Celsa y William Jones. (2002). "Estas doctrinas enseño: Guía de estudio para las obras de Wesley". Estados Unidos: Wesley Heritage Foundation.

Taylor, Richard y otros. (s/f). "Diccionario Teológico Beacon". Kansas City: Casa Nazarena de Publicaciones.

Truesdale, Allan y otros. (2005). "La Teología de Juan Wesley". Kansas City: Programa de Estudios Ministeriales por Extensión.

Todas las citas bíblicas son usadas de la Reina Valera 1960.

LECCIÓN

31

La Experiencia y la Razón

HOJA DE ACTIVIDAD

Texto para memorizar

"El Espíritu mismo da testimonio a nuestro espíritu, de que somos hijos de Dios" Romanos 8:16.

Preguntas para la reflexión

1. ¿Qué referencia tenemos cuando hablamos del término experiencia?

_____

2. ¿Qué comprensión tenemos respecto al concepto de razón?

_____

3. ¿Qué rol debería jugar la experiencia en nuestra comprensión de la verdad religiosa?

_____

4. ¿Son la fe y la razón compatibles? ¿Explique?

_____
_____

5. ¿Debería siempre impactar la experiencia la forma como interpretamos las Escrituras?

_____
_____

6. ¿Cuál es el aporte principal de la razón a la comprensión de las Escrituras?

_____
_____

7. ¿Qué relación debería tener la experiencia con la enseñanza de las Escrituras?

_____
_____

8. ¿Qué rol puede tener la razón en la interpretación y aplicación de las Escrituras a la vida del creyente?

_____
_____

9. ¿Por qué es importante la experiencia en la vida del creyente?

_____
_____

10. ¿Puede el creyente fundamentar su fe solamente en las experiencias vividas? ¿Por qué?

_____
_____

Conclusión

Hemos llegado al final de esta lección que sin dudas nos hemos enriquecido con las cosas nuevas que encontramos y dialogamos. Pero también hagámonos esta pregunta ¿Qué retos o desafíos como cristianos nos ha dejado está lección para nuestro crecimiento espiritual?

Primero, las experiencias tanto individuales como comunitarias son vitales para el conocimiento y la vida del creyente y la iglesia misma. Estas son las que nos dan razón y sentido a nuestras convicciones como hijos de Dios. Pero que todas esas experiencias deben de ser revisadas y fundamentadas a la luz de la Palabra de Dios.

Segundo, que la razón juega un papel importante en el conocimiento y el razonamiento de la Palabra de Dios. La razón es la facultad que tiene el ser humano de observar, entender y aplicar las verdades eternas de la Escritura a su propia vida de una manera lógica y razonable.

LECCIÓN 32

PARA MEMORIZAR

"Pues Dios nos salvó y nos llamó con llamamiento santo. No conforme nuestras obras, sino según el propósito suyo y la gracia que nos fue dada en Cristo Jesús, antes de los tiempos de los siglos". 2 Timoteo 1:9

PROPÓSITO DE LA LECCIÓN: QUE EL ALUMNO...

Conozca que es posible ser un pueblo santo en el siglo 21, por llamamiento de Dios.

Un Pueblo de Santidad

POR ISRAEL ACOSTA

Introducción

En una ocasión, en un país de Latinoamérica, un predicador me compartió una "gran hazaña" que había logrado, un policía de tránsito le había retenido la licencia de conducir por haber cometido una infracción a la ley de tránsito, y ¿qué hiciste, le respondí?, continúa diciendo, que le ofreció 200, (dos billetes de 100) a cambio de no hacerle el ticket de 2,500.00 y el policía lo aceptó con mucho gusto, este predicador estaba muy contento, porque además de la multa, había ahorrado tiempo en la gestión de pagar y recuperar su licencia.

El predicador tenía muchas justificaciones, como: todas las personas lo hacen, eso es normal en mi país, el policía no tiene un buen salario, es una simple negociación, etc. Entonces le respondí, pero ante los ojos de Dios, eso solo tiene un nombre, se llama soborno, es corrupción y es pecado.

A veces en detalles tan pequeños, podemos darnos cuenta que aun los que decimos ser cristianos fervientes y santos, cometemos este y otros tipos de acciones que ponen obstáculo al mensaje del evangelio de santidad que decimos vivir. A este predicador le dije, ¿Qué harías si el día de mañana este policía llega a tu iglesia y te escucha predicar acerca de la verdad y el engaño y reconoce al conductor que le sobornó? ¿Podrías tú, respaldar el mensaje que predicas con tu testimonio? El pueblo de Dios santo, debe establecer la diferencia en su propio contexto.

I. ¿Qué debo hacer para pertenecer al pueblo santo de Dios?

A. Aceptar la gratuita salvación ofrecida por Dios y provista por la sangre de Jesucristo derramada por nosotros

Ezequiel 33:11 "Vivo yo, declara el Señor DIOS, que no me complazco en la muerte del impío, sino en que el impío se aparte de su camino y viva. Volveos, volveos de vuestros malos caminos. ¿Por qué habéis de morir, oh casa de Israel?".

Romanos 5:8 "Mas Dios muestra su amor para con nosotros, en que siendo aún pecadores, Cristo murió por nosotros".

La nación de Israel, es conocida como el pueblo escogido de Dios (Deuteronomio 7:6), llamado a ser santo en repetidas ocasiones y tenemos su historia principalmente en el antiguo testamento de la Biblia, pero nosotros, la iglesia, fundada por Jesucristo desde la llegada del Espíritu Santo en el pentecostés, somos el pueblo del Israel espiritual, conocido también como el olivo silvestre, en Romanos 11: 11 y 17.

En el tiempo conocido como la ley, solamente había dos formas de pertenecer al pueblo de Dios, por genealogía, ósea, por ser hebreo descendiente de Abraham, y para las demás razas, solamente si aceptaban las leyes que Dios estableció para su pueblo Israel, bajo la señal de la circuncisión para los varones, a los que se llamaron prosélitos.

Hoy en día, para pertenecer al pueblo de Dios solamente se necesita fe, para creer en la obra redentora de Jesucristo y aceptar ese regalo precioso de la salvación gratuita, no importando que tipo vida pecaminosa hemos llevado antes de rendirnos a Él, la sangre de Jesucristo, su hijo, tiene poder para limpiarnos de cualquier pecado y permitirnos la entrada al reino de Dios (I Juan 1:7).

B. La salvación nos introduce al reino de Dios

Leer, San Juan 1: 11–13.

Cuando hablamos de un reino, ¿qué es lo primero que imaginamos? Un lugar físico, país, ciudades, palacios, campo, donde hay muchos habitantes con un alto sentido de identidad y pertenencia con derechos y responsabilidades, donde hay un rey, este rey pone sus leyes y decretos de como su pueblo ha de vivir y relacionarse con los demás, asimismo, el castigo que espera a los que incumplan esas leyes.

Es igual en el reino de Dios, ya lo dijo el salmista, "pueblo suyo somos y ovejas de su prado" por lo tanto, al pertenecer al pueblo de Dios, debemos vivir como Dios espera que se comporte un ciudadano de su reino, conforme todas las ordenanzas que se encuentran en la santa biblia para los que hemos entrado a formar parte de su reino, por medio de la obra salvífica de Jesucristo.

En Romanos 14, versículos 17 y 18, leemos: *"Porque el reino de Dios, no es comida ni bebida, sino justicia, paz y gozo en el Espíritu Santo, el que de esta manera sirve a Cristo, agrada a Dios y es aprobado por los hombres".*

II. Un estilo de vida de santidad, no depende de nosotros, sino de Dios
A. La santidad durante el tiempo de la Ley
La ley fue dada por Dios para el pueblo de Israel, hasta que llegó el cumplimiento del tiempo en Jesucristo, (Gálatas 4 del 4 al 7). Sin embargo, Jesucristo mismo dijo, *"yo no he venido para abrogar la ley, sino para cumplirla"* (Mateo 5:17).

Estas leyes tenían el propósito de que el pueblo de Dios, viviera un estilo de vida que agradara a Dios, al mismo tiempo serviría como testimonio a otras naciones y facilitara la relación con las demás personas, habían todo tipo de leyes: ceremoniales, morales, civiles, sanitarias, medioambientales, sobre la guerra, etc. con la diferencia que si una persona incumplía una parte pequeña de la ley se hacía culpable de todas las leyes.

Por lo tanto, era difícil vivir una vida de santidad porque requería mucho del esfuerzo y voluntad humana para lograrlo, recordemos que el Espíritu Santo, no habitaba en la vida de las personas en aquel momento, circunstancialmente venía a sobre una persona específica para capacitarle para una tarea especial, sin embargo, Dios proveyó la forma de como expiar los pecados del pueblo mediante sacrificio de animales previamente escogidos para esos rituales o ceremonias.

En cierta ocasión, Jesús estaba haciendo una comparación, en Mateo 5:17 y 27 al 28, *"Oíste que fue dicho, No cometerás adulterio. Mas yo os digo que cualquiera que mira a una mujer para codiciarla, ya adulteró con ella en su corazón"* así de difícil se hacía cumplir con la ley.

B. La santidad en el tiempo de la Gracia
Ahora, en el tiempo de la Gracia, o la era de la iglesia, como pueblo de Dios y herederos de todas sus promesas, tenemos al Espíritu Santo que nos da la fortaleza para resistir las tentaciones y nos ayuda a vivir una vida de santidad, desde el mismo momento del nuevo nacimiento, somos sellados por el Espíritu de la promesa.

Nuestra santidad depende de la santidad de Dios, en I de Pedro 1:14 al 16 leemos: *"Como hijos obedientes, no os conforméis a los deseos que antes teníais estando en vuestra ignorancia, sino, así como aquel que os llamó es santo, sed también vosotros en toda vuestra manera de vivir; porque escrito está: Sed santos porque Yo soy santo".*

No existe obra alguna que podamos hacer por nuestro propio esfuerzo, para mantenernos puros y santos, mientras estemos en este mundo siempre estaremos sujetos a pasiones y tentaciones que nos impedirán cumplir con este propósito, solamente una vida bajo el control por el Espíritu Santo, hará posible que vivamos la vida que le agrada a Dios.

Pero, el Espíritu Santo, no nos quita el libre albedrío, ósea, la decisión personal de obedecer a Dios o no. Siempre el Espíritu Santo respetará cual estilo de vida queremos llevar, si conforme las leyes divinas, o conforme mi propia voluntad. En otras palabras, nosotros mismos decidimos el momento en que dejamos de ser santos, no por la voluntad de Dios, porque la voluntad de Dios es buena, agradable y perfecta, (Romanos 12:2), sino por nuestra propia voluntad, tampoco debemos justificarnos diciendo que es obra de Satanás o de otra persona, es una decisión muy personal, debemos anhelar el ser enteramente santificados.

Léase, Santiago 1:13 al 15 y 4:7.

III. La gracia santificadora de Dios, es más que suficiente para resistir las tentaciones del mundo post-moderno
Léase Romanos 5:20 y 21. y 6:1 y 2.

A. El Espíritu Santo con y en nosotros
Nos capacita para vivir vidas santas en este mundo lleno de tanta maldad, sin olvidar de que nuestro cuerpo es templo del Espíritu Santo de Dios (I Corintios 6:19 y 20).

En este tiempo el pueblo de Dios santo, enfrentamos a diario todo tipo de ataques por medios audio-visuales, como la televisión, la radio, las películas, el internet, libros, revistas, pornografía, etc., las llamadas diversiones o entretenimientos culturales constituyen un peligro permanente para desviar nuestra mirada de Jesucristo, el autor y consumador de la fe.

Imagine lo que Jesús dijo acerca de "ver a una mujer para codiciarla" ¿Cuántas formas u oportunidades tenemos en este tiempo, para ver a una mujer para codiciarla, en público o en privado? Cada uno puede cambiar el tipo de codicia según su gusto o debilidad y se dará cuenta de cuantas oportunidades tiene hoy en día para ser tentado. Ser tentado no es pecado, ceder a la tentación sí lo es.

También luchamos contra otros tipos de males como la avaricia, la envidia, el afán, las sociedades secretas, el ocultismo y la idolatría. Por tal razón debemos anhelar el bautismo con el Espíritu Santo que nos capacita para obtener la victoria sobre el pecado, con armas espirituales, no en nuestro propio esfuerzo humano. Léase Efesios 6 del 10 al 18.

B. Como pueblo santo de Dios, debemos estar consagrados solo para Él
La palabra santo o santificado, significa literalmente apartado, separado, dedicado, purificado, sin mancha, sin tacha, integro, irreprensible, para servir a Dios y sus propósitos por amor. La santidad hace que como pueblo de Dios, no practiquemos todas aquellas cosas que no tienen la aprobación de Dios.

Léase, I Tesalonicenses 4:2–8

Pertenecer al pueblo santo de un Dios santo, no es una opción, es un requisito para poder estar un día con ÉL en la eternidad. De acuerdo al escritor de Hebreos, en el capítulo 12 versículo 14 literalmente dice: *"Seguid la paz con todos y la santidad, sin la cual, nadie verá al Señor".*

Existen muchos mandamientos en la Biblia, pero en ninguno de ellos dice, "sin la cual", eso marca una gran diferencia, porque no solamente habla de un estilo de vida santa, sino también, de testificar de ese estado, al mantener la paz con todos los que están a nuestro alrededor.
Léase Filipenses 2:14 y 15.

CONCLUSIÓN

Los cristianos, como pueblo santo de Dios, hemos sido llamados a ser la luz y la sal de la tierra, por el mismo Señor Jesucristo, en un mundo depravado, lleno de tanta maldad, Jesús oraba de esta forma: Señor a los que me has dado, no te ruego que los quites del mundo, sino que los libres del mal, no son del mundo, como tampoco yo soy del mundo. Santifícalos en tu verdad, tu palabra es verdad (San Juan 17:15 al 17).

Así como los diferentes tipos de sazón, le dan sabor a los alimentos, los cristianos somos llamados a darle buen sabor al contexto en donde nos movemos y vivimos, hemos sido apartados por Dios en Jesucristo, para vivir de manera diferente al resto de la sociedad que no le ha aceptado como su salvador, pero bajo ningún pretexto debemos acatar las normas que impone la sociedad y que estén en contra de la vida de santidad que le agrada a Dios.

Más bien, su palabra nos dice en 1a Juan 2:15 al 17, *"No améis al mundo, ni las cosas que están en el mundo. Si alguno ama el mundo, el amor del Padre no está en él. Porque todo lo que hay en el mundo, los deseos de la carne, los deseos de los ojos, y la vanagloria de la vida, no proviene del Padre, sino del mundo. Y el mundo pasa y sus deseos; pero el que hace la voluntad de Dios, permanece para siempre".*

En este tiempo, Dios ha escogido un pueblo santo para El, en donde tú y yo podemos entrar por medio de la obra realizada por Jesucristo en la cruz del Calvario, y gozar de las más ricas y abundantes bendiciones, ahora y en la eternidad, si tan solo permitimos al Espíritu Santo que habite en nuestro ser y guíe nuestra vida. S_V

RECURSOS

Actividad suplementaria

1. El maestro puede pedir a un alumno que se identifique con una cédula u otro documento, para conocer a que país, ciudad o barrio pertenece.

2. Asimismo puede preguntar cuáles son sus privilegios y responsabilidades ante esa pertenencia.

3. Puede pedir que se mencione algunas leyes propias en su contexto, la pena y si se incumple esa ley.

4. Se puede preguntar a los presentes, ¿Cómo se identifica a una persona santa y también lo contrario? Haga una lista en la pizarra.

5. Se puede pedir a los presentes que compartan alguna experiencia en donde han sido fuertemente tentados a actuar según las normas de la sociedad y cuál ha sido su consecuencia.

Un Pueblo de Santidad

HOJA DE ACTIVIDAD

Texto para memorizar

"Pues Dios nos salvó y nos llamó con llamamiento santo. No conforme nuestras obras, sino según el propósito suyo y la gracia que nos fue dada en Cristo Jesús, antes de los tiempos de los siglos" 2a. Timoteo 1:9

Preguntas para la reflexión

1. ¿Cómo se llega a formar parte del pueblo de Dios?

_____

2. ¿Cómo eran la santidad en tiempos de la ley?

_____

3. ¿Porque a la iglesia de Cristo se le llama el Israel Espiritual?

_____

4. ¿Cómo es la santidad en el tiempo de la gracia?

_____

5. ¿Que necesito para formar parte del reino de Dios?

_____

6. ¿Porque es necesaria la santidad?

_____

7. ¿Puede una persona santa, tener tentaciones?

_____

8. ¿Qué significa estar consagrados para Dios?

_____

9. ¿Qué es lo que hace posible la vida de santidad?

_____

10. ¿Cuál será la recompensa final de una vida de santidad?

Conclusión

Los cristianos, como pueblo santo de Dios, hemos sido llamados a ser la luz y la sal de la tierra, por el mismo Señor Jesucristo, en un mundo depravado, lleno de tanta maldad, Jesús oraba de esta forma: Señor a los que me has dado, no te ruego que los quites del mundo, sino que los libres del mal, no son del mundo, como tampoco yo soy del mundo. Santifícalos en tu verdad, tu palabra es verdad. (San Juan 17:15 al 17)

Así como los diferentes tipos de sazón, le dan sabor a los alimentos, los cristianos somos llamados a darle buen sabor al contexto en donde nos movemos y vivimos, hemos sido apartados por Dios en Jesucristo, para vivir de manera diferente al resto de la sociedad que no le ha aceptado como su salvador, pero bajo ningún pretexto debemos acatar las normas que impone la sociedad y que estén en contra de la vida de santidad que le agrada a Dios.

Más bien, su palabra nos dice en 1a Juan 2:15 al 17, "No améis al mundo, ni las cosas que están en el mundo. Si alguno ama el mundo, el amor del Padre no está en él. Porque todo lo que hay en el mundo, los deseos de la carne, los deseos de los ojos, y la vanagloria de la vida, no proviene del Padre, sino del mundo. Y el mundo pasa y sus deseos; pero el que hace la voluntad de Dios, permanece para siempre".

En este tiempo, Dios ha escogido un pueblo santo para El, en donde tú y yo podemos entrar por medio de la obra realizada por Jesucristo en la cruz del Calvario, y gozar de las más ricas y abundantes bendiciones, ahora y en la eternidad, si tan solo permitimos al Espíritu Santo que habite en nuestro ser y guíe nuestra vida.

LECCIÓN 33

BASE BÍBLICA

1 Corintios 1:2, 6-7 y 12:31; Mateo 3:11-12; Romanos 12:1-2, 6:11-13; Efesios 3:14-21; 1 Tesalonicenses 5:23-24; Romanos 13:14; 2 Corintios 1:21-22; Efesios 1:13; Hechos 2; 8:15-17 y Juan 20:19-22.

PARA MEMORIZAR

"Que Dios mismo, el Dios de paz, los santifique por completo, y conserve todo su ser —espíritu, alma y cuerpo— irreprochable para la venida de nuestro Señor Jesucristo". 1 Tesalonicenses 5:23

PROPÓSITO DE LA LECCIÓN:

Enseñar la importancia de la obra santificadora en la vida del creyente y la necesidad de la entera santificación.

Llenos y llenas del Espíritu

POR RUBÉN FERNÁNDEZ

Introducción

Supongamos por un momento que usted necesitara viajar al centro de la ciudad capital de su país. Sin embargo, ir a la ciudad desde su pueblo es difícil, el camino es estrecho y algo sinuoso, además, acercándose a la capital hay restricciones vehiculares y eso le demandará tomar algunos desvíos y enfrentarse con muchos obstáculos en el trayecto.

Entonces, usted toma la decisión de conducir por una supercarretera que lleva a un área turística, en la dirección opuesta. El camino es más fácil para viajar allá desde el lugar en donde usted vive. La carretera es ancha, con varios carriles y puede guiar su vehículo con más comodidad. Usted está va tranquilo disfrutando el paisaje. Sin embargo hay un problema: ha escogido el camino equivocado y por lo tanto, no llegará al destino correcto.

Eso es exactamente de lo que se trata el pecado. Etimológicamente la palabra "pecado" significa "errar al blanco" o "errar el camino". Usted va en la dirección contraria a la que se supone que debería ir.

Pecar es desobedecer voluntariamente a una ley conocida de Dios. Hacer lo que sabemos que no debemos hacer o dejar de hacer lo que sabemos que deberíamos estar haciendo. Se puede pecar con el pensamiento, las palabras o las acciones.

En esta época no se habla casi del tema, pero el pecado existe desde los primeros tiempos de la humanidad y es una realidad en el siglo presente también.

Santidad es exactamente lo opuesto al pecado. Es su "antónimo". Santidad es exactamente seguir el camino correcto, que nos lleva al destino para el cual fuimos diseñados por Dios

El problema radica en que el pecado es algo muy complicado. El pecado es un problema doble. Es un acto voluntario, pero también es un estado o condición. Se ha dicho que el ser humano no es pecador porque peca, sino que peca porque es pecador. Hombres y mujeres nacemos con una inclinación a desobedecer a Dios, heredada de la primer pareja que escogió apartarse de Dios en el Jardín del Edén (Génesis 3).

Porque el pecado es un problema doble, la solución necesita ser doble también.

En la justificación, cuando venimos a ser discípulos de Jesús, Dios nos perdona los pecados cometidos. Algunos han llamado a este paso "santificación inicial".

En cambio, en la entera santificación –posterior a la justificación- nos limpia de la condición o inclinación pecaminosa.

No se trata de que Dios no pueda hacerlo todo en un solo paso, se trata más bien de que los seres humanos no estamos listos para eso.

Hay mucha evidencia bíblica de una doble experiencia. Algunos pasajes que la afirman son los siguientes: 1 Corintios 1:2, 6-7 y 12:31; Mateo 3:11-12; Romanos 12:1-2, 6:11-13; Efesios 3:14-21; 1 Tesalonicenses 5:23-24; Romanos 13:14; 2 Corintios 1:21-22; Efesios 1:13 Véase también Hechos 2; 8:15-17; Juan 20:19-22.

Además, la experiencia de muchos a través de la historia del cristianismo lo confirma. Por ejemplo, la encuesta que Juan Wesley realizó a más de 500 personas que testificaron de la llenura del Espíritu, como un acto posterior a la justificación.

La iglesia la experiencia de la llenura con el Espíritu Santo, y la sociedad actual la requiere. En lugar de ser "luz del mundo y sal de la tierra", la iglesia está siendo influenciada por los patrones y las conductas del pecado que nos rodea. Necesitamos volver al "camino de santidad" (Isaías 35:8). En un planeta donde el pecado y la maldad están llegando a grados inimaginables, la vivencia y predicación de la entera santificación, de pureza de vida, de victoria sobre lo malo es más relevante y necesaria que nunca.

I. ¿Cuáles son los pasos para obtener la experiencia de la santificación?

Esté seguro de su salvación

Es en vano que busque la experiencia de la santificación, si no tiene la plena certeza de que ha nacido de nuevo, de que es un discípulo o discípula de Jesús.

El nuevo nacimiento incluye...

a. Arrepentirse. Es decir:
• Reconocer sus pecados

"Yo reconozco mis transgresiones; siempre tengo presente mi pecado". Salmos 51:3.

• Sentir pesar por ellos

"Voy a confesar mi iniquidad, pues mi pecado me angustia". Salmos 38:18.

• Confesarlos sinceramente a Dios

"Si confesamos nuestros pecados, Dios, que es fiel y justo, nos los perdonará y nos limpiará de toda maldad". 1 Juan 1:9.

• Decidir abandonarlos

"Por lo tanto, si alguno está en Cristo, es una nueva creación. ¡Lo viejo ha pasado, ha llegado ya lo nuevo!". 2 Corintios 5:17.

b. Pedir perdón por los pecados

A través de una fe sencilla pero profunda, confíe en Cristo para salvación, aceptándole como Salvador y Señor de su vida:

"En consecuencia, ya que hemos sido justificados mediante la fe, tenemos paz con Dios por medio de nuestro Señor Jesucristo". Romanos 5:1.

Si usted hizo lo anterior genuinamente, por la fe en Jesucristo usted ha sido cambiado, ha sido cambiada, ha sido hecho un hijo o una hija de Dios:

"Más a cuantos lo recibieron, a los que creen en su nombre, les dio el derecho de ser hijos de Dios". Juan 1:12.

2. Reconozca que necesita una entera santificación

Usted es salvo(a); está completamente seguro de que sus pecados fueron perdonados, sin embargo con el correr del tiempo comienza a sentir una lucha en su interior, una inclinación a hacer lo malo. Vive en una continua mediocridad espiritual plagada de altibajos, y no se siente una persona feliz porque frecuentemente no tiene la fuerza para vencer la tentación.

Reconozca ahora que necesita una experiencia más profunda con el Señor, que purifique completamente todo su ser.

"Como hijos obedientes, no se amolden a los malos deseos que tenían antes, cuando vivían en la ignorancia. Más bien, sean ustedes santos en todo lo que hagan, como también es santo quien los llamó". 1 Pedro 1:14-15.

"Pero cuando venga el Espíritu Santo sobre ustedes, recibirán poder..." Hechos 1:8a.

"Que Dios mismo, el Dios de paz, los santifique por completo, y conserve todo su ser —espíritu, alma y cuerpo— irreprochable para la venida de nuestro Señor Jesucristo". 1 Tesalonicenses 5:23.

3. Entregue totalmente su vida en manos de Dios

Esto incluye su pasado, su presente y su futuro. Tanto lo que usted es, como lo que usted posee.

"Por lo tanto, hermanos, tomando en cuenta la misericordia de Dios, les ruego que cada uno de ustedes, en adoración espiritual, ofrezca su cuerpo como sacrificio vivo, santo y agradable a Dios". Romanos 12:1.

"Ama al Señor tu Dios con todo tu corazón, con toda tu alma, con toda tu mente y con todas tus fuerzas". Marcos 12:30a.

4. Deposite toda su fe en el Señor para recibir la llenura del Espíritu

Crea que Dios puede santificarlo(a), y que él lo hace ahora.

"...para que reciban, por la fe que es en mí (Jesús), perdón de pecados y herencia entre los santificados" Hechos 26:18 (RVR 1960).

5. Conságrese al servicio de Dios

Ahora que usted es santificado o santificada, debe consagrar su vida enteramente al servicio de Dios. Ya no cuenta solamente con sus propias fuerzas, ahora tiene al Espíritu Santo que le ayudará a éste propósito.

"...escrito está: Adora al Señor tu Dios y sírvele solamente a él". Mateo 4:10b.

"En efecto, nosotros somos colaboradores al servicio de Dios" 1 Corintios 3:9a.

II. Lo que cambió y lo que no
1. Lo que cambió
a. Usted ha sido limpiado o limpiada

Usted fue perdonado o perdonada de los "pecados" (plural) cometidos en su vida a través de la experiencia de la justificación, la que algunos la llaman también salvación, conversión, reconciliación; pero usted fue limpiado o limpiada del "pecado" (singular) heredado, a través de la experiencia de la entera santificación. Dios limpió su disposición interna hacia lo malo.

"Dios, que conoce el corazón humano, mostró que los aceptaba dándoles el Espíritu Santo, lo mismo que a nosotros. Sin hacer distinción alguna entre nosotros y ellos, purificó sus corazones por la fe". (Hechos 15:8-9)

b. Usted recibió poder para testificar

Una vez que Dios limpia al ser humano, lo utiliza para su gloria, y la extensión de su Reino.

"Pero cuando venga el Espíritu Santo sobre ustedes, recibirán poder y serán mis testigos..." (Lucas 24:29; Hechos 1:8).

Esto quedó bien demostrado, por ejemplo en el capítulo 4 de los Hechos cuando los principales y los sacerdotes se quedaron admirados del valor con que los discípulos testificaban de Cristo.

"Los gobernantes, al ver la osadía con que hablaban Pedro y Juan, y al darse cuenta de que eran gente sin estudios ni preparación, quedaron asombrados y reconocieron que habían estado con Jesús". Hechos 4:13.

c. Usted fue lleno o llena de amor perfecto

Usted recibió un "bautismo de amor".

"...Dios ha derramado su amor en nuestro corazón por el Espíritu Santo que nos ha dado". 5:5b.

Usted ha sido capacitado para amar a Dios con todo su ser, amar a los desconocidos y aún a aquellos que procuran su mal. No es su amor en un nivel superior, es el mismo amor de Dios que fluye a través de usted.

Usted está ahora en condiciones de obedecer plenamente el mandamiento de Cristo de amar: *"Ama al Señor tu Dios con todo tu corazón, con todo tu ser y con toda tu mente" —le respondió Jesús—. Éste es el primero y el más importante de los mandamientos. El segundo se parece a éste: "Ama a tu prójimo como a ti mismo" Mateo 22:37-39.*

d. Usted recibió seguridad

Usted puede saber que ha sido limpiado totalmente del pecado "interior". Hay, por un lado, un testimonio objetivo que es la Palabra de Dios y la promesa, pero también hay –por otro lado- el testimonio subjetivo del Espíritu Santo a su vida. Una gran paz inunda todo su ser.

"El Espíritu mismo le asegura a nuestro espíritu que somos hijos de Dios". Romanos 8:16.

2. Lo que no cambió
a. Usted sigue siendo usted

Algunos han hablado en el pasado acerca de la "destrucción del yo" cuando somos llenos del Espíritu, pero esa afirmación es incorrecta. Si su yo muriera, usted también moriría con él (moriría su personalidad). Pablo dice: *"He sido crucificado con Cristo, y ya no vivo yo sino que Cristo vive en mí. Lo que ahora vivo en el cuerpo, lo vivo por la fe en el Hijo de Dios, quien me amó y dio su vida por mí". Gálatas 2:20.*

Pablo estaba diciendo como a los Colosenses que algo está muerto –y bien muerto- y algo está vivo –y bien vivo- *"pues ustedes han muerto y su vida está escondida con Cristo en Dios". Colosenses 3:3.*

Pablo estaba muerto a la vida vieja pero vivo para servir a Dios. Nuestro yo no está muerto, pero está escondido detrás de la cruz de Cristo.

b. Usted sigue siendo humano o humana

El cristiano enteramente santificado tiene *"este tesoro en vasos de barro". 2 Corintios 4:7.*

Porque seguimos siendo humanos, no estamos libres de errores, omisiones, ignorancia, desaciertos en criterios o juicio, palabras equivocadas o acciones desafortunadas.

El hecho de haber sido enteramente santificados, no significa que hemos perdido los impulsos e instintos humanos básicos. Sin embargo ellos están mantenidos bajo control *"el fruto del Espíritu es... dominio propio". Gálatas 5:22-23.*

Permanecerán con usted instintos dados por Dios como el hambre, el sexo o el miedo, entre otros. Estos instintos han sido pervertidos por el pecado. Sin embargo, en el o la creyente lleno(a) del Espíritu ocuparán el lugar correcto para el cual fueron diseñados como parte de lo creado por Dios.

c. Usted seguirá siendo tentado o tentada

La vida de santidad es una vida momento a momento. Satanás nos seguirá tentando, y no estamos exentos de caer. Puede ocurrir una "equivocación", y tenemos un abogado con el Padre (1 Juan 2:1). No obstante, el propósito continuo de la vida santificada es la gloria de Dios, por lo tanto la persona persevera *"...hacia la meta para ganar el premio que Dios ofrece mediante su llamamiento celestial en Cristo Jesús" Filipenses 3:14.*

III. Usted no ha llegado a la cima

Usted ya es enteramente santificado o santificada, pero necesita comenzar a crecer en esa nueva relación con Dios. La tradición teológica wesleyana reconoce un inicio en la experiencia que es subsecuente a la regeneración (que se ha conocido como "crisis"), pero también un crecimiento cotidiano a través de la oración, las disciplinas espirituales y los medios de gracia.

Veamos algunos párrafos del Manual de la Iglesia del Nazareno (Artículo de Fe No. X " La Entera Santificación")

"Creemos que hay una distinción clara entre el corazón puro y el carácter maduro. El primero se obtiene instantáneamente como resultado de la entera santificación; el segundo es resultado del crecimiento en la gracia.

Creemos que la gracia de la entera santificación incluye el impulso para crecer en la gracia. Sin embargo, este impulso se debe cultivar conscientemente y se debe dar atención cuidadosa a los requisitos y procesos del desarrollo espiritual y mejoramiento de carácter y personalidad en semejanza de Cristo. Sin ese esfuerzo con tal propósito, el testimonio de uno puede debilitarse, y la gracia puede entorpecerse y finalmente perderse".

Esta vida progresiva se ve en 2 Corintios 3:18: "Así, todos nosotros, que con el rostro descubierto reflejamos como en un espejo la gloria del Señor, somos transformados a su semejanza con más y más gloria por la acción del Señor, que es el Espíritu".

El sentido original del pasaje de Efesios 5:18 que dice: "...sean llenos del Espíritu". Significa más o menos lo siguiente: "sean llenos, sean completamente llenos y sean continuamente llenos".

"...a fin de capacitar al pueblo de Dios para la obra de servicio, para edificar el cuerpo de Cristo. De este modo, todos llegaremos a la unidad de la fe y del conocimiento del Hijo de Dios, a una humanidad perfecta que se conforme a la plena estatura de Cristo". Efesios 4:12-13.

Siempre hay un punto para una nave espacial que retorna al planeta en el que entra en el "campo de gravedad" de la tierra y es atraída más y más hacia ella, hasta hacer contacto.

Así, podemos decir con John Knight que la entera santificación, es a lo que nos acercamos gradualmente, entramos repentinamente, y progresamos indefinidamente.

CONCLUSIÓN

Hemos tratado de expresar aquí de manera muy breve, por razones de espacio, algunos principios simples sobre el pecado, la justificación y la santificación. No ha sido nuestra intención tratar de buscar "atajos" hacia la experiencia de santidad ni de dar una suerte de "tres pasos sencillos" para obtener la llenura del Espíritu Santo. La realidad es que Dios sigue siendo soberano y Él obra de manera muy distinta en cada persona.

Lo que si hemos querido resaltar es que la voluntad de Dios es que seamos totalmente llenos de su presencia cada día que nos tenga sobre esta tierra. ¡No vale la pena vivir de otra manera!

S_V

HOJA DE ACTIVIDAD

Texto para memorizar

"Que Dios mismo, el Dios de paz, los santifique por completo, y conserve todo su ser —espíritu, alma y cuerpo— irreprochable para la venida de nuestro Señor Jesucristo." 1 Tesalonicenses 5:23.

Preguntas para la reflexión

1. ¿Recuerda el momento de su salvación? Escriba que significo en su vida.
_____
_____

2. ¿Por qué es necesaria la entera santificación en la vida del creyente?
_____
_____

3. ¿Cuál es la relación entre la entera santificación y la consagración?
_____
_____

4. A qué cree usted que se refiere que la santificación en su vida sigue permitiendo que "... usted siga siendo usted".
_____
_____

5. ¿Por qué el enteramente santificado debe seguir buscando llenarse más del Señor?
_____
_____
_____

Conclusión

Hemos tratado de expresar aquí de manera muy breve, por razones de espacio, algunos principios simples sobre el pecado, la justificación y la santificación. No ha sido nuestra intención tratar de buscar "atajos" hacia la experiencia de santidad ni de dar una suerte de "tres pasos sencillos" para obtener la llenura del Espíritu Santo. La realidad es que Dios sigue siendo soberano y Él obra de manera muy distinta en cada persona.

Lo que si hemos querido resaltar es que la voluntad de Dios es que seamos totalmente llenos de su presencia cada día que nos tenga sobre esta tierra. ¡No vale la pena vivir de otra manera!

LECCIÓN 34

PARA MEMORIZAR

"Como tú me enviaste al mundo, yo los envío también al mundo". Juan 17:18 (NVI)

PROPÓSITO DE LA LECCIÓN: QUE EL ALUMNO...

Comprenda que, así como Dios envió a Jesús, también la Iglesia ha sido enviada al mundo, para realizar la misión de Dios. Y reflexionar de qué manera, como Iglesia enviada, nos podemos involucrar en lo que Dios ya está haciendo.

Un Pueblo Enviado

POR SCOTT ARMSTRONG

Introducción

La Iglesia es misión. Seguramente hemos escuchado, leído o hasta expresado lo anterior, pero cuando observamos la realidad de nuestra Iglesia, entonces difiere mucho de esa afirmación. Sabemos que como Iglesia somos el pueblo de Dios, somos un pueblo escogido, un pueblo amado, un pueblo especial, un pueblo rescatado; necesitamos recordar que somos un pueblo enviado.

Cuando hacemos un envío de alguna carta o de un paquete, la información requerida, generalmente, es la de un remitente y un destinatario. El plan de rescate que Dios pensó para el ser humano, contempló el envío de alguien que haría la diferencia y que cambiaría la historia. En este caso, Jesús mismo era el envío, el remitente era Dios y el destinatario era el mundo.

Jesús cumplió con la misión para la que había sido enviado, pero al regresar a su Padre, dejó encargada la misma misión a otros, a sus discípulos. Es decir, los envió así como Él fue enviado. Y cuando encarga esta tarea a sus discípulos, no se limita a los que escucharon de viva voz sus palabras, pero a todos aquellos que creerían en Él y también serían sus seguidores, Jesús estaba hablándole a la Iglesia.

Al pasar el tiempo, como Iglesia hemos creído que esa misión sólo ha sido delegada a unos cuantos, tal vez a los pastores, a los líderes y por supuesto, a los misioneros. Tal vez por comodidad o por conveniencia, nos olvidamos que es un mandato para todo aquel que creyera en Él.

Sin embargo, la Palabra de Dios constantemente nos recuerda y confirma que todos hemos sido llamados para cumplir con la misión que nació del corazón de Dios. Y no sólo que hemos sido llamados y elegidos, pero que hemos sido enviados al mundo, así como Jesús.

I. Dios envía a Jesús
a. La importancia del envío de Jesús

Cuando leemos Juan 3:16 nos damos cuenta de la importancia que tiene para Dios la misión, es por eso que Él como Padre da a su Hijo.

Podríamos entender el verbo "dar" en este versículo como "enviar" pues lo que Dios está haciendo es una entrega sacrificial y de verdadero amor hacia el mundo. El propósito de este envío no es cualquiera, es un propósito divino de salvar y rescatar a las personas del pecado, es un envío inmerecido que encuentra su motivo en un amor genuino que proviene del corazón de Dios.

Encontramos un momento muy importante en el ministerio de Jesús, en Lucas 4:16-21; Él entró en una sinagoga de Nazaret, donde había crecido; tomando el libro de Isaías comienza a leer específicamente este pasaje. No fue coincidencia ni casualidad, Jesús lo leyó para que se cumpliera la Escritura, y para que quienes estaban ahí se dieran cuenta que era el inicio de los tiempos mesiánicos, que Él era el Hijo de Dios a quien habían estado esperando, Él era el Salvador. Es interesante que Jesús elige comunicar su misión mesiánica en el lugar donde nació y creció.

Jesús no sólo estaba afirmando que Dios puso su mismo Espíritu sobre Él, que había sido ungido, sino que además había sido enviado. De esta forma inaugura el tiempo de salvación y de libertad para aquellos que están sufriendo en el mundo (pobres, quebrantados de corazón, cautivos, ciegos, y oprimidos).

A partir de este momento en que Jesús anuncia la llegada del reino de los cielos, comienza su ministerio, llamando a otros para que le acompañaran. Junto con sus discípulos inició su recorrido en Galilea, y continuó también en otros pueblos y aldeas. Cristo enseñó en las sinagogas, predicó el evangelio, sanó dolencias y enfermedades, a Él venían los adoloridos, los afligidos, los endemoniados, los lunáticos y los paralíticos (Mateo 4:23), en verdad estaba cumpliendo de manera práctica la afirmación que realizó en un inicio.

Mientras avanzamos en la vida de Jesús a través de los evangelios nos vamos a encontrar con el cumplimiento de los hechos asombrosos que realizaría el Mesías, el enviado de Dios: *"Los ciegos ven, los cojos andan, los leprosos son limpiados, los sordos oyen, los muertos son resucitados, y a los pobres es anunciado el evangelio..."* (Mateo 11:5).

b. ¿Para qué envió Dios a Jesús al mundo?

Si bien es cierto que el propósito principal por el que Dios decide enviar a su Hijo único, es la salvación del mundo, hay algunos otros propósitos relevantes que están presentes en el envío de Jesús a habitar entre nosotros, según el evangelio de Juan:

· Para salvar (Juan 3:17): Dios no envió a su Hijo para señalar qué tan mal estaba el mundo y acusar a las personas; Él lo envió para ayudar al mundo, no para condenarlo.

· Para que crean y tengan vida eterna (Juan 5:24): Jesús fue enviado a anunciar el mensaje y cualquiera que crea en sus palabras, cree en el Padre, tendrá una vida abundante, verdadera y eterna.

· Para hacer las obras de Aquel quien le envió (Juan 9:4). Jesús estaba en el mundo para trabajar, es decir, cumplir todas y cada una de las tareas que Dios le había asignado al enviarlo.

· Para que vean a Aquel quien le envió (Juan 12:45). Dios fue quien envió a Jesús y todo lo que Él hizo y dijo fue en obediencia a la voluntad de su Padre. Quien ve a Jesús, ve a Dios.

· Para hablar las palabras de Aquel quien lo envió (Juan 12:49). Al ser enviado, Jesús no inventaba lo que hablaba, solamente expresaba todo lo que Dios le había ordenado.

II. Jesús envía a sus discípulos

En una montaña encontramos a Jesús orando toda la noche (Lucas 6:12-13). No es casualidad, está ahí porque tenía que tomar una decisión, y cuando es de día es tiempo de elegir.

Él seleccionó a doce discípulos, y los designó como apóstoles. La raíz etimológica de apóstol viene del verbo griego *apostello*, **apo** significa "lejos, aparte" y *stello* "equipar, preparar, enviar", el término *apostolos* que deriva del verbo anterior hace referencia a un representante plenamente acreditado para un encargo específico. El significado de la palabra apóstol es: discípulo, embajador, mensajero, ministro, profeta.

Jesús no sólo les llamó discípulos, también apóstoles, pues sabía que además de ser sus alumnos y aprendices durante su ministerio, cuando Él ascendiera a estar con el Padre ellos harían sus obras y aún mayores (Juan 14:12).

Los doce discípulos pasaron mucho tiempo con Jesús, lo observaron y lo escucharon mientras caminaba, hablaba, enseñaba, incluso mientras comía o dormía. Todo esto era una preparación, un equipamiento, una capacitación de día a día, para que estuvieran listos con un fin específico: ser enviados.

a. Tareas de los discípulos al ser enviados

Cuando Jesús todavía está en la tierra realizando su ministerio, observamos que hay un momento en el que decide enviar a los discípulos. La Biblia narra (Mateo 10:5-15, Marcos 6:7-13, Lucas 9:1-6) que Él les da poder y autoridad para:

· **Predicar el reino**
· **Sanar enfermos**
· **Limpiar leprosos**
· **Resucitar muertos**
· **Echar fuera demonios**

Es inevitable hacer la comparación con Lucas 4:18-21, y con el ministerio que Jesús ya estaba desempeñando en obediencia al Padre. Ahora los discípulos realizan las obras a las que fueron enviados en obediencia al Hijo.

b. Un envío con promesa

Nos acercamos así a los momentos finales del ministerio terrenal de Jesús. Antes de comenzar su recorrido hacia la cruz, el Maestro expresa un discurso de despedida a sus discípulos donde les recuerda la relación de Él con el Padre, y la relación de Él y el Padre con ellos como sus seguidores. Además les da la promesa del Espíritu Santo, que ocupará su lugar para continuar el trabajo con los discípulos, siendo ayuda y guía en la propagación del mensaje del reino (Juan 14-16).

En comparación con el envío previo de los discípulos a cumplir con la misión (Mateo 10:5-15), esta ocasión es diferente porque Jesús sabía que ahora ya no podría estar con ellos; en este sentido, aunque Él ya no estará en la tierra promete la presencia del Consolador, no sólo les está hablando de darles poder y autoridad para realizar la tarea asignada, sino que les está prometiendo un acompañamiento eterno a través del Espíritu de verdad, quien estará con ellos y en ellos (Juan 14:16-17).

El Espíritu Santo ya había descendido para permanecer en la persona de Jesús cuando Él inició su ministerio (Juan 1:32), sin embargo al volver el Hijo con el Padre, Dios enviaría al Consolador a tomar el lugar de Jesús para guiar y recordar a los discípulos las enseñanzas de Jesús, mientras ellos desempeñan la tarea asignada. Jesús tenía que irse para que el Espíritu viniera a sus seguidores. El envío del Espíritu Santo a sus discípulos, es la manera en que Jesús fortalece el vínculo y permanece en una comunión íntima con ellos.

La noche previa a su crucifixión, en la oración que Jesús hace por sus discípulos está pidiendo la protección de Dios para ellos, mientras que son enviados a continuar con el trabajo de anunciar el reino y todo lo que eso implica; así como Él ya había recibido una misión de parte de Dios, estaba orando para entregar esa misión a sus seguidores, para que el mundo creyera (Juan 17:18).

Podemos destacar algunos aspectos importantes de la promesa del Espíritu Santo:

· **Enviado por Dios (Juan 14:26),** para recordarles a los discípulos todas las cosas que Jesús ya les había enseñado.
· **Da testimonio de Jesús (Juan 15:26),** confirmando todas sus enseñanzas.
· **Convence al mundo de pecado, de justicia y de juicio (Juan 16:11).**
· **Glorifica a Jesús (Juan 16:14).**

Al resucitar, Jesús se aparece a sus discípulos (Juan 20:19-22) y, después de saludarles diciendo "Paz a vosotros", les recuerda que Él los ha enviado y dando al Espíritu Santo que, como sabemos, les había prometido. Es interesante que retome las palabras de su oración en Juan 17:18, y ahora Él las exprese a quienes está enviando, es una confirmación de la voluntad del Padre y un recordatorio de lo que ellos como sus seguidores deberían hacer.

De igual manera, en Hechos 1:8 Jesús asegura nuevamente que recibirían el Espíritu Santo para continuar la misión de Él en el mundo.

III. Jesús envía a la Iglesia

Reflexionando en las palabras de Jesús en Juan 17:18 y 20:21, entendemos que no sólo está hablando del envío de los discípulos en ese momento, también de quienes creerían en Él por el testimonio de ellos (Juan 17:20). Jesús estaba hablando de la Iglesia, así como Él fue enviado, también envía a la Iglesia a cumplir la misión en el mundo.

El cumplimiento de la promesa del Espíritu Santo a los seguidores de Jesús la encontramos en el capítulo 2 de Hechos, aquí los discípulos recibieron poder para dar al mundo testimonio de su Maestro. La Iglesia llega a cumplir con la misión a través de la presencia poderosa del Espíritu Santo quien la fortalece y guía hacia el mundo donde Dios la ha enviado.

a. Aspectos de la misión de la Iglesia en el mundo

• Como Iglesia somos enviados al mundo como Él fue enviado: no para condenar, sino para salvar (Juan 3:17), para que crean y tengan vida eterna (Juan 5:24), para hacer las obras de Aquel quien le envió (Juan 12:45), y para hablar las palabras de Aquel quien lo envió (12:49).

• Además somos enviados como Él a predicar el año agradable del favor de Dios (Lucas 4:16-21), por medio de:

› Dar buenas nuevas a los pobres
› Sanar a los quebrantados de corazón
› Pregonar libertad a los cautivos y vista a los ciegos
› Poner en libertad a los oprimidos

• Así como Jesús envió a sus discípulos mientras estuvo en la tierra también envía a la Iglesia a predicar el reino, sanar enfermos, limpiar leprosos, resucitar muertos y echar fuera demonios (Mateo 10:5-15).

b. La Iglesia como pueblo enviado

¿Por qué Jesús envía a la Iglesia como Él fue enviado?
1. Para que el mundo crea que Dios le envió (Juan 17:21).
2. Para que el mundo conozca que Dios lo envió (Juan 17:23).

Antes de enviar a sus discípulos, Jesús hace énfasis en que, para realizar la tarea encomendada, debían esperar el cumplimiento de la promesa del Espíritu Santo (Lucas 24:49, Hechos 1:4-5, 8), así el propósito de enviar al Espíritu es que fueran capaces de dar testimonio de Cristo hasta lo último de la Tierra. Entonces, la Iglesia no está sola. Dios envía al Espíritu Santo para que la Iglesia sea testigo de Él en el mundo.

Solamente los corazones puros (presencia del Espíritu Santo) dan testimonio hasta lo último de la tierra:
Si somos una Iglesia cristiana y una Iglesia de santidad, ¡por naturaleza somos una Iglesia enviada y una Iglesia misionera! ¡El combustible de un movimiento misionero es la llenura del Espíritu Santo purificando el corazón y dando poder a los creyentes para un testimonio global!

Dios quiere cumplir su misión para la humanidad por medio de nosotros como su Iglesia. La promesa de santidad es la misma hoy, pero la decisión es nuestra. Vivir en santidad significa tener un testimonio que refleja la presencia de Dios en nosotros, santidad sin testimonio es algo vacío, y también lo es el testimonio sin santidad. El propósito divino de tener una vida santa es que seamos testigos de Cristo y logremos un impacto en el mundo.

CONCLUSIÓN

Cuando la Iglesia reconoce que es el pueblo enviado por Dios, llega a ser lo que confiesa creer, entonces asume su papel misionero en el mundo. No es una opción, es nuestra responsabilidad si decimos ser cristianos, discípulos o seguidores de Cristo. Entonces la Iglesia está llamada a hacer la voluntad del Padre, que nos envía, y a proclamar la misión de Dios a través de Jesucristo en el poder del Espíritu Santo.

RECURSOS

Ayudas didácticas sobre el tema

"Casi cada página del evangelio de Juan habla de la misión como envío, tanto de Jesús como de nosotros también. Jesús no vino por sí mismo, sino que su Padre lo envió (Juan 8:42). No habló sus palabras sino las palabras de su Padre que le envió (3:34; 7:16; 12:49). No hizo sus propias obras sino las obras de su Padre que lo envió (5:36; 9:4). Estas obras fueron sus milagros. No vino para hacer su voluntad sino la voluntad del Padre que le envió (5:30; 6:38). Como Jesús, debemos recibir un mensaje sobrenatural, un ministerio sobrenatural y una motivación sobrenatural que nos capacite para cumplir nuestra misión". – Paul R. Orjala.

"Puesto que Dios es un Dios misionero, el pueblo de Dios es un pueblo misionero". – Eddy Ho

"El Espíritu de Cristo es el espíritu de las misiones. Cuanto más nos acerquemos a Él, más intensamente nos convertimos en misioneros".
– Henry Martyn

Bibliografía

Van Engen, Carlos. "El Pueblo Misionero de Dios". Grand Rapids, MI: Libros Desafío, 2004.
Culbertson, Howard. "Descubriendo las misiones". Kansas: Beacon Hill Press. 2007.

Un Pueblo Enviado

HOJA DE ACTIVIDAD

Texto para memorizar

"Como tú me enviaste al mundo, yo los envío también al mundo." Juan 17:18 (NVI).

Actividades

I. Dios envía a Jesús

· ¿De qué manera Jesús es la evidencia del carácter misionero de Dios?

_____

· Describa los aspectos de la misión de Jesús en Lucas 4:16-21 y cómo los cumplió.

_____

· ¿Cuáles son los propósitos relevantes que están presentes en el envío de Jesús a habitar entre nosotros?

_____

II. Jesús envía a sus discípulos

· Escriba la definición de apóstol.

_____

· Comparando los pasajes de Mateo 10:5-15, Marcos 6:7-13 y Lucas 9:1-6, ¿a qué envía Jesús a los discípulos?

_____

· ¿Cómo el evangelio de Juan nos muestra la misión como envío?

_____

· ¿Cuál es la promesa que encontramos en los capítulos 14 al 16 del evangelio de Juan?

_____

· Mencione los aspectos más importantes de la promesa que Jesús hace a sus discípulos en el evangelio de Juan.

_____

III. Jesús envía a la Iglesia

· ¿Cuáles son las razones por las que Jesús envía a la Iglesia como Él fue enviado?

_____

· ¿Cuál es el propósito de que Dios enviara al Espíritu Santo, según Hechos 1:8?

_____

· Si somos la Iglesia de Cristo, ¿cómo específica y diariamente estamos participando en su misión al mundo?

_____

· ¿Ser pueblo misionero de Dios significa intentar llegar a ser algo más o tiene que ver con reconocer quienes ya somos?

_____

· ¿Cómo la Iglesia responde a lo que indica su nombre y hasta qué punto existe una expresión práctica de su esencia?

_____

Conclusión

Cuando la Iglesia reconoce que es el pueblo enviado por Dios, llega a ser lo que confiesa creer, entonces asume su papel misionero en el mundo. No es una opción, es nuestra responsabilidad si decimos ser cristianos, discípulos o seguidores de Cristo. Entonces la Iglesia está llamada a hacer la voluntad del Padre, que nos envía, y a proclamar la misión de Dios a través de Jesucristo en el poder del Espíritu Santo.

LECCIÓN 35

PARA MEMORIZAR

"Por tanto, id, y haced discípulos a todas las naciones, bautizándolos en el nombre del Padre, y del Hijo, y del Espíritu Santo; enseñándoles que guarden todas las cosas que os he mandado; y he aquí yo estoy con vosotros todos los días, hasta el fin del mundo. Amén". Mateo 28:19–20.

PROPÓSITO DE LA LECCIÓN: QUE EL ALUMNO...

Reconozca que Dios es misional y nos lo hace ver a lo largo de toda la Biblia. Como Iglesia del Nazareno queremos reafirmar nuestra creencia de ser además de una Iglesia de Santidad y Cristiana, una Iglesia Misional, que hace la misión de Dios en todos los ámbitos: desde Jerusalén, Judea, Samaria, hasta los confines de la tierra.

La Iglesia Local en la Misión Global

POR ANNY DE DIAZ

Introducción

Nuestra herencia misionera se inicia en el año 1908 cuando el Superintendente General HF Reynolds abogó por "Una Misión en el Mundo", el apoyo a la evangelización mundial que se convirtió en una característica distintiva de la vida Nazareno.

Antes de la organización oficial de la Iglesia del Nazareno en 1908, ya había iglesias en Canadá y se organiza el trabajo en la India, Cabo Verde, y Japón, pronto seguido del trabajo en África, México y China. Las fusiones añaden congregaciones en las Islas Británicas y el trabajo en Cuba, América Central (Guatemala) y América del Sur. Había congregaciones en Siria y Palestina por el año 1922.

Los misioneros se encontraban ya en varias partes del mundo, siendo pioneros en la difusión mundial de lo que sería una nueva denominación.

Para entender el porqué de las misiones en la Iglesia del Nazareno, tocaremos algunos pasajes de la Santa Biblia y definiciones de los autores de diccionarios bíblico/teológicos que nos ayudaran a entender la importancia del involucramiento de la iglesia local en la misión de Dios.

1. Misión. Derivado del latín *Misssio* que significa enviar, que es usado variado y ampliamente en la iglesia cristiana. El diccionario Bíblico Teológico Beacon explican que: "Misión" es el término teológico más amplio, pues incluye todas las actividades salvíficas de la trinidad y de la iglesia para la extensión del reino de Dios en la tierra, (DTB, paginas 437-438).

2. Misiones. Este término se refiere comúnmente a la obra misionera mundial, aunque también puede relacionarse con la teología y teoría de Misión. Puede también referirse a organizaciones religiosas evangélicas responsables por el envío de misioneros.

3. Fisiología o misionología. Es el área de la teología práctica que investiga el mandato, el mensaje y la misión de la Iglesia de Cristo, con enfoque en la naturaleza de la obra misionera.

I. El Llamado de Dios a las misiones

1. En el libro de Génesis Cap. 13, encontramos la comisión y llamamiento de Abraham a quien Dios le hace una promesa universal, que en cierto sentido tiene implicaciones misionológicas porque incluye, que todas las naciones serán benditas por en él porque de su descendencia nace el Salvador del Mundo. Con esto es suficiente para comprender que la misión en primer lugar es de Dios, y posteriormente la iglesia esta comisionada a ser socia con Dios para que todos los pueblos sean salvos (1 Timoteo 2:4).

Vemos en lo anterior, lo notable de la obediencia de Abram al dejarlo todo para servir a Dios y como la iglesia local se asocia con Dios para llevar la misión.

2. En el Nuevo Testamento, Dios hecho hombre, empodera a 12, que fueron sus discípulos, los instruyó y los comisiono a que fueran delante de El a predicar (Marcos 3:13-14) y más adelante *"designó el Señor también a otros setenta, a quienes envió de dos en dos delante de el a toda ciudad y lugar donde él había de ir. Y les decía: La mies a la verdad es mucha, más los obreros pocos: por tanto, rogad al Señor de la mies que envíe obreros a su mies". Lucas 10:1-2.*

Al morir en la cruz y luego al resucitar al tercer día, él explica a los 11 discípulos que habían quedado, que la misión no era solo de ellos ni solo en donde se encontraban, sino universal a través de la Gran Comisión y les habló diciendo: *"Por tanto, id, y haced discípulos a todas las naciones, bautizándoles en el nombre del Padre, y del Hijo, y del Espíritu Santo: enseñándoles que guarden todas las cosas que os he mandado; y he aquí yo estoy con vosotros todos los días, hasta el fin del mundo". San Mateo 28:19-20.*

Después de haber dado mandamientos por el Espíritu Santo a los apóstoles que había escogido, en el libro de los Hechos, él como la iglesia primitiva cumplió con esta Gran Comisión, primero los empoderó a ser *"testigos en Jerusalén, en toda Judea, en Samaria, y hasta lo último de la tierra" (Hechos 1:8);* luego seleccionó por su Espíritu Santo a 2, Saulo, que más tarde se llamó Pablo y Bernabé, quienes estaban en la iglesia de Antioquia junto a profetas y maestros (Hechos 13: 1-4).

Es aquí donde usando a Pablo y Bernabé se inicia un gran movimiento misionero, cuya iniciativa la toma El Espíritu Santo, que comenzó a trabajar en la iglesia que se había reunido en ayuno y oración.

Lo notable de Pablo y Bernabé es que eran muy útiles en el lugar donde estaban, sin embargo, ellos estaban apartados para servir a Dios y quienes aun con dificultades, cumplieron la misión que el Espíritu Santo les había encomendado.

3. Hoy en día, Dios sigue llamando y apartando a personas a su servicio en el campo de las misiones. Personas que están sirviendo en los diferentes ministerios en la iglesia local, sin embargo, en muchos de los casos, no son apoyados por sus líderes locales por temor a dejar sin liderazgo a la iglesia.

En otros casos, personas que están sintiendo en su corazón que Dios les está llamando, muchas veces no quieren dejar su zona de comodidad, en casa o en la iglesia local y esquivan de una u otra forma aceptar el llamado que Dios está haciendo a sus vidas.

Nuestra oración es de que todos aquellos que han sido llamados puedan responder como el profeta Isaías en el Cap. 6, versículo 8, *"Heme aquí, envíame a mí"*.

II.La Iglesia Local que Envía
1. Hechos 13:1–3
"Había entonces en la iglesia que estaba en Antioquia, profetas y maestros: Bernabé, Simón el que se llamaba Níger, Lucio de Cirene, Manaen el que se había criado junto con Herodes, el tetrarca, y Saulo. Ministrando estos al Señor, y ayunando, dijo el Espíritu Santo: Apartadme a Bernabé y Saulo para la obra a que los he llamado. Entonces habiendo ayunado y orado, les impusieron las manos y los despidieron".

En Antioquia, muchas personas que no eran judías, creyeron en Jesús y formaron una iglesia y Dios proveyó líderes entre ellos desde donde enviaron misioneros a otros lugares a compartir las buenas nuevas de Jesús a otros.

Saulo, que ya en el v.9 se le llama Pablo, y Bernabé, fueron consagrados y apartados por la Iglesia de Antioquia, para esa obra especial a la que el Espíritu Santo los había llamado, llevar el mensaje a las ciudades de Galacia, en el Asia Menor en su primer viaje misionero, a Grecia, Macedonia, Acaya entre muchas otras en todos los viajes misioneros que hicieron.

2.Hechos 1:8
Nos enseña a que debemos ser "testigos en Jerusalén, en toda Judea, en Samaria, y hasta lo último de la tierra". Como cristianos somos responsables de compartir el mensaje de salvación hasta lo último de la tierra y de ahí, la necesidad del envío de personas idóneas que tengan la pasión por la evangelización mundial.

La Iglesia del Nazareno tiene 3 valores medulares:
· Somos un pueblo cristiano.
· Somos un pueblo de santidad.
· Somos un pueblo misional.

Al ser un pueblo misional, decimos que somos un pueblo enviado que responde al llamado de Cristo y es capacitado por el Espíritu Santo para ir al mundo, a testificar del señorío de Cristo y participar con Dios en la edificación de la iglesia y la extensión de su reino (2 Corintios 6:1) (Escuela de Liderazgo – Misiones Transculturales – La iglesia local, soporte de la misión global). La misión de la iglesia es alcanzar al mundo para Cristo y para poder cumplirla es necesario el desarrollo y envío de misioneros. La Iglesia del Nazareno tiene desplegados 706 misioneros y 327 hijos de misioneros, provenientes de 50 áreas del mundo. Esta cifra incluye 302 voluntarios del Cuerpo de Misión a largo plazo) hasta el año 2015.

El año pasado, 121 nuevos misioneros se añadieron: 4 en Contrato Global, 20 con asignación especial, 6 internos, 91 en el Cuerpo de Misión, incluyendo los del Cuerpo de Misión Regional. Sin embargo, el número de misioneros es insuficiente para la cantidad de personas que aún no han sido alcanzadas con el mensaje de salvación.

Es responsabilidad de cada iglesia local, preparar y desplegar líderes que lleven ese mensaje a aquellos que no han sido alcanzados hasta los confines de la tierra.

3.¿Cómo puede una iglesia preparar y desplegar misioneros?
A. DESPERTAR EL INTERÉS
· Involucrándolos en proyectos misioneros.
· Dándoles participación en todas actividades misioneras locales: Estudios Misioneros, siendo parte del Concilio.
· Darles participación en la Convención de MNI Distrito.

B. APARTAR A LOS QUE TIENEN LLAMADO
· Apartar a los que tienen llamado al ministerio misionero. *"Ministrando éstos al Señor, y ayunando, dijo el Espíritu Santo: Apartadme a Bernabé y a Saulo para la obra a que los he llamado". Hechos 13:2.*

C. EDUCARLOS EN MISIONES
El conocimiento es la clave para la participación. Con una comprensión de las necesidades del mundo y lo que la iglesia está haciendo para satisfacer esas necesidades, los llamados son más capaces de comprometerse y hacer un ministerio más efectivo.
· Animarlos a participar en los estudios misioneros de la iglesia.
· Animarles a que participen en viajes misioneros de corto plazo.

D. CUIDARLES
Una planta para que dé fruto, tiene que cuidarse. De igual manera la iglesia local debe cuidar a los que tienen el llamado al ministerio misionero.
· Crear un ambiente especial para misiones, en donde el niño o joven pueda desarrollar habilidades.
· Estar atento a su desarrollo espiritual.
· Animarle a que no pierda ese llamado hasta que este llegue el tiempo de IR.
· Instruirlos en todo lo que se refiere a misiones.
· Orar y ayunar con ellos y por ellos. *"Entonces, habiendo ayunado y orado, les impusieron las manos..." Hechos 13:3a.*

III. La iglesia local que sostiene
"En cuanto a la ofrenda para los santos, haced vosotros también de la manera que ordené en las iglesias de Galacia. Cada primer día de la semana cada uno ponga aparte algo, según haya prosperado, guardándolo, para que cuando yo llegue no se recojan entonces ofrendas". 1 Corintios 16:1-2.

Del mismo modo que los primeros cristianos "unieron sus recursos para suplir las necesidades de cada persona" (Hechos 2:45), el mensaje de los creyentes de hoy es compartir con entusiasmo lo que tienen para llevar a nuevos miembros en la familia de Dios.

En 159 áreas del mundo, la pasión de los nazarenos "por la misión" los obliga a dar en todo tipo de formas: el tiempo como voluntarios, la oración por todas las personas para que conozcan a Cristo, compartiendo generosamente los recursos, y la transmisión de las historias de la iglesia, por nombrar sólo unos pocos.

Una forma simple y esencial de expresar la pasión misión es el apoyo financiero. **Misiones Nazarenas Internacionales (MNI),** ha diseñado gran cantidad de oportunidades para apoyar a los trabajadores de la misión y satisfacer las necesidades humanas de todo el mundo a través del compartimiento de recursos.

Todos somos llamados a cumplir con la evangelización pero Dios llama específicamente a personas comprometidas que sientan la pasión para ir a otros países. Estas personas comprometidas, en la mayoría de los casos, dejan trabajo, hogar, familia, posesiones económicas para ir a donde se les envíe.

Algunas agencias misioneras, cuando un misionero quiere salir al campo, debe levantar sus propios fondos para su sostenimiento. Sin embargo, la Iglesia del Nazareno da soporte económico a los misioneros a través del **Fondo para el Evangelismo Mundial (FEM)**.

El *FEM* es el nervio motor cooperativo que mueve la empresa misionera de la denominación. Este fondo se apoya a través del envío del 5.5% como mínimo, de sus ingresos a través de las ofrendas ordinarias y diezmos de cada iglesia local.

Otra forma como se apoya a los misioneros es a través del programa de **ESLABONES** y de las giras misioneras que cada uno realiza. Los fondos que estos levantan en su gira, son utilizados para la compra de equipo de ministerio, lo cual no es cubierto por el *FEM*.

IV. Oportunidades de Servicio en misiones

La Iglesia del Nazareno ha provisto oportunidades para que aquellos que son llamados puedan ser parte de la misión de Dios. Hay dos ministerios que se encargan de proveer estas oportunidades de primera mano: Misión Global (MG) y Misiones Nazarenas Internacionales (MNI).

1. Misión Global (MG)

se encarga de Encontrar, Entrenar y Enviar Misioneros proveyendo oportunidades, entre otros, como:

- Máxima Misión
- Proyecto Pablo
- Jóvenes en Misión
- Iniciativa Génesis
- Campamentos de Orientación Misionera (COM)
- Campamentos de Orientación Misionera Infantil (COMI)

Estas oportunidades ayudan a desafiar a aquellos que son llamados y para que experimenten de primera mano las misiones. Muchos de los que participan de estos eventos o viajes misioneros, se comprometen con Dios a servir como voluntarios y con el correr de los años, Dios les llama a servir como misioneros de tiempo completo en las distintas escalas del ministerio misionero.

2. Misiones Nazarenas Internacionales (MNI)

Es la estructura que da apoyo a las misiones a través de distintos énfasis mensuales, pero especialmente de 4 objetivos que ayudan al desarrollo del ministerio: la oración, la educación misionera, el discipulado y la recaudación de fondos (ofrendas) para el sostén de la obra misionera.

• LA ORACIÓN

Uno de los principales recursos con que cuenta la obra misionera es la ORACION. *"La oración llega donde no podemos llegar y Dios hace lo que no podemos hacer por nuestro propio esfuerzo".* (Autor desconocido).

La oración es primordial. Dios usa nuestras oraciones para cubrir el mundo, para moverse con poder, y para transformarnos. Una de las cosas más importantes de la oración es que nos mete en el centro del corazón de Dios. La oración para el mundo perdido nos cambia, nos hace sensibles, visionarios y quebrantados cuando se trata de alcanzar el mundo. Si decimos que amamos las misiones, primero debemos mostrarlo con nuestras oraciones.

MNI promueve la oración unida para sostener a líderes e iglesias y para que el Espíritu Santo atraiga a las personas a Cristo a través de distintos énfasis: la Oración y Ayuno, la Semana Nazarena Mundial de Oración, 40 Días de Oración previos al Día Global de Oración – Pentecostés, el Día Global de Oración por la Iglesia Perseguida, entre otros.

"La oración del justo es poderosa y eficaz". Santiago 5:16b.

• LA EDUCACIÓN MISIONERA

Nazarenos de todo el mundo están compartiendo las historias misioneras de la iglesia. Contar la historia infunde pasión por la misión. Cuando los seguidores de Cristo saben lo que está en juego y escuchan cómo los demás están obedeciendo el llamado de Dios a la misión, tienen el reto de participar también.

MNI se ha comprometido a ayudar a que las iglesias locales cuenten la historia misionera. Proporciona recursos y apoyo para la iglesia local, ya que informa y educa a sus miembros, no sólo en lo que otros nazarenos están haciendo en la misión, sino que también en la forma en que otros pueden participar. La participación de la congregación en los estudios misioneros con la Guía Internacional de Educación Misionera que se publica anualmente y la lectura de los libros misioneros es una herramienta que ayuda a desafiar, entrenar y enviar misioneros, así como la participación en viajes misioneros a corto plazo para experimentar de primera mano las misiones. Una iglesia informada es una iglesia transformada por el poder del Espíritu Santo para ser parte de la misión de Dios.

• EL DISCIPULADO

"Id y haced discípulos" fueron las palabras de despedida de Jesús cuando él envió a sus amigos a unirse a su misión.

Entendemos sus palabras como un mandato para los creyentes, para formar amistades profundas a través de los cuales nos ayudan mutuamente a crecer en semejanza a Cristo. En la práctica espiritual de discipulado, caminamos lado a lado a lo largo del camino de la fe, enseñando, fomentando y amándonos unos a otros. A medida que cada creyente discípula a otro creyente, la presencia de Dios se multiplica exponencialmente; una reacción en cadena de aprendizaje, crecimiento, desafío y el amor que va a transformar nuestro mundo.

MNI se ha comprometido a discipular a las nuevas generaciones en su camino de fe. Discipular, por supuesto, incluye la enseñanza y el desarrollo de líderes jóvenes sobre la misión global de Cristo, y cultivar su pasión misionera. Hacemos esto a través de la tutoría de uno-a-uno, proporcionando oportunidades para el liderazgo, e invitando a los líderes en desarrollo a participar en el trabajo de la misión aquí y ahora, sin importar su edad.

• LA RECAUDACIÓN DE FONDOS (OFRENDAS)

Misiones Nazarenas Internacionales (MNI), es el ministerio de la iglesia que se encarga de la promoción del *FEM*. Aun cuando la iglesia da de sus propios recursos, muchas aún continúan levantando la Ofrenda de Resurrección, Ofrenda de Oración y Ayuno y la Ofrenda de Acción de Gracias para dar oportunidad a aquellos que aman las misiones y quieren dar más allá del *FEM*, lo cual ayuda a que el presupuesto global sea cubierto.

Además del *FEM*, la Iglesia del Nazareno se apoya para proyectos específicos, con Ofrendas Especiales Aprobadas, las cuales ayudan a cubrir distintas necesidades. Estas son: la Ofrenda de Alabastro, que apoya la compra de terrenos, construcciones de templos, aulas para Escuela Dominical, clínicas médicas y otras construcciones; la Ofrenda de Transmisiones de Misión Mundial, que apoya programas de radio, televisión, internet; la Ofrenda de Compasión, que da soporte junto con MNC, a cubrir aquellas necesidades en caso de desastres, hambruna, pobreza, etc.

Todas estas ofrendas ayudan al desarrollo de la Iglesia del Nazareno global a cubrir necesidades específicas para llevar adelante la obra del ministerio.

Y nadie quiere quedarse fuera: una mujer de Zimbabue trae el pollo de la familia para el altar durante una ofrenda misionera.

Un adolescente de Estados Unidos toma un trabajo de medio tiempo para poder dar lo que recibe de su salario para dar su ofrenda; un estudiante brasileño cede su equipo nuevo a la iglesia para que este se venda y el dinero sea usado para las misiones; un hombre de negocios coreano da algunas de sus ganancias al Fondo de Evangelismo Mundial; un grupo de jamaicanos de ocho años de edad ofrecen una lata de monedas que han recogido de sus amigos y vecinos.

¡Nazarenos de todo el mundo comparten generosamente sus recursos para expandir el reino de Cristo en la tierra!

A través de estos ministerios, la iglesia local tiene oportunidades de servicio para aquellos que tienen llamado a las misiones.

CONCLUSIÓN

La iglesia existe porque la misión existe. Todos fuimos llamados a esa misión porque Dios es un Dios misionero y se menciona en toda la Biblia. Misiones es parte del ser de Dios, es parte del ADN de Dios y él nos invita a ser parte de Su misión.

Dios está buscando personas que sientan la pasión por las almas para servirle y hacer Su misión.

¿Serán ustedes aquellos que respondan al llamado del Señor, como lo hizo con Isaías: *"¿A quién enviaré y quién irá por nosotros? Entonces respondí yo: Heme aquí, envíame a mí". Isaías 6:8.*

𝒮𝒱

RECURSOS

Recursos Bibliográficos

La Santa Biblia "Versión Reina Valera 1960".

La Santa Biblia "Nueva Versión Internacional".

"Diccionario Bíblico Teológico Beacon", CNP. Kansas City Missouri, EUA. Sin Fecha.

Blog WordPress.com

Cursos de la Escuela de Liderazgo: "La Iglesia Local: Soporte de la Misión Global" y "La Iglesia Local, Semillero de Misioneros Globales".

Página Web de MNI Global: www.nazarenemissions.org

La Iglesia Local y las Misiones

HOJA DE ACTIVIDAD

Texto para memorizar

"Por tanto, id, y haced discípulos a todas las naciones, bautizándolos en el nombre del Padre, y del Hijo, y del Espíritu Santo; enseñándoles que guarden todas las cosas que os he mandado; y he aquí yo estoy con vosotros todos los días, hasta el fin del mundo. Amén." San Mateo 28:19 – 20.

Preguntas para la reflexión

1. ¿De qué manera su iglesia se identifica con la iglesia de Antioquia (Hechos 13:1–3)?

_____
_____
_____

2. ¿Cómo su iglesia apoya las misiones en la Iglesia del Nazareno?

_____
_____
_____

3. ¿Ha enviado su iglesia algún o algunos misioneros? **Sí** _____ **No** _____ .
Si su respuesta es **Sí**, ¿qué tipo de apoyo reciben de ustedes?

_____
_____

4. ¿Cómo podría su iglesia desplegar misioneros además de lo que se menciona en la lección?

_____
_____

5. ¿Qué oportunidades de servicio misionero ofrece Misión Global?

_____
_____

6. ¿Cómo MNI apoya desde la iglesia local las misiones en la Iglesia del Nazareno?

_____
_____
_____

Conclusión

La iglesia existe porque la misión existe. Todos fuimos llamados a esa misión porque Dios es un Dios misionero y se menciona en toda la Biblia. Misiones es parte del ser de Dios, es parte del ADN de Dios y él nos invita a ser parte de Su misión. Dios está buscando personas que sientan la pasión por las almas para servirle y hacer Su misión.

¿Serán ustedes aquellos que respondan al llamado del Señor, como lo hizo con Isaías: "¿A quién enviaré y quién irá por nosotros? Entonces respondí yo: Heme aquí, envíame a mí". (Isaías 6:8).

LECCIÓN 36

PARA MEMORIZAR

"...Y el segundo mandamiento en importancia es: Cada uno debe amar a su prójimo como se ama a sí mismo. Ningún otro mandamiento es más importante que estos dos". Marcos 12:31.

PROPÓSITO DE LA LECCIÓN: QUE EL ALUMNO...

Pueda ver la importancia de la compasión en la práctica de vida de la Iglesia. Por lo menos desde dos aspectos: a) es un mandamiento de Dios, y tiene promesa, y b) lo dice la Biblia tanto en el antiguo como en el nuevo testamento, en diferentes libros y a través de diferentes autores.

Importancia de la Compasión en la Iglesia

POR HELMER JUÁREZ

Introducción

La compasión, es el mandamiento del amor. Dios lo demanda de su pueblo y lo recuerda en su palabra. Entre los mandamientos al pueblo podemos encontrar varios ministerios de Compasión que la Iglesia puede poner en práctica hoy. Es importante la revisión cuidadosa de la Biblia para que nos hable de lo que Dios demanda de sus hijos en cuanto al Amor al Prójimo.

I. Compasión en el Antiguo Testamento

Los profetas y otros hombres de Dios eran profundamente conscientes de la maravilla de la **misericordia** de Dios para con los hombres pecadores. Enseñaban que cualquiera que hubiese experimentado esto se sentiría obligado a tener compasión de sus semejantes, en especial del "huérfano, la viuda, y el extranjero". Por lo tanto el tener compasión dentro del pueblo de Dios era una enseñanza que se daba desde niños, por lo que debería ser una práctica diaria dentro del que hacer del pueblo de Israel.

Veamos algunos ejemplos del Antiguo Testamento:

1. Zacarías 7:9-10

"Y vino palabra de Jehová a Zacarías, diciendo: Así habló Jehová de los ejércitos, diciendo: Juzgad conforme a la verdad, y haced misericordia y piedad cada cual con su hermano; no oprimáis a la viuda, al huérfano, al extranjero ni al pobre; ni ninguno piense mal en su corazón contra su hermano".

• Este versículo nos muestra claramente que el hacer misericordia venia directamente con autoridad como un mandato divino hacia su pueblo.

• También nos indica que era una obligación individual al decir cada cual con su hermano. No era solamente una obligación corporativa (o de grupo) era una obligación de cada individuo que formaba parte del pueblo de Dios.

• Se hace énfasis en cuatro grupos de personas vulnerables que no debemos olvidar: las viudas, los huérfanos, los pobres y los extranjeros.

• Las viudas: La ley divina se ha caracterizado siempre por su preocupación para con las viudas, hacía provisiones especiales para ellas (por ejemplo Ex. 22:21; Dt. 14:29; 16:1, 14; 24:17, Jer. 7:6).

Aún en los tiempos previos a Moisés se reconocía la situación de la viuda sin hijos, y se establecían disposiciones para ella (Génesis 38), las que fueron formalmente impuestas bajo Moisés (Deuteronomio 25:5s).

• Los huérfanos al igual que las viudas tienen una importancia dentro de la misericordia que el pueblo de Dios debía impartir. Un aspecto principal de la tradición de los israelitas implicaba proteger el derecho legal y económico del huérfano. Los huérfanos se encontraban dentro de la sociedad calificados como un grupo pobre o débil... (Deuteronomio 14:28-29; 26:12-13). El pueblo de Dios fue exhortado varias veces a cuidar del huérfano e incluso se pensaba en ellos durante la cosecha de los campos. (Deuteronomio 24:19-21).

• El Extranjero: Los israelitas no sólo no debían oprimirlos (Ex. 22:21; 23:9; Lv. 19:33–34), sino que también debían amarlos (Deuteronomio 10:19). Una razón que se menciona como justificación del día de reposo es que el extranjero pudiera tomar "refrigerio" (Éxodo 23:12). Los frutos caídos en las viñas y los sobrantes de las cosechas en los campos debían quedar para él (Lv. 19:10; 23:22; Dt. 24:9–21). Se los incluyó en las estipulaciones con respecto a las ciudades de refugio (Nm. 35:15; Jos. 20:9). Estaban en un mismo plano con la viuda y el huérfano, como personas indefensas; por lo tanto, Dios es su defensor y oportunamente juzgará a sus opresores (Sal. 94:6; 146:9; Jer. 7:6; 22:3; Ez. 22:7, 29; Zac. 7:10; Mal. 3:5).

¿Estaremos cumpliendo como pueblo de Dios esta disposición divina de ser compasivos con este grupo de personas?

2. Levítico 19:9-10

"Cuando siegues la mies de tu tierra, no segarás hasta el último rincón de ella, ni espigarás tu tierra segada. Y no rebuscarás tu viña, ni recogerás el fruto caído de tu viña; para el pobre y para el extranjero lo dejarás Yo Jehová vuestro Dios".

Este pasaje nos muestra que había una ordenanza para el pueblo de dejar cosecha para el pobre y el extranjero. No era darles la ayuda en la mano, era dejarles a estos grupos parte de cosecha para que ellos fueran a segarla.

II. Compasion en el Nuevo Testamento

La compasión era uno de los mensajes centrales del Señor, una y otra vez durante su ministerio fue mostrada esa compasión y fue enseñada a todos aquellos que le seguían.

Mateo 25:34-40: "Entonces el Rey dirá a los de su derecha: Venid, benditos de mi Padre, heredad el reino preparado para vosotros desde la fundación del mundo. Porque tuve hambre, y me disteis de comer; tuve sed, y me disteis de beber; fui forastero, y me recogisteis; estuve desnudo, y me cubristeis; enfermo, y me visitasteis; en la cárcel, y vinisteis a mí. Entonces los justos le responderán diciendo: Señor, ¿cuándo te vimos hambriento, y te sustentamos, o sediento, y te dimos de beber? ¿Y cuándo te vimos forastero, y te recogimos, o desnudo, y te cubrimos? ¿O cuándo te vimos enfermo, o en la cárcel, y vinimos a ti? Y respondiendo el Rey, les dirá: De cierto os digo que en cuanto lo hicisteis a uno de estos mis hermanos más pequeños, a mí lo hicisteis".

Ahora vemos a Jesús dando la enseñanza clara de que la heredad del reino va acompañada con la labor compasiva que su pueblo haya hecho. Este pasaje menciona necesidades básicas a las cuales el discípulo de Cristo debe cubrir para el necesitado.

• **Sed y hambre.** Cuantas comunidades tenemos a nuestro alrededor con necesidad del agua y pan de vida, pero también del agua y pan material.

• **Forastero:** Que es el mismo extranjero pero en esta ocasión ha uh llamado a acogerlo. La iglesia como nunca antes tiene la oportunidad de hacer un ministerio con el forastero. Muchos de nuestros países están viviendo el fenómeno de la inmigración, y es una hermosa oportunidad para la iglesia de apoyar y realizar ministerios con ellos.

• **Desnudez, enfermedad, aprisionamiento.** Muchas más oportunidades de ser luz como pueblo de Dios, y a pesar de que este mensaje fue dado hace más de dos mil años, sigue teniendo vigencia para la vida de la iglesia actual.

¿Qué podemos hacer como iglesia más allá de dar pan, un vaso de agua, un vestido, hospedaje, visitas al enfermo y al preso?

III. La Compasion hace crecer la iglesia: Hechos 2:40-47

Nos muestra claramente que el ejercer la compasión en la vida diaria de la iglesia tenía efectos positivos para la misma iglesia.

a. *"Y El Señor añadía cada día a la Iglesia los que debían de ser salvos".* Porque la gente venía con necesidad y era la iglesia la que hacia posible que las necesidades eran cubiertas, y al mismo tiempo esta gente que venía se convertía en agentes de compasión para otros. La compasión crea un efecto evangelístico en la iglesia.

b. Cuando la Iglesia tiene gracia con los de afuera, el Señor trae a los que han de ser salvos.

CONCLUSIÓN

Al estudiar la Biblia vamos a encontrar diferentes ministerios ordenados por Dios para sus hijos, además de los mencionados usted podrá encontrar otros. De manera que siempre vamos a tener un ministerio de servicio que beneficie a nuestro prójimo, hay algunos que quiero mencionar, en los que debemos meditar como iglesia y nuestra actitud ante la comunidad; los desastres, los Niños, el cuidado de la salud, los programas de transformación de la comunidad. En realidad, todos nuestros ministerios deben provocar la Transformación de la comunidad en el nombre de Jesús. ꜱᴠ

HOJA DE ACTIVIDAD

Texto para memorizar

"...Y el segundo mandamiento en importancia es: "Cada uno debe amar a su prójimo como se ama a sí mismo." Ningún otro mandamiento es más importante que estos dos" Marcos 12:31.

Preguntas para la reflexión

1. ¿Los Ministerios de Compasión, son una prioridad en la Iglesia? _____

2. ¿Cómo podemos avanzar y ser más efectivos en nuestra práctica de Compasión?

_____

3. ¿Qué significa amar a nuestro prójimo como a nosotros mismos? _____

4. Se nos manda amar a los pobres.

¿Quiénes son los pobres en la comunidad? Recordemos que nosotros antes de ser cristianos éramos más pobres.

_____

Conclusión

Al estudiar la Biblia vamos a encontrar diferentes ministerios ordenados por Dios para sus hijos, además de los mencionados usted podrá encontrar otros. De manera que siempre vamos a tener un ministerio de servicio que beneficie a nuestro prójimo, hay algunos que quiero mencionar, en los que debemos meditar como iglesia y nuestra actitud ante la comunidad; los desastres, los Niños, el cuidado de la salud, los programas de transformación de la comunidad. En realidad, todos nuestros ministerios deben provocar la Transformación de la comunidad en el nombre de Jesús.

LECCIÓN 37

PARA MEMORIZAR

"Los seguidores de Jesús compartían unos con otros lo que tenían. Vendían sus propiedades y repartían el dinero entre todos. A cada uno le daban según lo que necesitaba". Hechos 2:44-45 (NVI).

PROPÓSITO DE LA LECCIÓN: QUE EL ALUMNO...

Recuerde a través de la práctica de la Iglesia primitiva narrada en Hechos, la práctica compasiva de los inicios de la Iglesia del Nazareno.

Principios Básicos de Compasión

POR HELMER JUÁREZ

Introducción

Hoy en día la Compasión y el Amor al Prójimo han venido a ser un tema de discusión y controversia en la Iglesia. ¿Es la compasión parte de la misión de la Iglesia? ¿La responsabilidad por las necesidades de los demás es de la Iglesia o de otras instituciones de caridad o incluso el Gobierno?

El libro de los Hechos nos narra la vida de los primeros cristianos, su práctica y los resultados en el crecimiento de la Iglesia.

La historia de la Iglesia del Nazareno también nos relata el interés por las necesidades humanas, especialmente de los pobres en el ministerio de la Iglesia.

Aprovechemos este tiempo para revisar cómo estamos viviendo el Amor al Prójimo, el segundo mandamiento, en nuestra práctica cristiana hoy.

I. ¿Qué es Compasión?

En la Biblia es una cualidad divina y a la vez humana. El termino compasión en la Biblia denota piedad, perdón, misericordia. Los profetas y otros hombres de Dios eran profundamente conscientes de la maravilla de la *misericordia de Dios para con los hombres pecadores. Enseñaban que cualquiera que hubiera experimentado esta misericordia divina se sentiría obligado a tener compasión de sus semejantes, en especial del "huérfano, la viuda, y el extranjero" (Deuteronomio. 10.18; 14.29; 16.11; 24.19; Jeremías. 22.3), y también de aquellos que se encuentran en la *pobreza o sufriendo aflicción (Salmos 146.9; Job 6.14; Proverbios 19.17; Zacarías 7.9–10; Miqueas 6.8).

En las enseñanzas de nuestro Señor Jesucristo, especialmente en la parábola del buen samaritano (Lucas. 10), se ve claramente que la compasión ha de demostrarla sus discípulos hacia cualquiera que necesite de su ayuda. Ha de ser semejante a la de él, no solamente al no hacer diferencias entre personas, sino también en que se expresará en acciones (1 Juan 3.17) que incluso pueden representar un sacrificio personal.

II.¿Quién es mi Prójimo?

Cualquier ser humano respecto a uno mismo. Se le aplica más particularmente a un semejante, es decir, a quien posee características iguales.

Entre las leyes de santidad y justicia que Dios dio por medio de Moisés figura el amor al prójimo (Levítico 19:18; Mateo 22:39). La práctica del amor implicaba no oprimirlo, no robarle, no codiciar ninguno de sus bienes, no juzgarle injustamente ni atentar contra su vida, no vengarse de él, ni guardarle rencor, etc. (Éxodo 20:16). Era un mandato estimar al prójimo, considerarlo, protegerlo y satisfacerlo en la misma medida y sentido que uno lo hace con uno mismo (Proverbios 12:26; Jeremías 22:13).

Los fariseos habían limitado el significado de "prójimo" a los de su propia nación, a sus amigos y a quienes les favorecieran en alguna forma. Cristo muestra con la parábola del buen samaritano (Lucas 10:25-37) el verdadero significado de la palabra prójimo.

El espíritu misericordioso no considera prejuicios ni barreras de ninguna índole para ofrecer ayuda oportuna e incondicional a quien la requiere.

III. La respuesta cristiana a las necesidades es progresiva
1. Oración
(Nehemías 1:1-11)

Todo programa, toda intención debe ser precedida de oración. Nuestra oración por los necesitados. Nehemías es movido a compasión como producto de enterarse de la situación de su pueblo, y la primera actitud fue orar y presentar esto al Señor.

2. Respuesta de Ayuda
(Nehemías 2:5-8)

Nos involucramos personalmente en la ayuda a los necesitados. Nehemías aprovecho la oportunidad que Dios le dio para responder ante la necesidad de su pueblo. Al ver como Dios le abrió camino para solicitar el permiso del Rey para ir a ayudar, inmediatamente busco la manera de no ir con las manos vacías para ayudar.

3. Respuesta Institucionalizada
(Hechos 6:1-6)

Creamos programas o proyectos de ayuda desde la Iglesia. La iglesia primitiva tenía integrado un programa de ayuda a las viudas y los huérfanos, pero la magnitud del programa hizo que se organizarán para poder desarrollar la ayuda de mejor manera.

a. Desarrollo (Booz)

Nuestros actos de ayuda transforman la situación de vida de las personas.

b. Ministerio Integral

Nuestros actos de ayuda y transformación también llevan a las personas al conocimiento de Cristo.

c. La Historia Nazarena

Cuando la Iglesia del Nazareno comenzó a enviar misioneros a diferentes partes del mundo se tomó en cuenta las necesidades humanas de los pueblos a evangelizar, además de fundar iglesias:

· Se fundaron clínicas.
· Escuelas de enfermería en las universidades nazarenas para capacitar enfermeras misioneras.
· Escuelas para satisfacer las necesidades de educación y salud.
· Traducción de la Biblia a idiomas nativos.

CONCLUSIÓN

Así como la Iglesia Primitiva que nos narra el libro de Hechos se ocupó diligentemente de las necesidades humanas de las personas, la Iglesia del Nazareno en sus inicios tomó también en cuenta estos aspectos en sus esfuerzos evangelizadores.

Es tiempo ahora de reflexionar acerca de nuestro compromiso y respuesta a las necesidades humanas, materiales de nuestros hermanos, vecinos, comunidad y de la iglesia alrededor del mundo.

HOJA DE ACTIVIDAD

Texto para memorizar

"Los seguidores de Jesús compartían unos con otros lo que tenían. Vendían sus propiedades y repartían el dinero entre todos. A cada uno le daban según lo que necesitaba" Hechos 2:44-45 NVI.

Ayudas para desarrollar el tema

1. El libro de Hechos en la Biblia.
2. Manual de Capacitación, Ministerios Nazarenos de Compasión.
3. Ministerios de Compasión desde la Iglesia local, Escuela de Liderazgo.
4. Videos YouTube de la Fundación para una Vida Mejor.

Preguntas de comprensión sobre el tema

1. ¿Cuáles son las diferencias entre los siguientes términos: a. Compasión / b. Ministerios de Compasión / c. Ministerios Nazarenos de Compasión
_____
_____

2. ¿Cómo podemos definir ahora la parte de Hechos 2:45 "Repartían a todos según la necesidad de cada uno".
_____
_____

3. ¿Cuáles son las necesidades de los hermanos de la Iglesia y de la comunidad alrededor donde como congregación podemos involucrarnos en la búsqueda de soluciones?
_____
_____

4. Es la Compasión de la Iglesia Primitiva de Hechos algo que podemos practicar en nuestra Iglesia del Nazareno en nuestros días?
_____

Conclusión

Así como la Iglesia Primitiva que nos narra el libro de Hechos se ocupó diligentemente de las necesidades humanas de las personas, la Iglesia del Nazareno en sus inicios tomó también en cuenta estos aspectos en sus esfuerzos evangelizadores.
Es tiempo ahora de reflexionar acerca de nuestro compromiso y respuesta a las necesidades humanas, materiales de nuestros hermanos, vecinos, comunidad y de la iglesia alrededor del mundo.

LECCIÓN 38

BASE BÍBLICA

Lucas 5:1-11.

PARA REFLEXIONAR...

"Había entonces en la Iglesia que estaba en Antioquía, profetas y maestros: Bernabé, Simón el que se llamaba Niger, Lucio de Cirene, Manaén el que se había criado junto con Herodes el Tetrarca y Saulo. Ministrando estos al Señor, y ayunando, dijo el Espíritu Santo: Apartarme a Bernabé y a Saulo para la obra a que los he llamado. Entonces, habiendo ayunado y orado, les impusieron las manos y los despidieron" (Hechos 13: 1-3).

PROPÓSITO DE LA LECCIÓN: QUE EL ALUMNO...

Desarrolle habilidades para contribuir a la transformación social de su entorno local, a partir de una compasión con propósito.

Compasión con Propósito

POR CUTBERTO TENORIO

Introducción

El Libro de los Hechos es por mucho una de las joyas que encontramos en la Biblia, ella nos muestra la vida de los primeros embajadores de la Compasión. En él, se muestran muchos relatos sorprendentes, podemos ver una Iglesia Primitiva dinámica, enfocada al cumplimiento de su misión, práctica y coherente entre lo que predicaba y hacía.

También vemos cómo un movimiento de santidad en la vida de los primeros cristianos pudo transformar la historia de familias enteras, claro y desde luego, con la presencia poderosa del Espíritu de Dios por delante en todo tiempo y en todas partes que ellos iban.

El relato de Hechos capítulo 13 nos muestra que había una constante preparación entre los cristianos, eran enteramente dedicados a la obra de Dios, practicaban con gozo el obedecer y amar a Dios. Eso les hacía genuinos discípulos de Cristo, dispuestos a ir a dónde la visión de Dios les llevara.

Estos pasajes bíblicos (13: 1-3) nos dan una señal clara sobre el propósito que Dios tiene para los que aman su obra y hacen su voluntad, por lo que estudiaremos con detenimiento ésta lección, esperando que el poder de Dios, a través de su Espíritu Santo nos oriente al respecto.

I. Impulsando planes multiplicadores en Ministerios Nazarenos de Compasión

— Lucas 5:1-11

A. Definición de Plan

En muchas ocasiones Usted ha desarrollado actividades, tareas e inclusive participando en la organización de eventos en su Iglesia Local.

Escriba brevemente: ¿Qué es un Plan?

1. El diccionario de la Real Academia Española define este concepto de la siguiente manera:

Actitud (Cuando expresa un estado de ánimo) y Propósito (Ánimo o intención de hacer algo o no hacer nada).

2. El significado de la palabra Plan en hebrero es "Esquema de la acción, método que sigue el pensamiento a futuro.

3. Para efectos de esta lección, un concepto práctico nos puede enfocar; podemos definir Plan como la intención y actitud del corazón para hacer que una problemática existente en nuestro entorno inmediato sea transformada en un objetivo y trabajar para resolverlo.

Para multiplicar acciones en el desarrollo de su Plan es necesario:

· Sembrar nuestros planes, primeramente, en el corazón de Dios. Ayunando y orando.

· Entregar a Dios nuestros planes para que Él los ajuste y los llene de propósitos para que Jesús sea glorificado.

· Ser requiere sabiduría e inteligencia para sembrar nuestros planes. El Espíritu Santo quiere llevarte a lugares donde la obra de Dios está dando frutos.

· Dios es quién multiplicará tus fuerzas para desarrollar planes que transformen, primeramente, tu relación íntima con Él, el entorno que te rodea, la comunidad a la que sirves, la ciudad en dónde habitas y el país al que perteneces.

Si estás buscando una pesca milagrosa, boga mar adentro, porque es necesario que aprendamos a poner nuestros planes como semilla en el Ministerio Integral de Jesús. (Lucas 5:4)

II. Territorialidad y Ministerios Nazarenos de Compasión: El mapa de la Compasión

Todo Plan requiere ser aplicado en un contexto, en un entorno, así que, en Ministerios Nazarenos de Compasión buscamos que las Iglesias Locales estén conscientes de la tormenta que se ha desatado en el mundo respecto a los desafíos que las comunidades, ciudades y países enfrentan en temas como la creciente urbanización y el abandono de las zonas rurales, los niveles de pobreza, el rezago educativo, los accesos a servicios de salud y a la seguridad social, la calidad y los espacios en las viviendas, el acceso a la alimentación, la morbilidad y el cambio del perfil epidemiológico, la mortalidad materna e infantil, el embarazo adolescente, las adicciones y alcoholismo, la obesidad y diabetes, el deterioro de la biodiversidad y el medio ambiente.

Perspectiva mundial

· Por primera vez en la historia de la humanidad, hoy más de 3 mil millones de personas, la mitad de la población en el mundo, vive en ciudades (Migración del campo a las zonas urbanas).

· De las 100 millones de personas en el mundo que requieren asistencia humanitaria, en la actualidad 26 millones son mujeres y niñas adolescentes en edad de procrear. 507 mujeres mueren diariamente durante el embarazo y el parto.

· En el mundo existen mil 800 millones de jóvenes de entre 10 y 24 años, un grupo que crece con mayor rapidez en los países más pobres. De este número de jóvenes hay 600 millones de niñas adolescentes con necesidades, aspiraciones y retos concretos para el futuro.

· Los temas emergentes de población y desarrollo en la agenda mundial son: El envejecimiento de la población, el medio ambiente, el cambio climático, la migración, la urbanización y prevención de desastres naturales.

Nosotros sabemos que sólo con Cristo podremos superar los desafíos de las tormentas que golpearan en el futuro. Nuestra responsabilidad es clara: mostrar el rostro compasivo de Jesús a través de acciones que promuevan alivio y seguridad.

III.- Desde la planeación estratégica hasta la práctica de un estilo de vida eficaz

(Génesis 41: 29-40; 38-39, Éxodo 18:13-26, Salmo 135:6, Lucas 14:28-32 y Hechos 13:1–3)

La planeación estratégica es el instrumento que da rumbo a una visión. Ordena los cuadros de acciones según la lógica de prioridades: ¿Si Usted construye un Plan, en qué orden iniciaría a desarrollarlo?

Ponga el número del 1 al 6 al cuadro según su apreciación:

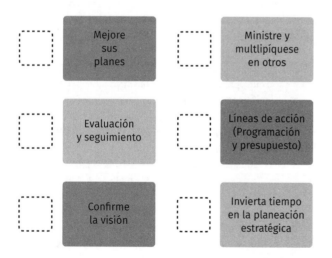

Seguramente en tu Iglesia tienen muchos planes a desarrollar durante el año eclesiástico, éste esquema puede ayudarle a sistematizar su manera de trabajar con propósito.

*Vea la respuesta y propuesta del esquema, en el apartado de "Recursos" al finalizar la lección.

IV.- Los temas centrales de la Compasión.

— Jeremías 17:7-8

Apropósito de plantar bien nuestras raíces, el versículo 7 y 8 de Jeremías capítulo 17 dice: *"Bendito el varón que confía en Jehová, y cuya confianza es Jehová. Porque será como el árbol plantado junto a las aguas, que junto a la corriente echará sus raíces, y no verá cuando viene el calor, sino que su hoja estará verde; y en el año de sequía no se fatigará, ni dejará de dar fruto".*

La Compasión con Propósito nunca dejará de dar buenos frutos, se sustenta en sólidas raíces: El Ministerio Integral de Jesús (Predicar, enseñar y sanar).

A continuación, verá una serie de temas que hoy en día afectan a países, ciudades y comunidades, donde vive no debe ser la excepción. De los temas, escoja uno para meditar y reflexionar en clase (puede dividir la clase en tres grupos):

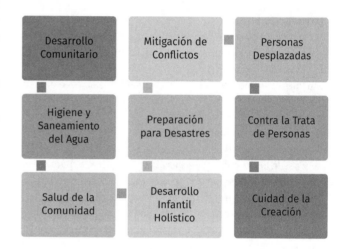

Consejos para la reflexión
A. Desarrollo Comunitario

Como iglesias necesitamos prepararnos para entender el concepto de desarrollo de la comunidad basado en la iglesia y la contribución única, el valor añadido que las iglesias locales traen a la esfera humanitaria y al desarrollo.

B. Saneamiento del Agua

La falta de suministro de agua, saneamiento e higiene afectan el bienestar de la salud de las comunidades. De manera que debemos apreciar el potencial de la iglesia para mejorar la vida de las comunidades, al jugar un papel activo en el suministro de agua, saneamiento e higiene.

C. Salud de la Comunidad

Movilizar a la iglesia local para desarrollar centros infantiles e iniciar proyectos de salud comunitaria.

D. Desarrollo Infantil Holística

Comprender el valor de los niños a la iglesia y el Reino de Dios. Involucrar a las iglesias locales en temas sobre la protección del niño, tomar medidas contra el abuso de los niños.

E. Preparación para Desastres

Estar equipados como iglesias para responder a las necesidades en caso de desastres.

F. Mitigación de Conflictos

El papel de la iglesia en la reconciliación.

G. Personas Desplazadas

Involucrar a la iglesia en actividades de apoyo a refugiados y migrantes. Entender las tendencias actuales de las personas desplazadas.

H. Contra la Trata

Aprender maneras apropiadas y específicas para que las iglesias participen activamente en el tema de la trata de personas.

I. Cuidado de la Creación

Ejercer una mayordomía en el cuidado de nuestro entorno ecológico y medio ambiental. Comprender las bases bíblicas sobre el cuidado de la creación. Poner en marcha planes en donde la iglesia juegue un rol activo en la sociedad.

CONCLUSIÓN

Como cristianos tenemos un compromiso frente a la sociedad. Nos rodean una serie de problemáticas que necesitan ser atendidas y la iglesia no puede ni debe permanecer como observadora ante las necesidades de nuestras comunidades. Pero es importante que se cuente con un plan de atención para estas necesidades y poner dichos planes en marcha en donde todos los miembros de la iglesia participen. SV

RECURSOS

Preveer el Futuro de su Ministerio

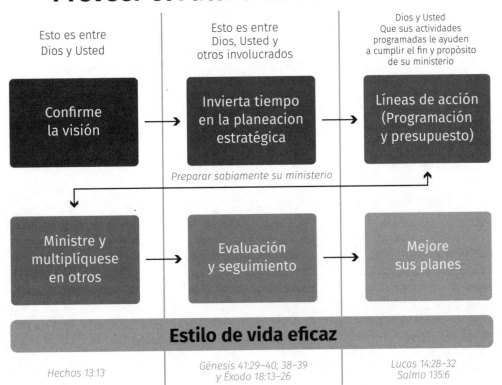

Compasión con Propósito

HOJA DE ACTIVIDAD

Texto para memorizar

"Había entonces en la Iglesia que estaba en Antioquía, profetas y maestros: Bernabé, Simón el que se llamaba Niger, Lucio de Cirene, Manaél el que se había criado junto con Herodes el Tetrarca y Saulo. Ministrando estos al Señor, y ayunando, dijo el Espíritu Santo: Apartarme a Bernabé y a Saulo para la obra a que los he llamado. Entonces, habiendo ayunado y orado, les impusieron las manos y los despidieron" Hechos 13: 1-3.

Actividades

1. Escriba brevemente: ¿Qué es un Plan?

_____

_____

_____

2. Enumera por lo menos cinco problemas que identifiques en tu ciudad y compártelos con la clase:

a. _____

b. _____

c. _____

d. _____

e. _____

2. Conversen acerca de lo que Ustedes y su Iglesia pueden hacer para contribuir a resolver por lo menos un problema de su lista.

3. De los temas, escoge uno para meditar y reflexionar en clase. La clase puede dividirse en 3 grupos.

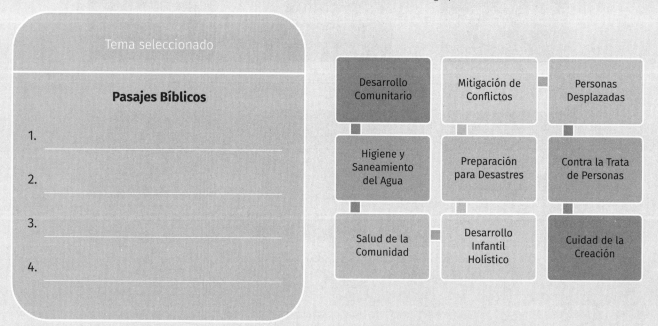

Conclusión

Como cristianos tenemos un compromiso frente a la sociedad. Nos rodean una serie de problemáticas que necesitan ser atendidas y la iglesia no puede ni debe permanecer como observadora ante las necesidades de nuestras comunidades. Pero es importante que se cuente con un plan de atención para estas necesidades y poner dichos planes en marcha en donde todos los miembros de la iglesia participen.

LECCIÓN 39

PARA MEMORIZAR

"Pero de ninguna cosa hago caso, ni estimo preciosa mi vida para mí mismo, con tal que acabe mi carrera con gozo, y el ministerio que recibí del Señor Jesús, para dar testimonio del evangelio de la gracia de Dios". Hechos 20:24.

PROPÓSITO DE LA LECCIÓN: QUE EL ALUMNO...

Se sienta motivado a ejercer la dinámica de un líder transformacional.

Liderazgo Transformacional

POR MISAEL GÁLVEZ

Introducción

El tema que estaremos abordando es un tema poco utilizado en la iglesia cristiana, quizá porque se cree que es más utilizado en las empresas o en otras grupos de orden secular. Sin embargo, de acuerdo a lo investigado sobre el tema encontramos que es una herramienta necesaria para rendir mejores resultados en la obra del Señor, la siguiente información nos puede servir de mucho provecho.

Liderazgo Transformacional

Un líder transformacional va más allá de la gestión del día a día de las estrategias de operaciones y oficios para llevar su empresa, departamento o equipo de trabajo al siguiente nivel de rendimiento y éxito. El estilo de liderazgo transformacional se centra en la creación de equipos, la motivación y la colaboración con los empleados en los diferentes niveles de una organización para lograr un cambio para mejorar. Los líderes transformacionales establecen metas e incentivos para impulsar a sus subordinados a niveles de rendimiento más altos, mientras que proporcionan oportunidades para el crecimiento personal y profesional de cada empleado. (Pequeña y Mediana empresa, por David Imgram).

Consideremos tres requisitos básicos que un líder transformacional debe cumplir:

I. Un líder comprometido
A. Su pasión sea la obra del Señor

En el capítulo 9:20-22 del libro de los Hechos, encontramos que el recién convertido está actuando de manera asombrosa en relación a su nueva fe en Jesucristo. Esto se debe a su transformación espiritual realizada en el camino hacia Damasco donde recibe el toque poderoso de Jesús que le hace un líder comprometido.

B. Su entrega sea Incondicional

Su compromiso ahora es cumplir con la pregunta que él mismo se había trazado, Señor ¿qué quieres que yo haga? (Hechos 9:6).

La orden que él había recibido era predicar el evangelio a los gentiles, a reyes y a los hijos de Israel (Hechos 9:15). Ese compromiso adquirido voluntariamente es el que ahora Saulo de Tarso, que más tarde se conoce como el apóstol Pablo, comenzó a cumplir; en el versículo veinte del capítulo nueve dice: *"En seguida predicaba a Cristo en las sinagogas, diciendo que éste era el Hijo de Dios"*. Esto causó mucha confusión en los que conocían la trayectoria de Saulo, sin embargo, para él fue una oportunidad que aprovechó al máximo para difundir su fe en Jesucristo. El versículo 22 dice: *"Pero Saulo mucho más se esforzaba, y confundía a los judíos, demostrando que Jesús era el Cristo"*. Saulo se convierte entonces en un líder transformacional comprometido. Concluimos que un líder transformacional es el que tiene una pasión profunda por la obra de Dios, pero también su entrega es incondicional. "El líder transformacional es un estilo de liderazgo que conduce a cambios positivos en los seguidores" (David, Imgram). Esto fue precisamente lo que Saulo comenzó a hacer, porque reconoció que su vida no andaba bien delante de Dios.

II. Un líder capacitado.
A. En la Escuela de la experiencia

Cuando se habla de líderes se hace la pregunta: ¿el líder nace o se hace? Unos dicen que existen líderes natos, otros dicen que el líder se hace o se forma, creo que están de acuerdo conmigo que existen las dos formas y por supuesto el líder siempre necesita capacitación. En el caso de Saulo de Tarso se sabe que era un hombre muy preparado en lo intelectual y en los asuntos religiosos, pues era un fariseo, eso indica que estaba bien apegado a todos los aspectos religiosos de su secta, que por cierto era una de las más estrictas. Entonces qué clase de capacitación necesita Saulo? Lo primero que él necesitaba era ser transformado, y esa capacitación la recibió yendo en camino hacia Damasco, entonces qué más capacitación necesitaba Saulo?

B. Con el poder del Espíritu Santo

Necesitaba ser capacitado con la bendición más grande que un cristiano puede tener para vencer las pruebas y luchas que vienen a la vida de un cristiano verdadero.

Esto es la llenura del Espíritu Santo, que recibe cuando Ananías llega al lugar donde estaba hospedado y le dice: *"Hermano Saulo, el Señor Jesús, que se te apareció en el camino por donde venías, me ha enviado para que recibas la vista y seas lleno del Espíritu Santo".* (Hechos 9:17 y 18).

Nuestro Señor Jesucristo también hizo alusión a este tipo de capacitación en (Hechos 1:8) ratificando que para ser un buen testigo del Evangelio necesitamos la llenura del Espíritu Santo. El trabajo ministerial del apóstol corroboró que solo con la llenura del Espíritu Santo se puede hacer lo que él hizo para el reino de Dios.

III. Un líder modelo

El mayor ejemplo que tenemos en la Biblia de modelo de liderazgo es nuestro Señor Jesucristo, porque él no solo enseñó a sus discípulos a trabajar sino que transformó sus vidas y los hizo útiles para un ministerio que perdura hasta este día.

Después de él se considera que el apóstol Pablo fue uno de los más prominentes. Su entrega incondicional y su obra realizada en el ministerio nos garantizan que él fue un líder a quien se puede imitar con toda confianza, no podemos en un espacio tan reducido relatar todo el ministerio del apóstol Pablo, solo daremos un listado de unas de las obras importantes que él realizó.

a) Su primer viaje misionero 46-48 d.C (Hechos 13:2-14:28)

b) Su segundo viaje misionero 50-52 d.C (Hechos 15:36-18:22)

c) Su tercer viaje misionero 53-57 d.C (Hechos 18:23-21:16)

d) El viaje a Roma 59 d.C (Hechos 27:1-28:16)

Ahora, los lectores bíblicos conocemos todo lo que hay dentro de estos temas mencionados y que no fue en un tiempo de bonanza cuando él difundió el mensaje del evangelio y que a la vez fundó una serie de iglesias que posteriormente las consolidó con sus constantes visitas y cartas enviadas a dichas iglesias.

De manera que el liderazgo transformacional en el apóstol consistió en servir de modelo autentifico en el ministerio, es más, él capacitó a muchos de sus discípulos para que continuaran la obra que había empezado; dentro de los más conocidos tenemos a Silas, Timoteo y Tito.

El líder transformacional es el que vive lo que enseña, pero también es el que impacta en una comunidad, con toda seguridad podemos decir que el apóstol llenó estos requisitos sin dificultad y hasta sobrepasó. Entonces, el apóstol Pablo es nuestro modelo a seguir porque él no se rindió, notemos lo que dicen dos historiadores reconocidos acerca de él. "Eusebio, historiador eclesiástico del cuarto siglo d.C., escribió que Pablo murió cuando Nerón era emperador romano (54-68 d.C.). Tertuliano, padre apostólico del tercer siglo d.C., dijo que Pablo fue decapitado en la margen izquierda del río Tíber, a unos 5 km. De Roma, y fue sepultado en un cementerio de la Vía Ostia, cerca de Roma". (La vida del apóstol Pablo, Biblia de Estudio Esquematizada).

CONCLUSIÓN

El liderazgo transformacional debe ser un recurso del cual tenemos que echar mano los líderes cristianos y enfocar nuestro trabajo basados en las técnicas que ofrece este tipo de liderazgo, considerando que es dinámico y participativo, es decir, nos invita a involucrar a todos en el trabajo del Señor y la vez, a la formación de equipos de trabajo. A establecer metas, promover incentivos, para impulsar a los subordinados a niveles de rendimiento más altos y proporciona oportunidades para el crecimiento personal y profesional.

RECURSOS

Actividad suplementaria

Si le es factible pídale a un grupo de alumnos que busquen un mapa donde estén trazados los viajes del apóstol Pablo y que los muestren de manera breve al resto de alumnos. De ser posible que calculen en kilómetros las distancias recorridas por el apóstol.

Información complementaria

La Historia del Liderazgo Transformacional

El concepto de Liderazgo Transformacional fue introducido inicialmente por el experto en liderazgo presidencial y biógrafo James MacGregor Burns. Según Burns, el liderazgo Transformacional puede ser visto cuando "los líderes y seguidores trabajan juntos para avanzar al nivel más alto de moral y motivación". A través de la fuerza de su visión y de la personalidad, los líderes transformacionales son capaces de inspirar a sus seguidores para cambiar las expectativas, percepciones y motivaciones y trabajar en pro de los objetivos comunes.

Más tarde, el investigador Bernard M. Bass desarrolló las ideas originales de Burns y elaboró lo que hoy se conoce como teoría del Liderazgo Transformacional de Bass.

Según Bass, el liderazgo Transformacional puede ser definido en base al impacto que tiene sobre sus seguidores. Los líderes Transformacionales ganan la confianza, el respeto y la admiración de sus seguidores. (Referencia: Bass,B.M, (1,985). Leadership and Performance)

Definición de términos

Fariseo: Viene del arameo parash, ser separado o apartado. Por tanto los fariseos se consideraban "los separados," especialmente con el sentido de "los que se apartan para no contaminarse". (Nuevo Diccionario Bíblico Lockward, Editorial Unilit.)

Llenura del Espíritu Santo: Vaciarse de sí mismos, llenarse del Espíritu Santo y consagrarse totalmente a Dios. (Ralph Earle. Santificación en el N.T.)

Liderazgo Transformacional

HOJA DE ACTIVIDAD

Versículo para memorizar

"Pero de ninguna cosa hago caso, ni estimo preciosa mi vida para mí mismo, con tal que acabe mi carrera con gozo, y el ministerio que recibí del Señor Jesús, para dar testimonio del evangelio de la gracia de Dios" (Hechos 20:24).

Actividades

Un Líder Comprometido

1. ¿Escriba tres nombres de líderes comprometidos que conoce usted dentro de su organización?

a. _____

b. _____

c. _____

Un Líder Capacitado

2. ¿Cuál es la capacitación mayor que un líder transformacional necesita para ser efectivo es su labor? _____

_____

_____

_____

3. ¿Qué significa eso? _____

_____

_____

_____

Un Líder Modelo

4. Escriba en sus propias palabras qué significa para usted ser un líder modelo: _____

_____

_____

_____

Conclusión

El liderazgo transformacional debe ser un recurso del cual tenemos que echar mano los líderes cristianos y enfocar nuestro trabajo basados en las técnicas que ofrece este tipo de liderazgo, considerando que es dinámico y participativo, es decir, nos invita a involucrar a todos en el trabajo del Señor y la vez, a la formación de equipos de trabajo. A establecer metas, promover incentivos, para impulsar a los subordinados a niveles de rendimiento más altos y proporciona oportunidades para el crecimiento personal y profesional.

Liderazgo

UNIDAD 4

Guía para el Liderazgo

Liderazgo Basado en la Palabra

Un Liderazgo digno de Imitar

Un Líder obediente a Dios

Consecuencias de un liderazgo codicioso

Consecuencias de un liderazgo fuera de la dirección de Dios

Un Liderazgo basado en la Obediencia Incondicional

Un Liderazgo fuera de los Valores Espirituales

Líderes Sabios y Prudentes

Liderazgo de Autoridad

Carácter del Líder

Un Líder con Propósito

Arrepentimiento Verdadero: Un giro de 180 grados

LECCIÓN 40

BASE BÍBLICA

2a. Reyes 22:1-20 y 23:30.

PARA MEMORIZAR

"Nunca jamás me olvidaré de tus mandamientos porque en ellos me has vivificado" Salmo 119:93.

PROPÓSITO DE LA LECCIÓN: QUE EL ALUMNO...

Conozca el poder transformador de la palabra de Dios.

Guía para el Liderazgo

POR MIGUEL E IRENE GARITA

Introducción

Josías comenzó a reinar después de un periodo de decadencia espiritual en Judá.

Su abuelo Manases emprendió una débil reforma en sus últimos años de reinado para repara el daño que causo.

Amón, hijo y sucesor de Manasés, *"dejó a Jehová el Dios de sus padres y no anduvo en el camino de Jehová" (2 Reyes 21:22).*

Fue asesinado por sus sirvientes y Josías, su hijo, reinó en su lugar, así la dinastía de David continuó.

I. Acuérdate de Jehová tu Dios (2 Reyes 22:1-2)

¿Qué influyó en Josías para honrar a Dios? ¿Cómo influye el medio ambiente para que busquemos o nos apartemos de Dios?

A."Era de ocho años" (22:1)

¿Cómo es posible que un niño de 8 años se liberara de las malas influencias de su abuelo Manasés y su padre Amón? Probablemente su madre, Jedida, le enseño algunos salmos davídicos, especialmente aquellos que advertían la idolatría (Salmos 115:4-8; 135:15-18). Sin duda que Hilcias, el sumo sacerdote, tuvo mucho que ver en la instrucción de Josías.

Probablemente Jeremías el profeta, influyó en los años formativos del rey.

A."Hizo lo recto" (22:2)

Aunque los tutores espirituales fueron competentes en la enseñanza impartida, llegó el tiempo en que Josías debió buscar a Dios personalmente: *"a los ocho años de su reinado, siendo un muchacho (16 años de edad), comenzó a buscar al Dios de David su padre" (2 Crónicas 34:3). Josías anduvo con Jehová y realizó una obra mayor que sus antecesores (2 Reyes 23:1-23).*

II. La reparación de la casa de Dios (2 Reyes 22:3-7)
¿Qué importancia tiene la casa de Dios?

A."A los dieciocho años" (22:3)

A la edad de 26 años (luego de haber reinado dieciocho años) Josías comenzó a reparar el templo. Manases y Amón, sus antecesores, no cuidaron, permitiendo que este centro de adoración se deteriorara completamente. Josías sabía que su reforma no progresaría con la casa de Dios en ruinas.

B. "Al sumo sacerdote Hilcias"(22:4)

La restauración del templo estaba bien organizada. Hilcias, el sumo sacerdote, jugó un papel importante en esta tarea: supervisó los obreros, pagó por los materiales y distribuyó el dinero que había sido traído a la casa de Jehová que los levitas recogieron de Manasés y Efraín y de todo el remanente de Israel y de toda Judá y Benjamín, y de los habitantes de Jerusalén" (2 Crónicas 34:9).

III. El hallazgo de la ley (2 Reyes 22:8-20)
¿De qué manera la Biblia es generadora de avivamientos?

A."He hallado el libro" (22:8)

El sorprendente descubrimiento que Hilcias hizo del libro de la ley en la casa de Jehová, es uno de los episodios más fascinantes de la historia de Judá. El rollo descubierto contenía "la segunda ley" de Deuteronomio y sin duda había sido depositado en el templo de acuerdo a las instrucciones de Moisés (Deuteronomio 31:24-26). Inmediatamente el rollo fue traído a Josías. Cuando el joven rey escucho los oráculos divinos, cayó bajo profunda convicción. Los pecados y fracasos de su pueblo le agobiaron. La palabra le habló como nunca antes lo había hecho.

B. "Preguntad a Jehová" (22:13)

La actitud de Josías a los oráculos de Dios indica la profundidad espiritual de su experiencia religiosa. El no resistió a las verdades divinas, por el contrario quiso entender mejor el mensaje de Dios para él y para Judá. Por esta razón, envió una delegación oficial a Hulda la profetisa de Jerusalén (v.14). La respuesta fue doble. Primero, Judá sufriría la ira de Dios por su idolatría (v.14-17). Segundo, Josías no viviría para ver tal juicio porque había sido fiel a Dios e inició la restauración de la fe en Judá (v.19-20).

C.La importancia de la Biblia

Juan Wesley dijo que era hombre de un solo libro la Biblia. Seamos sensibles en este sentido, deseemos con anhelo conocer y vivir de acuerdo a la palabra de Dios.

IV. La renovación del pacto 2º Reyes 23:1-3
¿Cómo afectó al pueblo de Judá la lectura de la ley?

A."Leyó...todas las palabras" (2 Reyes 23:1-3)
EL hallazgo del libro de la Ley influyó profundamente en la vida de Josías. El rey obedeció sus preceptos, convocó al pueblo de Judá y le leyó la palabra de Dios. Josías cumplió así lo que Moisés dijo a los ancianos de Israel: *"Harás congregar al pueblo...para que oigan y aprendan y teman a Jehová nuestro Dios y cuiden de cumplir las palabras de esta ley"* (Deuteronomio 31:12). Siglos más tarde Santiago predicaría: *"Sed hacedores de la palabra y no tan solo oidores"* (Santiago 1:22).

B.Hizo pacto (2 Reyes 23:3)
Josías prometió seguir a Dios frente a su pueblo, *"y todo el pueblo confirmó el pacto con él (v.3).*

C.La reforma de la nación (2 Reyes 23:4-30)
¿Qué tan extensas fueron las reformas que hizo Josías? ¿Cómo podemos reformar nuestra actitud y devoción a Dios?

1. "Mandó el rey" (v.4). Después que el rey y Judá renovaron el pacto, debieron ponerlo en acción. Josías continuó con valor renovado la exterminación de las abominaciones paganas en Judá. Primero, el rey comenzó la limpieza de Judá quemando los utensilios que se usaron en la adoración de Baal, Asera y las deidades celestes. Luego, extendió su cruzada contra la idolatría la cual se describe en los versículos 4-20 que incluyó la destrucción de la imagen de Moloc (v.10), *"el altar que estaba en Betel, y el lugar alto que hizo Joroban"* (v.15–20).

2. La pascua no la había celebrado por muchos años (v.22). El joven rey no sólo eliminó la idolatría, también restauró la verdadera adoración a Jehová que incluía la celebración de la Pascua. Una de las fiestas más importantes de los israelitas, conmemorando la liberación del pueblo de Dios de la esclavitud en Egipto. Josías observó y planeó esta fiesta como *"nunca fue celebrada... desde los días de Samuel"* (2 Crónicas 35:18).

3. Josías muere en batalla (v.29-30). Josías percibió a su nación atrapada entre Egipto y Asiria. La neutralidad parecía imposible y Josías echó suerte sobre los asirios. El rey salió a cortarle el paso al faraón Necao, quien se dirigía al Éufrates para enfrentar los asirios. Josías fue mortalmente herido en Megido; fue llevado a Jerusalén y más tarde sepultado con todos los honores, aunque solo tenía 39 años de edad cuando murió, su fallecimiento fue motivo de mucho lamento en Judá, incluyendo a Jeremías (2 Crónicas 35:25).

4. Los caminos de Dios no son fáciles de entender. Sin embargo una cosa es cierta: Su promesa no falla, podemos vivir confiados en que Dios cumple su promesa y que su palabra guía nuestra vida.

CONCLUSIÓN
La muerte del rey y reformador de Judá parece prematura, pero Dios no falló al guardar su promesa que Josías no vería el sufrimiento del pueblo (2 Reyes 22:20). Jerusalén fue destruida 22 años después de su muerte.

SV

Guía para el Liderazgo

HOJA DE ACTIVIDAD

Versículo para memorizar

"Nunca jamás me olvidaré de tus mandamientos porque en ellos me has vivificado" (Salmo 119:93).

Actividades

I. Acuérdate de Jehová tu Dios (2 Reyes 22:1-2)

A. "Era de ocho años" (2 Reyes 22:1)

¿Por qué es importante formar a las personas desde su niñez?_____

¿Usted como líder trabaja para formar a las personas en el conocimiento de Dios desde temprana edad? _____
_____
_____

¿Cuida de la niñez el ministerio que usted dirige? _____
_____

B. "Hizo lo recto" (2 Reyes 22:2)

¿Hace lo recto en su vida diaria? _____

¿Desde qué edad usted ha necesitado conocer de Dios? _____

¿Qué hizo? _____

Como líder, ¿usted hace lo recto delante de Dios?_____

Es importante que el joven conozca de Dios desde joven, ¿por qué? _____
_____

II. La reparación de la casa de Dios (2 Reyes 22:3-7)

A. "A los dieciocho años" (2 Reyes 22:3)

¿El ministerio en que trabajas es un centro de adoración a Dios? _____

¿Buscas primero adorar a Dios o primero haces otro tipo de trabajo?: _____
_____

¿Estás tan ocupado en construir el ministerio, que has olvidado la adoración a Dios? _____
_____

B. Estaban bien organizados para la construcción del templo

¿Estás bien organizado en el manejo de todos los recursos para levantar y sostener el ministerio? _____
_____

¿Llevas buen control y cuidado de los recursos que Dios te da para desarrollo del ministerio en que estás? _____
_____

¿Qué deberías mejorar en este control? _____

III. El hallazgo de la ley (2 Reyes 22:8-20)

A. "He hallado el libro" (2 Reyes 22:8)

La lectura de la palabra le mostró al rey los errores que había cometido el pueblo de Judá, en que más le ayudó dicha lectura _____
_____

¿Cómo reaccionó el rey ante esta lectura? _____
_____

B. "Preguntad a Jehová" (2 Reyes 22:13)

¿Qué hizo el rey? _____

¿Cuáles fueron las respuestas? _____

¿Consulta usted la Palabra si el ministerio que dirige, está estancado y no se desarrolla como debería ser? _____
_____
_____

C. La importancia de la Biblia

¿Por qué es importante para su ministerio el que usted tenga como guía la Palabra de Dios? _____
_____
_____

IV. La renovación del pacto (2 Reyes 23:1-3)

A. "Leyó...todas las palabras" (2 Reyes 23:1-3)

¿Cómo afectó al rey y qué hizo éste? ¿Qué afectó a todo el pueblo? _____
_____

B. Hizo pacto (23:3)

¿Qué hizo el rey y cómo reaccionó todo el pueblo? _____
_____

¿Por qué es importante comprometerse ante Dios con una conducta adecuada en el ministerio? _____
_____

¿Es importante que todos los que trabajan tengan ese mismo compromiso? _____
_____

C. La reforma de la nación (23:4-30)

¿Cuales elementos reformo el Rey después del avivamiento y acercamiento a Dios? _____
_____

Quito la idolatría, y ¿qué más? _____

¿Qué debes eliminar, en el ministerio que Dios te ha puesto, que sabes que no le agrada? _____
_____

¿Qué debes restaurar? _____
_____

¿Por qué guiarse por la Palabra debe ser primordial en todo ministerio cristiano? _____
_____
_____

Conclusión

La muerte del rey y reformador de Judá parece prematura, pero Dios no falló al guardar su promesa que Josías no vería el sufrimiento del pueblo (2 Reyes 22:20). Jerusalén fue destruida 22 años después de su muerte.

Los caminos de Dios no son fáciles de entender, sin embargo una cosa es cierta: Su promesa no falla, podemos vivir confiados en que Dios cumple su promesa y que su palabra guía nuestra vida.

LECCIÓN 41

BASE BÍBLICA
2a Reyes 22:1-20 y 23:30.
LECTURA DEVOCIONAL
Salmos 85
PARA MEMORIZAR
"Nunca jamás me olvidaré de tus mandamientos porque en ellos me has vivificado". Salmo 119:93.
PROPÓSITO DE LA LECCIÓN: QUE EL ALUMNO...
Hacer hincapié por medio del estudio de la vida de Josafat en la importancia de edificar nuestras vidas sobre fundamentos morales y espirituales sólidos.

Liderazgo Basado en la Palabra

POR MIGUEL E IRENE GARITA

Introducción

Cuando Asa, su padre, murió, Josafat le sucedió en el trono, llegando a ser uno de los reyes más justos de los reino del sur (Judá). La significativa contribución de Josafat a la historia del reino del sur se percibe en el hecho de que 2da. de Crónicas le dedica cuatro capítulos (17-20).

I. Un hombre de fe (2 crónicas 17:1-6)

Describa algunas formas de conformismo en la sociedad que le rodea. ¿Son una amenaza para la vida del creyente? ¿Por qué?

A." Se hizo fuerte" (17:1)

Josafat compartió, al igual que su padre, el temor de una invasión de parte de Israel (2 crónicas 16:1-6). Por tanto, inmediatamente se propuso completar la fortificación de los pueblos que se encontraban en la frontera y fortalecer los fuertes de Judá. Además coloco soldados en las ciudades que su padre había edificado (2 Crónicas 17:2).

Josafat dio prueba de ser un líder sabio al fortificar su nación y prevenir de esa manera cualquier ataque que pudiese venir del norte. Sus cuidadosos preparativos militares despertaron el temor de las naciones vecinas, de tal manera que enviaron valiosos regalos a Josafat (2 Crónicas 17:10-11).

B. "Jehová estuvo con Josafat" (17:3)

Josafat sabía que la esperanza para el bienestar del futuro de Judá no se basaba en ventajas y poderes militares. Por eso condujo a su pueblo a un despertar espiritual. Evaluó su herencia de fe y normó su vida religiosa por el ejemplo de sus padres. La religión no fue un asunto de conveniencia como lo fue para Jeroboam. Más bien, Josafat tuvo profundas convicciones religiosas y caminó humildemente con su Dios en justicia y pureza moral (v.4).

C.Un hombre de valor

Josafat necesitó valor para ponerse del lado de Dios y de su justicia en la época de su reino. No fue un camino popular siendo que el pueblo se había alejado de Dios por mucho tiempo.

El rechazó la adoración a dioses paganos y escogió adorar al Dios verdadero.

La decisión de Josafat se hizo visible cuando "quitó los lugares altos y las imágenes de Asera de en medio de Judá" (v.6). Esos lugares altos e imágenes que eran testimonios grotescos de las prácticas inmorales de los pueblos paganos, lamentablemente habían sido adoptados por el pueblo de Jehová.

Josafat no tomó esas decisiones impopulares sólo porque quiso. Después de todo, no hay virtud en ser diferente solo por ser diferente. A veces, hay normas de grupos que son saludables. Pero muchas veces hay valores que se acomodan a las circunstancias. El cristiano debe discernir y determinar, a la luz del evangelio, cuando debe conformarse a las normas de un grupo. Nunca debe dudar en rechazar aquellas normas que son perjudiciales para su vida o que le aparten de la voluntad de Dios.

Pablo exhortó a los romanos: *"No os conforméis a este siglo"* (Romanos 12:2).

II."Para que enseñasen en ...Judea" (2 Crónicas 17:9)

¿En cuales áreas los maestros pueden fortalecer los fundamentos espirituales de un pueblo?

A."Y enseñaron en Judea" (17:9)

Josafat reconoció el valor de un pueblo instruido. La gente había pasado tanto tiempo en la idolatría y en la adoración pagana que ya no reconocieron la ley de Dios.

En el tercer año de su reino designó a cinco príncipes (líderes civiles), nueve levitas (sirvientes del santuario) y dos sacerdotes (líderes religiosos) para que enseñaran la ley al pueblo (vv.7-8) Josafat comprendió que el avivamiento religiosos sería permanente en la medida que la gente entendiese su fe. Los valores morales y espirituales debían ser enseñados clara y santamente.

Tanto en el Antiguo como en el Nuevo Testamento Dios ordena que enseñen su palabra a su pueblo e iglesia. Moisés instruyó a los ancianos de Israel para que enseñaran a sus hijos las disciplinas espirituales (Deuteronomio 6:1-9; Daniel 12:3).

En Efesios 4:11-16, Pablo se refiere a lo mismo. Los que participan en enseñar, padres devotos, maestros de escuela dominical, líderes de clases de liderazgo, hacen una contribución inigualable a la obra redentora de Dios en las vidas de las personas e iglesia.

B. "El libro de la Ley" (17:9)

Por lo mismo, el rey Josafat ordenó que sus príncipes recorrieran toda Judea, para enseñar en sus ciudades la ley de Dios. Y la Biblia dice: *"y enseñaron en Judea teniendo consigo el libro de la Ley de Jehová, y recorrieron todas las ciudades de Judá, enseñando al pueblo".*

Sólo la enseñanza de la palabra de Dios, restaura los valores morales y espirituales del pueblo de Israel. Judá no podría ser una nación fuerte e inteligente sin el conocimiento de la palabra de Dios.

III. Justicia para todos (2 Crónicas 19:1-11)

¿Cuál es el lugar que ocupa la justicia en el orden de nuestras prioridades?

¿Cuál es la influencia cristiana donde impera la injusticia?

A. "Ira contra ti" (19:2)

El rey Josafat cometió dos serios errores en su reinado. El primero fue hacer alianza militar con el impío Acab y la consecuente batalla contra los sirios en Ramot de Galaad, que resultó en la muerte de Acab y por poco en la de Josafat (2 Crónicas 18). A pesar de la reprensión del profeta Gehu por ese error, Josafat cometió el segundo error al aliarse con Ocozías, rey de Israel, para formar una flota mercante. Esta aventura terminó en desastre (2 Crónicas 20:35-37).

B. Josafat dispuso su corazón en buscar a Jehová (19:3)

El profeta Gehu nos hace recordar que Josafat, a pesar de sus errores, destruyó la idolatría en Judá (v.3.). Envió maestros viajeros para instruir a la gente en la Ley de Dios; y, además, viajó por todo el país desde Berseba en el extremo sur, hasta el monte Efraín en el extremo norte, tratando de conducir a su pueblo a una comunión íntima con Dios.

C. "Puso jueces" (19:5)

Además de ser un modelo espiritual de líder, Josafat fortaleció moralmente al pueblo, estableciendo un sistema de jueces y cortes en todo el país.

Los jueces recibieron tres instrucciones:

1. Debían representar a Dios en sus juicios.
2. Debían ser imparciales.
3. No deberían recibir cohecho.

D. "También...en Jerusalén" (19:8)

El rey Josafat estableció también una corte eclesiástica y civil en Jerusalén. Este grupo actuó como una corte suprema de justicia y decidió sobre asuntos que otras cortes no podían decidir.

De este modo, asuntos civiles y religiosos recibieron atención adecuada.

E. "Esforzaos" (19:11)

El encargo final de Josafat a sus jueces es digno de considerar: *"Esforzaos, pues, para hacerlo, y Jehová estará con el bueno".* Emil Brunner dijo que "Ninguna edad ha presenciado todavía una medida de injusticia tal como la nuestra".

Ciertamente el cristiano debe ponerse al lado de la justicia. No olvidemos el texto a memorizar: *"Hacer justicia y juicio es a Jehová más agradable que sacrificio"* (Proverbios 21:3).

CONCLUSIÓN

Josafat fue un rey que cometió errores políticos serios. Sin embargo, tuvo éxito en lo más importante, estuvo al servicio de Jehová y logró que Israel se volviera a Dios. Restauró la enseñanza de la Ley de Jehová.

Así como Josafat obedeció y agradó a Dios, nosotros podemos hacer lo mismo. Obedecer a Dios, agradarle en todo y ser influencia positiva en el mundo.

SV

Liderazgo Basado en la Palabra

HOJA DE ACTIVIDAD

Versículo para memorizar

"Hacer justicia y juicio es a Jehová más agradable que sacrificio" (Proverbios 21:3).

Actividades

I. Un hombre de fe (2 Crónicas 17:1-6)

A. "Se hizo fuerte" (17:1)

Describe las amenazas que enfrenta tu ministerio hoy día _____
_____

¿Por qué el conformismo es una amenaza a tu ministerio? _____
_____

¿Qué fortalece tu ministerio? _____
_____

B. "Jehová estuvo con Josafat" (17:3)

¿Cuáles eran las verdaderas convicciones de Josafat? _____
_____
_____

¿Cuáles son tus verdaderas convicciones? _____
_____

¿Cómo afectan estas convicciones al desarrollo del ministerio en el que trabajas? _____
_____

C. Un hombre de valor

Dios nos llama a hacer cambios en el lugar que Él nos pone a trabajar porque necesitamos valor _____
_____
_____

¿Tienes el valor para llevar a cabo los cambios necesarios en tu vida y el ministerio en que te desarrollas?_____
_____

¿Cuáles fueron los cambios que realizó Josafat? _____
_____

II. "Para que enseñasen en...Judea" (2 Crónicas 17:9)

A. "Y enseñaron en Judea" (17:9)

¿Cuáles fueron las enseñanzas que Josafat mando que se diesen y a quienes usó? _____
_____

¿En qué lugares mandó que se enseñara y a quienes? _____
_____

B. "El libro de la ley" (17:9)

¿Qué libro ordenó que se enseñara y por qué se debía enseñar este libro? _____
_____

Además de conocer la Ley, ¿qué otros elementos o enseñanzas obtenemos al estudiar la palabra de Dios? _____
_____

Menciona algunas enseñanzas que has obtenido el leer y estudiar la Palabra de Dios _____
_____

III. Justicia para todos 2da Crónicas 19:1-11
A. "Ira contra ti" (19:2)
¿Cuáles fueron los dos errores graves que cometió Josafat? _____
_____
_____

¿Has cometido errores graves en el desarrollo de tu ministerio? _____
_____

B. Josafat dispuso su corazón en buscar a Jehová (19:3)
¿Cuál fue la reacción de Josafat ante sus errores? _____
_____

¿Qué busco Josafat que el pueblo hiciera en su relación con Dios? _____
_____

C. "Puso jueces" (19:5)
¿Qué características debían tener estos jueces? _____
_____

¿Cuál era la principal función de los jueces? _____
_____

¿Qué características puedes encontrar en tu ministerio? _____
_____

¿De qué debemos cuidarnos en nuestras relaciones con otros grupos, instituciones, empresas? _____
_____

D. "También... en Jerusalén" (19:8)
Con esta reforma, ¿cuáles asuntos podían recibir buena atención? _____
_____

¿Cuáles asuntos deben ser siempre atendidos adecuadamente en el ministerio en que sirves? _____
_____

E. "Esforzaos" (19:11)
¿Quiénes y en qué se debían esforzar según Josafat? _____
_____

Siempre debemos estar al lado de la justicia, porque_____
_____

En tu ministerio se manejan las cosas con justicia. _____
_____

Conclusión
Josafat fue un rey que cometió errores políticos serios. Sin embargo, tuvo éxito en lo más importante, estuvo al servicio de Jehová y logro que Israel se volviera a Dios. Restauró la enseñanza de la ley de Jehová.
Así como Josafat obedeció y agrado a Dios, nosotros podemos hacer lo mismo. Obedecer a Dios, agradarle en todo y ser influencia positiva en el mundo.

LECCIÓN 42

BASE BÍBLICA

1a. Samuel 8:1-3; 12:9-11; 3:10-14; 7:15-16; 8:4-7 y19-22.

LECTURA DEVOCIONAL

1a. Samuel 2:1-10

PARA MEMORIZAR

"Y dijo Jehová a Samuel: Oye la voz del pueblo en todo lo que te diga; porque no te han desechado a ti, sino a mí me han desechado para que no reine sobre ellos". (1 Samuel 8:7)

PROPÓSITO DE LA LECCIÓN: QUE EL ALUMNO...

Examine los hechos que impulsaron a Israel para buscar su propio camino y distinguir entre la dirección de Dios y las presiones del mundo para alejarnos de Él.

Un Liderzago Digno de Imitar

POR MIGUEL E IRENE GARITA

Introducción

Samuel era un anciano de 60 años aproximadamente. Sirvió durante 40 años como juez de Israel y cumplió los oficios de líder político y religioso del pueblo.

Se levantó una nueva generación de israelitas pidiendo un cambio, los representantes del pueblo vinieron a él con una petición: *"constitúyenos ahora un rey... como tienen todas las naciones" (1 Samuel 8:4-5)*. Su reacción fue natural y negativa: *"no agradó a Samuel" (8:6)*.

Es importante recordar que Josué murió aproximadamente en el 1375 AC y que Samuel ungió a Saúl como rey aproximadamente el año 1050 AC.

I. Jueces sobre Israel (1 Samuel 8:1-3 y 12:9-11)

¿Cuál era la condición de Israel en tiempo de los jueces?

A. Periodo de los jueces

Esos 300 años en la historia de Israel que pertenecen al periodo de los jueces, fue de plena anarquía. Leemos en la Biblia *"En estos días...cada uno hacía lo que bien le parecía" (Jueces 21:25)*.

Después de la muerte de Josué, Israel no tuvo un gobierno central; nadie reunía las características necesarias para suceder a tan valiente líder. Cada tribu comenzó a olvidar todo lo que Dios hizo por ellos. Al olvidarse de Dios, cayeron en la idolatría como las otras naciones.

B. Pecado, sufrimiento, salvación

Durante 300 años, el ciclo de la historia de Israel se repitió constantemente:

"Pecaba y recibía su castigo justo; se arrepentía y luego era liberado. El libro de los jueces registra: "una sucesión de seis apostasías; seis periodos de esclavitud bajo otras naciones; seis oraciones pidiendo la liberación y seis liberaciones" (Purkiser).

Cada vez que Israel se arrepentía se levantaba un líder que organizaba el ejército contra sus enemigos y opresores. Estos eran básicamente líderes militares escogidos por Dios para liberarlos de la opresión enemiga. No eran seleccionados debido a su posición rango o herencia familiar. Durante estos tres siglos Dios levantó en Israel entre quince y dieciséis jueces.

II. Samuel, el último de los jueces (1 Samuel 3:10-14 y 7:15-16)

¿Cuáles fueron las circunstancias para que Samuel fuera el líder de su pueblo?

A. Su juventud

La historia de su nacimiento y su niñez la encontramos en los capítulos 1-3 del primer libro de Samuel. Siendo hijo de padres devotos ministró en el templo en Silo.

Desde su niñez, Samuel demostró una percepción espiritual extraordinaria. La biblia nos dice: *"y Samuel creció, y Jehová estaba con él, y no dejó caer a tierra ninguna de sus palabras. Y todo Israel desde Dan hasta Berseba conoció que Samuel era fiel profeta de Jehová. Y Jehová volvió aparecer en Silo; porque Jehová se manifestó a Samuel en Silo por la palabra de Jehová" (1 Samuel 3:19-21)*.

B. El Juez

Samuel se levantó como líder durante la crisis de dos invasiones. Los filisteos habían derrotado a los israelitas que eran comandados por los hijos de Elí. Los filisteos victoriosos, se apoderaron del acta del pacto. Al saberlo, a Elí le dio un ataque y murió (4:18).

Veinte años después (7:2), cuando Samuel tenía 40 años, convocó al pueblo en Mizpa, donde Israel se arrepintió y ofreció sacrificio a Jehová. Mientras estaban en esa reunión los filisteos avanzaron contra ellos. Dios envió una tormenta de rayos y truenos que los asustó tanto que los desbandó. Aprovechándose de las circunstancias los israelitas los siguieron hasta darles alcance y vencerlos (7:1-12)

III. Danos un rey (1 Samuel 8:4-7, 19-22)
A. "Habiendo Samuel envejecido" (8:1-5)

No sabemos exactamente la edad de Samuel en este tiempo; algunos sugieren que tenía unos 60 años. Sabemos que murió unos cuantos años antes de la muerte de Saúl (1 Samuel 25:1). De cualquier manera, ya no podía ejercer su cargo y dejó el gobierno en manos de sus dos hijos.

Esa generación de jueces no siguió el ejemplo de su padre; aceptó el soborno y fue parcial en sus juicios.

Tanto se agravó la situación que los israelitas hicieron una marcha de protesta en el año 1050 A.C.

B. Disgusto de Samuel (8:6)

La Biblia dice: "Pero no agradó a Samuel esta palabra que dijeron: Danos un rey que nos juzgue".

La respuesta de Samuel reflejó un sentimiento humano, ya que experimentó un rechazo personal debido a que sirvió a Israel durante casi toda su vida (v.7).

Aparentemente la intención del pueblo era sólo tener un gobierno de paz como el de Samuel, el cual les proporcionó tranquilidad durante casi 50 años.

Como profeta, aquel anciano sabía que Dios tenía un plan para Israel. Los israelitas tenían un gobierno **Teocrático**, o sea un gobierno dirigido directamente por Dios. De esta manera se espera que el pueblo fuera gobernado por las leyes que Dios había dado a Moisés. Sin embargo, el pueblo rechazó la dirección divina a cambio de la humana.

C. Dirección Divina (8:7-8)

Dios no está limitado por las circunstancias para llevar a cabo sus planes, Samuel aprendió a hacer lo mejor que pudo "Oró a Jehová".

Dios contestó inmediatamente, siendo ésta un bálsamo para sus sentimientos heridos, Dios le dijo: *"Porque no te han desechado a ti, sino a mí me han desechado, para que no reine sobre ellos".*

La oración representó el primer paso para hallar solución a un nuevo problema. Lo que para nosotros es nuevo, para Dios es antiguo. El provee dirección necesaria para que salgamos victoriosos. El único requisito es que nos mantengamos en contacto y comunión con Él.

D. Una Advertencia Fiel (8:19-22)

No todos los cambios son buenos. La responsabilidad de los líderes cristianos es precisamente guiar a los creyentes a tomar decisiones sabias.

Samuel explicó a los israelitas que no podían tener un gobierno central y al mismo tiempo la libertad completa que en ese momento disfrutaban. El rey interferiría en sus vidas y en la de sus hijos haciéndolos soldados y súbditos suyos (v.11-12). También sus hijas tendrían que trabajar para él (v.13). Además tendrían que ceder al rey lo mejor de sus tierras, pagar impuestos sobre sus granos cosechas y sus rebaños (v.14-17).

La naturaleza del pueblo fue persistente y no quiso oír la voz de Samuel (v.19-20).

CONCLUSIÓN

Samuel sabía que Israel había tomado una mala decisión, pero también sabía que Dios no los abandonaría. Es triste hacer a un lado los planes de Dios para nuestra vida, pero es aún peor rechazar, por segunda vez, sus planes modificados. $\mathcal{SV}$

Un Liderazgo Digno de Imitar

HOJA DE ACTIVIDAD

Versículo para memorizar

"Y dijo Jehová a Samuel: Oye la vos del pueblo en todo lo que te diga; porque no te han desechado a ti, sino a mí me han desechado para que no reine sobre ellos" (1 Samuel 8:7).

Actividades

I. Jueces sobre Israel (1 Samuel 8:1-3 y 12:9-11) ¿Cuál era la condición de Israel en tiempo de los jueces?

A. Periodo de los jueces

Explique cuál era la condición del pueblo de Israel en este tiempo de los jueces: _____
_____
_____

B. Pecado, sufrimiento, salvación.

¿Cómo actuaba el pueblo de Israel, en su relación con Dios? _____
_____

II. Samuel, el último de los jueces. (1 Samuel 3:10-14 y 7:15-16)

¿Cuáles fueron las circunstancias para que Samuel fuera el líder de su pueblo?

A. Conociendo la niñez de Samuel, qué hizo que Samuel fuera un juez de Israel. _____

Indique algunas características de la personalidad de Samuel: _____

B. El Juez.

¿Cómo fue la actitud de Samuel ante las dificultades de Israel? _____

¿Cuál cree usted que fue la principal característica de Samuel que le hizo un hombre de Dios? _____

¿Por qué nos cuesta tener la relación que Samuel tenía con Dios? _____

III. Danos un rey (1 Samuel 8:4-7 y 19-22) ¿Por qué Israel pide un Rey a Dios?

A. "Habiendo Samuel envejecido" (8:1-5)

Analice este texto. La edad de un líder de Dios: _____
_____

B. Disgusto de Samuel (8:6)

¿Por qué se enojó Samuel? ¿Usted se enojaría por eso?: _____
_____

¿Se ha enojado usted por una situación parecida? _____

C. Dirección Divina (8:7-8)

¿Cómo actuó Dios según usted: lo hizo bien o le faltó algo? _____
_____

¿Qué le gustaría a usted, que Dios hubiera hecho? _____

D. Una Advertencia Fiel (8:19-22)

Como líder usted explicaría la situación o los dejaría que hicieran lo que ellos quisieran: _____
_____

¿Cuál de las dos maneras anteriores le ayudaría a sentirse mejor? ¿Por qué? _____
_____

Conclusión

Samuel sabía que Israel había tomado una mala decisión, pero también sabía que Dios no los abandonaría. Es triste hacer a un lado los planes de Dios para nuestra vida, pero es aún peor rechazar, por segunda vez, sus planes modificados.

LECCIÓN 43

BASE BÍBLICA

2º Crónicas 29:1-26; Isaías 30:15; 31:1-3

LECTURA DEVOCIONAL

2 Reyes 20:1-11

PARA MEMORIZAR

"Hizo lo recto ante los ojos de Jehová conforme a todas las cosas que había hecho David su padre" 2 Reyes 18:3.

PROPÓSITO DE LA LECCIÓN:

Hacer hincapié en la importancia de dar a Dios el primer lugar de nuestra vida.

Un Líder Obediente a Dios

POR MIGUEL E IRENE GARITA

Introducción

El avivamiento del reino del sur vino bajo el reinado de Ezequías. Este fue el factor que evitó el proceso de desintegración de Judá y le permitió vivir 130 años más que Israel.

Después de Joas a quien Joiada nombró en el trono de Judá, cuatro reyes reinaron. Amasias, Uzías (Azarías), Jotam y Acaz.

Luego de ocupar el trono de Judá por 16 años, Acaz murió dejando el maltrecho reino en manos de su hijo Ezequías. Afortunadamente para Judá, Ezequías no fue como su padre.

La Biblia nos presenta tres relatos del reinado de Ezequías: (2 Reyes 18:1-20:21; 2 Crónicas 29:1-32:33; Isaías 36-39)

Esta lección se basa en el registro de 2a. Crónicas enfocando la primera parte del reinado de Ezequías, durante el avivamiento religiosos de Judá.

I. Consagración de Ezequías
2 crónicas 29:1-2

¿Cuáles fueron las razones para que Ezequías fuera uno de los mejores reyes de Judá?

A."El hizo lo recto" (29:2)

El reinado de Acaz llevó al reino del sur casi al desastre. Los asirios eran constante amenaza para la seguridad de la nación. La fe fue olvidada por el pueblo.

Sin embargo, en medio de la oscuridad hubo luz. Los profetas Isaías y Miqueas predicaron la Justicia y el Amor de Dios. Y la necesidad del arrepentimiento de la nación.

Mujeres como Abias, madre de Ezequías enseñaron a sus hijos a confiar en Dios.

B. Dios en control

Es bueno recordar que Dios tiene en control la historia. En medio de tiempos difíciles, El escoge profetas como Isaías y Miqueas. Actúa por medio de madres como Abias; y siervos como Ezequías para guiar a su pueblo. Dios manda avivamiento en horas de necesidad espiritual y en tiempo de crisis nacionales.

II.El pacto renovado
(2 Crónicas 29:3-11)

¿Cuáles fueron las decisiones importantes que tomo Ezequías para el aviamiento?

A."Abrió las puertas del templo" (29:3)

Ezequías buscó el reino de Dios y su justicia. Abrió y reparó las puertas de la casa de Jehová. Él sabía que el arrepentimiento era la base fundamental para el avivamiento

El primer año de su reinado limpió la suciedad y basura que se acumuló en el templo.

Destruyó altares paganos construidos por Acaz; encendió las lámparas del templo. Restauró los utensilios y estableció la adoración a Jehová.

B. Llamó a la Santificación del pueblo (29:5)

Los levitas estaban llamados al desarrollar la limpieza ceremonial. (Éxodo 19:20,14 Levítico 11:44). Esa fue la orden del rey para que el pueblo buscara la santidad.

Ahí solo entraba el limpio de manos y corazón puro. Así como Jesucristo limpió el templo y restauró la casa de su padre en un lugar de oración y adoración. Así nuestra vida debe ser restaurada para los propósitos divinos.

C.Hizo pacto con Jehová (29:10)

El reinado de Judá comenzó donde los aviamientos deben iniciar. Renovando el pacto de David.

III. Ezequiel restablece la adoración a Jehová
2 Crónicas 29:12-36

¿Cómo respondieron los sacerdotes y levitas a esta demanda? ¿Cuál es nuestro desafío y cómo respondemos?

A.Hemos limpiado toda la casa (29:18)

Los sacerdotes y levitas respondieron inmediatamente a las demandas de Ezequías limpiando el atrio de Jehová (v.16).

Ocho días tardaron llevando la basura al arroyo Cedrón (v.16), en total, hicieron en 16 días los ritos de la purificación y preparación del templo (v.17).

La limpieza del templo es símbolo de pureza que Dios quiere de su iglesia (Efesios 5:25-27).

B. Adoración en el templo

Después de limpiar el templo, Ezequías dirigió al pueblo en la adoración.

Los versos 20-30 manifiestan que primero se presentó una ofrenda de expiación por los pecados de Judá, la segunda ofrenda fue el holocausto la cual sirvió como sacrificio de devoción y servicio.

Tenemos que reconocer a Cristo como la expiación por nuestros pecados, antes de que estemos listos para presentarnos como sacrificio vivo a su servicio (Romanos 12:1).

C.El regocijo del pueblo (29:31-36)
1. Trayendo sacrificio y alabanzas (29:31-36)

El avivamiento era de Dios y se alegró Ezequías con todo el pueblo (v.36).

2. El avivamiento manifiesta gozo en el amor de Dios

Esto es porque hay un corazón limpio que solo expresa alabanzas-(Salmos 85:6).

D. Confianza en Dios (Isaías 30:15 y 31:1-3)

¿Por qué a veces confiamos en los recursos humanos?

1. Fortaleza equivocada (30:15)

Ezequías se fortaleció militarmente con una alianza secreta con Egipto. Sin embargo Isaías reprendió al rey de Judá por no depender del recurso divino.

2. Él también es sabio (31:2)

Dios esperaba que Ezequías hiciera provisión en sus esfuerzos para defenderse de los asirios. Pero sobre todo buscar la dependencia de Él. Así el triunfo es seguro. Sin Él seguramente vendrá el desastre.

CONCLUSIÓN

Ezequías confió muchas veces en el hombre más que en Dios. A pesar de sus fracasos, fue un gran reformador en el reino del sur. "toda Judá y Jerusalén le honraron en su muerte" (2 Crónicas 32:33).

Por tanto su vida y fidelidad debe animarnos a seguir fieles a Dios caminando en obediencia.

SV

Un Líder Obediente a Dios

HOJA DE ACTIVIDAD

Versículo para memorizar

"Hizo lo recto ante los ojos de Jehová conforme a todas las cosas que había hecho David su padre" (2 Reyes 18:3).

Actividades

I. Consagración de Ezequías (2 Crónicas 29:1-2)

Razones por las que Ezequías fue uno de los mejores reyes de Judá.

II. "El hizo lo recto" (29:2)

A. Hable sobre la importancia de hacer lo recto delante de Dios en todos los aspectos de nuestra vida: _____
_____
_____

B. Dios en control

¿Cómo sabemos que Dios siempre está en control de la historia y de las circunstancias? _____
_____
_____

III. Ezequiel restablece la adoración a Jehová (2 Crónicas 29:12-36)

¿Cómo respondieron los sacerdotes y levitas a esta demanda? _____
¿Cuál es nuestro desafío y como respondemos? _____

A. Hemos limpiado toda la casa (29:18)

¿Cuál fue el primer trabajo que hizo el rey Ezequías? _____
_____

¿Por qué es importante para nosotros limpiar nuestra vida como cristianos?: _____
_____

B. Adoración en el templo

La adoración a Dios en el templo, ¿Es importante? ¿Por qué? _____
_____

La adoración nos lleva a: _____
_____

C. El regocijo del pueblo (29:31-36)

¿Cómo se manifiesta el regocijo del pueblo cristiano, en medio del avivamiento?
_____

Escribe otras formas de mostrar ese avivamiento y regocijo _____

D. Confianza en Dios (Isaías 30:15; 31:1-3)

¿Por qué debemos confiar en Dios?, escribe tres razones: _____
_____

¿Por qué muchas veces confiamos en los recursos que disponemos y no en Dios?
_____

¿En qué circunstancias debo confiar en Dios? _____
_____

Conclusión

Ezequías confió muchas veces en el hombre más que en Dios. A pesar de sus fracasos, fue un gran reformador en el reino del sur: *"toda Judá y Jerusalén le honraron en su muerte"* (2 Crónicas 32:33).

Por tanto su vida y fidelidad debe animarnos a seguir fieles a Dios caminando en obediencia.

LECCIÓN 44

BASE BÍBLICA
1a. Reyes 21:1-29.
LECTURA DEVOCIONAL
Santiago 5:13-20.
PARA MEMORIZAR
"Y acercándose Elías a todo el pueblo, dijo: ¿Hasta cuándo claudicaréis vosotros entre dos pensamientos? Si Jehová es Dios, seguidle; y si Baal, id en pos de él. Y el pueblo no respondió palabra" 1 Reyes 18:21.
PROPÓSITO DE LA LECCIÓN: QUE EL ALUMNO...
Comprenda que Dios envía profetas para confrontar la maldad; y que no hay nada mejor que confiar en la providencia divina.

Las Consecuencias de un Liderazgo Codicioso

POR MIGUEL E IRENE GARITA

Introducción

Poco antes que el avión que se dirigía a Beirut aterrizara en Atenas, uno de los pasajeros, Joseph Passatour, comenzó a gritar debido a que no podía respirar, era evidente que se sentía muy mal. Desde el aeropuerto fue llevado de urgencia a un hospital, pero murió antes que se le prestara atención médica. Las autoridades descubrieron que Passatour se sofocó por usar un corsé muy apretado donde llevaba relojes suizos de contrabando.

Los esfuerzos de este contrabandista por violar las leyes le costó la vida. Pero no siempre una persona paga tan drástica e inmediatamente por los pecados que comete contra la sociedad. A menudo, los seres humanos quebrantan leyes por las que aparentemente la justicia no los castiga. Sin embargo, ninguna persona queda impune. La biblia señala que *"Dios no puede ser burlado: pues todo lo que el hombre sembrare, eso también segará"* (Gálatas 6:7).

I. Dame tu viña
1 Reyes 21:1-12
A. "Nabot... tenía una viña" (21:1)

El rey Acab y la reina Jezabel tenían un palacio de invierno como a treinta kilómetros al norte se Samaria, en Jezreel en la llanura de Esdraelon. Junto a su propiedad había una viña cuyo dueño era Nabot, un israelita temeroso de Dios. El rey Acab pensó que, con su ubicación, la viña sería una valiosa adición para su propiedad, y le proveería de tierra que el convertiría en "un huerto de legumbres". De modo que el rey le ofreció a Nabot cambiársela por otra viña mejor, o pagarle un buen precio por su tierra. Superficialmente parecía una buena propuesta comercial.

B. "Guárdame Jehová" (21:3)

Sin embargo Nabot rehusó por motivos religiosos, vender su propiedad que había recibido como herencia. De acuerdo a la ley de Moisés, cada porción de tierra debía permanecer en posesión de la familia, siendo pasada de generación en generación (Levítico 25:23-28). Si alguien tenía que vender su propiedad, debía ser redimida y devuelta a la posesión de la familia en el año de jubileo (Levítico 25:8-10). No se debía hacer ninguna venta permanente fuera de la familia (Números 36:7).

C. El frustrado Rey (21:4)

El rey Acab se desilusionó porque Nabot rechazó su oferta. El volvió a su palacio "triste y enojado". Mc Laren observa atinadamente: "la actitud infantil de Acab es característica de una naturaleza débil... 4 mil u 8 mil metros cuadrados de tierra era un asunto muy pequeño como para caer en ese estado; hay pocas cosas de la vida de suficiente valor como para que un hombre sabio y fuerte se sienta decaído en su ánimo de tal manera".

D. Yo te daré la viña (21:7)

Cuando Jezabel vio al rey le preguntó qué le sucedía. Cuando escucho sus palabras, una sonrisa diabólica se dibujó en los labios de Jezabel y le pregunto: *"¿Eres tú ahora rey sobre Israel? Si quieres esa viña insignificante, ¿Por qué no la tomas?* Luego, Jezabel añadió: *"levántate y come y alégrate; yo te daré la viña de Nabot de Jezreel"* (v.7). Consciente de los caminos malvados de su esposa parece que Acab ni siquiera tuvo el valor de preguntarle cómo pensaba conseguir la viña (v.9-10).

Nabot sería acusado de blasfemia y traición, la primera de las cuales era castigada con la pena de muerte (Levítico 24:16). Los ancianos siguieron las instrucciones de la carta de Jezabel y planearon el juicio (v.11:12).

II. La muerte de Nabot
1 Reyes 21:13-15
A. "Nabot ha sido apedreado" (21:14)

Nabot fue hallado culpable y llevado afuera de la ciudad y ahí lo apedrearon, por un crimen que él nunca cometió. ¡Cuán vacío se muestra el código levítico en presencia de una atrocidad tal!

B. El peligro de la avaricia

Pero Jezabel y Acab tienen muchos imitadores en nuestros días. No nos sorprende que Cristo dijera: *"Mirad, y guardaos de toda avaricia; porque la vida del hombre no consiste en la abundancia de los bienes que posee"* (Lucas 12:15). Esta advertencia es particularmente apropiada en medio de la era materialista que estamos viviendo.

III. Elías se enfrenta a Acab
1 Reyes 21:17-24
A. "Desciende a encontrarte con Acab" (21:18)

Dios había estado consciente todo el tiempo de los planes de Jezabel. ¿Pensaba Acab que podía esconderse del Señor? Elías llego a la viña con un mensaje de juicio para el rey.

B. "Te he encontrado" (21:20)

Cuando Acab se repuso de su sorpresa, sus palabras revelaron su culpa. "¿Me has hallado enemigo mío?". El profeta replicó en forma afirmativa: "te he encontrado". ¡Qué extraño! ¡Las personas que hacen el mal generalmente piensan que los que les sorprenden son sus enemigos! "El fiel reprendedor, el misericordioso hiriente, es el verdadero amigo del que hace el mal. El peor enemigo del corazón pecaminoso es la voz que lo tienta hacer pecado, o lo arrulla en la auto complacencia" (Alexander McLaren).

C. "Yo traigo mal sobre ti" (21:21)

Acab no gozó de su vida por mucho tiempo. Los placeres pecaminosos son breves y lo que es más. La adquisición de la tierra para el propuesto "huerto de legumbres" costó infinitamente más de lo que valía. Ahora el profeta pronunció el juicio de Dios sobre Acab. Tanto Acab como Jezabel tendrían un fin trágico (v.19-23). El castigo por el asesinato de Nabot sería terrible. Esta escrito que los que siembran viento segaran torbellinos (Oseas 8:7).

D. "Acab anduvo Humillado" (21:25-29)

1. "Puso cilicio sobre su carne" (v.27). Acab se sintió profundamente afectado por la declaración de Elías en la viña. Lo mismo que el mensaje de Natán a David, la verdad se incrustó como una daga en su corazón culpable. Rasgo sus túnicas reales y se puso el irritante cilicio generalmente confeccionado con piel de cabra.

Ayunó y "anduvo humillado" (v.27). La vulgata, una versión de la Biblia, dice que anduvo cabizbajo. No hay razón para dudar de la sinceridad de su arrepentimiento.

Jezabel, sin embargo, no mostró señal alguna de arrepentimiento y sufrió el juicio tal como Elías lo había predicho (v. 23; 2 Reyes 9:36).

2. "Por cuanto se ha humillado" (v.29). La misericordia de Dios es maravillosa: "nunca decayeron sus misericordias" (Lamentaciones 3:22). Dios fue compasivo con Acab y le perdonó porque el rey se había "humillado" (arrepentido). Dios le dijo a Elías que el juicio vendría más tarde a la casa de Acab cuando su hijo estuviese en el poder (v.29).

Ellos serían castigado no por los pecados de su padre, sino porque ellos prefirieron el camino del mal.

CONCLUSIÓN

Desafortunadamente el pasaje que estudiamos no es un cuento. Es una historia que se repite constantemente en nuestra vida. Los detalles quizá no sean tan dramáticos, pero los principios son los mismos.

La pregunta de Elías a Acab y a su pueblo en el monte Carmelo había sido:

"¿Hasta cuándo claudicaréis entre dos pensamientos? Si Jehová es Dios, seguidle y si Baal, id en pos del" (1 Reyes 18:21).

Muchos a nuestro alrededor quieren hacer como los israelitas, no responder palabra (18:21). Pero el silencio les pone junto con los profetas de Baal, los cuales fueron destruidos. Nuestra decisión está entre Dios o Baal. Si es Baal nuestra vida será arrojada a "los perros" (v.19) Pero si elegimos a Dios, como lo hizo Elías, un día seremos llevados victoriosamente delante de Él. SV

LECCIÓN 44

Las Consecuencias de un Liderazgo Codicioso

HOJA DE ACTIVIDAD

Versículo para memorizar

"Y acercándose Elías a todo el pueblo, dijo: ¿Hasta cuándo claudicaréis vosotros entre dos pensamientos? Si Jehová es Dios, seguidle; y si Baal, id en pos de él. Y el pueblo no respondió palabra" (1 Reyes 18:21).

Actividades

I. Dame tu viña (1 Reyes 21:1-12)

A. "Nabot... tenía una viña" (21:1)

¿Por qué este hombre rico Acab, quería la viña de Nabot? _____

La mayoría de las personas siempre quieren algo más de la vida, ¿es malo o no?, ¿por qué fue malo que Acab tuviera la viña para él? _____

Usted, de haber podido, ¿hubiera obtenido algo más de forma poco legal? _____

¿Cómo se sentiría al hacerlo?, ¿por qué? _____

B. "Guárdame Jehová" (21:3) ¿Por qué Nabot no quiso vender la viña? _____

C. El frustrado Rey (21:4)

¿Cuál fue la actitud del rey al no poder obtener la viña? _____

D. Yo te daré la viña (21:7) ¿Cuál fue la actitud de la esposa del rey? _____

Como esposa o esposo, ¿cómo aconseja a su pareja? _____

II. La muerte de Nabot (1 Reyes 21:13-15)

A. "Nabot ha sido apedreado" (21:14)

¿Cuál es la forma de morir de Nabot? _____

¿Se ven injusticias hoy día?, ¿conoce alguna en nuestra sociedad?, ¿qué hizo usted? _____

B. EL peligro de la avaricia ¿Tiene claro por qué la avaricia es un gran peligro para el cristiano hoy día? _____

¿Se ha sentido con ganas de obtener cosas de forma no tan legal? _____

¿Cómo se sintió? _____

III. Elías se enfrenta a Acab (1 Reyes 21:17-2)

A. "Desciende a encontrarte con Acab "(21:18) ¿Qué hizo Elías al mandato de Dios? _____

B. ¿Qué hizo Acab ante el mandato de Dios? _____

C. "Yo traigo mal sobre ti" (21:21) ¿Cuál fue la reacción de Acab ante ese mensaje por parte de Dios? _____

¿Cómo se debería reaccionar ante este mensaje? _____

D. Acab anduvo Humillado (21:25-29) ¿Cree usted que verdaderamente se arrepintió Acab? _____

¿Por qué? _____

¿Qué le enseña esta historia? _____

Conclusión

Desafortunadamente el pasaje que estudiamos no es un cuento. Es historia que se repite constantemente en nuestra vida. Los detalles quizá no sean tan dramáticos, pero los principios son los mismos.

La pregunta de Elías a Acab y a su pueblo en el monte Carmelo había sido:

"¿Hasta cuándo claudicaréis entre dos pensamientos? Si Jehová es Dios, seguidle y si Baal, id en pos de Él" (1 Reyes 18:21).

Muchos a nuestro alrededor quieren hacer como los israelitas, no responder palabra (18:21). Pero el silencio les pone junto con los profetas de Baal, los cuales fueron destruidos. Nuestra decisión está entre Dios o Baal. Si es Baal nuestra vida será arrojada a "los perros" (v.19) Pero si elegimos a Dios, como lo hizo Elías, un día seremos llevados victoriosamente delante de Él.

LECCIÓN 45

BASE BÍBLICA
2a. Reyes 21:1-16 y 2a. Crónicas 33:11-17.

LECTURA DEVOCIONAL
Salmos 130

PARA MEMORIZAR
"Mas luego que fue puesto en angustias, (Manasés) oró a Jehová su Dios, humillado grandemente en la presencia del Dios de sus padres" 2 Crónicas 33:12.

PROPÓSITO DE LA LECCIÓN: QUE EL ALUMNO...

Comprenda que como hijos de Dios, debemos ser ejemplos para que otros sigan al Señor y sean fortalecidos por Él.

Las consecuencias de un liderazgo fuera de la dirección de Dios

POR MIGUEL E IRENE GARITA

Introducción

En esta lección estudiaremos acerca de Manasés, a quien algunos le han llamado el hijo prodigo del Antiguo Testamento". Qué pena que no pudo seguir los buenos pasos de su padre y ser un rey fiel a Dios.

Manasés ascendió al trono a la edad de 12 años. Aunque fue guiado en el camino de Dios mientras vivió su padre, pronto cayó bajo la influencia de consejeros malos que aborrecían la disciplina de la ley de Moisés y amaban el estilo de adoración pagana. Debido a la enseñanza de ellos, Manases lanzo una campaña para deshacer todo el bien que su padre había hecho.

I. El Reinado de Manases
2 Reyes 21:1-9

¿Qué nos enseña el ejemplo de Manasés acerca de la influencia que ejercemos sobre otros en nuestra sociedad?

A. Manasés hizo lo malo delante de Dios (21:2)

Las abominaciones de Manasés, "eran prácticas que bajo el nombre de religión habían provocad el juicio divino a otras naciones" Harvey E Finley.

En ningún momento, *"las victorias por el bien y por Dios deben considerarse automáticas. Las batallas contra el pecado y la maldad deben ser libradas continuamente y necesita nuevas victorias. De otro modo se cae de nuevo en condiciones pecaminosas peores que las anteriores" (Comentario Bíblico Beacon).*

Esto es lo que ocurrió a Judá bajo el liderazgo de Manasés.

B. Manasés levantó altares a Baal (21:3)

Manasés reedificó los lugares altos, edificó altares a Baal, hizo una imagen a Asera y restableció la adoración a las estrellas que adoraban los asirios (v.3).

Invadió el templo de Jerusalén con la idolatría (v.4-5) "pasó a su hijo por el fuego, se dedicó a la adivinación y brujería (v.6). No tuvo en cuenta que para continuar habitando en la tierra prometida era esencial honrar y obedecer a Dios.

C. Manasés los indujo a que hiciesen el mal (21:9)

En este verso tenemos un resumen del resultado de los pecados de Manasés y su falta de consideración por las tradiciones religiosas de su pueblo.

Judá llegó a ser peor que los paganos cananeos que Dios había echado de la tierra de Palestina. Al apostatar Manasés hizo que su nación también apostatara.

II. La Advertencia Divina
2 Reyes 21:10-16

¿Cuál es la advertencia bíblica acerca de nuestra infidelidad a Dios?

A. "Habló, pues, Jehová" (21:10)

La maldad de Manasés y Judá no pasó inadvertida. Los mensajeros de Dios denunciaron el pecado de Judá y advirtieron del juicio venidero. Isaías, el gran campeón de la justicia, sin duda estuvo entre aquellos siervos que se opusieron a la ola del mal que estaba arrastrando y hundiendo a Judá en el pecado.

B. Juicio severo

La copa de iniquidad de Judá se estaba desbordando y la medida del juicio de Dios sería adecuada a ella. Dios le dio a Judá dos ejemplos de la intensidad del juicio que recibiría.

Primero, que Jerusalén seria castigada igual que Samaria. La capital del reino del norte fue sitiada, y sus habitantes llevados en cautiverio.

Segundo, como la casa de Acab había sido totalmente destruida, así también la familia real de Judá llegaría a su fin.

C. Provocaron a ira a Jehová (21:15)

Los juicios de Dios, sin embargo, nunca son arbitrarios. El reino del norte (Israel) ya había sido abandonado a las consecuencias de su pecado. El "remanente" el reino del sur (Judá) pronto sufriría la misma suerte, porque al igual que Israel, se había olvidado de Dios. Judá había escogido seguir a Manasés en su maldad.

D. "Derramó... sangre inocente" (21:16)

Manasés reaccionó violentamente ante las advertencias de los profetas. Lanzó una cruel persecución, procurando así exterminarlos y a la gente que se oponía a su impiedad.

De acuerdo a las tradiciones judaicas fue durante esta persecución inmisericorde que Isaías fue aserrado. Quizá Hebreos 11:37 aluda el martirio. Sin embargo, el silencio repentino de las ofertas no canceló las consecuencias del pecado de Judá.

III. Manasés el Hijo Pródigo del Antiguo Testamento
2 Crónicas 33:11

¿Qué aprendemos del encarcelamiento de Manasés? ¿Qué mentira usa Satanás cuando nos invita a pecar?

A. Aprisionaron a Manasés (33:11)

Moral y espiritualmente Manasés ya vivía en el lejano país del pecado. Ahora el cronista nos dice que fue literalmente llevado a un país lejano. El ejército asirio atacó a Judá y llevaron a Manasés con cadenas y aprisionado con grillos hasta Babilonia, localizada 400 kilómetros al noreste de Jerusalén.

B. Desterrado y Desamparado

El rey de Judá fue encadenado como un animal común, en medio de esta situación sólo debía esperar que lo ejecutaran. Era evidente que sus dioses no le ayudarían.

La situación desesperante de Manasés nos ilustra que el camino de los pecadores es duro (Proverbios 11:27) esta consecuencia del pecado deliberado, jamás la incluye Satanás en sus mentiras cuando nos invita desobedecer a Dios.

C. Manasés se arrepiente y vuelve a Dios (33:12-13)

¿Debe Dios perdonar a una persona como Manasés?

1. "Oró a Jehová" (v.12)

En la prisión babilónica Manasés meditó sobre el camino en que anduvo. Este sólo le dio desilusión y esclavitud. Volvió en sí y se humilló "grandemente en la presencia del Dios de sus padres". El arrepentimiento por su maldad fue genuino. Manases oró y reconoció que Dios era superior a todo lo creado. Dios le perdonó y restauró el trono de Judá.

2. La misericordia de Dios.

Manasés nos recuerda con su experiencia que Dios perdona al más vil pecador. Dios escucha el clamor del corazón penitente porque Él es misericordioso.

D. Las reformas del hijo pródigo (33:14-17)

¿De qué manera reconocemos el arrepentimiento sincero de una persona?

1. "Después de esto" (v.14)

Manases salió transformado de la prisión de babilonia. Al ocupar nuevamente su trono, se propuso reparar inmediatamente todo el mal que hizo. Reedificó la defensa en la capital y levantó muros en otras ciudades del país (v.14). Destruyó los ídolos y altares paganos. Restauró el altar de Jehová y ofreció sacrificios (v.15-16). También ordenó al pueblo que adorara a Jehová.

2. "En los lugares altos" (v.17)

Judá sigue al arrepentido rey en sus esfuerzos de reforma. Sin embargo, en lugar de destruir todos "los lugares altos el pueblo conservó algunos de ellos para ofrecer sacrificios y holocaustos a Dios. Aunque Manasés se arrepintió de sus pecados pasados, no tuvo valor de destruir todo lo que hizo.

CONCLUSIÓN

Esta es una lección importante. La vida es satisfactoria y feliz cuando la entregamos a Dios en edad temprana y la vivimos enteramente para El. Evitando así las consecuencias de una vida pecaminosa.

Alabamos a Dios por el arrepentimiento de Manasés quien cambió su vida y su reino. Él puede rescatar al más vil pecador. También salva y guarda del pecado a quienes le reconocen a su temprana edad.

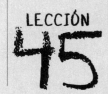

Las consecuencias de un liderazgo fuera de la dirección de Dios

HOJA DE ACTIVIDAD

Versículo para memorizar

"Mas luego que fue puesto en angustias, (Manasés) oró a Jehová su Dios, humillado grandemente en la presencia del Dios de sus padres" 2a. Crónicas 33:12.

I. El Reinado de Manasés (2 Reyes 21:1-9)

A. ¿Qué influencia ejercemos sobre otros en la sociedad? _____

_____

B. ¿Qué se entiende por hacer lo malo delante de Dios? (21:2) _____

_____

C. ¿Cuál es la conducta de una persona que se desenfoca de lo que Dios quiere? _____

_____

D. ¿Cuál es el resultado de apartarse de Dios? _____

II. LA ADVERTENCIA DIVINA (2 Reyes 21:10-16)

A. "Habló, pues, Jehová" (21:10)

¿Cuál es el mensaje de advertencia? _____

B. Juicio severo

¿Cuáles ejemplos sobre la severidad del juicio de Dios conoce? _____

_____

C. Provocaron a ira a Jehová (21:15)

¿Qué pasa cuando nos mantenemos en el pecado? _____

_____

D. "Derramó... sangre inocente" (21:16)

¿Cuáles son las faltas que señala el profeta? _____

_____

III. Manasés el Hijo Pródigo del Antiguo Testamento (2 Crónicas 33:11)

¿Qué aprendemos del encarcelamiento de Manasés? ¿Qué mentira usa Satanás cuando nos invita a pecar?

A. Aprisionaron a Manasés (33:11)

¿Cuál fue el castigo de Manasés? _____

B. Desterrado y Desamparado

¿Qué hace Manasés en estas circunstancias? _____

C. Manasés se arrepiente y vuelve a Dios (33:12-13)

¿Debe Dios perdonar a una persona como Manasés? _____

¿Cree usted que Dios fue justo con él? _____

D. Las reformas del hijo pródigo (33:14-17)

¿Cómo fue el cambio de Manasés después de recibir la misericordia de Dios? _____

_____

¿Cree usted que basta sólo con arrepentirse? _____

Conclusión

Esta es una lección importante. La vida es satisfactoria y feliz cuando la entregamos a Dios en edad temprana y la vivimos enteramente para El. Evitando así las consecuencias de una vida pecaminosa. Alabamos a Dios por el arrepentimiento de Manasés quien cambió su vida y su reino. Él puede rescatar al más vil pecador. También salva y guarda del pecado a quienes le reconocen a su temprana edad.

LECCIÓN 46

BASE BÍBLICA

Mateo 27:11-31.

LECTURA DEVOCIONAL

Isaías 53:19-9

PARA MEMORIZAR

"¿Qué, pues, hare de Jesús, llamado el Cristo?" Mateo 27:22.

PROPÓSITO DE LA LECCIÓN: QUE EL ALUMNO...

Comprenda que el significado del sacrificio de Cristo y motivarnos para que demos testimonio de Cristo el Señor y Salvador.

Un Liderazgo basado en la Obediencia Incondicional

POR MIGUEL E IRENE GARITA

Introducción

Hoy estudiaremos acerca del Rey de reyes: Jesucristo. El texto para memorizar evoca una antigua pregunta tan insistente hoy, como lo fue cuando Pilato la hizo al pueblo de Israel: ¿Qué, pues, hare de Jesús, llamado el Cristo? (Mateo 27:22). Todos confrontamos esta pregunta la cual solo tiene dos respuestas posibles: Aceptar a Jesús o rechazarle como Salvador nuestro.

Si aceptamos la declaración de Cristo y lo hacemos rey de nuestra vida, pasamos a formar parte de su reino con los siguientes privilegios: La Salvación, Santificación y Glorificación. Responsabilidades: Obediencia incondicional.

Lamentablemente muchos rechazan al Rey de reyes y pocos lo reciben como Señor y Salvador, sólo hay dos respuestas posibles: Aceptar a Jesús o rechazarle como Salvador nuestro.

I. Excusas para rechazar a Cristo
Mateo 27:11-15

El capítulo 27:11-23 de Mateo, nos muestra distintas formas que el hombre emplea para rechazar a Cristo.

A. Falso testimonio (27:11-15)

¿Por qué las personas recurren al Falso testimonio? (27:11-15)

Simplemente porque no tienen otro argumento para ir contra la verdad. El falso testimonio y chisme es uno de los recursos más bajos que usa el ser humano para desprestigiar y rechazar a una persona.

Los líderes que deseaban deshacerse de Cristo estaban decididos a lograr su propósito, y al no hallar evidencia negativa contra El, prepararon dos testigos falsos (Mateo 26:59-62). Los principales sacerdotes hicieron lo mismo después de la resurrección de Cristo (Mateo 28:12-15) pero Jesús no respondió a ninguna de las falsas acusaciones. Su silencio frustro al sumo sacerdote (26:62) como para Pilato (27:13-14). Hoy ocurre lo mismo, el rechazo a Cristo consiste en el alejamiento total y voluntario de la verdad, para caer en lo falso. El Señor enseño que la esencia del pecado consiste en no creer en

El, (Juan 17:9). Cuando rechazamos a Jesucristo, es porque caímos en las mentiras del diablo.

B. Violación de los valores bíblicos (27:16-21)

¿En qué forma violamos los valores bíblicos y rechazamos a Cristo?

Pilato estaba convencido de que Cristo era inocente y deseaba liberarlo. Pero lo dejó a elección del pueblo. Recurrió a la costumbre que tenían los judíos de liberar a un preso durante la fiesta sagrada. Por tanto, Pilato ofreció soltar a Jesús o a Barrabás, asumiendo (erróneamente) que la multitud preferiría al justo sobre el criminal.

Barrabás era un criminal famoso de una insurrección. Sin duda muchos de los que formaron parte de esa multitud habían demandado su arresto. Sin duda pensó Pilato que escogerían a Cristo, pero no. Demandaron la libertad de Barrabás y pidieron a gritos que muriera aquel a quien la multitud clamo como el Mesías.

Cuando rechazamos a Cristo como nuestro Señor, nuestros valores bíblicos y morales son trastornados. Si le damos la espalda aceptamos todo lo que se opone a Él.

Escoger el pecado o la justicia, a Barrabás o a Jesús. "Ninguno puede servir a dos señores; porque aborrecerá a uno y amará al otro. (Mateo 6:24)

C. El rechazo implica muerte (27:22-23)

En la opinión de los líderes judíos era necesario como la última muestra de su rechazo la crucifixión de Cristo. Si El seguía viviendo, tendrían que continuar viéndole y oyéndole. En cambio, creían que al matarlo en pocos días quedaría en el olvido su persona y ministerio.

La ira del pueblo demandaba que la muerte fuera cruel. La muerte de cruz.

II. El rechazo a Dios es asunto personal. Mateo 27:24-26

¿Sobre quién cae la culpa si rechazamos a Cristo?

El ser humano por naturaleza no es responsable de sus actos, especialmente cuando son negativos. Sin embargo tardo o temprano las consecuencias caerán sobre él.

A.Pilato se lavó las manos (27:24)

Pilato le echo la culpa a la multitud, se lavó las manos pública-mente. Entonces hizo lo que la multitud quería permitiendo que los soldados se burlaran de Cristo y dio la orden para crucificarle.

B. Una multitud indiferente e irresponsable.

Es imposible rechazar a Cristo y a su vez restar importancia de tal acto y la culpa que produce. Cada persona es responsable de sus actos. Y cada quien lleva su propia culpa. (Ezequiel 18) Aunque intentemos descargar en otros nuestra culpa no podemos hacerlo ya que es una decisión personal.

C.El rechazo a Cristo: pecado y crueldad (27:27-31)

Las actitudes que acompañan en el rechazo a Cristo son:

1. Violencia: Azotaron a Jesús, lo desnudaron, lo golpearon, lo es-cupieron y lo coronaron con espinas, burlándose de Él, fue herido y finalmente llevado en vergüenza al sufrimiento de la crucifixión.

2. Esclavos de la carne: Cuando rechazamos a Cristo quedamos a merced de los poderes del pecado y la crueldad en nuestra vida.

CONCLUSIÓN

El rechazo no retuvo en el sepulcro al Rey. Pedro en su primer sermón, dijo: *"Mas vosotros negasteis al Señor y al Justo, y pedisteis que se os diera un homicida, y matasteis al autor de la vida, a quien Dios ha resucitado de los muertos". (Hechos 3:14-15).*

Un Liderazgo basado en la Obediencia Incondicional

Versículo para memorizar

"¿Qué, pues, hare de Jesús, llamado el Cristo?" Mateo 27:22.

Actividades

I. Excusas para rechazar a Cristo (Mateo 27:11-15)

Cuales formas usa el hombre para rechazar a Cristo. Según Mateo 27:11-23 _____

A. Falso testimonio (27:11-15)

¿Qué es el falso testimonio y cuándo lo usan las personas? _____

B. Violación de los valores bíblicos (27:16-21)

¿En qué forma violamos los valores bíblicos y rechazamos a Cristo? _____

C. El rechazo implica muerte (27:22-23)

¿Por qué rechazar a Jesús le llevaba a la muerte segura? _____

II. El rechazo a Dios es asunto personal. Mateo 27:24-26

¿Quién es el culpable de este rechazo? _____

A. Pilato se lavó las manos (27:24)

¿Cuándo nosotros en una situación nos lavamos también las manos? _____

B. Una multitud indiferente e irresponsable

¿Cuándo somos indiferentes e irresponsables en nuestras acciones? _____

C. El rechazo a Cristo: pecado y crueldad (27:27-31)

¿Cuáles son las actitudes con las que podrías rechazar a Cristo? _____

¿Cuáles son las consecuencias de rechazar a Cristo? _____

Conclusión

El rechazo no retuvo en el sepulcro al Rey. Pedro en su primer sermón, dijo: "Mas vosotros negasteis al Señor y al Justo, y pedisteis que se os diera un homicida, y matasteis al autor de la vida, a quien Dios ha resucitado de los muertos" (Hechos 3:14-15).

LECCIÓN
47

BASE BÍBLICA

1a. Reyes 12:25 y 14:20.

LECTURA DEVOCIONAL

Proverbios 2:1-9.

PARA MEMORIZAR

"Cuando alguno es tentado, no diga que es tentado de parte de Dios; porque Dios no puede ser tentado por el mal, ni él tienta a nadie; sino que cada uno es tentado, cuando de su propia concupiscencia es atraído y seducido" Santiago 1:13-14.

PROPÓSITO DE LA LECCIÓN: QUE EL ALUMNO...

Comprenda que la inmoralidad y una religión falsa no satisfacen, sino destruyen tanto al rico como al pobre.

Un Liderazgo fuera de los Valores Espirituales

POR MIGUEL E IRENE GARITA

Introducción

La época de oro de prestigio y poder de Israel se acabó para siempre con la muerte de Salomón. El hijo de David sembró semilla de desunión que produjo una cosecha destructiva.

I. "Dos becerros de oro"
1 Reyes 12:25-30

¿Cuál fue la naturaleza del pecado que Jeroboam introdujo en el reino del norte?

A. "Reedificó... Siquem...Penuel" (12:25)

Jeroboam era un constructor experimentado, de modo que una de las primeras cosas que hizo fue reedificar y fortificar Siquem. Luego la hizo su capital, tomando así ventaja de este significativo centro religioso.

Jeroboam también reedificó y fortificó Penuel o (Peniel), al este del Jordán. Jeroboam trabajó duramente reedificando y fortificando esas ciudades.

Qué lástima que Jeroboam no hizo el mismo esfuerzo para edificar los valores morales y espirituales de Israel. En vez de esto les trajo confusión espiritual y los guió a la idolatría.

B. "Sacrificios en ... Jerusalén" (12:27)

Aunque Jeroboam había reedificado Siquen y Penuel, él sabía que el centro religiosos para los israelitas seguiría siendo Jerusalén que se encontraba en los límites del reino de Judá. Allí estaba el templo de Salomón. Se esperaba que todos los varones israelitas con buena salud fueran a Jerusalén a las fiestas de la pascua, el pentecostés y los tabernáculos tres veces al año.

C. "Y habiendo tenido consejo" (12:28)

Parece que Jeroboam razonó de la siguiente manera:

1. Su gente no debería seguir asistiendo a las festividades religiosas anuales de Jerusalén por el peligro de volver su lealtad a Roboam (v.27).

2. Había una poderosa fuerza cohesiva en la fe religiosa.

3. Los israelitas no se contentarían viviendo un vacío espiritual. Estaban acostumbrados adorar a Dios.

Para evitar que la gente fuera a Jerusalén y a su vez mantuviera una devoción religiosa que supiera sus necesidades, el rey hizo dos becerros de oro.

D. "Bastante habéis subido" (12:28)

Una comentarista ha llamado a los becerros de oro de Jeroboam, " los dioses de la conveniencia". La iglesia en la actualidad corre el peligro de llevar la idea de la comodidad y conveniencia demasiado lejos. Ralph W. Sockman señala que hay cierta virtud en que la iglesia estudie cómo atraer a la gente, como hacer que su mensaje apele como proporcionar a los corazones heridos el toque sanador del gran Medico.

Pero uno debe recordar que la iglesia de Dios "debe ministrar a las necesidades de los hombres en vez de acariciar sus propios deseos; debe hacer que la gente sea buena, y no solo que se sienta bien" (TIB). Hay que tener cuidado que como iglesia no construyamos nuestros propios "becerros de oro".

E. "Y esto fue causa de pecado" (12:30)

Algunos eruditos han sostenido que Jeroboam no tuvo la intención de conducir la nación a la idolatría y que los becerros de oro eran solo símbolos del Dios de Israel. W.F. Albright sostiene que los becerros de oro eran solo pedestales "sobre los cuales el invisible (Jehová) estaba".

Pero debemos recordad que las acciones de Jeroboam resultaron en idolatría. Él sabía que Dios ya había hablado en contra de la adoración de imágenes (Éxodo 20:4-5). El conocía la historia del becerro de oro que Aarón había hecho y la subconsciente condenación departe de Moisés (Éxodo 32:19-35). Y a pesar de ello, Jeroboam proveyó imágenes de oro para los lugares de adoración de Israel.

De todos modos el veredicto del escritor sagrado es que "Esto fue causa de pecado".

II. Sacerdotes y fiestas religiosas
1 Reyes 12:31-33

¿De qué otras maneras usó Jeroboam la religión para sus propios propósitos políticos?

A. "Lugares altos...sacerdotes" (12:31)

Luego de levantar los becerros de oro, Jeroboam tomó otro paso con el fin de debilitar las ligaduras religiosas entre su nación y Judá. Nombro sacerdotes de entre la gente común del pueblo y edifico casas de adoración en los lugares altos. Sin duda él sabía que solo los descendientes de Aarón podían ser sacerdotes (Éxodo 28:1; Números 3:10)

Pero no hizo caso a este mandato de Dios.

Es obvio que Jeroboam no prohibió que Israel tuviera vida religiosa. Pero lo que sí hizo fue moldearla de tal manera que sirviera sus propios deseos personales.

B. Y Jeroboam hizo fiesta solemne (12:32)

Jeroboam, también estableció una fiesta que sustituyo la fiesta de los tabernáculos la cual se celebraba el día quince del mes séptimo (Levítico 23:33-44). Jeroboam escogió el día quince del octavo mes, para la nueva fiesta religiosa de Israel.

Dejo a un lado las grandes tradiciones religiosas del pueblo hebreo y se auto proclamo como la autoridad religiosa de su nación. Y lo hizo por razones egoístas, quiso conservar la lealtad de pueblo a sí mismo. No le importó quebrantar los mandatos de Dios.

III. "No se apartó... de su mal camino"
1 Reyes 13:1-14:20

¿Por qué es peligroso no prestar atención a las advertencias de Dios?

A. Jeroboam no se apartó de su mal camino (13:33)

Un profeta de Judá, de quien no conocemos su nombre, vino a Bet-el, uno de los centros de adoración a los becerros de Jeroboam. Al llegar hablo en contra de los altares que allí había y predijo el nacimiento de Josías (para que la profecía se cumpliese, 2 Reyes 23:15-20). Jeroboam ordenó su arresto y por eso su mano se secó o paralizó (1 Reyes 13:4). El rey apelo a la misericordia del profeta y su mano fe sanada.

Pero aun después de la experiencia de la mano seca y los raros sucesos en la seducción y muerte del profeta de Judá (13:11-32), Jeroboam no reaccionó ante las advertencias ni hizo esfuerzo alguno para volverse de sus malos caminos. Por el contrario, designó más sacerdotes y el mismo asumió funciones sacerdotales (13:33).

B. "Y esto fue causa de pecado" (13:34)

En este versículo y en el capítulo 14 el escritor sagrado dice claramente que la caída espiritual de la casa de Jeroboam y la destrucción de Israel se debió directamente a la desobediencia del rey.

Conclusión

Los pasos que Jeroboam siguió en su desobediencia a Dios, están brevemente descritos en Santiago 1:14-15, *"cada uno es tentado cuando de su propia concupiscencia es atraído y seducido. Entonces la concupiscencia, después que ha concebido, da a luz el pecado; y el pecado, siendo consumado, da a luz la muerte".*

Los deseos egoístas tientan a la ambición del hombre. Tal y como sucedió con Jeroboam la ambición nos invita a ascender al trono de nuestras vidas para que seamos reyes. Al ser reyes, entonces reclamamos para nosotros mismos los derechos que le corresponden exclusivamente a Dios. Vivimos de acuerdo a nuestros planes y no seguimos los mandatos de nuestro Dios.

Tal como el pecado llevo a la destrucción de Jeroboam, de igual manera nos llevara a la muerte eterna, si somos desobedientes a Dios y no hacemos su voluntad.

Un Liderazgo fuera de los Valores Espirituales

HOJA DE ACTIVIDAD

Versículo para memorizar

"Cuando alguno es tentado, no diga que es tentado de parte de Dios; porque Dios no puede ser tentado por el mal, ni él tienta a nadie; sino que cada uno es tentado, cuando de su propia concupiscencia es atraído y seducido" Santiago 1:13-14.

Actividades

I. "Dos becerros de oro" (1 Reyes 12:25-30)

A. ¿Cuál fue la naturaleza del pecado que Jeroboam introdujo en el reino del norte?

_____

¿Cuáles pecados introdujo Jeroboam?

_____
_____

¿Cuáles pecados podemos introducir en nuestra vida?

_____
_____

B. Jeroboam fue un gran constructor, pero que olvidó o se apartó al realizar su trabajo de_____
_____

Podemos hacer grandes cosas pero olvidar los principios que vivimos, qué ha Hecho pero lo hizo fuera de sus principios cristianos: _____
_____

C. Y Jeroboam hizo fiesta solemne (12:32) ¿Qué actividades hizo Jeroboam, contra Dios y contra el pueblo de Israel? _____
_____

II. Sacerdotes y fiestas religiosas (1 Reyes 12:31-33)

¿De qué otras maneras uso Jeroboam la religión para sus propios propósitos políticos?

A. "Lugares altos... sacerdotes"(12:31) porque esto no fue para Dios _____
_____

B. ¿Cómo moldeó la religión, para apartarse de lo establecido por Dios? _____
_____

III. "No se apartó...de su mal camino" (1 Reyes 13:1-14:20)

¿Por qué es peligroso no prestar atención a las advertencias de Dios?

A. Jeroboam no se apartó de su mal camino (13:33) _____

¿Cree usted que Dios nos advierte cuando nos apartamos? ¿cómo? _____

B. "Y esto fue causa de pecado" (13:34) _____

¿Por qué usted cree que Jeroboam no se arrepintió de su pecado, aun cuando Dios le advirtió? _____
_____

¿Cuándo no oímos la voz de Dios advirtiéndonos? _____

Conclusión

Los pasos que Jeroboam siguió en su desobediencia a Dios, están brevemente descritos en Santiago 1:14-15 *"cada uno es tentado cuando de su propia concupiscencia es atraído y seducido. Entonces la concupiscencia, después que ha concebido, da a luz el pecado; y el pecado, siendo consumado, da a luz la muerte".*

Los deseos egoístas tientan a la ambición del hombre. Tal y como sucedió con Jeroboam la ambición nos invita a ascender al trono de nuestras vidas para que seamos reyes. Al ser reyes, entonces reclamamos para nosotros mismos los derechos que le corresponden exclusivamente a Dios. Vivimos de acuerdo a nuestros planes y no seguimos los mandatos de nuestro Dios.

Tal como el pecado llevo a la destrucción de Jeroboam, de igual manera nos llevara a la muerte eterna, si somos desobedientes a Dios y no hacemos su voluntad.

LECCIÓN 48

BASE BÍBLICA

1a. Reyes 3:1-11:43.

LECTURA DEVOCIONAL

Eclesiastés 12

PARA MEMORIZAR

"Y cuando Salomón era ya viejo, sus mujeres inclinaron su corazón tras dioses ajenos, y su corazón no era perfecto con Jehová su Dios, como el corazón de su padre David" 1 Reyes 11:4.

PROPÓSITO DE LA LECCIÓN: QUE EL ALUMNO...

Comprenda que los dones que nos dio el Espíritu Santo debemos ejercitarlos con fe y en obediencia a Dios.

Lideres Sabios y Prudentes

POR MIGUEL E IRENE GARITA

Introducción

Los días de David como líder estaban a punto de concluir.

El profeta Natán sabía de la promesa que David le había hecho a Salomón y de los planes que Dios tenía para el futuro rey. El profeta mandó a Betsabé, madre de Salomón, para ver al anciano rey y recordarle su plan y promesa: Otorgar a Salomón el trono de Israel. Natán también le recordó hábilmente al rey que sus deseos reales y concernientes a su sucesor trataban de ser violados por Adonías.

Finalmente, obedeciendo la orden del rey, y después de llegar a Gihon, el sacerdote Sador ungió a Salomón y todo el pueblo exclamo al sonar de la trompeta real: *"¡Viva el rey Salomón!"* (1 Reyes 1:39).

I. Dios y Salomón (1 Reyes 3:5-9)

¿Qué pidió Salomón cuando Dios lo eligió como Rey?

A. Las cualidades de Salomón

Si hubo un joven con todas las ventajas espirituales, fue el sucesor de David. Su padre lo llamó Salomón "el apacible" y por instrucciones de Dios, Natán lo llama Jedidias, *"amado de Jehová"* (2 Samuel 12:24-25).

Creció en el palacio real en Jerusalén y probablemente su tutor fue Natán.

B. "Pide lo que quieras que yo te de" (3:5)

Aunque Dios se le apareció en sueños debemos creer que el antecedente de ese sueño fue el deseo de Salomón concerniente a la tarea que Dios le había asignado. Dios no se revelara a hombres cuyos corazones no están abiertos completamente a Él.

C. "Da, Pues, a tu siervo corazón entendido" (3:9)

Una confesión así genero tanto humildad como fe.

Dios lo había puesto en el trono; por tanto, no podía haber lugar para orgullo personal. Pero también como Dios lo llamo a servir, él se atrevió a creer que Dios le capacitaría para la tarea.

¿No es acaso esta la creencia legítima que debemos tener cuando Dios nos llama a su servicio?

II. La Construcción del templo. 1º Reyes 5-8
A. Una empresa espiritual

El interés espiritual del nuevo rey se manifestó tanto en la construcción del templo como en el sacrificio en Gabaón. Poco después de ascender al trono, Salomón construyo la casa de Dios. Fue la empresa más significativa de su reinado.

Para la construcción del templo el rey David, además de sus ahorros personales, reunió más o menos cinco millones de dólares. (1 Crónicas 22:14).

B. El templo es construido

Después de muchos meses de cuidadosa preparación, Salomón comenzó la construcción de templo. Esto ocurrió en el cuarto año de su reinado.

La madera y las piedras preciosas fueron cortadas a la medida y listas para ser colocadas en sus lugares "de tal manera que cuando la edificaba, ni martillos ni hachas se oyeron en la casa" (6:7).

Después de siete años y medio, en el undécimo año del reinado de Salomón, el templo fue terminado.

C. Un monumento espiritual

El templo señalo un nuevo nivel espiritual alcanzado en la vida de la nación.

Dios le prometió a Salomón: *"Esta casa que tu edificas, si anduvieres en mis estatutos e hicieres mis decretos y guardares todos mis mandamientos andando en ellos, yo... habitare en ella en medio de los hijos de Israel"* (1 Reyes 6:12-13).

III. Empresas de Salomón (1 Reyes 4-10)

¿Cuáles fueron las importantes empresas de Salomón en su reinado?

A. Comestibles para la corte (4:22-23)

Este pasaje describe la inmensa cantidad de comida necesaria para alimentar los establecimientos reales: esposas, hijos, criados, oficiales, guardias, visitantes, etc.

Se requerían diariamente 8 mil kilos de flor de harina, 30 reses y 100 ovejas, además de animales de cacería y aves.

Se estima que semejante cantidad de provisión era suficiente para alimentar a más de 40 mil personas.

B. Los edificios de Salomón (7:1-12)

Después de terminar el templo en el undécimo año de su reinado, canalizo las energías y recursos del pueblo para construir su propio palacio el cual requirió 13 años de trabajo.

También construyo en Jerusalén "la casa del bosque del Líbano" (un salón de audiencia y arsenal); "el pórtico del trono" (un salón de juicio); "una casa para la hija de Faraón" (1 Reyes 7:1-12). En las afueras de la ciudad el rey construyo también defensas militares y ciudades fortificadas a través del reino.

C. Marina Mercante (9:26-27)

"Hizo también el rey Salomón naves en Ezion – Geber, está junto a Elot en la rivera del mar rojo... y envió Hiram en ellas a sus siervos marineros y diestros en el mar, con los siervos de Salomón". El otro lugar leemos que estos barcos traían de Ofir " madera de sándalo" y "piedras preciosas" (10:11); también "oro, plata, marfil, monos y pavo reales" (10:22)

D. Impuestos e injusticia (9:15)

El visitante extranjero quedaba sorprendido ante la prosperidad y opulencia de Israel. Pero no todo marchaba tan bien el en país como parecía. En 1 Reyes 9:15 leemos: *esta es la razón de la leva (del tributo) que el rey Salomón impuso para edificar la casa de Jehová, y su propia casa, y Milo, y el muro de Jerusalén y Hazor, y Meguido y Gezer*. Aunque los hombres podían vivir en paz en sus hogares sin temor de invasores extranjeros, muchos eran separados de sus familias y puestos a trabajar para el estado.

IV. La tragedia (1 Reyes 11:4-8)
A.Altares para otros dioses (11:7)

Los últimos días de Salomón pintan el cuadro trágico del fin que le espera a todos aquellos que se alejan de Dios. Cuando Salomón desobedeció el mandamiento divino y se casó con princesas paganas, él no pensaba en abandonar a Dios, se casó con ellas solo con el propósito de fortalecer su reinado.

Pero cuando su joven y hermosa esposa de Tiro le pidió un altar para su dios, no pudo decirle que no. Si quería conservar su favor, el debería complacerla.

Por tanto el altar fue construido. Después ella comenzó a insistir para que adorara con ella, una reina no debía adorar sola. El asunto no termino ahí. Las esposas oriundas de Amón y Moab también exigieron altares para sus dioses, sus familias reales también debían ser complacidas. Uno por uno, los altares fueron levantados en el reino. De esta manera, Salomón se alejó de Dios.

B. Otros ídolos ocupan el lugar vacante

"y se enojó Jehová contra Salomón, por cuanto su corazón se había apartado de Jehová, Dios de Israel, que se le había aparecido dos veces" (11:9)

Salomón había sido visitado dos veces por Jehová con una manifestación especial de su gloria y bendición. Él había conocido la santidad de Dios, pero la adoración de Salomón a Dios era vil e inmoral. Salomón hizo mal, mucho mal a erigir estos altares a los dioses falsos.

CONCLUSIÓN

No sabemos si Salomón se arrepintió, no hay una palabra en toda la escritura que nos indique que así haya sido. La reflexión es que un buen principio no nos asegura la salvación final. Es posible que acercándonos al final perdamos el camino; que nos alejemos de Dios y no lleguemos al cielo. También es importante recordad que las consecuencias de nuestros fracasos llevan sufrimiento a otros. El fracaso de Salomón se reflejó en su arrogante y malvado hijo a quien no le importo el bien de Israel. También se reflejó en la división del reino, que provoco incontables muertes en décadas de guerras intestinas.

S̶V̶

Lideres Sabios y Prudentes

HOJA DE ACTIVIDAD

Versículo para memorizar

"Y cuando Salomón era ya viejo, sus mujeres inclinaron su corazón tras dioses ajenos, y su corazón no era perfecto con Jehová su Dios, como el corazón de su padre David" 1 Reyes 11:4.

Actividades

I. Dios y Salomón (1 Reyes 3:5-9)

De acuerdo al pasaje ¿cuál fue el pedido de Salomón? _____

¿Qué hubiera pedido usted? _____

A. Las cualidades de Salomón

Describa las cualidades principales que usted cree tenia Salomón _____

_____

¿Son importantes esas cualidades para el líder actual?

_____

_____

B. "Pide lo que quieras que yo te de" (3:5)

¿Por qué cree usted que Dios se le apareció a Salomón en sueños, que sería lo que Dios vio en este hombre? _____

_____

En tu ministerio o liderazgo ¿qué le pides a Dios para realizar la tarea que Él te ha encomendado, y que te falta que Dios te dé para hacer bien tu tarea? _____

_____

II. La Construcción del templo (1 Reyes 5-8)

A. Una empresa espiritual

¿Qué es lo más importante que hacemos en nuestro ministerio? _____

_____

¿Cuál será nuestro mayor legado que dejaremos en nuestro ministerio? _____

_____

¿Nuestro legado será una empresa espiritual o solo algo material? _____

_____

B. El templo es construido

¿Cómo construyó el templo Salomón, cuando tiempo se tomó en la preparación y cuánto en total en la construcción? _____

_____

¿Usted cómo se ha preparado para construir el legado que Dios quiere que deje en el ministerio que trabaja? _____

_____

¿Cómo quiere que le recuerden en su ministerio? _____

_____

C. Un monumento espiritual

¿Sabes el impacto de tu ministerio, si es local, nacional, o internacional? _____

¿Tienes seguridad que tu ministerio está impactando? _____

_____

¿Crees que Dios está presente en el ministerio en que te ha puesto? _____

¿Por qué lo crees? _____

¿Te sientes respaldado por Dios en tu ministerio? _____

_____

III. Empresas de Salomón (1 Reyes 4-10)
¿Cuáles fueron las empresas de Salomón? _____

A. Comestibles para la corte (4:22-23)
¿Era una empresa con muchos recursos la de Salomón? _____
¿Qué nos muestra esta empresa?_____
_____
_____

B. Los edificios de Salomón (7:1-12)
En todo lo que construyó Salomón le ponía un sello de funcionalidad, distinción y belleza. ¿Cómo construyes tu ministerio? ¿Qué es lo primero que se nota de cómo diriges el ministerio, como para Dios, o solo para salir del paso? _____
_____
_____

¿Protegió su reino Salomón? ¿Cómo? _____
_____
_____

C. Marina Mercante (9:26-27)
¿Cómo buscó los recursos para mejorar su reino, cuáles medios usó? _____
_____
_____

D. Impuestos e injusticia (9:15)
¿Qué parte de su forma de gobernar no era justa? _____
_____
¿Cómo consigue los recursos en el ministerio? _____
¿De qué elementos se vale para hacerlo? ¿son agradables a Dios? _____
_____

IV. La tragedia 1 Reyes 11:4-8)
A. Altares para otros dioses (11:7)
¿Quería Salomón apartarse de Dios? _____
¿Qué lo llevo a apartarse? _____
¿Son válidas todas las alianzas que podemos hacer para fortalecer el ministerio? _____
_____
_____

B. Otros ídolos ocupan el lugar vacante
¿Cómo Salomón se apartó de Dios? _____

¿Se mantiene usted en su ministerio con una vida espiritual en la santidad que pide Dios? _____
_____
_____

Conclusión
No sabemos si Salomón se arrepintió, no hay una palabra en toda la escritura que nos indique que así haya sido. La reflexión es que un buen principio no nos asegura la salvación final. Es posible que acercándonos al final perdamos el camino; que nos alejemos de Dios y no lleguemos al cielo. También es importante recordad que las consecuencias de nuestros fracasos llevan sufrimiento a otros. El fracaso de Salomón se reflejó en su arrogante y malvado hijo a quien no le importo el bien de Israel. También se reflejó en la división del reino, que provoco incontables muertes en décadas de guerras intestinas.

LECCIÓN 49

BASE BÍBLICA

Mateo 17:1-9.

PARA MEMORIZAR

"Y cuando terminó Jesús estas palabras, la gente se admiraba de su doctrina, porque les enseñaba como quien tiene autoridad, y no como los fariseos" Mateo 7:28-29.

PROPÓSITO DE LA LECCIÓN: QUE EL ALUMNO...

Comprenda el significado del verdadero liderazgo. Un liderazgo de autoridad basado en la Palabra de Dios al modelo de Jesucristo.

Liderazgo de Autoridad

POR ANA ZOILA DÍAZ CROCKER

Introducción

Hoy estudiaremos acerca del liderazgo, pero no solamente un liderazgo meramente humano, sino más bien el verdadero modelo de liderazgo basado en la Palabra de Dios.

Si analizáramos el liderazgo a través de la historia del ser humano, nos daríamos cuenta que, siempre se levantaron líderes para guiar para bien o para mal a las familias, pueblos y naciones.

La historia de cada pueblo y país habla de caudillos, habla de conquistadores y una serie de hombres y mujeres que se levantaron para influenciar a su pueblo. Quizá por la misma necesidad del ser humano de buscar a alguien a quien seguir o simplemente la visión de unos cuantos para ser de influencia en su entorno.

Liderazgo es la función que adquiere una persona en la cual se distingue del resto y es capaz de tomar decisiones para el grupo que le sigue.

Pero para que el liderazgo sea positivo, estas decisiones deben ser basadas en valores morales y cristianos para que se efecto sea duradero y firme. Es por ello que no existe un liderazgo mejor que el que está basado en la Palabra de Dios. Y que mejor ejemplo de un liderazgo en la Palabra que el mismo liderazgo de nuestro Señor Jesucristo.

Veamos pues esos elementos que distinguieron el liderazgo de Jesús.

I. Un liderazgo de autoridad designada por Dios
Mateo 17:1-9

La primera característica del liderazgo de Jesucristo es que es un liderazgo que viene definido por Dios.

Estos versículos nos muestran claramente que es el mismo Dios dando la autoridad a Cristo, y no solo eso, sino que también dando las indicaciones de que a su ungido había que escucharlo.

A. El Liderazgo de Cristo tiene autoridad de Dios
Mateo 28:18

Este versículo da una declaración clara de que Cristo sabía que tenía autoridad delegada por el Padre. En la actualidad vemos líderes con autoridad, pero no divina, no de parte de Dios por ellos son liderazgos temporales o sin fruto. La autoridad en el liderazgo de Cristo hizo que la gente creyera en Él. Movió a multitudes a buscarle e hizo que sus seguidores quisieran pagar el precio aun de morir por causa de Él.

Si bien es cierto muchos líderes tuvieron autoridad sobre sus seguidores llevándolos a la misma muerte, como el caso de muchas sectas. Estos líderes terminaron en tumbas y sus movimientos murieron con ellos. Pero el liderazgo de Cristo y el movimiento mundial que este produjo siguen latente en nuestros corazones. Este liderazgo de autoridad sigue transformando vidas porque es un mensaje eterno y vivo.

Lucas 4:16-21 nos muestra también que esta autoridad también estaba basada en la misma Escritura. Jesucristo al momento de leer la Palabra sabía muy bien que el mismo era el cumplimiento de la misma.

Este pasaje declara claramente que era el Santo Espíritu de Dios estaba sobre Él y lo había ungido para llevar a cabo la misión.

Nuestro Señor Jesucristo estaba también consiente de lo que esta autoridad significaba, dar buenas nuevas a los pobres, sanar a los quebrantados de corazón, libertad a los cautivos, vista a los ciegos, libertad a los oprimidos y predicar el año agradable del Señor. Pero no solo eso significaba ir a la misma muerte como nos dice Filipenses 2:5-11.

A muchos líderes les gusta el Poder y en lugar de tener autoridad se convierten en autoritarios, Jesucristo recibió toda Potestad, pero para ello estuvo dispuesto a pasar por prueba y dolor. Y más aún estuvo dispuesto a ir a la cruz simplemente por amor a la humanidad.

Jesús sabía de donde venía esta autoridad, pero también sabía para qué era esta autoridad. El verdadero Líder sabe que Dios lo ha llamado y recibe la autoridad que viene del Señor, pero también sabe que esta autoridad lo llevará a entregar su vida misma por amor de aquel que lo llamo.

Un verdadero líder sabe que está bajo la autoridad de Dios. Solo a los que están bajo esta autoridad se les delegará autoridad.

B. La autoridad del Liderazgo de Cristo es reconocida por otros

Regresando a Mateo 17:1-9 vemos como los 3 apóstoles que fueron testigos de esto fueron impactados al escuchar al mismo Dios dándole la potestad a Cristo. Porque no solo Dios estaba dando la autoridad, también estaba dando la indicación a estos 3 testigos que a Jesucristo era a quien ellos debían oír.

El apóstol Pedro muchos años después al escribir sus cartas dice (1 Pedro 1:17-21) recuerda este episodio y lo menciona para enseñar que este mensaje del Padre donde Cristo es receptor de Gloria y Honor.

Mateo 28:18 luego de su resurrección nuestro Señor Jesucristo, el mismo indica que ha recibido toda autoridad en el cielo y en la tierra, pero la siguiente frase impacta a los que escuchan cuando les dice: *"por tanto id y haced".*

Esta gran comisión fue reconocida por todos los que estaban allí, y luego obedecieron para cumplirla. Pero más aún esta autoridad los empoderaba a ellos para continuar el legado del Señor en esta tierra. Este empoderamiento vino en el Pentecostés donde todos recibieron ese poder para ser testigos (Hechos 1:8). Y aun que Cristo ya no estaba físicamente presente con ellos, ahora venía el Espíritu Santo para continuar con el evangelio. Y ahora nosotros muchos años después seguimos reconociendo esta autoridad.

El verdadero liderazgo entonces es reconocido por otros, no porque sea impuesto, sino porque se es reconocido como de parte de Dios. También este liderazgo es de influencia para el seguidor. Jesús influyo en otros porque transformo sus vidas y ese efecto lo seguimos viviendo en la actualidad.

Ii. Caracteristicas del liderazgo de autoridad

Mateo 7:28-29 "Y cuando terminó Jesús estas palabras, la gente se admiraba de su doctrina, porque les enseñaba como quien tiene autoridad, y no como los fariseos".

Aquí vemos un contraste importante entre el líder religioso y un líder con autoridad, una enseñanza religiosa y una enseñanza con autoridad. La autoridad de Dios proviene de un poder espiritual interno (El Espíritu Santo), fruto de pasar tiempo con Dios en oración y el estudio de la Palabra y relación con el Padre. Esto trasciende a la religión y nos lleva a enseñar con profunda convicción acerca del Cristo vivo que en todo momento nos ayuda a obedecer.

Veamos esas características de esta autoridad en el liderazgo del Señor Jesús:

A. El liderazgo de autoridad conoce a sus ovejas San Juan 10 y 11

La parábola del buen pastor que se encuentra en el Evangelio de San Juan es la imagen en la cual todo líder debería identificarse. El líder conoce a los suyos. El punto de partida del liderazgo de autoridad en otros es el conocimiento de aquellos a quienes se lidera. El líder comprende a los suyos, comprender es parte de la aceptación, es ir al corazón de la persona y percibir el estado emocional, físico y espiritual de una persona. Jesús estaba pendiente de las necesidades de sus seguidores.

Por ejemplo:

· A las multitudes con hambre, la Biblia narra 2 ocasiones en las que alimento a multitudes.

· Estuvo pendiente de las emociones de sus seguidores. El libro de Juan nos narra como Jesús se acercó a Pedro luego de su resurrección quien había regresado a pescar muy probablemente deprimido por haber negado a Jesús. El Señor lo anima a apacentar las ovejas.

· Se conmovía su corazón para sanar a los enfermos que le seguían.

El líder sabe cuidar a su gente. La función del líder es ayudar a los suyos es cuidar, saber estimular y alentar cuando es necesario. Cuidar se expresa en la parábola de Cristo con saber "dar la vida por las ovejas".

B. El liderazgo de autoridad delega autoridad:

El verdadero líder sabe que debe delegar la autoridad recibida para que la misión a la cual fue llamado sea más amplia y extendida. Después de que los discípulos observaron la vida y ministerio de Jesús, y luego de recibir los principios básicos para la formación de su carácter, les dio la oportunidad de práctica lo que habían aprendido, asignándoles responsabilidades crecientes, desde tareas domésticas y/o administrativas simples hasta tareas ministeriales.

¿Qué hacía Jesús cuando delegaba autoridad a sus discípulos? Daba instrucciones específicas: El cómo, el cuándo, el qué, el dónde, el porqué del trabajo:

"A estos doce envió Jesús, y les dio instrucciones, diciendo: Por camino de gentiles no vayáis, y en ciudad de samaritanos no entréis, 6sino id antes a las ovejas perdidas de la casa de Israel. Y yendo, predicad, diciendo: El reino de los cielos se ha acercado. Sanad enfermos, limpiad leprosos, resucitad muertos, echad fuera demonios; de gracia recibisteis, dad de gracia" Mateo 10:5-8.

Jesús delegó con claridad. Definió específicamente la responsabilidad y los resultados que esperaba.

San Lucas 16:10 nos dice *"El que es fiel en lo muy poco, también en lo más es fiel; y el que en lo muy poco es injusto, también en lo más es injusto".*

Jesús delegó gradualmente, la delegación de responsabilidades se debe iniciar despacio, comenzando con tareas pequeñas que tengan un alto grado de posibilidad de éxito para fortalecer la seguridad de los discípulos. Esta delegación gradual ayuda a evitar errores innecesarios que dañen la confianza de los discípulos porque los fracasos originan inseguridad.

CONCLUSIÓN

Aunque el mundo confunda la autoridad con autoritarismo. Vemos como la verdadera autoridad de parte de Dios debe ser administrada bajo la dirección del Espíritu Santo. Jesús es el mejor modelo de liderazgo con autoridad.

Esta autoridad estuvo delegada por Dios pero a su vez fue reconocida por la gente. Esta misma gente respeto esa autoridad porque Jesús demostró que la mejor manera de ejercer autoridad es conocer a la gente y estar pendiente de las necesidades de sus seguidores, y luego a estos encomendarlos a seguir cumpliendo la misión con autoridad, la autoridad que solo viene de la sumisión a él.

S_V

HOJA DE ACTIVIDAD

Versículo para memorizar

"Y cuando terminó Jesús estas palabras, la gente se admiraba de su doctrina, porque les enseñaba como quien tiene autoridad, y no como los fariseos" Mateo 7:28-29.

Responde las siguientes preguntas

1. Lee Mateo 17:1-9. ¿Por qué crees que es importante la declaración de Dios sobre Jesús en el liderazgo frente a los 3 apóstoles?
_____
_____

2. ¿Por qué es importante que Jesús reconociera que la autoridad que tenía venia del Padre?
_____
_____

3. ¿Qué importancia tiene la Palabra de Dios para desarrollar un liderazgo con autoridad?
_____
_____

4. Lee Mateo 17:1-9. ¿Por qué es importante que la gente reconozca la autoridad en el liderazgo?
_____
_____

5. Según Mateo 7:28-29 ¿Por qué la gente escuchaba a Jesús se admiraba de la autoridad de Jesús al enseñar?
_____
_____

6. ¿Por qué es importante conocer a la gente que nos sigue cuando somos líderes?
_____
_____

7. ¿Qué relación tiene conocer a las ovejas con la autoridad del líder? Lee Juan 10 y 11.
_____
_____

8. ¿Por qué crees que es importante saber delegar autoridad a los demás?
_____
_____
_____

Conclusión

Aunque el mundo confunda la autoridad con autoritarismo, vemos como la verdadera autoridad de parte de Dios debe ser administrada bajo la dirección del Espíritu Santo. Jesús es el mejor modelo de liderazgo con autoridad. Esta autoridad estuvo delegada por Dios pero a su vez fue reconocida por la gente. Esta misma gente respeto esa autoridad porque Jesús demostró que la mejor manera de ejercer autoridad es conocer a la gente y estar pendiente de las necesidades de sus seguidores, y luego a estos encomendarlos a seguir cumpliendo la misión con autoridad, la autoridad que solo viene de la sumisión a él.

LECCIÓN 50

PARA MEMORIZAR

"Yo también te digo, que tú eres Pedro, y sobre esta roca edificare mi iglesia; y las puertas del hades no prevalecerán contra ella" Mateo 16:18.

PROPÓSITO DE LA LECCIÓN: QUE EL ALUMNO...

Pueda **conservar la esencia de su carácter** y tener bien definida su personalidad; patrones y conductas de vida.

Características de un Líder

POR WILFREDO MARCIAGA

Introducción

Un buen líder debe conservar lo que trajo al nacer, es decir, todas aquellas características que lo hacen diferentes de los demás: habilidades, talentos, dones, que distinguen una persona a otra. No es necesario tener que imitar comportamientos y conductas de otra persona, ya que todos somos especiales y distintos. Cada quien debe tener su propia personalidad, su identidad, y así contribuye a formar su propio carácter, del cual que Dios le ha dotado. Tener una personalidad propia, es la identidad que poseemos, es la riqueza de carácter, que nos distingue como líderes sin necesidad de imitar otros patrones y conducta de vida.

Esas cualidades con las que hemos nacido, pueden ser usadas de una manera grandiosa y especial por Dios, el las moldea de manera que se convierten en herramientas de bendición para el ministerio. Pedro al ser llamado por Jesús, tenía algo que lo hacía especial, esa esencia de carácter que lo distinguía del resto de los discípulos fue lo que llamo la atención del maestro, aquellas virtudes de carácter, el Señor las aprovecho al máximo, no las eliminó, sino que las utilizó para engrandecer su ministerio

I. La Esencia

Si bien podemos mencionar un poco la historia de Pedro en breves palabras. Dedicarse a la pesca era el oficio más bajo o insignificante de la clase judía, la gente que se dedicaba a esta labor, no era importante para la sociedad y no poseía ninguna autoridad, no tenían ni voz ni voto (relacionado a nuestro días), eran menospreciados por ser persona incultas, sin ningún tipo de educación.

Pedro y su hermano Andrés no tenían posibilidades de formar parte de algo importante en la sociedad judía, ni mucho menos al grupo exclusivo, de los escribas y fariseos, que eran personas cultas con una alta educación y posición económica, sin embargo algo trascendental estaba por llegar, para estos pescadores.

No eran importantes para la sociedad, pero hubo alguien quien miró el corazón de esos simples pescadores; vio que allí había gran potencial, a pesar de ser personas humildes y sencillas, Jesús les dio valor e importancia.

El tipo de ambiente donde se realiza la actividad de la pesca y en los puertos mayormente, no es el más adecuado, ni culto que pueda existir. El vocabulario es tosco, agreste, todo debe ser rápido y con precisión. En este ambiente se desarrolló Pedro, dando como resultado una persona de carácter, vigoroso, sin miedo, curioso, estás es la esencia de Pedro, quien tuvo mucho valor para el Señor. Probablemente su carácter se consolidó con las vivencias del día a día que trascurrían en su vida como pescador.

II. Cualidades de carácter del líder

La iniciativa formaba parte del carácter y la vida de este gran líder, indudablemente el Maestro sabía de esta cualidad. Ser líder no es imponer la voluntad sobre los demás, sino dejar huellas para que otros las sigan, ganarse la buena voluntad de los demás, no llevando el liderazgo a presión o a la fuerza, antes bien sería mejor dejar fluir, de una manera viable y eficaz, todas las cualidades como líderes.

Según Mateo (14:28) el apóstol era alguien que deseaba que las cosas ocurrieran al momento, al ver a Jesús caminado sobre el mar, él pensó que podía haber la posibilidad de realizar esta misma acción, por lo que tomó la iniciativa y se decidió a imitar a su maestro. Alguien que cuenta con iniciativa, es el que hace que las cosan ocurran si esperar. En este pasaje se da la oportunidad para que salga a relucir parte de la esencia del carácter del apóstol.

Él tenía la vasta experiencia, en cuanto al mar se trata y conocía todo lo relacionado al mismo, por eso al notar que Jesús caminaba sobre el mar, debió comprender que era algo sobrenatural algo extraordinario, pues nadie común y corriente puede realizar tal hazaña, en ese momento estuvo lleno de confianza y seguridad de que podía hacerlo igual. En nuestra vida ministerial también debe existir ese deseo de dar el primer paso, a realizar planes, proyectos que contribuyan al crecimiento de la obra del señor, sin esperar que todo salga o venga de las altas autoridades de la iglesia.

A. Compromiso (Hechos 4:18-20)

El apóstol era alguien dotado de compromiso, su pasión por evangelio impulsado por el amor a Cristo, lo llevó a ese ferviente sentido de comprometerse con la obra del señor, aun sin importar las amenazas por parte de las autoridades religiosas de la época.

El compromiso es la responsabilidad que llevamos dentro de nuestro ministerio, es nuestro deber velar por los que se nos ha encomendado, haciendo nuestro mayor esfuerzo y dando lo mejor de sí. La amenaza, que percibían lo escribas y fariseos era obvia puesto que estos hombres estaban propagando una doctrina de salvación; perdón y arrepentimiento en el nombre de Jesús, pues esto les causaba una ofensa ya ellos mismos habían sido parte de la crucifixión de Jesús y no concebían el hecho de que había salvación en ese nombre. La vida y su ministerio del apóstol nos llenan de gozo puesto que este hombre lo dio todo por el Señor y nos apasiona saber que este siervo se mantuvo al pie de la letra, a su compromiso por Cristo y a la iglesia. Así debemos nosotros mantenernos hoy día, firmes y responsable a la tarea que se nos ha dado.

B. Obediencia (Hechos 10)

En este pasaje vemos como el señor trabaja, de manera impresionante a través de visiones en la vida de Pedro y Cornelio. Como sabemos Cornelio era un militar romano devoto y temeroso de Dios, se le indica que mande a buscar a Pedro, quien estaba en Jope, para que lo instruya en cuanto al camino de la salvación. De igual manera Pedro tiene una visión donde sorprendentemente se le indica cómo debe tratar a los gentiles (lienzo de reptiles, aves y cuadrúpedos) esto le causó una conmoción, ya que eso iba en contra de sus costumbres, y fue necesario, que el Señor se lo mencionara tres veces. Como en repuesta a su obediencia, el apóstol decidió, recibir a los hombres enviados por Cornelio y el mismo, llegar hasta cesárea a visitarlo (no dudes en ir, yo los envío). Vemos como la obediencia llevo al apóstol a ir por encima de la barrera que había entre judíos y gentiles; más allá de la tradición y costumbre. Esta obediencia se convirtió en salvación para la casa de Cornelio, pedro decidió ir, aunque sabía que esto le causaría problemas con los hermanos judíos, pues el decidió obedecer el mandato de Dios.

C. Fervor

En el momento de su primer discurso en el pórtico de Salomón (hechos 2:14.41) se nos muestra con cuánta pasión y fervor se impartía la palabra del Señor, de manera que muchos quedaron asombrados por la forma elocuente, con la que hablaba en apóstol, puesto que muchos lo conocían como el pescador , sin educación e inculto en lo absoluto.

Es este pasaje sale a relucir otro elemento de su carácter: el fervor (ese mismo fervor le causo problemas cuando estuvo con Jesús) pero en esta ocasión fue usado y moldeado por el Señor grandemente, para la salvación de muchos. Recordemos que recientemente habían sido bautizados por el espíritu y que por lo tanto Espíritu Santo condujo a Pedro a pronunciar el discurso sin temor alguno. Pero no debemos olvidar que el fervor que poseía por naturaleza, y al ser usado por el Espíritu causo que los oyentes se conmovieran en gran manera.

III. El impulsivo Pedro

El significado de esta palabra describe a una apersona que habla, actúa y piensa de una manera apresurada, sin medir las consecuencias, pues esto es basado mayormente en las emociones. En ocasiones se ve al apóstol hablando rápidamente lo incorrecto, y otras veces lo correcto. Pues su tendencia, que formaba parte de su carácter era saltar primero y mirar después y sin embargo el Señor le tuvo mucha paciencia, ya que en ese hombre, apresurado; lleno de fervor e iniciativa había un potencial extraordinario que más tarde sería usado y moldeado, a la manera de Dios con gran poder y gloria, para exaltar su nombre.

A. Rápido en hablar lo correcto (Mateo 16: 13-16)

Estando Jesús en la región de Cesarea, realizó una pregunta a sus discípulos acerca de que pensaba la gente en general sobre él, algunos respondieron que era Juan, Elías Jeremías o algunos de los profetas. En la segunda pregunta Jesús les dijo directamente a ellos ¿y vosotros? Inmediatamente dando el primer paso y apresurado responde Pedro, acertando en su respuesta (esto le fue revelado por el Señor). En nuestra vida diaria debemos esforzarnos por decir lo correcto, y si hay que hablar apresuradamente que sea el mensaje de salvación lo que compartamos.

B. Lo incorrecto

Al decir lo incorrecto nos lleva o conduce a ser tropiezo al ministerio como menciona (Mateo 16:22-23) al no pensar y meditar lo que decimos, o dejarnos llevar de una manera incorrecta por nuestra naturaleza de carácter (apresurado) podemos acarear problemas que traerán consecuencias a nuestras vidas. En el caso de Pedro él fue reprendido duramente por el maestro.

S_V

RECURSOS

Información suplementaria

Simón, como era conocido en la vida diaria y por sus amigos de la pesca, recibió un nuevo nombre que le fue otorgado por Jesús, que tiene el mismo significado Pedro (roca) el señor lo escogió, para liderar y guiar su iglesia. El vio en lo profundo de su corazón cualidades y carácter que a simple vista, no eran notorios al pueblo, pues solo se fijaban en apariencias, mas Dios se fijó en la herramienta potencial que podría ser este simple hombre.

Dinámica

Pida a sus alumnos, imitar comportamientos de otros, ya sea de amigos, familiares, compañeros de trabajo (gestos, costumbres, palabras, forma de ser). Luego pídales que imiten la voz de su cantante favorito. Pregúntenles cómo se sintieron al realizar las imitaciones.

Por último que canten una canción con su propia voz. Y pregunte cómo se sienten más cómodos, ¿imitando o siendo auténticos y originales?

Características de un Líder

HOJA DE ACTIVIDAD

Versículo para memorizar

"Yo también te digo, tú eres Pedro, y sobre esta roca edificaré mi iglesia; y las puertas del hades no prevalecerán contra ella" Mateo 16-18.

Responde las siguientes preguntas

1. La esencia.

¿Es importante conservar la esencia de nuestro carácter?

_____
_____
_____
_____

¿Contribuyó el ambiente donde creció a la formación de su carácter?

_____
_____
_____
_____

2. Cualidades de carácter del líder.

Según lo estudiado Pedro: poseía unas características que lo hacían singular y diferente al resto de los discípulos. ¿Cuáles son sus características?

_____
_____
_____
_____

¿Tiene usted bien definido su carácter o imita otros estilos y conductas?

_____
_____
_____
_____

3. El impulsivo Pedro

¿Qué podemos comprender según (Mateo 16:15-23) acerca del carácter de Pedro?

_____
_____
_____
_____

Conclusión

Debemos esforzarnos por ser auténticos, en nuestro carácter, pues así tendremos nuestra propia identidad y que ese mismo carácter sea usado de una manera apropiada para bendecir al Señor.

LECCIÓN 51

BASE BÍBLICA

2 Samuel 1-4; 5:1-12 y 7:8-17.

LECTURA DEVOCIONAL

2 Samuel 7:18-29.

PARA MEMORIZAR

"Lo dilatado de su imperio y la paz no tendrán límite, sobre el trono de David y sobre su reino, disponiéndolo y confirmándolo en juicio y en justicia desde ahora y para siempre. El celo de Jehová de los ejércitos hará esto" Isaías 9:7.

.PROPÓSITO DE LA LECCIÓN: QUE EL ALUMNO...

Comprenda que Dios es fiel a sus promesas, él escoge personas simples para formarlas como líderes y así cumplir sus propósitos.

Un Líder con Propósito

POR ERIKA CHÁVEZ DE CAMPOS

Introducción

David fue un hombre de Dios, desde su juventud, fue elegido por su sencillez, su carisma y especialmente, porque amaba a Dios. Esto lo podemos comprobar sabiendo que aun cuando sufrió persecución por parte de Saúl, él tuvo confianza en Dios y de ahí vemos cuántos salmos escribió declarando su confianza en Dios. Él no fue elegido por sus grandes capacidades, ni por ser el primogénito, porque no lo era, ni por su gran tamaño, sino por su amor a Dios. Esta es una gran lección para los líderes de hoy.

I. David: Rey de Israel
2 Samuel 5:1-3

¿Cuál era la promesa de Dios a David y cómo la cumplió?

A. Coronación en Hebrón: Reconocimiento

Las tribus se reúnen para una festividad de tres días y para coronar al segundo rey de Israel, David. Las viejas divisiones y enemistades se echaron al olvido. Fue un tiempo de mucho regocijo (2 Crónicas 11 y 12). Trae bendición cuando el pueblo de Dios honra y reconoce la labor de sus líderes y como iglesia debemos hacerlo también.

B. La base de la lealtad

Los ancianos de Israel reconocieron cuán importante sería unir al pueblo de Dios. La declaración: "Hueso tuyo y carne tuya somos", indica un lazo común. David no era un extranjero; era uno de ellos. El pueblo también estaba conocía las hazañas de David.

Pero lo más importante es que los ancianos de Israel reconocieron que la mano de Dios había apartado a David para reinar sobre Israel (v.2). El requisito máximo para apartar líderes que ministren en cualquier nivel de la iglesia de Cristo es reconocer la presencia de Dios en sus vidas y buscar la voluntad divina.

II. Acontecimientos previos a la coronación de David
2 Samuel 1-4

¿Cuál debe ser la actitud del cristiano cuando ocupa cargos de responsabilidad dentro del ministerio de la iglesia?

La coronación de David en Hebrón ocurrió siete años y medio después de la muerte de Saúl en Gilboa. David esperó paciente y silenciosamente por el tiempo correcto. Muchas veces, los líderes no reciben su autoridad o respeto de otros al instante, porque el liderazgo no ocurre en un momento, sino que es un proceso en el cual poco a poco se va influenciando a otros. Tal como David, no debemos desesperarnos, sino esperar al tiempo divino.

A. El golpe militar de Abner

En 2 Samuel 2 leemos que cuando Abner, primo de Saúl y un gran general, se enteró de la muerte de su rey, tomó al hijo menor de Saúl, Is-boset, y lo puso como rey sobre todo Israel, exceptuando Judá. Esta tribu prefirió a David como rey, nombrando Hebrón como capital del nuevo reino. Abner fue el verdadero poder detrás de Is-boset, él fue solamente un títere. Lo cierto es que solamente reinó dos años (2 Samuel 2:10). A veces se levantan enemigos en el liderazgo, pero debemos permanecer fieles a lo que Dios prometió que Él haría.

B. El poderío creciente de Judá

La guerra empezó entre los dos reinos. David, aparentemente, no participó, sino que fue una batalla llevada a cabo por sus siervos. Esto surgió por la rivalidad entre Job, el comandante de las fuerzas de Judá y Abner, el líder de las demás tribus.

Sin embargo, es muy interesante ver cómo David respetó al ungido del Señor: Saúl. Tuvo muchas oportunidades para hacerle daño, pero él se negó, igual que con Is-boset. Esto nos demuestra que aun siendo líder, David reconoció a sus autoridades y es así mismo como nosotros debemos actuar con los demás líderes. Incluso, si sabemos que han hecho algo incorrecto o no nos agrada su estilo, debemos respetarles y amarles.

C. El colapso del régimen de Abner

Después de mucho tiempo, Abner se da cuenta que la casa de Saúl ya no tenía solución. Joab se aprovechó y lo mató. Más tarde, dos de los capitanes de Is-boset, entraron a su dormitorio y asesinaron al rey mientras éste reposaba en su cama.

Con la muerte del hijo de Saúl y de Abner, las tribus acudieron a David e Israel quedó unificado bajo un solo líder. Dios mismo se encargó de los enemigos de David y así cumplió su promesa. Él lo hará también con sus siervos, esa es su promesa.

III. David establecido en el Trono de Israel
2 Samuel 5:10-12

¿Qué factores contribuyeron para que David se estableciera como líder indiscutido del trono de Israel?

A. El crecimiento de David (5:10)

Este versículo explica que su trono era cada vez más fuerte, que su poder iba en aumento. La verdadera explicación de todo lo que David llegó a ser, se encuentra en esta expresión: "Jehová estaba con Él". Cuando los líderes se entregan a la voluntad de Dios y se dejan usar por Él con un corazón genuino, Dios mismo traerá el crecimiento.

B. Amistad con Hiram

La alianza con Hiram fue importante porque Israel necesitaba materia prima y obreros especializados para el gran plan de construcción que David había diseñado. Un líder siempre sueña en grande de la mano de Dios y busca oportunidades para beneficiar a su gente. Busca la forma de maximizar los recursos y abogar por sus hermanos y hermanas.

C. Un líder humilde

Dios le mostró muchas señales a David de que Él le había confirmado como rey, entre ellas las grandes muestras de prosperidad y bendición. Sin embargo, David reconoció que su posición no era el fin en sí mismo, sino un medio por el cual la gente tendría dirección y paz.

Los dones dados por Dios y Su favor, solo son entregados para beneficio de toda la iglesia. No es posible que la persona sea quien Dios quiere engrandecer, sino que Él desea que la iglesia sea engrandecida a través de sus líderes. Cada líder debe reconocer que sus funciones son solo los medios que Dios usa para bendecir a su pueblo.

IV. Pacto de Dios con David
2 Samuel 7:8-17

¿Cuál fue el mensaje de Dios a David?

David reinó 33 años en Jerusalén y estableció su reino al traer el arca del pacto. En medio de todas las bendiciones, David tuvo una nueva preocupación que compartió con el profeta Natán: "Mira ahora, yo habito entre casa de cedro, y el arca de Dios está entre cortinas" (7:2). Natán entonces le dijo que Dios estaba con él y podía hacer lo que le pareciera bien, pero esa misma noche, Natán tuvo un mensaje para el rey. Nuestro último fin como líderes, debe ser adorar a Dios.

A. Un gran nombre

Dios le prometió a David que su nombre sería uno de los más famosos. Esa medida de grandeza sería utilizada para comparar a todos los reyes del Antiguo Testamento, incluso Jesucristo, perteneció a este linaje. Sin embargo, Dios no promete grandeza o fama a todos sus líderes, Él promete que estará con aquellos que le busquen con un corazón dispuesto. No siempre el líder cristiano será el más querido o conocido, pero éste tendrá la presencia del Dios Poderoso.

B. No es tiempo, pero hay una promesa

Dios le dijo a David que no era el tiempo para construir el templo, que esto lo haría su hijo. Es aquí que se observa que Dios no nos usa como un fin, sino como un medio y Él tiene un tiempo correcto para todo. David no se entristeció por esto, más bien se alegró de saber que sería bendecido que la próxima generación sería la encargada de construir el templo, especialmente su hijo: Salomón. Los líderes no deben temer cuando Dios dice "no" o "no es tiempo", más bien, deben creer en las promesas y cumplir el propósito de ese Padre Celestial mientras sea posible.

CONCLUSIÓN

David confió en las promesas de Dios, confío en el propósito que Dios cumplió a través de Él. Fue doloroso, tomó muchos años, pero la fidelidad de Dios fue algo que David pudo comprobar. Incluso, su reinado se engrandeció con Salomón, su hijo y se estableció un reino eterno a través de nuestro Señor Jesucristo.

Como líderes, vale la pena seguir confiando en Dios y en sus promesas a pesar de las circunstancias difíciles. Dios ha establecido sus encargados con un propósito y Él lo va a cumplir, siempre y cuando nos mantengamos cerca de Él y busquemos su grandeza y no la propia.

SV

Un Líder con Propósito

HOJA DE ACTIVIDAD

Versículo para memorizar

"Lo dilatado de su imperio y la paz no tendrán límite, sobre el trono de David y sobre su reino, disponiéndolo y confirmándolo en juicio y en justicia desde ahora y para siempre. El celo de Jehová de los ejércitos hará esto" Isaías 9:7.

Actividades

1. La razón por la que Dios eligió a David fue (marque la correcta):

a) Porque era el primogénito de su familia

b) Porque era de alta estatura

c) Porque era un hombre que amaba a Dios

d) Porque era familia de Saúl

2. ¿Dónde ocurrió la coronación de David? En la ciudad llamada _____.

3. David reinó en _____ por siete años y medio.

4. ¿Cuál es el requisito principal cuando elegimos hombres y mujeres para servir a Dios en algún ministerio?

_____

5. Abner era _____ del rey Saúl y también era el encargado de _____ en su reinado. Éste nombró al hijo de Saúl llamado _____ como rey de todas las tribus, menos la tribu de _____.

6. ¿Ha tenido usted enemigos en su liderazgo? ¿Los ha entregado a Dios? Mencione algún ejemplo y comparta con el grupo si desea.

_____

7. Finalmente, Abner e Is-Boset murieron, entonces David reinó ahora en la ciudad llamada _____.

8. David tuvo una preocupación después de que había empezado a construir su casa, ésta preocupación fue por algo en especial. ¿Qué era?

_____.

9. Dios le hizo promesas a David en su mensaje a través de Natán. Puede mencionar tres:

a) _____

b) _____

c) _____

10. ¿Por qué se dice que el reinado de David tuvo trascendencia eterna y un gran propósito?

_____

11. Mencione cuatro lecciones que le enseña el liderazgo de David.

a)_____

b) _____

c)_____

d) _____

Conclusión

David confió en las promesas de Dios, confío en el propósito que Dios cumplió a través de Él. Fue doloroso, tomó muchos años, pero la fidelidad de Dios fue algo que David pudo comprobar. Incluso, su reinado se engrandeció con Salomón, su hijo y se estableció un reino eterno a través de nuestro Señor Jesucristo.

LECCIÓN 52

BASE BÍBLICA

2a. Samuel 12:1-14.

LECTURA DEVOCIONAL

Hebreos 12:5-11.

PARA MEMORIZAR

"Entonces dijo David a Natán: Pequé contra Jehová. Y Natán dijo a David: También Jehová ha remitido tu pecado; no morirás" 2 Samuel 12:13.

PROPÓSITO DE LA LECCIÓN: QUE EL ALUMNO...

Comprenda que todos los líderes somos tentados en diferentes formas, pero aún como líderes debemos obedecer a Dios y aceptar su corrección.

Arrepentimiento verdadero: Un giro de 180 grados

POR ERIKA CHÁVEZ DE CAMPOS

Introducción

La historia de Israel podría haber sido diferente, si David no hubiese recibido la represión oportuna de Natán.

Uno de los pasajes que debería ser estudiado como contexto de esta lección es el Salmo 51. Este Salmo, atribuido a David, es un agonizante clamor a Dios por misericordia y perdón (v.1-4). Además, él señala que su problema no es solo el hecho de su pecado, sino su naturaleza pecaminosa, que es la causa de su rebelión contra Dios (v.5, 7, 10). Los líderes también son tentados, no importa cuál cargo posean, pero lo importante es tener en cuenta que el enemigo tratará de atacar de la misma forma. Y aún si caemos en esa tentación o empezamos a hundirnos más en ese pecado, es importante que reconozcamos la situación y pidamos perdón a Dios como lo hizo David, con un corazón dispuesto y Él que es grande en misericordia nos perdonará de nuestros pecados. Un arrepentimiento verdadero lleva a una nueva dirección, va contrario a la maldad, por eso, es un cambio de 180 grados.

I. La Parábola de Natán
2 Samuel 12:1-6

¿Por qué David no pudo ocultar su "pecado perfecto" ante los ojos de Dios? ¿Podríamos ser suficientemente astutos como para ocultar un pecado a Dios y no sufrir las consecuencias?

Una vez más Dios hizo uso de los recursos humanos para proyectar su naturaleza omnisciente y santa. El mensaje que encargó a Natán no era fácil de comunicar considerando quien era el recipiente, era el rey. David podía decidir la vida o la muerte de su gente y Natán no era la excepción. Aun en una posición de liderazgo, la corrección e instrucción debe ser aceptada. Nadie es suficientemente perfecto como para no necesitar apoyo.

A. Una corderita pobre (12:1-4)

Natán relató a David con mucha astucia la parábola que Dios le mostró. Este método de enseñar con historias o parábolas, es bastante efectivo. Jesús mismo enseñó por medio de ellas. Este tipo de historias introducen un mensaje antes de que se advierta su presencia. Impacta al oyente porque relaciona verdades divinas con las cosas de la vida diaria.

B. La paja del prójimo, pero no la viga de mi ojo

Inmediatamente David reaccionó ante la injusticia del rico. Él tenía un buen corazón, era un líder justo. Y dijo que debía pagar incluso con la muerte.

Sin embargo, la naturaleza humana es bastante interesante al ver que nos irritamos y enojamos rápidamente con los pecados de otros, pero nos mantenemos indiferentes a los nuestros. Aun como líderes, vemos siempre a los demás, mientras nos excusamos nosotros mismos y nuestras propias razones.

II.Tú eres aquel hombre
2 Samuel 12:7

¿Qué es lo más importante en la vida cristiana: La forma hermosa en que hablamos y pensamos o el ejemplo que damos con nuestros actos?

A."Tú eres aquel"

Al escuchar la reacción de David, el profeta reveló la verdad de la parábola. El rey juzgó con sus propias palabras. No pudo negar su pecado por más tiempo, ni a Dios, ni a su mensajero. Debemos siempre evaluarnos a nosotros mismos, dejar que la presencia de Dios nos revise y nos moldee.

No es tan importante lo que enseñamos o decimos, sino lo que hacemos y demostramos en nuestro caminar diario.

B. Franqueza y amor

Como cristianos y líderes debemos siempre corregir con amor para así mostrar el verdadero carácter de un Dios perdonador y compasivo. Como líderes debemos guiar a las personas que estamos influenciando a caminar de forma transparente, pero por supuesto, habiéndonos evaluado nosotros mismos antes.

Un buen consejo es tener mentores y ser mentores a la vez, así nos sentiremos apoyados para seguir trabajando con otras personas.

III. Las terribles consecuencias del pecado
2 Samuel 12:9-10

¿Qué nos revela el mensaje de Natán acerca de las consecuencias del pecado?

A. La ley de la siembra y la cosecha

El pecado tiene dos clases de consecuencias en la vida del que lo comete. Internamente el pecador siente culpabilidad y vergüenza delante de Dios. Externamente, las consecuencias se reflejan en una cadena de reacciones que probablemente sean interminables.

Nadie puede pecar sin tener una consecuencia, aunque el perdón de Dios es infinito y Él es misericordioso, siempre habrá una consecuencia de una mala acción (Gálatas 6:7, Hebreos 12:11).

Algunas líderes cristianos después de un tiempo, piensan que Dios siempre está con ellos, aun en las malas decisiones y no es cierto. Creemos en la gracia, pero no en una gracia excesiva y sin corrección. David sufrió las consecuencias de su pecado, aun después de haberse arrepentido de forma genuina, su hijo tuvo que morir. Sucede así porque el pecado no se da de forma aislada, sino que también afecta a otros y esto trae repercusiones muy negativas.

B. La espada en la casa

El pecado de David desató una serie de fuerzas sobre su misma familia: muerte, incesto, traición, crimen. Todo esto se hubiera evitado si David hubiera resistido la tentación. Los cristianos y más aún aquellos que son ejemplos a seguir, deben de resistir a la tentación por el bien de su familia, de su ministerio y de todas las personas que rodean.

IV. Resultados positivos del arrepentimiento
2 Samuel 12:13-14

¿Cuál es nuestra reacción cuando Dios nos confronta con nuestro pecado?

A. Paz por la confesión
"pequé contra Jehová" (12:13)

El arrepentimiento de David fue instantáneo y sincero. Natán le quitó la máscara. El rey entendió que había hecho mal, entró en luto, reconoció su falta. Pero qué triste es que muchos líderes no se dan cuenta de su maldad, no la reconocen, aun cuando hay corrección. Un cristiano sabio aprende a escuchar el consejo, entiende que Dios reprende cualquier pecado, sin clasificarlos como "grandes" o "pequeños". Él quiere que seamos Santos como Él es Santo.

B. Redención
"Jehová ha remitido tu pecado, no morirás" (12:13)

Dios conocía el corazón de David. Al escuchar la confesión le fue dicho "no morirás". Dios perdonó su vida, su pecado. Dios es fiel, si confesamos los pecados, Él nos va a perdonar (Romanos 6:23). Debemos decirle a Dios, si somos exhortados en algo, seamos sabios para recibir la corrección y cambiemos el camino. Dios nos ama grandemente, sin embargo, la santidad en nuestra vida tiene que ver también con si nosotros amamos a Dios para mantenernos junto a Él.

C. Perdón
Dios perdona, pero siempre habrá consecuencias

David tuvo que vivir la muerte de su hijo (v.14). La iglesia debe enseñar esto, si hay pecado, hay consecuencias. Es por esto, que lo mejor es mantenerse apartado del pecado. Debemos tratar a toda costa de no caer en esa fosa, esto es la santidad. Si se cae ahí, lo importante es reconocer la bondad de Dios y arrepentirse.

CONCLUSIÓN

Dios es amor, pero también es un Dios justo. Ya se nos ha dicho que no cometamos ningún pecado, ni contra Dios, ni contra nosotros mismos, ni contra nuestro prójimo.

Pero tal como David, somos expuestos a hacerlo y si caemos en pecado, que no sea rechazada la corrección, esperemos y aprendamos, pero sobre todo, que nuestro arrepentimiento sea verdadero y que nos alejemos por completo de lo que no es adecuado delante de Dios. Así mismo, ayudemos a aquellos quienes enfrentan esta lucha.

¿Hay algo que Dios quiere tratar ahora mismo contigo?

Arrepentimiento verdadero: Un giro de 180 grados

HOJA DE ACTIVIDAD

Versículo para memorizar

"Entonces dijo David a Natán: Pequé contra Jehová. Y Natán dijo a David: También Jehová ha remitido tu pecado; no morirás" 2 Samuel 12:13.

Actividades

1. ¿Cómo se llama la mujer de la historia de la que David se enamora? _____.

2. ¿Por qué piensa usted que David no asistió a esa guerra?
_____
_____

3. ¿Por qué considera usted que para David era más fácil mandar a matar al hombre malo de la historia, pero él no quería morir?
_____
_____

4. Mencione algunas cosas buenas que pasaron después del arrepentimiento genuino de David.
a) _____
b) _____
c) _____
d) _____

5. Escriba **"V"** si es verdadero **"F"** si es falso ante los siguientes pasos al corregir adecuadamente a alguien que está en pecado.
_____ Llamarle por separado para hablar con él
_____ Recriminarle los hechos sin ofrecer ningún apoyo
_____ Pasarle en frente de la congregación para compartir con todos lo que ha pasado
_____ Establecer un plan de consejería para superar el pecado y así lograr la restauración después de un verdadero arrepentimiento
_____ Asignarle la muerte, tal como el Rey David decidió para el hombre de la historia

6. Mencione algunas consecuencias negativas que tuvo el pecado de David, tanto en su propia vida como en la de otros.
a) _____
b) _____
c) _____
d) _____

7. Mencione algunas tentaciones que está enfrentando en este momento. Haga una oración para que Dios le dé la fuerza para superarlas. Si hay algún pecado, hoy es el momento también. Si desea, comparta con todo el grupo.
a) _____
b) _____
c) _____

Conclusión

Dios es amor, pero también es un Dios justo. Ya se nos ha dicho que no cometamos ningún pecado, ni contra Dios, ni contra nosotros mismos, ni contra nuestro prójimo.

Pero tal como David, somos expuestos a hacerlo y si caemos en pecado, que no sea rechazada la corrección, esperemos y aprendamos, pero sobre todo, que nuestro arrepentimiento sea verdadero y que nos alejemos por completo de lo que no es adecuado delante de Dios. Así mismo, ayudemos a aquellos quienes enfrentan esta lucha. ¿Hay algo que Dios quiere tratar ahora mismo contigo?